新興国家の世界水準大学戦略

世界水準をめざすアジア・中南米と日本

フィリップ・G. アルトバック　ホルヘ・バラン 編／米澤彰純 監訳

Philip G. Altbach and Jorge Balán (ed.)
Worldclass Worldwide: Transforming Research Universities in Asia and Latin America

東信堂

World-Class Worldwide: Transforming Research Universities in Asia & Latin America
Edited by Philip G. Altbach and Jorge Balán
©2007 The Johns Hopkins University Press
All rights reserved.
Published by arrangement with The Johns Hopkins University Press, Baltimore, Maryland
through The Tuttle-Mori Agency, Inc., Tokyo

Published by **TOSHINDO PUBLISHING CO., LTD.**
1-20-6, Mukougaoka, Bunkyo-ku, Tokyo, 113-0023, Japan

日本語版への序文

フィリップ・G. アルトバック

（米澤彰純訳）

　研究大学は、あらゆる21世紀の学術システムの中核であり、グローバルな知識経済の中心的な機関でもある。本書は、アジアとラテン・アメリカの主要な中所得国および発展途上国にある研究大学についての分析を行っている。BRICs諸国4カ国のうちの3カ国、すなわち、中国・インド・ブラジルを含むこれらの国々は、今後数十年間にわたり重要な学術上のプレーヤーとなることであろう。

　アジアとラテン・アメリカの研究大学の構築と維持はそういう意味で重要な課題である。国のすべての大学が研究中心であることは不可能であり、トップに研究大学を有する多様化した学術システムが必須となる。研究、競争、そして高い水準を支える学術文化も必要である。また、大学教授職に対して生産性へのインセンティブを与えるキャリアの構造と、能力に基づく昇進の可能性もまた求められる。研究大学の教員はフルタイムでなければならず、彼らが学外の仕事に励む必要がないよう十分な給与が支給されなければならない。学問の自由と高い水準の正直さが求められる。研究大学には、長期にわたる持続的な資金調達が必要となる。これらの現実は日本や、西欧、北米の読者に当然のことと思われるだろうが、本書で分析された国々の多くでは保証されているとは言い難い。

　本書で分析された国や高等教育機関は、これらすべてが「世界水準」となると賭けてしまうには時期尚早であるが、今後のグローバルな高等教育において間違いなく重要なプレーヤーとなるだろう。例えば、インドは、最高の質を持つ大学の建設への努力における主要な諸課題に直面している。ほとんどのラテン・アメリカの大学は、研究を行うことができず、また、授業以外で大学への貢献をあまり行うこともできないパートタイムの教授たちに依存

している。韓国は、国際化にむけて大きな努力を払っているにもかかわらず、やや孤立したままである。そして中国は、大規模な投資は行われているものの、創造性を求め、適切な学問の自由と自律性を与える学術文化の構築が不可欠である。

　日本は、国立・私立双方の研究大学が一世紀以上にわたって「世界水準」の位置づけを得ることに成功してきた。実際、日本の高等教育の発展の歴史は、西洋の教育の伝統を持たない国が、短期間で、いかに非常に成功した大学を建設することができるかを示している。日本は、その学術の卓越性と近代化を探求するにあたり、他の国、特にドイツと米国をモデルとした。20世紀初頭には、日本の高等教育モデルは日本の植民地支配のもとにあった台湾と韓国に対して影響を及ぼした。しかし、第二次世界大戦の後は、日本は成功した学問システムを有していながら、日本の高等教育の理念は、他のアジア諸国やそれ以外の地域に対して顕著な存在感を示すことはほとんどなかった。

　日本から得られる最も興味深い教訓の一つは、私立高等教育機関の歴史である。日本は、非営利の私立の研究大学を有している世界で数少ない国の一つである。早稲田大学、慶應義塾大学、日本大学、上智大学などのような私立大学の発展は、日本の外で大きな意義をもつ。なぜなら、これらの大学は長期間にわたって高い水準を維持している研究志向の私立大学の例であるからである。これらの大学がどのように、長期間にわたって発展をなしとげ、日本の高等教育における今日の役割を確立させたかは、研究大学を建設するという課題に直面した他の国々にとって有益な教訓となる。実際、私立の研究大学セクターを有しているのは。日本と米国だけである。

　日本は最近、高等教育一般、特に私立セクターへの政府機関の権限を減少させているが、国公私立を問わず高等教育に対しての政府による強力な統制の伝統は、他の国々に対していくらかの有用な教訓となるかもしれない。私立高等教育が公の目的のために貢献することを保証するためには、いずこにおいても私立高等教育セクターに対して政府による何らかの監督を必要とする。日本が主導する韓国、台湾を含むいくつかの東アジア諸国は、私立高等教育に対する政府の強い統制という伝統を有している。

日本の国立・私立双方のトップ研究大学の継続的な強さは、世界トップクラスの高等教育機関への仲間入りをしようとする国や大学にとって重要な教訓となっている。しかし、これらの教訓は、日本の国外では大部分知られていない。今こそ、日本は自国の成功した研究大学の話をする時である。学術的な卓越は、主要な欧米諸国の独占物ではない。

　本書は、主要な学術的発展に注目している。本書で分析された諸大学は、日本にとっては新たな挑戦相手となるかもしれない。それと同時に、日本の学術的成功は、世界で拡大する研究大学にとって、教訓となるのである。

序　文

　本書は、研究大学が世界のほぼすべての学術システムの中心であるという考えに強く立っている。研究大学についての分析では、発展途上国や中所得国は、しばしば無視されている。私たちの関心は、これら、途上国や中所得国がどのように研究大学をうまく支援することができるかという点にある。21世紀の知識基盤社会にとって、研究大学は大変重要である。すべての国が「世界水準」の大学をもつ余裕があるわけではない。しかし、多くの国々は、研究開発の世界に完全に参加するような大学をもつことができるし、ぜひ、もたなければならない。

　私たちは、国際比較の観点から、このテーマについての洞察を行うことができると確信している。一つの国の事例をもう一つの国へと複製できることはほとんどないが、比較による枠組みによって、共通に達成されたことや共通の問題点が明らかになり、新しい考え方が示されるのである。私たちは、7つの国を取り上げ、この話題について深く考え、思慮深い著述ができる卓越した研究者を集めたチームを作った。私たちは、ラテン・アメリカとアジアに焦点をあてる。取り上げられた国々は、すべて研究大学に関心を払っている。

　我々の主題に対して広く多様な観点を与えるため、私たちは、分析の一部分として、4つの主要な国々、すなわち、ブラジル、中国、インド、メキシコについてそれぞれ2つの論文を依頼した。このように複数の観点を与えることで、分析に深みを加えることができた。

　事例研究として取り上げたその他の国々、すなわち、アルゼンチン、チリ、韓国については、1国ごとに1つの章で代表させてある。アフリカは、本書のケーススタディの中には含まれていない。私たちは、アフリカのもつ学術

的な課題と、ここで取り上げる国々の課題との間には大きな違いがあり、比較は適切ではないと考える。また、アジアとラテン・アメリカにおける、より規模が小さい国々や、学術的な発展が進んでいない国々は、いずれも含まないこととした。

　私たちは、研究グループに、国ごとの事例研究を執筆するよう依頼し、2005年6月にボストンカレッジで会議を開き、これらのケーススタディについて議論を行った。

　執筆者は、その議論をもとに、論文の修正を行っており、本書は彼らの考え抜いた仕事を反映したものとなっている。

　このプロジェクトは、フォード財団の支援を受け、ボストンカレッジの国際高等教育研究所が組織した。レスリー・ボーズマン（Leslie Bozeman）とサリナ・カペラス（Salina Kopellas）からは、スタッフとしての支援があった。イーディス・ホシノ（Edith Hoshino）は会議の有益な要約を作成し、また、最終的な編集を行った。

　彼女の支援なしには、本書の完成は不可能であったろう。

【訳者註】本日本語版の出版にあたっては、アルトバック氏の了承を得たうえで章立てを変更し、また、第3章に訳者代表である米澤彰純による日本についての章を追加した。

目次／新興国家の世界水準大学戦略：世界水準をめざすアジア・中南米と日本

日本語版への序文　i
序　　文　iv
執筆者紹介　xvi
翻訳者一覧　xix

第1部　新興国家の大学戦略と日本　　3

第1章　知識と開発の帝国　フィリップ・G. アルトバック……5

1）はじめに………………………………………………………5

発展途上国における研究大学の勃興（5）
歴史と展望（8）
研究大学と学術システム（9）
定義の混乱：研究、世界水準、旗艦、国立（11）
研究大学と研究システム（14）
研究大学に共通する特徴（15）

2）試　練……………………………………………………18

財　政（18）
研　究（19）
商業主義と市場（20）
オートノミーとアカウンタビリティ（21）
科学と学問のグローバル化（22）
公と私（24）
メリトクラシーとしての研究大学（25）
学問の自由（26）
大学教授職（28）

3）発展途上国：目標、大望、そして現実……………………31

科学コミュニティの創造と維持（31）
産業と社会に対する研究・教育の関連性（31）
文化・社会的発展とクリティーク（32）
国語の研究と分析（32）
新しい世代の科学者、学者、専門家の教育（33）

4）結　論…………………………………………………34

第2章　アジアとラテン・アメリカにおける高等教育政策と研究大学　ホルヘ・バラン……39

1）　はじめに……39
2）　組織的な遺産と政策的文脈……41
　　国家に保護された研究大学（41）
　　新しい大学群（42）
　　カトリック大学（44）
3）　高等教育の多様化の統制……45
　　高等教育の多様化（45）
　　費用負担（46）
　　多様化の制度化（49）
4）　研究開発のための財政支援の役割……51
　　アジアの大学の躍進（51）
　　ラテン・アメリカにおける研究振興（53）
　　残された課題（54）
5）　博士学位授与機関としての研究大学……55
　　研究志向の博士課程（55）
　　成功例ブラジル（57）
　　韓国との比較（58）
6）　研究大学の教員……59
　　国際的な教員の採用（59）
　　報償と賞罰（60）
7）　結　論……63

第3章　日本の「世界水準大学」政策の行方　米澤彰純……69

1）　はじめに……69
2）　遠山プラン以前……72
　　遠山プランと国立大学法人化（74）

3） 教育振興基本計画とグローバル30 …………………………………… 75

　4） 背景としての世界大学ランキング・ブーム …………………………… 77

　5） 政権交代以後 ……………………………………………………………… 81

　6） 結　論 …………………………………………………………………… 84

第2部　世界水準をめざすアジア・中南米のトップ大学　　89

第4章　中国における旗艦大学と経済改革　馬万華 …… 91

　1） はじめに ………………………………………………………………… 91

　2） 中国旗艦大学の概観 …………………………………………………… 91

　　211工程と985工程（92）
　　世界水準大学（93）
　　ポジション争い（94）

　3） 中国経済の旗艦大学へのインパクト ………………………………… 95

　　開放政策（95）
　　教育システムの変革と拡大（96）

　4） 大学が運営する企業を通じた研究の産業化 ………………………… 97

　　「エンジン」（97）
　　国家重点研究所（98）
　　大学が運営する企業（99）

　5） 産業と地域経済との連携 ……………………………………………… 101

　　知識と人材育成（101）
　　地域との連携（102）

　6） 大学の研究と大学サイエンス・パーク ……………………………… 104

　　研究の促進（104）
　　サイエンス・パーク（104）

　7） 教員の保持と獲得戦略 ………………………………………………… 106

頭脳流出（106）
　　優秀人材計画（107）
　　長江研究者奨励計画と春輝計画（107）

8）教育と研究を通じた世界との架け橋 ················· 109

　　WTO加盟（109）
　　英語での講義と国際連携プログラム（110）

9）結　論 ················· 112

第5章　中国の研究大学：多様化、分類、世界水準の地位へ
　　　　　劉　念才 ················· 117

1）はじめに ················· 117

2）中国の高等教育の概要 ················· 117

　　学士課程教育（117）
　　大学院教育（118）
　　主たる機能としての研究（119）
　　大学に対する財政支援（120）
　　中国の高等教育における主な改革（121）

3）中国の大学の多様化 ················· 121

　　政府の政策（121）
　　大学ランキング（123）
　　トップ研究大学の特徴と指標（124）

4）高等教育機関の分類 ················· 124

　　分類の基準（125）
　　分類の結果（126）

5）中国における世界水準大学の設立 ················· 127

　　中国のトップ研究大学と世界水準の大学（128）
　　主な課題（129）
　　中国のトップ研究大学の発展（130）
　　結果の予測（130）

6）結　論 ················· 131

第6章　知識の受け売りを超えて：インドにおける研究重点大学の展望
　　　　　N. ジャヤラム ………………………………………………… 133

1）　はじめに …………………………………………………………… 133
　　植民地時代の遺産（135）
　　研究の軽視（136）

2）　コタリ委員会と「第一級大学」構想 ……………………………… 138
　　コタリ委員会（138）
　　「第一級大学」構想（139）

3）　大学システムの大衆化と質への疑問 ……………………………… 141
　　質の劣化（141）
　　博士号の量と質（142）

4）　科学政策と相対する大学：欠陥モデル …………………………… 144
　　科学技術政策における大学の軽視（144）
　　大学システム外での研究拠点の発展（145）

5）　大学における研究の促進 …………………………………………… 147
　　新たな教育政策（147）
　　UGC による研究強化の取り組み（148）

6）　ポスト構造調整改革のシナリオ …………………………………… 151
　　州政府の支援低下（151）
　　大学教育課程への需要の変化（152）

7）　結　論 ……………………………………………………………… 154

第7章　世界水準のインド研究大学への展望
　　　　　P. V. インディレサン ………………………………………… 163

1）　はじめに …………………………………………………………… 163

2）　インドの高等教育の状況 …………………………………………… 164
　　学生の高い質と高等教育の貧弱さ（164）
　　主導的大学（167）
　　研究の状況（169）

3） 研究大学の発展を妨げるもの……………………………………… 171
　　財政上の限界（171）
　　エリート主義対公平性（172）
　　量と質（174）
　　官僚の干渉（175）
　　教員の任命（177）
　　司法上の妨害（178）
　　内部のポリティクス（179）
　　産業の質（179）

4） 世界水準の研究大学の創設 ……………………………………… 181
　　教員の誘致（181）
　　一流学生の入学（183）
　　質の高い教育への出資（184）
　　自　治（186）
　　実業界との関係（188）
　　財政的資源としての土地（189）
　　授業料（190）
　　3つの選択肢（191）

第8章　周縁国家における世界水準大学の創出：ソウル大学
キースック・キム　スンヘー・ナム……………195

1） はじめに ……………………………………………………………… 195

2） 経済の再構築と高等教育改革 …………………………………… 196
　　世界水準の研究大学の構築（196）
　　限られた教育改革予算（197）

3） ユニバーサル・アクセスへの移行 ……………………………… 198
　　ユニバーサル段階（198）
　　深刻な財政問題（199）

4） 韓国の大学に見られる特徴的な側面 …………………………… 200
　　モデルの変遷（200）
　　大学の多様化（202）

5） 大学における高度化への努力 …………………………………… 203

　　　　ソウル大学（203）
　　　　韓国科学技術院（KAIST）（208）

　　6）結　論……………………………………………………………209

第9章　ブラジルの一流大学：当初理念と現行目標
　　　　　　シモン・シュワルツマン……………………………………215

　　1）はじめに…………………………………………………………215

　　2）USP—ブラジル最古の総合大学……………………………217
　　　　特殊なケース（217）
　　　　サンパウロ州立大学（USP）（218）
　　　　国外からの教員招聘（220）

　　3）ブラジル高等教育におけるUSPの位置付け……………222
　　　　拡大するブラジルの高等教育（222）
　　　　巨大な複合体USP（223）
　　　　かつての理想は今も有効か？（226）
　　　　知的リーダーシップから社会的包摂へ（229）
　　　　公立大学と高等教育の「プライバタイゼーション」（232）

　　4）結　論……………………………………………………………236

第10章　ブラジルの研究型大学　ジョアン・E. シュタイナー………251

　　1）はじめに…………………………………………………………251

　　2）ブラジルの高等教育システム…………………………………252
　　　　起　源（252）
　　　　ブラジルと米国との比較（254）
　　　　地域分布（257）

　　3）研究大学：大学院教育とその質………………………………258
　　　　大学院教育の評価（258）
　　　　世界の大学ランキング（260）
　　　　ランキングと威信（262）

研究機関（263）
　　　大学教授職（263）

　4） 現在のシナリオ ··· 264
　　　人口・政治圧力（264）
　　　入学者受け入れとアファーマティブ・アクション（264）
　　　自　治（265）
　　　大学運営・研究に係る資金調達（265）
　　　法的枠組と機関評価（266）
　　　リーダーシップ（266）

　5） 結　論 ··· 267

第 11 章　学問の最高峰機関：国家建設大学としてのメキシコ国立自治大学
　　　　　I. オルドリカ ＆ B. パッサー ·· 271

　1） 国家建設大学 ··· 271
　　　UNAM の事例（272）
　　　国家建設大学の概念（273）

　2） 旗艦大学 ··· 275
　　　記述的な用語（275）
　　　歴史的概念（276）
　　　中心地の旗艦大学——規範的モデル（278）
　　　周縁地に旗艦大学は存在し得るか（281）

　3） 独自性、歴史的中心性、競合的自治空間 ································· 283
　　　独特な組織としての国立大学（283）
　　　UNAM の特質（284）
　　　国家建設大学の前身（286）
　　　自治権と学問の自由（287）
　　　開発主義と独裁主義（288）
　　　国家建設大学と国家統一の言説（289）
　　　競合的自治空間としての大学（290）

　4） 20 世紀後半における開発主義国家の終焉 ······························· 290
　　　国家建設大学の危機（291）
　　　旗艦大学と周縁地における高等教育の将来（293）

第12章　メキシコにおける研究大学の役割：パラダイムの変化？
　　　　　サルバドール・マロ …………………………………………… 301

1）　はじめに ………………………………………………………………… 301
2）　高等教育システム …………………………………………………… 303
　　研究志向の大学（304）
　　ランキング（305）
　　学術評価と認定（306）
　　代表的（旗艦）研究志向大学（306）
　　世界水準の研究志向大学（308）
3）　公共政策にかかわる問題および経験 ……………………………… 310
　　大学の発展（311）
　　パラダイムシフトが起こる最初の兆候（312）
　　研究機能（313）
4）　政府の政策 …………………………………………………………… 314
　　高等教育次官局（SES）（314）
　　国家科学技術評議会（CONACYT）（315）
5）　結　論 ………………………………………………………………… 317

第13章　チリに研究大学はあるか　アンドレス・ベルナスコーニ …… 321

1）　はじめに ………………………………………………………………… 321
2）　チリにおける研究志向の大学 ……………………………………… 324
　　研究大学の理念（324）
　　特徴の定義づけ（326）
　　研究志向の大学（327）
3）　研究を行う教員への転換 …………………………………………… 332
　　研究志向の教員を採用（332）
　　早すぎるテニュア（333）
　　定年の義務化と報償的給与体系（334）

4）チリにおける研究の高揚 ……………………………………………… 338
　　軍政府による弾圧と市場競争（338）
　　民政への回帰（339）
　　研究市場の創出と制度化（342）
　　大学教員についての考え方の変化（343）

5）結　論 …………………………………………………………………… 345

第14章　中所得国における研究大学構築への挑戦：ブエノスアイレス大学のケース
アナ・M・ガルシア・デ・ファネリ ……………………… 351

1）はじめに ………………………………………………………………… 351

2）大学の使命と社会情勢 ………………………………………………… 352
　　アルゼンチン最大の高等教育機関（352）
　　科学志向か専門職養成か（353）
　　コルドバ改革（354）
　　不安定な政治・経済状況（355）

3）大学セクターの多様性 ………………………………………………… 358
　　入学選抜（358）
　　研究機能（359）
　　専門職養成（361）
　　大学の状況（363）
　　大学教授職（365）
　　大学院レベル（367）

4）政策環境 ………………………………………………………………… 368
　　適切でない財源（368）
　　公共資金の分配（370）
　　国公立大学における研究の展望（372）

5）結　論 …………………………………………………………………… 373

監訳者あとがき　381

事項索引　383

人名索引　386

執筆者紹介

(所属は執筆当時)

● フィリップ・G. アルトバック (Philip G. Altbach)

　J. ドナルド・モーナン SJ 教授(高等教育)及び、ボストン・カレッジ国際高等教育センター長。2005 年から 2006 年までフルブライト新世紀奨学金プログラム・ディレクター。主著に『比較高等教育論―「知」の世界システムと大学』玉川大学出版部(1994年)。編著に『師の没落』、共編に『アジアの大学―従属から自立へ』玉川大学出版部(1993年)、『21 世紀のアメリカの高等教育』、『高等教育の国際ハンドブック』など。学術雑誌『*Review of Higher Education*』元編集者。

● ホルヘ・バラン (Jorge Balán)

　フォード財団(ニューヨーク)高等教育プログラム・オフィサーとして高等教育研究・政策を中心とした国内外のポートフォリオを管轄。ニューヨーク大学兼任教授。ブエノスアイレス大学で 1986 年から 1997 年まで講座主任として教鞭を執ったほか、オックスフォード大学、シカゴ大学、テキサス大学オースティン校、およびダートマス大学で客員教授職を歴任。20 年にわたり、ブエノスアイレスにある社会科学分野の民間非営利研究機関の CEDES 上級スタッフメンバーとディレクターを務め、高等教育政策課題に関するに研究チームを構築。

● アンドレス・ベルナスコーニ (Andrés Bernascon)

　チリのアンドレス・ベロ・サンティアゴ大学政治学研究所研究員。弁護士としての訓練を受け、タルカ大学法科大学院長を歴任。ハーバード大学公共政策学修士、ボストン大学から組織社会学の博士号を取得。研究分野は、組織社会学及び比較高等教育。

● アナ・M. ガルシア・デ・ファネリ (Ana M. García de Fanelli)

　ブエノスアイレスの大学より経済学博士。アルゼンチン高等教育省、国と社会に関する研究センター、国家科学技術研究カウンシルの上級研究者。ブエノスアイレスの大学及びサンアンドレス大学教授。彼女は高等教育、公立大学のマネジメント、および大学財政の比較政策に関する著作を出版。

● P. V. インディレサン (P. V. Indiresan)

　インド科学大学および英国バーミンガム大学で教育を受ける。40 年にわたる彼の教授キャリアの中で、ルールキー大学(現インド工科大学ルールキー校)及びインド工科大学デリー校で教鞭をとる。またインド工科大学マドラス校のディレクターを務める。電

気通信技術者協会会長及びインド国立工学アカデミー会長。米国電気電子技術者協会から表彰を受けたほか、パドマ・ブーシャン賞をインド大統領から受賞。

● N. ジャヤラム（N. Jayaram）

インド、バンガロールの社会経済的変化研究所の所長。インド、ムンバイの社会科学のタタ研究所で研究方法論の教授を務めた。開発途上地域における大学の役割に関する国際ネットワークの運営委員会及びインド社会科学研究評議会（ICSSR）編集諮問委員。現在、『社会学紀要』（インド社会学会学術誌）編集長及びICSSR誌『レビューおよび要旨：社会学と社会人類学』の編集者。インドにおける高等教育の社会学で広く出版。著書に『高等教育とステータスの保持』、『インドにおける教育の社会学』、『社会紛争』（サティシュ・サヴェワルとの共著）、『インドのディアスポラ』等。

● キースック・キム（Ki-Seok Kim）

韓国ソウル大学「国境なき教育」プロジェクト共同創設者兼チーフ・フィールド・オフィサー。ソウル大学教授（教育学）、カリフォルニア大学ロサンゼルス校（UCLA）のパウロ・フレイレ研究所の特別客員研究員、ソウル大学の学生担当副学長を歴任。ウィスコンシン大学マディソン校で博士号を取得。

● 劉念才（Nian Cai Liu）

上海交通大学高等教育研究所長・教授。研究関心は、世界水準の大学、研究大学、科学政策および大学の戦略的計画。中国の蘭州大学で化学を学び、カナダ、キングストンのクイーンズ大学から高分子科学と工学の修士及び博士の学位を取得。1993年から1998年に上海交通大学で化学・化学工学部教授を務める。1999年に高等教育研究の分野に移動。オンラインによる世界の大学ランキングが世界的な注目を集めている。

● 馬万華（Wanhua Ma）

北京大学大学院教育学研究科教授。コーネル大学で教育心理学と高等教育アドミニストレーションを専攻、1997年に博士号を取得。1997年11月北京大学着任以降、過去数年間に、中国での女子教育問題、中国の職業教育、そしてアジアと環太平洋地域における高等教育高等教育の発展についての国連開発計画、ユネスコ、およびフォード財団の資金による研究プロジェクトを実施。また、カリフォルニア大学バークレー校の大学院で教鞭を執り、カリフォルニア大学ロサンゼルス校で国際開発教育センター准教員を歴任、2005-2006年にフルブライト新世紀研究者。著書に『バークレーから北京大学・清華大学へ：米国と中国の国公立研究大学の発展とガバナンス』。

● サルバドール・マロ（Salvador Malo）

メキシコ競争力研究所（IMCO）の上級スタッフ、物理学博士（ロンドン大学インペリアルカレッジ）。科学技術及び教育の分野で長いキャリアを持つ。メキシコ石油研究所で研究担当副所長を長く務めた後、公立大学大学院の振興のために教育省に入省。国立メキシコ自治大学の副学長を9年間、全墨高等教育評価センター長を4年間務めた。北米高等教育協力コンソーシアムの理事長であり、国立研究者システムの創立者であるとともに最初のディレクターであった。現在は、ラテンアメリカとヨーロッパの大学間

の高等教育協力のために国際的なプロジェクトをコーディネートしている。メキシコとラテンアメリカの高等教育に関する多くの著書、編著がある。

● スンヘー・ナム（Sunghee Nam）
　カリフォルニア大学ロサンゼルス校パウロ・フレイレ研究所研究員及びカリフォルニア州立大学チャネル諸島校講師。現在、教育改革とグローバル化に関する研究プロジェクトに参加。

● イマノル・オルドリカ（Imanol Ordorika）
　スタンフォード大学から社会科学・政策・教育実践の博士号を取得。国立メキシコ自治大学（UNAM）教授（社会科学及教育）。メキシコ国家科学技術審議会、UNAM その他の機関からの奨学金、2004 年にバージニア大学フランク・タルボット・ジュニア大学チェアをうける。『高等教育における権力と政治』があるほか、メキシコ及び国外において著書、論文等多数執筆。

● ブライアン・パッサー（Brian Pusser）
　バージニア大学カレー教育学部高等教育研究センター助教授。高等教育の政治学、中等後教育機関の組織及びガバナンス、および中等後教育段階を形成する上での州および連邦の政策の役割などを中心に研究。著書に『議会を燃やせ：カリフォルニア大学における政治、ガバナンス及びアファーマティブアクション』（2004 年）、長所に『学習からの収益：非営利の大学の勃興』（2006 年）。

● シモン・シュワルツマン（Simon Schwartzman）
　ブラジルのミナスジェライス連邦大学及びチリのサンティアゴにあるラテンアメリカ社会科学院で社会学と政治学を学び、カリフォルニア大学バークレー校で政治学の博士号を取得。科学、技術、教育及び社会政策の分野で広範囲に著作があり、現在、リオデジャネイロにある労働社会研究所長。1994 年から 1998 年までブラジルの国立統計局（IBGE）局長。

● ジョアン・E. シュタイナー（João E. Steiner）
　サンパウロ大学天文学教授及びサンパウロ大学高度研究機構所長。1999 年から 2002 年までブラジル科学技術省次官。

翻訳者一覧

米澤彰純（よねざわ　あきよし）（監訳、3章（執筆）日本語版への序文　序文　第1章、第2章　訳）
　名古屋大学大学院国際開発研究科准教授

船守美穂（ふなもり　みほ）（第4章）
　東京大学評価支援室インスティテューショナル・リサーチ担当特任准教授

福井文威（ふくい　ふみたけ）（第5章）
　東京大学大学院教育学研究科・日本学術振興会特別研究員DC

米澤由香子（よねざわ　ゆかこ）（第6章　第7章）
　東北大学国際教育院特任准教授

太田浩（おおた　ひろし）（第8章）
　一橋大学国際教育センター教授

藤沢圭子（ふじさわ　けいこ）（第9章　第10章）
　通訳・翻訳者

阿部和子（あべ　かずこ）（第11章）
　翻訳者

河田裕子（かわた　ひろこ）（第12章）
　通訳・翻訳者

白幡真紀（しらはた　まき）（第13章　第14章）
　東北大学大学院教育学研究科博士後期課程単位取得退学

新興国家の世界水準大学戦略

――世界水準をめざすアジア・中南米と日本――

第1部　新興国家の大学戦略と日本

第 1 章
知識と開発の帝国

フィリップ・G. アルトバック

（米澤彰純訳）

1）はじめに

発展途上国における研究大学の勃興

　研究大学は、21世紀の中核的な、知識の創造と普及に不可欠な機関である。研究大学は、科学のグローバル化の重要な一要素として、科学、学問、そして、新しい知識経済の結び目となっている。研究大学は、技術的・知的リーダーシップのために必要な新しい世代を教育し、新しい科学と学問を発展させ、そして、同様に重要なこととして、世界中に広がるコミュニケーションと協力の要としての役割を果たすのである。

　少数の例外を除けば、ほぼ全ての研究大学は産業化した世界における発達した経済の中に立地している。トップ大学についての最近のどのような世界ランキングからも、主要な研究志向の大学は、少数の国に存在することが見てとれる。しかし、本章は、発展途上国および中所得国における研究大学の現実と将来展望を検討する。これらの大学は、世界の研究大学の中で、小さいが成長している部分である。知識の生産と普及が豊かな国々の独占物であり続けるものでなければ、研究大学は主要な世界的中心地以外でも成功を収めるはずである。研究大学を確立し、育成するにあたり、発展途上国は、いささか独特な問題に直面することになる。

　研究大学のここでの定義は、一定の範囲の学問分野において知識の創造と普及に関与し、可能と考えられる最高水準の教育と研究を行うことができる適切な実験室、図書館やその他の施設を整えた学術機関となる。研究大学は、典型的には大規模で多面的であるが、なかには狭い範囲の分野に集中した小規模な機関も含まれる。研究大学は、たいていの場合、あらゆる水準の学位

に対応した教育を行う——このことは、研究大学の目指すものが、研究だけにとどまらないことを意味する。実際、研究と教育のシナジーは、博士号をもつフルタイムの学術関係者を主として雇用する研究大学であるかどうかの判断基準となる（Kerr 2001）。

　この議論を行おうと思ったのは、知識の生産と普及は国際的に広がるべきであり、世界の全ての地域は、知識のネットワークの中で何らかの役割を担う必要があるとの確信があったからである（Altbach 1987）。何事によらず、中心と周縁は常に存在するし、またこれらの中心地は、この先数年の将来は主要先進国に集中しているであろう。しかし、研究能力を世界中により幅広く普及させる余地はあるし、実際そうすることが必要である。全ての国が研究大学をもつことは不可能かもしれないが、多くの発展途上国や中所得国は、研究能力と世界の知識システムに参加する能力をもつ大学を発展させることができる。小規模な国々は、地域的な学術協定を形成することで、いくつかの分野を選択した上で地球規模の科学への参加を促進させることができる。

　全ての国々が先進的な科学の発展を理解し、その発展に選択的に参加することができるよう、科学と学問のグローバルな学術システムにつながる学術機関を必要としているという議論を行うことは可能である。小規模な国、あるいは貧しい国々の学術機関は、先進諸国のオックスフォードやハーバードなどというレベルの機関と競争することは不可能である。しかしながら、そのような国々でも科学と学問の国際的議論に参加し、その国の発展にとって適切な一つ以上の分野で研究を遂行するのに十分な質を有する大学を、最低一つはもつことができるところは多いであろう。

　研究大学は世界的に高まる熱狂を生み出す。多くの国々が、研究大学のような機関は21世紀の知識経済に参入するための鍵であると結論づけている。研究大学は中枢的な人材を養成するだけではなく、トップレベルの科学的コミュニケーションの機会を提供することで、世界中の科学情報への窓口ともなる。研究大学の教員と学生は、他の大学の同僚たちと地域を問わずつながり、グローバルな科学と学問に参加する。米国や英国においてすら、現存する研究大学の水準を維持することについての関心が高まっている（Rosenzweig 1998）。ドイツは自国のトップ大学の国際的な競争力を気にか

け、いくつかの重要な機関に資源を配分してきた。また、日本の政府は「センター・オブ・エクセレンス（COE）」を作り出すための競争的資金を支出してきた。中国は「世界水準」の研究大学を創造することに重点を置いてきた。そして、インドはついに主要な大学の質について検討を始めつつある。水準を向上させるための同様のプログラムは、韓国、チリ、台湾など、至る所で見られる。アフリカの伝統的に強力な大学のいくつかは、外部の資金提供者の支援を得ながら、研究大学としての地位に到達するための質を向上させる方策を探しつつある。しかしながら、一般的にはアフリカ以外の諸国の学術的発展水準よりも遅れている。

　これらの趨勢はすべて、1980年代からの重要なシフトを意味している。当時は、発展途上国は高等教育よりも基礎教育の整備に集中していた。世界の大部分、特に発展途上国の間では、政策立案者はほぼ例外なく大衆高等教育の需要を満たそうと取り組み、大学の研究面での役割を大部分見過ごしていた。世界のいくつかの地域の環境によっても、高等教育の危機が生じたり、研究大学の発展のペースが落ちたりした。中南米では、1960年代以降の軍事独裁は高等教育に対して友好的ではなかったし、多くの傑出した学者たちが追放された。中国は文化大革命に苦しんだ。当時はあらゆる大学が一時閉鎖され、高等教育システムに深刻な打撃が与えられた。大衆高等教育の出現とその後につづくアクセスへの需要は、国家が財政的に質と量の両方を支援することが不可能であることもあり、研究大学の発展を遅らせることになった。インドがこの現象に関する好事例である。政治経済の不安定さは、基礎教育を優先させる政策も伴って、サブ・サハラ・アフリカの数少ない学術機関の質を大きく損ねた。要するに、20世紀後半においては、――それ以前にある程度研究大学形成への進展があった国々においてでさえ――発展途上国に研究志向の大学はほとんど存在しなかったのである。

　発展途上国における研究大学の勃興が進む中で、多くの国の政策立案者や高等教育アナリスト、そして、国際協力機関や世界銀行でさえも、以前は基礎教育のみが支援するに値すると考えていたものが、今や研究大学は国の発展にとって重要であることを理解している。研究大学は多くの発展途上国において政策課題にあがるようになり、特に、規模が大きい国々ではグローバ

ルな知識経済での競争を行おうとしている。アフリカは世界でもっとも厳しい構造的、経済的、そして政治的な課題を抱えた地域であるが、ここでは、寄付財団とアフリカの大学とのパートナーシップによるイニシアティブを受けて、ケニア、モザンビーク、ガーナやその他のいくつかの国々で、アフリカの重点的な学術機関における研究能力の構築が目指されている。中国はとりわけ、自国の主要な大学を研究大学に転換させることに熱心に取り組んできた。中国政府は、このために莫大な財政投資を行って努力してきたし、よりよい規模の経済性を求めて多くの大学を合併させた。インドは学術的卓越性を推進するための戦略作りを行う知識委員会を設けた。台湾と韓国は、自国の重点機関を作り出そうと 10 年以上にわたり取り組んできた。

歴史と展望

　大学は、その起源である中世ヨーロッパ以来、知識の伝達や保護、解釈に関心を払ってきた。ただし、新しい知識の創造については、必ずしも常に主要な関心が払われてきたわけではなかった (Perkin 2006)。大学は、社会において文化的で知的な機関として役割を果たしてきたが、伝統的には研究を志向していたわけではなかった。科学の主要な部分は、大学以外の場所で行われてきたのである。おおまかにいえば、1818 年にベルリン大学が創設されたときに、ヴィルヘルム・フォン・フンボルト (Wilhelm von Humboldt) が近代研究大学を発明したことになる。フンボルトの理念は、大学はドイツの国力および科学の発展を直接的に向上させるべきだというものである。この革命的な理念によって、大学において国の支援を受けて生産される科学・研究が、国の発展と結びつけられた。フンボルトの概念は大いに栄え、ドイツの新しい大学（および新しいモデルへと適合するように改組された大学）は、研究を生産し、科学者を育成することで、近代国家ドイツの出現に貢献したのである。フンボルト・モデルが科学と高等教育の組織に与えたもうひとつの重要な貢献は、専門分野を基盤とした教授の任命という、「講座」システムの考えである。この革新により、様々な科学の分野が出現し、同時に大学としての組織が形作られていった。

　その後、2つの国が、近代化と発展に焦点をあてた大学形成を進めた。す

なわち、まず 1862 年以後に米国が、その数十年後に日本が、ドイツ・モデルをすばやく取り入れた。アメリカの「国有地交付大学」モデルは、特に大きな成功を収めた。これは、フンボルトによる研究・科学の重視と、高等教育を支える上での政府の中核的な役割とを、公共サービスと応用技術という理念を基盤として組み合わせたものである（Altbach 2001b）。19 世紀後半におけるウィスコンシン大学やカリフォルニア大学などを例とする、大規模な米国州立大学モデルは、直接的な公共サービスや応用技術に対して扉を開いた。この米国州立大学モデルはまた、ドイツの階層的な講座制を、構成員がより参加しやすい学科（Department）制に置き換えることで、科学を「民主化」させたのである。ドイツ、米国、そして日本におけるそれぞれ多様性をもった研究大学の概念は、今日の研究大学のあり方の大部分を特徴付けている。

　現代の大学は、立地する国の違いにかかわらずほとんどすべて、その構造・組織・概念においてヨーロッパに起源をもつ。東京からタシュケントまで、そして（イスラムのアル・アズハル大学は別の構造であるが）カイロからケープタウンまで、学術機関は西洋モデルに基づいているのである。この趨勢が意味するのは、多くの発展途上国にとって、高等教育機関は各国固有の文化に統合的に結びついたものではなく、多くの場合、植民地の宗主国に押しつけられたということである。中国、タイ、エチオピアなどの植民地化を経験していない国々においてさえも、西洋的な学術モデルが選択されている（Altbach and Umakoshi 2004）。植民地主義に従属してきた発展途上国では、高等教育の成長は大概、遅々として進まなかった。宗主国は大学の研究機能にほとんど関心を払わず、現地公務員を対象とした中間レベルの養成機会の提供により大きな関心を示した。アフリカの大部分と、その他の発展途上の世界では、大学は 20 世紀になるまで設立されなかった。

研究大学と学術システム

　研究大学は一般に、社会の多様な役割を担い、様々な財源のあり方をもつ中等後教育機関を組み合わせた、多様性を持つ学術システムの一部を構成する。高等教育システムが多様性をもたない国々では、研究大学を支援するこ

とが困難である。これは、研究大学の専門化された複雑な学術的役割を維持し、承認させるには、多額の費用がかかるためである。例えば、ドイツは、すべての大学について研究を行う機関であると考えており、その結果、どの大学に対しても適切な資金を与えることができないでいる。ドイツのいくつかの大学を「世界水準」の大学とみなし、それらの大学の資源を増やそうとする計画は複数あるが、こうした変更の実施は、実際には難しい。研究大学の運営に費用がかかることは避けられず、他の学術機関よりも多額の資金が必要になる。研究大学はまた、一般に学生の入学と教員の雇用に関して選抜度が高く、典型的には学術システムの頂点に立つ。

　それゆえ、多様性をもつ学術システムを創造することは、研究大学が存在するための前提条件であり、発展途上国にとっては必要条件となる（Task Force on Higher Education and Society 2000）。多様性をもつシステムでは、学術機関は、それぞれ多様なミッション、構造、財政パターンを有することになる。米国は、20世紀初めに、拡大する多元的な中等後教育機関群を作り上げるような学術システムを設計した最初の国であるが、そこで生み出された「カリフォルニア」モデルは、一般的に最も成功したアプローチとみなされている。カリフォルニアの州立高等教育システムは、3種類の学術機関で構成されており、それぞれは非常に異なる目的を有している（Douglass 2000）。この多層化モデルは、職業志向で「門戸開放を行う」コミュニティ・カレッジと、多様な目的をもつ州立大学と、選抜性のある研究志向の大学とによって構成されているが、それぞれの層に対して、大きく異なるミッションが与えられていると同時に、財政と財政支援のパターンも、それぞれ明確に分けられている（Geiger 2004）。イギリスは、最近になって同様の方向へと進んだ。1970年代におけるマーガレット・サッチャー（Margaret Thatcher）首相の高等教育政策の目的の一つは、多層的な高等教育システムを作り上げることであった。すなわち、オックスフォードやケンブリッジなど、質の評価の結果によってトップに現れるような少数の大学が、他の大学よりも多く財政配分を受けることができるシステムである。

　学術システムは、しばしば高等教育の大衆化の過程において進化を遂げる。マーチン・トロウ（Martin Trow）が指摘しているように、多くの国々が、エ

リート高等教育システムから、年齢集団の半数以上が中等後教育機関に進学するような大衆的アクセスへと移行することは避けられない（Trow 2006）。かつてないような多数の、しかも学力が多様で学習目的も異なるような学生たちが、様々な高等教育機関に対して多様なニーズを求めるようになる。重要なことであるが、費用のかかる研究大学で多数の学生を教育する余裕がある国は、ひとつもない。

　研究大学は、大多数の学術システムにとって、小さな一部分に過ぎない。米国では、3,000以上の学術機関のなかで、研究大学はおそらく150校程度であろう。しかしながら、これらの大学は、威信が最も高く、政府による競争的な研究資金の80パーセントを与えられている。教員・研究者の給与は高く、教員の教育負担は少なく、図書館や実験室などの施設は国の平均よりも良い。多くの国々では、その費用の高さと利用できる資源の制約から、研究大学は1校ないし2校存在するのみである。相当大きな国でも、研究大学の数は多くないことがしばしばである。英国ではおそらく20校くらいであり、日本でもだいたい同じくらいの数である。中国は20を超える研究大学を設立したいと考えており、ブラジルは5校以下しかもっていない。スウェーデンやオランダなど、自分たちがまかないきれると考えられるよりも多くの研究大学を持っている国々もある。

　研究大学を盛んにするためには、その他の中等後教育機関と差別化するための方法が必要となる。より高い水準の財政付けを与え、これらの研究大学が社会において特別で決定的に重要な役割を実際に果たしているのだという考えを正当化しなければならない。

定義の混乱：研究、世界水準、旗艦、国立

　以前は、研究大学の定義はかなり簡潔なものであった。すなわち、その大学のミッションの一部として研究の生産を活発に行うことに集中していること、博士課程までの教育プログラムを提供していること、図書館・情報技術・実験室などの研究に必要なインフラを備えていること、質の高いまた慎重に選抜された（大概博士号を有する）学術スタッフを雇用していること、研究活動を許容する労働条件を維持していること、そして、可能な限り最良の学生

を選抜していることが、研究大学の定義とされてきた。この定義に難癖をつけることは可能であるし、また、ある特定の大学がこの最低の要求を満たすかどうかについて、あら探しをすることも可能である。しかし、大切なことは、研究大学について明確に定義を行い、高等教育システムのその他の部分からこれらを差別化することである。

　本章は、世界水準の大学に主要な関心を寄せているわけではない。というのは、これら威信および質において階層の頂点にある世界水準の大学を特定しようとするマニアは、これまでにも存在してきたからである。いずれも2000年以降のものであるが、英国のタイムズ・ハイヤー・エデュケーション・サプリメント（Times Higher Education Supplement）および中国の上海交通大学（第5章を参照のこと）による2つの国際ランキングが、こうした努力に貢献してきたからである。この他、影響力のあるUSニューズ・アンド・ワールド・レポート（US News and World Report）によるアメリカの大学ランキングや、カナダのマクレーンズ（McLean's）、ドイツのシュピーゲル（Der Spiegel）などの雑誌による同様の試み、また、アメリカのフロリダ大学によって提供されているよりアカデミックな分析など、様々な国のランキングや国際ランキングも利用することができる。一般には、「世界水準」とは、ある大学が国際的に最も威信が高く有名な学術機関群に属していることを示す一種の略語である（Altbach 2003a）。今日の世界水準の大学のほとんど全ては、主要な英語圏の国々か、またはいくつかの大規模な先進国のものである。全ての世界水準大学は、例外なく研究大学である。しかし、全ての研究大学が世界水準の大学であるわけではなく、また、そうあるべきでもない。

　発展途上国や中所得国には、世界水準と認知されている大学はほとんどなく、また、そうした国々に将来、世界水準大学が多数現れる見込みもない。どこの国のものであれ、比較的新しい高等教育機関が世界水準大学のランキングの常連になることがほとんどない理由としては、高い費用と、その他の中等後教育セクターとの競争が、まず挙げられる。この一般化に対しては、例外も存在する。今日の中国には、世界水準としてランクされつつある大学や、それに近づいているいくつかの大学が存在し、政府はこれらの大学に投資している。韓国と台湾は、同様に世界水準クラブへの参加を目指しており、

また、そのための資源も保有している。インドは、まだその方向へとは動いていないものの、世界水準の大学を設立する力をもっている。ブラジルやメキシコ、アルゼンチンなどにある、ラテン・アメリカのいくつかの大規模公立大学もまた、世界水準となる可能性をもっている。「旗艦」大学という用語もまた、研究大学に関する議論でしばしば用いられることがある。これは、一般的にはある国、ないしその学術システムにおける主要な大学を指している。これらの大学は、その影響力および他への模範として、注目されることになる。旗艦大学は、典型的にはそのシステムないしその国において最も威信が高く、ほとんど必ず国立といってよく、またしばしば最大規模の大学である。学術システムや国は、こうした機関を高等教育におけるリーダーとして注目することになる。

　発展途上国では、先導的な大学は、政治および社会発展においてしばしば中心的役割を演じる。これらの高等教育機関は、「国立」大学と呼ばれてきた。メキシコ国立自治大学（National Autonomous University of Mexico：UNAM）は、一つの例である（第11章を参照のこと）。UNAMは、メキシコの政治・知識の指導者たちを教育してきており、また、政治活動の中心として機能し、国立図書館をキャンパス内に置き、国における最大規模の研究志向の機関としての役割を果たしてきた。その他の多くの国々、特にラテン・アメリカ諸国は、同様に、典型的には指導的な学術機関として存在し続け、教育面、知識面、そしてしばしば政治面においても国のために中心的な役割をある程度担い続けている大学を有している。こうした大学は、必ずその国々で指導的な研究大学群に属している。

　これらの定義と概念に関しては、世界中で相当大きな混乱がある。政策立案者たちは、世界水準の大学について、実際には研究機関の意味で言及することがある。学術界の指導者たちは、実際には到達不可能であっても、自分たちの大学を世界水準であるとして「売り込」もうとする。国の旗艦大学は、国際的に、あるいはその地域の中で、世界水準であると自己定義する傾向がある。現実的な目標を目指すためには、これらの用語を慎重に定義することが有益である。

研究大学と研究システム

　研究活動が行われるのは、研究大学の中のみではない。専門化された研究機関、政府研究所、企業の研究センター、その他の機関が研究を遂行し、その多くが国際的な研究コミュニティに参画している。大規模な国では、研究大学はその他の種類の機関を含んだ、一種の複合的な研究システムを形成する。しかし、そうした中でも大学は、研究遂行のための最も影響力をもつ機関として機能する。さらに、大学は将来の研究者、学者、教員を正規に教育し、資格を与える役割ももつ。典型的には博士課程など上級レベルの学生を活用して研究を支援することは、研究費用を軽減し、学生に貴重な養成機会を与え、そして新世代の才能ある研究者の洞察を利用できる。

　公的に財政支援されることが一般的である研究機関群は、多くの国において共通の体制を持ち続けている。前体制のソビエト連邦の科学アカデミーは、そのもっとも影響力のあるパターンの一つである（Vucinich 1984）。トップの研究者たちが分野ごとの（分野をまたぐこともある）アカデミーに配置され、通常はそのアカデミーが研究大学に接続される。これらの主要な研究者たちは、大学に所属している事例もいくつかあるものの、主たる任務や仕事は研究機関に基づいている。自然科学や工学がアカデミーのシステムで支配的な位置を占め、人文学や社会科学は少数派となっている。前体制のソビエト連邦（ある程度は現ロシアも）や、東ヨーロッパや中国などの同様の国々において、こうしたアカデミーは研究の主要な担い手である。これらの国々では、大学の研究活動は不活発であり、研究へと財政支援が向けられることはほとんどない。台湾では、中央研究院を通じて、ほぼ同様の様式で遂行されている。フランスの国立科学研究センター（Centre National de la Recherche Scuentifique：CNRS）およびドイツのマックス・プランク研究所（Max Planck Gesellschaft）も、同様の機能を有している。米国では、国立衛生研究所（National Institute of Health：NIH）がヨーロッパの事例に似ているものの、一般的にNIHは応用研究により重点をおいている。多くの国々が、この研究機関モデルを脱却して大学に研究所を取り込む方向に向かっている。

　とりわけ米国において現在発展しつつある潮流は、企業がスポンサーとなり大学を基盤とする研究施設で、商品に関連した応用研究やスポンサー企業

の利益となる研究テーマに従事するものである。多くが応用研究に重点をおいており、その結果はスポンサー企業の市場向きの製品となる。特に米国や日本の企業が、大学に関連した研究センターのスポンサーとなることに積極的である。企業は学術的な専門知識を活用すべく、研究施設を大学付近に設立する。よく知られた事例は、バイオテクノロジー企業とマサチューセッツ工科大学（MIT）との関係である。他の事例としては、企業研究所が大学に設置されたり、学術組織との協定がなされるもので、ここでは研究資金が提供される代わりに知的生産物へのアクセスが得られる（Slaughter and Leslie 1997）。中国はこれまで、大学と産業との間の連携が活発であったが、その成果は一様ではない。すべての取り組みが成功したわけではなく、伝統的な学術的価値が弱められたとする意見もあれば、革新的プログラムを称賛する意見もある（第4章および第5章を参照のこと）。

　大学には、知識、発見、そしてイノベーションのためのコミュニティを形成する研究者や教員、学生が一堂に集まる。上級の博士課程レベルの学生は、高く動機づけられた科学分野の人材として働き、同時に彼らは洗練された研究に直接関わることで、その恩恵を受けることができる。大学は、幅広くかつ専門化された科学分野を擁し、そこで行われる研究は学際的な洞察による裨益を得ることができる。こうした学際性は、バイオテクノロジーや環境科学といった先端分野においては、とりわけ重要となる。大学はまた、他の機関には不可能な方法で、基礎研究を応用分野に適用することも可能である。

　科学上の発見とその解釈という学術的規範の独特の結びつきや、教育と研究の連携、幅広い分野から集まった科学者や学者の威信などによって、学術的環境の質は高められる。大学はまた、「公共財」——科学的発見が広く社会的利益を持つかもしれないという考え——の実例でもあり、そしてその基礎研究への集中度は際だっている。科学は大学以外行いうるが、大学はとりわけ、発見を行うのに有効な環境である。

研究大学に共通する特徴

　世界の研究大学は多様ではあるが、共通の特徴も存在する。これらの特徴はほとんど普遍的なものであるため、正確に述べる必要がある。

研究大学は、ほとんど例外なく、政府が財政支出を行う公的な機関である。私立の研究大学は、米国と日本にいくつか存在するだけであるが、現在の私立高等教育の世界的な成長を考えれば、少数の私立高等教育機関がトップにランクされる可能性はある。これには、数多くの根拠がある。授業料収入に頼る私立の機関が、費用のかかる研究大学に資金供給を行うことはまれである。研究大学は、典型的には学生数や学部・学科数などの規模が大きい。研究機能は、大学の最も高価な部分であり、公的な支援を必要とする。というのは、研究は典型的には直接の収入は生み出さず、特に基礎研究はそうであるからである。トップランクの質をもつ研究を生み出すのに必要な施設は、特に科学分野の場合、私立大学が準備するには負担が重すぎる。米国においてさえ、いくつかの私立大学の研究ミッションは、個々の科学者たちに与えられる研究補助金を通じて、政府により支援されているのである。世界の大部分では、学術的な伝統において私立の研究大学という存在が全くない。税法において、一般的には私立大学に対するフィランソロピーとしての支援が優遇されることはない。その結果、米国と日本を除けば、研究への支援を許容する基金を有する私立の高等教育機関はほとんどない。営利の私立高等教育機関が国際的に成長する傾向によって、研究大学に対する私立の関心は、さらに弱まることになる。しかし、学術システムのトップの競争的な位置に到達しようとするいくつかの私立高等教育機関は、研究大学を目指すだろう。
　研究大学は、一般的には様々な学部・学科を備えた複雑な高等教育機関である。また、常に当てはまるわけではないが、しばしば、その国で最大の学術機関である。研究大学は大抵が、（例えば、医学、経営、教養などの専門の）専門職大学院や学部・研究科を有している。研究大学は、規模が大きく、多様な専門分野を持つことで、実験室、図書館その他の基盤において、「範囲の経済」の利点を活用することができる。この法則には例外もある。例えば、カリフォルニア工科大学（California Institute of Technology）やインド工科大学（Indian Institutes of Technology）は、小規模で、ある分野に特化した機関であるが、これらの高等教育機関は、研究中心大学であると考えられている。
　大多数の研究大学は、クラーク・カー（Clark Kerr）が指摘しているように、「マルチバーシティ」（Kerr 2001）——多くのミッションを抱え、研究はそ

のミッションのひとつにすぎないが、研究と大学院教育が支配的なミッションである傾向を持つ機関——である。これは、カーがカリフォルニア大学バークレイ校について述べたものであるが、これは、世界の大多数の研究大学に適用できる一般的な特質である。これらマルチバーシティのミッションは、広範な職業・専門職の諸資格を学生に提供することの他、大規模な学士課程教育の実施から地域・国それぞれの共同体に対しての貢献までを包含するものとなる。たとえば、メキシコのメキシコ国立自治大学（UNAM）とアルゼンチンのブエノス・アイレス大学は、中等教育もまた提供している。しかし、全ての事例において、研究は、その高等教育機関において最も威信の高いミッションとなっている。研究を強調することは、学士課程教育の質に対してネガティブな影響を与える傾向があり、同時に、その大学の指針を左右する強い影響力をもつことが一般的である（Lewis 2006；Hutchins 1995）。しかしながら、研究が活発な教員たちは、学士課程のレベルにおいても、学生たちに有益となる活力ある教育を行うという議論がよくある。

　研究大学はまた、常に資源を多く必要とする。研究大学を設立し、維持するのは、他の学術機関よりも相当高価となる。科学装置はますます高額になる傾向にあり、情報技術や世界的な科学的知識へのアクセスは急速に拡大していると同時に高価であり、教授たちに対しては他の学術システムの規定よりも多く給料を払う必要があるなどの理由から、研究大学は他の学術機関を運営するよりも相当高価なものとなるのである。学生当たりの費用は、常にその他の高等教育システムよりも割高なものとなる。また、持続的な財政の確保は不可欠であり、予算が変動するようであれば、これらの研究大学にはダメージとなる。

　最後に、研究大学はその国の、また場合によっては世界中の「ベスト・アンド・ブライテスト（最良で最も優秀）」な学生を集める必要がある。これらの研究大学は、その威信と施設によって、一般的に最も有能な学生を惹きつけ、その入学者選抜はとても競争的なものとなる。同様に、研究大学は一般的に最も才能ある教授たちを雇用している。これらの教授たちを惹きつけるのは、これら研究大学がもつ研究への志向や、施設設備、そしてしばしばより良好な労働環境である。研究大学の教員たちは、一般的には、中等後教育

の教育において博士号が要求されていない多くの国々においても、博士の学位を持っている。

2) 試　練

　研究大学は、学術システムの頂点にあり、また、グローバル化する新しい経済の中心であると認知されることで、厳しい試練に直面することになる。以下は、全ての国々の研究大学が直面している問題の一部である。ここで議論される諸問題は、その範囲や深刻さには違いがあるものの、普遍的に当てはまるものである。

財　政

　既述のように、研究大学を運営するための基盤的な費用は増加してきており、政府からのものを主とした伝統的な財政資源がさらに必要とされている。また、各高等教育システムとその機関に対しては、新しい収入源の探索が求められている。同時に、高等教育への公的な財政支出を支える基本的な考えには、疑問符が付されつつある。伝統的な考えでは、高等教育は公共財と見なされ、その研究やサービスの他、人的資本を増やすことで社会に対して貢献するものととらえられている。それゆえ、社会は高等教育の費用の大部分を支払う責任を負うことになる。1980年代から、世界銀行や、その他の国際的な政策機関の考えに刺激される形で、「新自由主義経済の世論」が形成され、高等教育は次第に、個々の卒業生を利する私的な財とみなされるようになってきている。この考え方に立てば、個人とその家族は高等教育の主な費用を、授業料その他の学費により負担すべきだということになる。このような考え方の変化が起きたのは、多くの国々で高等教育の大衆化がキーワードとなり、劇的に増加する学生数のもとで伝統的な政府の財政支出の水準を保つことが不可能となったなかでのことであった。より広範な経済的議論はさておき、こうした財政的な諸要因が重なったことは、典型的な「公共財」の機関である研究大学に対して特に困難な状況を作り出した。研究大学の費用は高く、その生産物、すなわち社会のトップ層を教育し、研究を行い、

知識の宝庫や社会分析の源として貢献することからは、短期的には実践的な結果が生み出されないかもしれない。学生の学費だけでは、研究大学を支えることはできない。さらに、基礎研究は、財政的に自立することはできない。以上の理由などから、研究大学は厳しい財政的な困難に直面することになるのである。

　研究大学は、プライバタイゼーションの圧力にさらされている（Lyall and Sell 2006）。公的な財政は研究大学を支えるのに十分ではないことから、国公立大学のプライバタイゼーションが各国共通の現象となった。例えば、米国では、多くの州立「旗艦」研究大学は、主要な資金提供者である州政府から15％ほどしか基盤的な資金の提供を受けていない。予算の残りは、学生の学費、研究助成金、知財や副次的なサービスからの収入、個人や財団からの寄付、そして、基金から得られている。十分な収入を生み出すため、中国の大学は学費を増やし、教員のコンサルティングなどの仕事による収入獲得や営利企業の設立などを行っている。ロシアやウガンダなどいくつかの国々では、研究大学がその他の大学と同様に、高い学費を取る「私費」学生を入学させてきた。対照的に、これらの大学の一般の学生は公的な財政支援を受けており、この措置は、大学が新たな資金を得るために行われている。これらの活動の多くは、その大学の中心的な役割に対し相当の悪影響を与えることになる。

研　究

　研究や探求の文化および質の問題は、研究大学にとって不可欠な部分である。ここで述べたような財政的な圧力のため、応用や、時には営利を志向した研究が行われる傾向が強くなっている。これは、基礎研究よりもこうした研究の方が容易に財政支援を得ることができ、また大学にとって利益を産むことになるからである。研究の商業化は、研究大学に対して重要な意味を持つ。このことは、基礎研究よりも商業的価値を強調することで、研究のコミュニティの方向性をかなり変化させることになるからである。大学は、科学的な研究成果物を算出することや大学の施設へのアクセスを提供することなどについて、企業と協定を結ぶことになる。カリフォルニア大学バークレイ校と多国籍製薬会社ノバルティスとの間の関係が議論を呼んでいるが、これは、

伝統的な学術規範と商業的な利害が衝突する可能性があることの一例である。知識のオーナーシップ、学術施設の使用、科学的研究の絶対的な開放性などは全て、これらの商業的なつながりによって起こされる問題である。

　高価な実験室・設備や、複数の大規模な学際的科学研究チームなどのために大学の研究の費用が上昇していることから、諸科学における研究を支援する財政を増加させることがさらに困難になってきている。先進国の大規模で財政的に豊かな大学においてさえも、最先端の研究を支援するために苦労している。いくつかの専門分野では、最先端の科学的研究は、最も豊かな大学によってしか支えることができない。

　発展途上国の研究大学は、費用の負担が可能であり、国のニーズや優先事項と合致するような研究分野を選別する必要がある。多国籍企業とのものを含め、民間セクターの企業との適切な連携は必要なのであろうが、応用研究と基礎研究とのバランスが図られる必要がある。科学的な活動は、大学の研究活動の一部分でしかない。人文社会科学は、自然科学の方が利益を生み出し威信が高いとみられていることから、軽視されがちである。しかし、人文社会科学は、社会や文化を理解するうえで重要である。人文社会科学は、自然科学に比べ費用の負担が非常に軽いが、時に無視されることになる。

　研究への財政配分の詳細はまた、大学の中心的な方針に関わる事項でもある。大学の予算からの基礎的な資源としては、実験室や図書館その他の研究施設が必要となる。また、特定の研究プロジェクトについては、多様な財源から様々な方法で資金が配分される。競争に基づく学術的な賞の授与というシステムによって、革新的なアイディアが奨励され、最良のプロジェクトのための資金が付与される。このような資金は、政府の省庁や財政配分機関、民間や外国の財団、民間企業から提供される。適切な財源の組み合わせや配分メカニズムのもとでは、研究資金や最も良質で革新的な研究のアイディアをめぐる競争が奨励されることになる。

商業主義と市場

　高等教育が市場的な力や商業的な利害の介入を受けることは、どこであれ大学にとって大きな試練のひとつとなる。研究大学にとって特に脅威となる

のは、研究大学が典型的には「公共財」としての機関であるからである。市場の力は、学術世界のほとんどあらゆる面に割り込んでくる可能性がある（Kirp 2003）。ロジャー・ガイガー（Roger Geiger）は、「米国大学市場のパラドックス」について次のように書いている。

　　その市場は、結局のところ、大学により多くの資源と、質の高い学生と、先進的な知識に対しての非常に大きな収容力と、米国経済における生産的な役割とをもたらすことになる。同時に、大学自体の活動の独立性を減じ、公共に対して貢献するというミッションを弱め、商業的な責任を負うことで、知識に関する独立した裁定者としての特権的な役割を損なう可能性が生み出されることになった（Geiger 2004, 265）。

　発展途上国にとっては、市場の試練は、特に深刻である。これは、途上国の方が基盤的な財政が不安定であり、アカデミック・オートノミー（自治）の伝統が弱いからである。外的な市場の圧力は、たちまち大学全体に影響を及ぼすことになる。研究大学においては、市場の力によって研究の方向性や、大学教授職の関心の中心、さらには大学の財政バランスが大きく転換することになるかもしれない。しかしながら、研究大学が生き残りのために大学自身の資源に頼らざるを得なくなれば、大学の方向性や優先事項が市場の力によって決定されるようになるであろうことは明白である。

オートノミーとアカウンタビリティ
　オートノミーとアカウンタビリティとの間の緊張関係は、学術機関にとって常に懸念されることである。大学におけるアカデミック・オートノミーの伝統には、中核となるような学術的な事柄について自己決定力を持つこと、そして、自らの方向性を形作る能力が含まれる。同時に、資金提供者、政府系の助成機関、宗教団体などを含む外部機関は、高等教育に対してある程度統制力を及ぼすことになる。これらの緊張関係は、中世ヨーロッパにおける大学の成立の時点から、明白であった。大衆高等教育の時代には、高等教育の経済・社会双方に対する影響力が高まったことから、アカウンタビリ

ティへの要求が増した。高等教育は、国家にとって重大な支出であり、多数の人々に関係するものになりつつある。現代のアカウンタビリティに対しての要求は、ほとんど常に、高等教育の財政の大部分を担う国家からのものである。

　研究大学は、オートノミーを特に必要とする存在であり、現代のアカウンタビリティへの要求は、特に研究大学にとって問題をはらんでいる。学術の世界は一般的に、効果的に機能するために、ある程度のオートノミーを必要とする。研究大学は自分自身のプログラムを作り上げ、長期的な展望をもって運用され、自らの予算管理と学術共同体の運営を行う。研究大学に対しては、安定的な財政の関与が要求されるだけではなく、その長所を発展させ維持するためのオートノミーが必要となる。アカデミック・コミュニティはこのプログラムが成功しているかどうかを判定する最良の主体である。基礎研究を発展させるためには、オートノミーは特に欠かせない。これは、基礎研究が、典型的には大学教員の知的な興味や関心から発するものであるからである。

　アカウンタビリティは、もちろん、現代の高等教育において不可欠な部分である。学術機関を財政支援する者は、支出の方針について知る資格があり、公的な高等教育機関およびシステムの方向性を決める権力を有する。学生もまた、大学の質や方針、重点について知る権利を有する。アカウンタビリティは、しかしながら、多義的な概念であり、研究大学に対しては、その他の学術機関とは異なる扱いがなされなければならない。研究大学に対してのアカウンタビリティとオートノミーとの間のバランスは、教育やサービスに重点を置くような大学と比較して、よりオートノミー側に振れていなければならない。

科学と学問のグローバル化

　21世紀の科学は、その視野が真にグローバルなものになっている。研究の結果は、インターネットを通じて即時に世界中で利用可能となる。科学の学術誌は国際的に流通しており、学術関係者は同一の出版物に対して貢献をするようになっている。方法論と科学上の諸基準は、これまでよりもずっと

世界中で利用されるようになっている。研究設備はより精巧で高価になってきており、どこでも利用可能となっている。そして、研究大学は、グローバルな科学的研究に参加しようと望むならば最新の実験室を有しなければならないというプレッシャーを受ける。さらに、研究はますます競争的になり、研究者や大学は結果や特許を急いで示し、あるいは有用との見込みのある発見や発明を認可しようとする。要するに、科学は「大ばくち」、すなわち、激烈な競争による国際的な試みとなっているのである。先進的な研究への参入は高価であり、競争力のある最先端を維持することもまた同様である。

　この試練は、実験室やインフラだけの問題ではなく、科学や学問の定義や方法論にも関係する。科学のグローバル化が意味するところは、参加する者が、米国や西洋諸国の主要な大学にいる研究のリーダーたちによって確立された専門分野や学問の基準につながることである。資金を得た研究で用いられ、主要な科学的学術誌で発表される方法論が、世界の科学を支配する傾向がある。さらに、指導的な科学者や大学が関心を示すテーマや学術分野は、周辺的な大学にいる者にとって関係のないものであることもありうる。世界の科学に関与することは、一般的には、確立された研究パラダイムやテーマに忠実であることを意味する。

　科学にかかる高い費用は、研究についての長い伝統や必要とされるインフラと設備を持たない学術機関にとって、深刻な問題である。ある大学が「世界大学ランキング」に入ろうと望むならば、国内や国の周辺の地域に関わるテーマについての研究を許容するようなインフラを構築することだけではもはや不十分である。大学が研究志向であると見なされたいと考えるならば、国際的な科学ネットワークに参加し、世界の大学や科学者たちと競争することが必要である。研究大学のグループに参加する費用は、財政の問題、さらにはこのような大学を設立した経験がないという点で、発展途上国にとって特に深刻な問題である。大国や小規模な先進国においても、小さな学術機関が研究大学に転換しようとすれば、同様の試練に直面する。グローバルな科学の世界に参加するには高価な費用がかかり、その参加を持続させるにもまた費用がかかる。

　グローバルな科学のパラドックスは、グローバル化一般と同様の特質を

もっている。情報技術、よりよいコミュニケーション、高度に養成された人材の世界的な循環などの要因を通じて、グローバル化によって誰もが科学のグローバルな市場への参加を許される。同時に、グローバル化により、すべての参加者は、豊かな大学により支配され不平等であるグローバルな知識体系の圧力を受け、これらの豊かな大学の基準や価値がすべてのものに押しつけられることになる (Altbach 1987, 2004)。

公と私

すでに議論されたように、米国と日本以外の国のほとんどすべての研究大学は、国家など公的な支援を受けている。この傾向は、いくらかの変化はあるかもしれないが、持続すると考えられる。高等教育において世界中で最も急速に拡大しているのは私立セクターである。私立セクターの拡大は、私立高等教育が研究に重点を置いたものではないので間接的にではあるが、研究大学に対して一定の影響力をもつことになる (Altbach 1999)。少数の例外はあるものの、新しい私立高等教育機関は教育と学生への専門職などの資格付与、あるいは特定のニッチの分野に活動の重点をおいている。新しい私立大学は、科学や研究の大多数の分野を擁した完全に独り立ちできる学術機関ではない。特定の分野に特化することは、急速に拡大する営利セクターの私立高等教育に特にみられる特徴である。このセクターは、研究活動が迅速に利益を生み出すことはないので、研究能力をもつことに全く関心がない。

少数の非営利の私立大学は、自分たちの地位を高め、教育と研究とに広範な貢献をするため、研究能力をもつことに成功するかもしれない。チリのサンティアゴにあるカトリック大学 (Catholic University)、エジプトのカイロにあるアメリカン大学 (American University) は、高い地位をもつ私立大学の2例であり、国内外での威信を高めるべく、相当活発な研究活動を行うことに重点を置いている。このような大学は、一般に学術的な卓越性の伝統や、研究プログラム発展のための慈善基金へのアクセスを有する。

世界中で私立高等教育の役割が発展していることは、研究に重点を置く大学の割合が小さくなることを意味する。このことは、大衆高等教育へのアクセスという負担からある程度解放され、研究部門の振興に集中できるという

点で、いくらかは国公立の研究大学のためにもなるかもしれない。しかしながら、多くの国々でそうであったように、高等教育において私立セクターがより大きな責任を担うことから、政府が大学セクターに対しての支援を減らしつづける可能性が高まることになる。私立セクターの隆盛は、研究に重点がないだけに、世界の大部分、特に発展途上国において大学における研究の役割を脅かすことになるかもしれない。

メリトクラシーとしての研究大学

　世界の中には、大学が必ずしも厳格にメリトクラティックであることに固執しないようなところもある。一つの問題は汚職であり、また、質やメリットとは関係のない理由で助成金や昇進が与えられる場合もある。研究大学にとって、メリトクラティックな規範や学問に対する誠実さに忠実であることは、特に大切なことである。大学は、もちろん、広範な社会・政治システムの一部であり、国家組織に汚職や情実がはびこっている場合、学術世界もまたその影響を免れることはない。発展途上国のなかには、学術における汚職の問題が現在も様々な面で存在している国もある。組織的汚職は、旧ソ連諸国や他の国々においても顕著である。学生の入学や学位授与における賄賂や、学生や教員、研究者によるあからさまな剽窃、試験でのカンニングの一般化などの明らかに受け入れがたい行為が広がっている。インドでは、学生が試験でカンニングする権利についてデモを行ってきた。中国では、学術システムのあらゆるレベルでの剽窃や、いくつかの研究大学における知的所有権の侵害が、大きな社会問題となっている（Pocha 2006）。健全なアカデミック・システムにおいては、このような行為がなされた場合、アカデミック・コミュニティからの非難を受け、根絶されることになる。

　この状態は、大学教授職が直接関与している場合、さらに危険である。学者の給与が安いことは、専門職としての業務をプロらしからぬ形で行わせることにつながる。エジプトでは、教授が講義ノートやその他の教材を非合法に販売する行為が広がっており、このことは、アカデミック・スタッフが、生存のために十分なお金を稼ぐ必要があることと関係している（Arishie 2006）。アカデミックなポストを売ることが一般的になっている国々もある。

また、教授の地位を、民族や宗教、あるいは政治的な要因で与えることも広く行われている。

汚職が行われることにより、学術環境はダメージを受け、また、研究大学の文化やエトスが毒される。メリトクラティックな価値に関しての理想とその実践は、研究大学の中心的問題である。卓越性と知的な質は、研究大学の学生の入学、アカデミック・スタッフの雇用や昇進、報酬を決める上での重要な基準である。これらの研究大学を下支えしているのが、メリトクラティックな価値への依拠である。この価値への侵害が広がれば、研究大学が繁栄することは、当然ながら不可能となる。

学問の自由

学問の自由は、研究大学の中核的な必要条件である（Altbach 2001a）。しかし、ここでは次のような定義を行っておく必要がある。最も重要なのは、自分の研究分野についての研究と出版を行い、専門領域について何の制約も受けずに教える自由である。これらの権利は、学問の自由に関する非常に限定された形でのドイツ式定義の一部分である。学術関係者が、その人の学術的な専門性とは遠くかけ離れたようなテーマや分野なども含め、どのようなことについてでも公的な集会や著作において表現する権利――これは、より幅広い形での米国式定義であるが――は、世界中でますます受け入れられるようになってきている。学問の自由を、伝統的な規範や価値としてと同時に、学術関係の法律に明記して保護している国々もある。多くの国々におけるテニュア（終身在職権）システムや、あるいは公務員としての地位により雇用の安定性が保証されているため、政府当局などがこれらの保証に保護された教授を辞めさせることは不可能か、困難である。

研究大学は、自学の教員たちが新しい知識の発見に直接関与していることから、学問の自由についての強力な体制にとりわけ依拠することになる。研究大学の教授たちもまた、他の学術関係者以上に「公的な知識人」であり、社会的に重要なテーマについての市民の対話に関与している。歴史が示していることだが、学問の自由――教室や図書館における自由、また、研究や学問の結果を出版する自由――は、研究の文化を形成する上で中心的な要素で

ある。

　学問の自由の規範は完全には確立されておらず、結果として、最上の質の研究大学を支えることが難しいと考えられる国々もある。少数ではあるが、学問の自由が完全になかったり、あるいは厳しく制限されている国々があり、そうしたところでは、適切な水準をもつ研究大学であっても、財政的支援や資源にかかわらず、成功することが難しい。世界でより一般的なのは、大学が学問の自由について、一定の制限を受けている場合である。多くの国々、特に発展途上国では、政治的、社会的にセンシティブな知識の領域については、研究や出版、あるいは論評が制限されている。

　民族あるいは宗教に関する研究、環境に関する研究、社会階級や社会紛争などに関する研究が、そのような領域に含まれる。これらの分野における批判的な分析に対する処罰は、アカデミックなポストからの解雇や、投獄、国外追放などの厳しいものになることもある。より一般的なのは、深刻でない程度の罰則や非公式な警告である。

　学問の自由と研究大学の存続との間には、ある繊細なバランスが存在するように思われる。シンガポールは、例えば民族関係などの政治的にセンシティブと考えられるいくつかの領域における研究に対して、長い間非公式な制限を加えてきた。社会科学者は、研究や出版の自由に対してある程度制約を受け、また、研究が公的に承認された暗黙の境界をはみ出したとの批判を受けることが時折あった。同時に、シンガポールは研究大学を設立し、外国の評判の高い大学との協力を確立することに成功してきた。中国での状況も同様であるが、制限はより大きいと言われており、違反への処罰もより厳しいことがあり得る。中東では、政治的にセンシティブなアラブ－イスラエル関係や、特定の宗教や民族をテーマとする研究や出版に関しては禁忌が存在している。アフリカ諸国の中には、一般的には学問の自由が尊重されながら、権力をもつ支配体制への批判は、投獄や失業につながる国もある。それなりに成功した研究大学は、制限が厳し過ぎなければ、不完全な学問の自由のもとでも設立できるように思われるが、広範な比較が示すところでは、学問の自由が最も大きい大学が、研究大学として最も効果的である。

　米国などの先進国では、学問の自由についての伝統的な規範への主な脅威

は、研究の商業化や、大学ないし個々の研究者と大学を基盤とする研究に関心を持つ企業との間の連携の増大からもたらされている。産学連携の旗印の下では、研究の知見へのアクセス制限が起こりうることや、研究グループの関心の商業的な産品への集中、基礎的な研究を犠牲にする形での応用研究の強調などが合意されることになる（Slaughter and Rhoades 2004；Kirp 2003）。この商業化は、大学や個々の研究者にとって財政的には有利かもしれないが、知識の自由なコミュニケーションについての制限がしばしばなされるという点で、学問の自由の原則のひとつを侵害している。

　学問の自由は、研究大学が成功する上での中心をなす複雑で微妙な問題である。学問の自由は、どこでも、また、あらゆるタイプの学術機関にとって、高等教育の中核的な価値をもつが、研究大学にとっては特に重要である。21世紀における学問の自由の試練は、抑圧的な外部機関からだけではなく、高等教育の新たな商業化からも立ち現れる。問題は、学術関係者の中から発生ずることがある。これは、アカデミック・コミュニティが政治化したり、宗教や民族関係による緊張関係のある国々があるからである。

大学教授職

　教授団は、高等教育の中核をなす存在である。研究大学は、特に大学教授職の質と集中に依拠しており、現在の世界中での教授団の発展は、大学教授職にとっても研究大学にとっても望ましいことではない（Altbach 2003b）。研究大学は学術スタッフに対して、可能な限り最高の資格、すなわち評判の高い大学からの博士号を要求する。これは一見明白なようであるが、発展途上国の学術スタッフの大部分は博士号をもっていないため、述べておく必要がある。

　研究大学は、その大学での教育と研究とにプロフェッショナルな関心を全て傾注するようなフルタイムの教員、学者、そして科学者を必要とする。大規模な数のフルタイムのアカデミック・スタッフがいなければ、効果的で専心する教授団を形成する中核的な部分を構築することは、事実上不可能である。フルタイムの大学教員に対しては、大学の中核的な機能を満たすことが要求されるのみならず、ガバナンスや経営への参加が必要となる。これは、

研究大学が高度の自治と教員によるガバナンスを必要とするからである。フルタイムの大学教員が欠如していることは、ラテン・アメリカ諸国が研究大学を設立することに失敗してきた主な理由のひとつである。

　フルタイムの関与に加えて、給与はミドル・クラスのライフスタイルを支援するのに十分でなければならない。国際的に見て最も高く報酬を与える大学と同等の給与である必要はないが、教授たちはその国でのミドル・クラスの安定した一員でなければならない。フルタイムの教授たちは、コンサルティングや他の機関での副業、あるいは、大学によっては、学費収入を得るためのプログラムでエキストラの教育負担をして自分の収入の相当部分を得ていることがしばしばである。これらのやり方は、教授団の中核的な機能を損ね、十分な学術生産性の維持を困難にする。コンサルティングの仕事や、産業のための応用研究、外部機関とのその他の連携が、学術的な仕事との有益な相乗効果を生み出す分野もある。しかし、多くの国では、学外の仕事や追加的な収入への依存は、研究大学にとって有害である。問題なのは、学術関係の給与は世界中で全般的に停滞してきたが、対照的に、同じような教育を受けた大学外の専門職の報酬が劇的に増大した国々があることである。「ベスト・アンド・ブライテスト」を学術界に惹きつけるためには、給与は競争力のあるものでなければならない。

　教育の責任は、研究への時間とエネルギーを許容するために十分に制限されなければならない。米国では、大多数の研究大学の標準的な教育負担は、1セメスター（半年の学期）2コースか、1年間に4コースである。ある種の科学分野では、教育への期待はこれよりもさらに少ない。ヨーロッパでも、教育負担は一般的にはこれと同じ程度である。多くの発展途上国では、ずっと多くの教育が要求され、研究のための時間はほとんど残らない。米国において研究中心の活動を行う教授たちのなかで最も活動的な者たちは、彼らの教育の相当な部分を大学院のプログラムで行っており、このことは、教育と研究との関連づけや、生産性の増大を助けることになる。ヨーロッパの国々では、博士課程のプログラムは主に研究に重点が置かれており、教授は博士課程の監督や指導に対しての十分な時間が与えられている。このような実践を行ってきた発展途上国は、ほとんどない。

大学教授職は、才能のある教授たちが、自分たちの業績とその仕事の質に基づいて専門職としてのランクを高めることを許容するようなキャリア・システムを持たなければならないし、給与体系は業績によるものでなければならない。多くの国で、最初のフルタイムでの任用が、終身職と同等となっている。例えば、ドイツなど、キャリア構造の組織がそうなっているため、若い研究者が昇進の可能性があるポストを得ることが難しい国もある。世界の大部分では、アカデミック・ランクを昇進するのは、大概勤務年数の問題であり、教育や研究の業績が示されることによるものではない。大半の国では、学者の給与は業績よりも、勤務年数や職階、また、場合によっては分野によって決まる。これは、主に西欧など、学者が公務員と考えられている国々では特にそうである（Enders 2001）。公務員としての地位により、終身雇用が強く保証されるが、昇進の要素として生産性が測られることはない。

　ここでの課題は、学問の自由を担保する手段として、また職の安定性を準備する手段として、長期雇用の合理的な保証と組織への忠誠心とを結びつけることである。米国のテニュア・トラック制度は、米国の中では多くの批判があるものの、この目標に最も近いものかもしれない（Chait 2002）。まず最初に仮採用が行われ、何回もの厳格な評価を経て、これに合格すれば、6年後に終身（テニュア）の任命がなされる。准教授から正教授へのさらなる昇進もまたメリットに基づき、厳格な評価による。大多数の米国の大学はこのパターンを踏襲しているが、研究大学はこの中で最も厳重な評価を行っている。米国の大学では、テニュアを与えたあとの生産性を測るため、「テニュア以後の評価」を設ける動きが広がっている。典型的には、給与の上昇は、勤務年数と業績による。米国でさえ、大学教授職は――研究大学からみれば――脅かされている。もっとも深刻な問題2つは、パートタイムのアカデミックな労働力、そして、フルタイムとしての任命であるが、パーマネントのキャリアにつながることのないドイツの任命のパターンとある意味で似ている、ノン・テニュア・トラックという比較的新しいカテゴリーの成長である。今や、米国の大学における新しいポジションの半分はこれらのカテゴリーに入るが、研究大学においてはテニュア・トラックのポジションの割合は高い（Schuster and Finkelstein 2006）。

大学教授職は、どこでも大学の成功の中核である。研究大学は、高度な養成を受け、研究と学問に専心し、知的な好奇心によって動機づけられる特別なタイプの教授を必要とする。このほか、フルタイムでの関与と、適切な報酬が必要となる。卓越性が求められるキャリア・パスと、同時に学問の自由と職の安全性を与えることもまた要求される。研究大学における学者は、創造的な研究に従事する時間と、この研究を可能にするインフラとの両方を必要とする。

3）発展途上国：目標、大望、そして現実

多くの発展途上国や中所得国は、21世紀の拡大する知識及びサービス志向の経済に参加するために、研究大学を必要としている。しかしながら、こうした大望を現実に合わせていく必要がある。発展途上国における研究大学の目標は、大規模な先進国のものとは異なるものである必要がある。発展途上国にとっては、目標はいくつもの中核的な要素を含むものとなる。

科学コミュニティの創造と維持

研究大学は、幅広い専門分野の科学者や研究者を雇用する。これらの研究大学がなければ、研究大学が欠如している多くの発展途上国で現在起きているように、高度な養成を受けた学者たちはその国を去ることになるか、あるいはそもそも養成自体が失敗するだろう。研究大学は、全ての分野での科学の最前線において何が起きているかを理解し、グローバルな科学コミュニティに参加することのできるトップの教授や学者、研究者に対して制度的基盤を提供する。研究大学は、その地域での力量を保持しつつ、さらなる才能を生み出す。ローカルな研究大学のアカデミック・コミュニティは、外国の学者とコミュニケーションをとり、グローバルな科学コミュニティに参加できる。

産業と社会に対する研究・教育の関連性

ローカルな研究大学は、その地域のニーズに注意を注ぐことができる唯一

の機関である。ローカルな研究大学は、自らが立地する国がもつ特定の問題を理解し、これらのテーマに関心を注ぐことができる。外部にある研究大学は、そのような関心を持たないし、またそのための知識もない。研究大学は、国際的な科学のトレンドをローカルな問題へと適用することで、国内産業や農業、そして社会の発展に貢献することができる。

文化・社会的発展とクリティーク

研究大学は、どこでも文化とクリティークの中心となる。発展途上国では、他に適切な専門性をもつ社会的機関がほとんど存在しないため、特にこの点において研究大学は重要である。多くの国々では、土着の文化を作り、理解することを可能にする博物館、オーケストラその他の文化的な機関がほとんど存在しない。研究大学は、しばしば、広範な分野の文化における専門性と資源を「クリティカル・マス」として所有する唯一の場所となる。これらの研究大学はまた、社会的な論評や分析、批評などを提供する。繰り返しになるが、研究大学は、これらの役割においてユニークな位置にある。すなわち、研究大学は学問の自由、そして幅広い専門分野に関心をもつ教員と学生のコミュニティをもつ。政治当局は批判を歓迎しないであろうが、これは、文明社会の発展のためには非常に重要である。

国語の研究と分析

研究大学は、当然ながら、科学と学問についての国際的な言語を通じて機能しなければならない。同時に、研究大学は、ローカルな言葉での研究と分析を広める責任を有する。実際、研究大学は、その言語での科学や文学の作品を生産し、語彙を構築することで、国の言葉の発展の主要な源泉となるかもしれない。発展途上国の研究大学における土着の言葉の役割は、非常に複雑なものとなる。ほとんど全てのアフリカ、インドやその他の地域の多くの国々で、高等教育は土着ではない言葉（英語、フランス語など）で行われており、この問題は非常に複雑である。しかし、研究大学はローカルな言葉を支え、発展させる上で主要な役割を果たすことは、明白である。

新しい世代の科学者、学者、専門家の教育

　研究大学の中心的な役割は教育——社会のために新しい世代の教育を受けた人々を養成することであるということは、言うまでもない。政治、知的生活、産業、そしてもちろん教育における社会のリーダーは、大部分ローカルな研究大学で養成を受ける。幾世代ものメキシコのエリートを教育してきたUNAMの役割はまさに、このような共通のトレンドの一つの例である（第11章を参照のこと）。

　発展途上国における研究大学のアスピレーションは、現実的である必要がある。中国やインドなど、最大規模の最も成功したいくつかの発展途上国を例外とすれば、ハーバードやオックスフォードと競争しようと切望したり、トップランクの世界水準の大学を設立しようとすることは、適切な目標ではない。むしろ、発展途上国は、米国のインディアナ大学（Indiana University）やネブラスカ大学（University of Nebraska）、英国のヨーク大学（York University）、オランダのアムステルダム大学（University of Amsterdam）など、第2ランクではあるが、産業社会における優れた研究大学との競争を試みることはできる。

　特定の分野の科学や学問を選択して重点をおくことも必要である。大多数の研究大学は、主要な学問分野の教育を提供し、多くは、医学や法律などの分野の専門職大学院を附設している。いくつかの研究大学は、例えばカリフォルニア工科大学（California Institute of Technology）のように、ある分野に特化した小規模大学である。全ての分野で傑出している研究大学はほとんどない。研究大学は、どのような分野に重点をおいて最も水準の高い質を作り、維持するかを選択する。その他の分野では、良質であることは達成できるが、必ずしも最も高い水準を達成できるわけではない。これらの意志決定は、利用可能な資源や、国やその国の周辺地域のニーズの検討、あるいは、現存の長所についての簡単な評価に基づいてなされる。

　小さな発展途上国は、ひとつの研究大学を設立し、維持する資金にも事欠くかもしれない。そのような場合、国を越えた地域の研究大学を設立することが可能であろう。このことは、情報技術によって、より実際的なものになる。他の地域よりもこのようなイニシアティブが容易な地域もある。例えば、

中央アメリカは、共通の言語をもつ比較的限定された地理的範囲であり、同じような経済・社会的ニーズをもつ小規模な国々で構成されている。東アフリカや、フランス語圏西アフリカ、そして旧ソビエト連邦に属していた中央アジア諸国もまた、同様の可能性を有している。しかし、地域の大学を設立しようという努力は、過去半世紀に渡り不成功に終わっている。多くの議論がなされたが、結果はほとんど出ていない。少なくとも東アフリカ大学（University of East Africa）という一つの例、すなわちこれは、ケニアとタンザニアとウガンダのために設計された機関であったが、成功しなかった。しかしながら、西インド大学（University of the West Indies）や南太平洋大学（University of the South Pacific）は、まぎれもなく地域のための大学として成功してきた。各国がしばしば信じているのは、自国の国立大学が必要であるということであり、それゆえに、隣国と資源を共有することは、国の政策に反することになるのだろう。メキシコが中央アメリカの諸大学と共同しているように、より規模の大きい発展途上国においては、研究大学が小規模な国々における高等教育機関とパートナーとなることが可能かもしれない。

4）結　論

　研究大学は、高等教育システムの頂点に立ち、国際的な学問へのアクセスをもたらし、世界中の、あるいはまたローカルな経済における知識の増大に貢献するような研究を生産する。これらの大学はまた、国際的な科学や学問の世界とのコミュニケーションの手段ともなる。発展途上国にとって、研究大学は特別な役割を果たす。これは、これらの研究大学が、国際的な知識のネットワークへの唯一のリンクであることがしばしばだからである。先進国は、多国籍企業や科学研究所、政府系機関など、多くのアクセス・ポイントをもっている。その地域で最良の学者たちは研究大学に雇用され、この研究大学はこれらの者たちに対して居所を提供し、国を離れることなく科学や学問に貢献する可能性を与える。研究大学は、それゆえ、どのような高等教育システムの成功にとっても不可欠な重要性をもつ。

　研究大学を維持するには、これらの研究大学が、新たに現れる分野や先進

性をもつ知識に遅れないようにするための持続的な資金が必要となる。研究大学は、多くの発展途上国のアカデミック・システムにおいて一般的ではないような特別の性質を有する。それらの性質とは、フルタイムの大学教員の集団や、学問の自由、その地域のミドル・クラスのライフスタイルを可能とする給与構造、単なる年功ではなく業績に基づく昇進や昇給、長期の任用についての合理的な保証、アカデミックな仕事における全ての部門で汚職が存在しないこと、そして、競争や研究生産性についてのアカデミックな文化などである。これらの要素は、既存の大学にはないかもしれない。これには、資源が必要であるし、また、コスモポリタンな学術環境が求められる。研究大学は、アカデミック・システムのその他の部分に対して、一種の「旗艦」という位置づけとなり、最高の学術的価値や最良の学術的方向性の模範を示す。同時に、研究大学のもつ基準は、アカデミック・システムのその他の部分にはあてはまらない性質のものであり、支援が必要である。

　発展途上国が現代経済に仲間入りするには、研究大学が一つの必要条件である。研究大学は、その国を、科学や技術、そして学問の広い世界と結びつける役割を果たす。研究大学は、21世紀の経済・社会に必要とされる技能を提供し、最良の学術的価値をもたらす。研究大学は、グローバル経済にとって、中核をなす機関なのである。

引用文献

Altbach, P. G. 1987. *The knowledge context: Comparative perspectives on the distribution of knowledge*. Albany: State University of New York Press.

―――. ed. 1999. *Private Prometheus: Private higher education and development in the 21st century*. Westport, CT: Greenwood.

―――. 2001a. Academic freedom: International realities and challenges. *Higher Education* 41 (1-2): 205-19.

―――. 2001b. The American academic model in comparative perspective. In *In defense of American higher education*, ed. P. G. Altbach, P. J. Gumport, and D. B. Johnstone, 11-37. Baltimore: Johns Hopkins University Press.

―――. 2003a. The costs and benefits of world-class universities. *International Higher Education*, no. 33:5-9.

―――, ed. 2003b. *The decline of the guru: The academic profession in developing and middle-income countries*. New York: Palgrave.

―――. 2004. Globalization and the university: Myths and realities in an unequal world. *Tertiary Education and Management* 10:3-25.

Altbach, P. G., and T. Umakoshi, eds. 2004. *Asian universities: Historical perspectives and contemporary challenges*. Baltimore: Johns Hopkins University Press.

Arishie, M. 2006. Keeping the profs in funds. *Egyptian Gazette* (Cairo), March 16, 2.

Chait, R. P., ed. 2002. *The questions of tenure*. Cambridge, MA: Harvard University Press.

Douglass, J. A. 2000. *The California idea and American higher education: 1850 to the 1960 Master Plan*. Stanford, CA: Stanford University Press.

Enders, J., ed. 2001. *Academic staff in Europe: Changing contexts and conditions*. Westport, CT: Greenwood.

Geiger, R. L. 2004. *Money and knowledge: Research universities and the paradox of the marketplace*. Stanford, CA: Stanford University Press.

Hutchins, R. M. 1995. *The higher learning in America*. New Brunswick, NJ: Transaction. Originally published in 1936.

Kerr, C. 2001. *The uses of the university*. Cambridge, MA: Harvard University Press.

Kirp, David. 2003. *Shakespeare, Einstein, and the bottom line: The marketing of higher education*. Cambridge, MA: Harvard University Press.

Lewis, H. R. 2006. *Excellence without a soul: How a great university forgot education*. New York: Public Affairs.

Lyall, K. C., and K. R. Sell. 2006. *The true genius of America at risk: Are we losing our public universities to de facto privatization?* Westport, CT: Praeger.

Mollis, M. 2006. Latin American identities in transition: A diagnosis of Argentina and Brazilian universities. In *The university, state, and markets: The political economy of globalization in the Americas*, ed. R. A. Rhoads and C. A. Torres, 203-20. Stanford, CA: Stanford University Press.

Perkin, H. 2006. History of universities. In *International handbook of higher education.*, ed. J. J.F. Forest and P. G. Altbach, 159-206. Dordrecht, Netherlands: Springer.

Pocha, J. S. 2006. Internet exposes plagiarism in China, but punishment of professors rare at universities. *Boston Globe*, April 9.

Ranking and league tables of higher education institutions. 2002. *European Journal of Education* 27 (4): 361-481.

Rosenzweig, R. M. 1998. *The political university: Policy, politics, and presidential leadership in the American research university*. Baltimore: Johns Hopkins University Press.

Schuster, J. H., and M. J. Finkelstein. 2006. *The American faculty: The *restructuring of academic work and careers.* Baltimore: Johns Hopkins University Press.

Slaughter, S., and L. L. Leslie. 1997. *Academic capitalism: Politics, policies, and the entrepreneurial university.* Baltimore: Johns Hopkins University Press.

Slaughter, S., and G. Rhoades. 2004. *Academic capitalism and the new economy: Markets, state, and higher education.* Baltimore: Johns Hopkins University Press.

Task Force on Higher Education and Society. 2000. *Higher education in developing countries: Peril and promise.* Washington, DC: World Bank.

Trow, M. 2006. Reflections on the transition from elite to mass to universal access: Forms and phases of higher education in modern societies. In *International handbook of higher education,* ed. J. J.F. Forest and P. G. Altbach, 243-80. Dordrecht, Netherlands: Springer.

Vucinich, A. 1984. *Empire of knowledge: The Academy of Sciences of the USSR (1917-1970).* Berkeley: University of California Press.

第2章
アジアとラテン・アメリカにおける
高等教育政策と研究大学

ホルヘ・バラン　　　　　　　（米澤彰純訳）

1）はじめに

　この章では、本書でおこなうアジアとラテン・アメリカ諸国における研究大学に関する記述と分析に基づいて、政府の政策に関する比較検討を行う。ここでの重点は、複雑な高等教育システムにおける機関の多様化の試練に直面しながら、大学における研究と高度な教育を強化することを目指した政策枠組とツールを開発することにある。ラテン・アメリカとアジアとの間の比較は、ラテン・アメリカの独立以来の欧州大陸モデルの影響と、最近までの植民地としての経験、戦争、支配、そして米国と英国がもつ強い存在感というアジアの歴史を対照させる上で有意義であると考える。

　また、ある地域に属する国々は隣国を間近で注視しながら、互いの経験を取り入れ、しばしば競争していくことになる。しかしながら、この二つの地域の国々は、極めて種々雑多である。

　グローバルな知識経済における競争が増加することで、世界中の政府や国際機関から高等教育機関間の多様化[1]に向けての圧力がかけられてきた。欧州委員会は、多様化が不十分であることが、「世界水準」の卓越性と、広範囲の学生へのアクセスの拡大に対する障碍となっていると考えている(Vught et al. 2005)。公的な投資を研究や博士課程教育に集中させようという提案が、ドイツのようにかつては大学システムにおける多様性に対して消極的であった国々においてもなされるようになってきた (Kehm 2006)。アジアにおけるインドを除く多くの政府は、世界水準にある研究志向の大学を設立することを悲願としてきた。ラテン・アメリカの諸政府は、チリはある程度例外的ではあるが、このように研究や高度な教育に対して選択的に財政配分を通じて

国際競争力を高めるという戦略には、あまり関与してこなかった。

　最近まで、発展途上国の諸大学は、政府が必要と考える期待に応えることで公的な信頼や支持を得ていた。すなわち、これらの大学は、弁護士・公務員・教師・医師などの技能労働者のための教育や資格付与、公共の病院の提供、図書館の運営、博物館や美術館、観測所の設置などを担ってきた。また、エリート集団や拡大する中間層がもつ、専門職に就くための教育資格の獲得への期待に対しても応えてきたのである。しかし、科学的な研究は、発展途上国の大学内部に必ずしも安住の地を見いだしてきたわけではなかった。これは、少なくとも部分的には、科学的な研究がもつ国際的な志向のためである（Schwartzman 1984）。専門職教育の質は、例えば卒業生が外国に進学しようと応募することなどにより国際的に評価・審査することが可能であるが、最も重要なのは、国内の要請・規制であった。今日、これら大学のもつ公的な正当性に関しての伝統的な根拠はそこなわれてしまったが、大学への期待はかえって増している。そして、諸政府は、大学から不承不承の協力をしばしば得ながら、高等教育機関が生みだしているものの価値を確認し、期待される結果の達成のための財政計画を設計すべく、多様なメカニズムを作りだしてきた。政府が持ち合わせる利用可能なツールとしては、教育プログラムのアクレディテーション（基準認定）、業績指標、予算・財政、入学試験、そして学生の選択を通じての間接的な財政付与などがある。競争への圧力は、学位・資格を規制し、そして質の保証のための手法の振興を進める二国間、地域、そしてグローバルな貿易協定を通じてもまた、助長される（Post et al. 2004）。

　さらに、発展途上国の政府は、今や高等教育を、教育と研究における広範な目標群という文脈においてとらえている。初中等教育における学習に関しては、現在、本書が対象とする全ての国を含む多くの国々で読解や数学に関する標準テストがおこなわれ、その結果が政策立案者、関係者、そしてメディアによって指標として理解され、体系的に評価されているのである（Baker and LeTendre 2005）。高等教育はますます、ベンチマークとして測定可能な教育の成果を示すよう圧力を受けるようになっている。

　豊かな国々や豊かになりたいと願う国々において、大学への新しい期待

が、グローバルな知識基盤経済における国家競争力強化を目指す政府の戦略から生じている[2]。国民総生産（GNP）のなかで国際貿易部門が占める割合は、アジアとラテン・アメリカの双方で拡大している。ハイテクの輸出品のシェアは、アジア経済において爆発的に増加しており、ラテン・アメリカ諸国においてもアジアほどではないが大きく成長している。新しい輸出経済は、新しい技術と技能労働力の広範な利用との組み合わせによる国内サービスに強く依存している。国のイノベーション・システムには、高等教育が主要な要素として含まれる。これは、高等教育が、その国にとって戦略的に重要と思われる知識の生産と普及を行う能力を有するからであるが、その能力は、国際的な基準によって評価されることとなる。

次節では、この二つの大陸における研究大学の組織的遺産について考察し、さらにその次の節では、大衆高等教育システムの現代的な文脈における多様化政策を扱うこととする。その上で、研究大学に対する現在の政府の政策の国際比較を、研究開発、博士課程の教育力の確立、そして、大学教授職改革への財政付けに着目して行う。また、この比較を通じて得られた知見については、結論の節でまとめる。

2）組織的な遺産と政策的文脈

国家に保護された研究大学

本書が扱う研究大学は、ほとんど例外なく公共の機関であり、そのミッションと機能に関して政府からの高い期待を受けて創設されている[3]。国家は、これらの大学に対して特別な法的地位と、公的領域の範囲内での多くの特権を与えてきた。大学が、これらの期待に応えることができるかどうかは、その財政付けを行う国家の政治・経済力によって大きく左右される。国が弱体な場合には、これらの高等教育機関は与えられたミッションの大部分を達成することができず、遅かれ早かれ抜本的な組織変革を求められることになる。このような事例としては、1902年の北京大学、1910年のメキシコ国立自治大学（UNAM）の例をあげることができる。強力な植民地行政官は、彼らが海外に設立した諸大学に対して従属的な地位と限定的なミッションしか与え

なかったが、同時に、しばしば将来の独立政府にとっての遺産を残すことになった。英国は1850年代に三つの大学をインドに設立した。そのモデルはロンドン大学であり、主に附属のカレッジと学位審査機関によって構成されていたが、このあり方は、植民地支配のもとで、そして独立後の初期の高等教育システムの拡大に対して大きな影響力をもった（Jayaram 2004）。1924年には、韓国を占領した日本によって京城帝国大学が設立された。そのモデルは日本の中央集権的な帝国大学であったが、その目的は狭く限定されたものであった（Lee 2004）。韓国は1950年代以降米国の高等教育モデルを取り入れたが、中央集権的な伝統は、産業との比較的流動的な関係とともに、日本の遺産と考えることができるかもしれない。

　このグループに属する古い大学は、ラテン・アメリカにおいてもみられる。これらの大学は、国家と社会のために特に重要な役割を果たすユニークな機関であると考えられていた。これらの大学は、構想当初においては競争相手を持たなかったが、教会関連施設に取って代わるものとして設計され、当時のヨーロッパの諸モデルや理念に触発されたものであった。これらの大学は国を代表する機関であり、国の建設と再建のための手段と見なされた。その特別な位置づけは、いわば遺伝子コードに刻み込まれていたのである。チリ大学は、1842年に創立され、高等教育をずっと独占し、今日でも、国と同一視される存在である。チリ大学は、公教育システムの主人公として、新しい国家が必要とする役人たちを養成し、新国家の統合に必要な知識を形成することが意図されていた（Serrano 1993）。チリ大学は160年以上にわたり中心的な公共機関として続いてきたが、これはチリの国家としての組織的な強力さを反映している。その他のラテン・アメリカ諸国の国立大学は、大規模な組織変革、そして、その変革の後にもしばしば政治的な問題や、州から国への権限移行によって活動できない時期を経験してきた。

新しい大学群

　1960年代には各国に新しい大学群が設立されたが、これは、これらの国々が高等教育の学生数の拡大と、大衆による高等教育へのアクセスの兆候に直面したからであった。これらの新しい大学には、出現しつつある国家システ

ムの中で特別なミッションが与えられた。これらの大学は、米国モデルによる「公立の研究大学」になるように企図されていた。しかし、高等教育システムにおいて高等教育機関間の多様化への体系的なアプローチが取られていたわけではなかった。これらの新しい高等教育機関では、学士課程や専門職養成よりも、大学院教育に重点がおかれていた。国際開発機関と国内の公立高等教育機関の指導者たちとの間の連携により、研究と高度な教育は、高等教育の中核部分へと推し進められた（Levy 2005）。

　新旧双方の公立大学は、エリートたちとの密接な連携や国家におけるユニークな位置づけから生じるいくつもの特権を享受していた。すなわち、これらの大学は、競争が全くないかほとんどない公的な独占の状態にあるか、あるいは、植民地・国家・地域の戦略における唯一の機関として設計されていたのである。これらの大学は、他が享受できないような国家機関としての特別な地位を与えられていたが、同時に国家の一部分として、重要な公的機能を付与されていた。研究は、その余地があれば行われていたかもしれないが、1960年代まではこうして付与された機能の一部ではなかった。ラテン・アメリカの伝統においては、これらの大学のもっとも重要な機能は専門職学位を授与することであると考えられており、これによって、医学、法律、工学などの規制を受けた専門職へのアクセスが準備されていた。専門職、特に弁護士は、私的に雇用されている場合でも公務員であった（Steger 1974）。公立の大学は、（国・州・県）政府のための事業契約における特別な地位を享受しており、この地位は、今日に至るまでしばしば維持されている。これらの高等教育機関がもつ政治的な中央性には、（ブラジルを例外として）首都への立地や教職員として主要な政治的名士が名を連ねること、大臣や閣僚を含めた政治的指導者の雇用などがしばしば伴う。

　これらの特権には、新しい大学の指導やガイダンスの責任が含まれる。古い大学は、新しい高等教育機関の教育プログラムや卒業生の審査を行うように委託され、国や州の他の高等教育機関が見習うべき組織モデル、また、専門職の教育プログラムやカリキュラムの原型となり、さらには、新しい高等教育機関を牽引する教職員の養成を行った。これらの大学は、高等教育システムにおいて他の高等教育機関に対するガイダンスや指導を行うという意味

で、「旗艦」大学となった。これらの大学は、大学とはいかなるものであるべきかという定義を与える傾向があり、したがって各国において高等教育機関が同型繁殖をする源泉となった。資源を巡る競争は、大部分は国の政治システムの内部で行われ、機能やプログラム上の卓越性に基づいたものでは必ずしもなかった。大学は、学生や教員、資源、特権などについて相互に競争することは通常なかった。新しい公立大学の創設は、古い公立大学の特権的な地位に対する、限定的で国内的な挑戦を意味していた。

カトリック大学

ラテン・アメリカにおける公立大学の優勢に対しての大きな挑戦は、ガバナンスとミッションは異なるが、同じ種類の学位を授与し、同様の組織形態をとる（歴史的には植民地政府に対しての対抗しうる政治的な権力であった）カトリック教会傘下の諸大学から起こった（Levy 1986）。中国と韓国では、他の多くのアジア諸国と同様に、多様なキリスト教のミッションをもつ私的な教育プロバイダーが19世紀を通じて拡大し、中国の社会主義体制下などで中断された時でさえも、例えば儒教の伝統における師弟関係などの他の伝統に深く根ざした存在として確立した（Keun 2002）。インドは、英国の監督下で、ユニバーシティとそれに附属するカレッジという、英国の大学組織の伝統を多く引き継いだが、新しく、また高度に特権的な非大学高等教育機関を、科学、技術、マネジメントの分野において創設した。それぞれの地域内で大きな多様性が認められるものの、ガバナンスや財政における違いは、このように、ラテン・アメリカよりもアジアにおいてよりよい形で確立された。

機能における違いは、大多数の高等教育機関が「大学」という理念に伴う地位と特権を求めることから、規制することがずっと難しい。

韓国と中国の教育政策は、多くの他の東アジア諸国と同様に、政府の執行部門によって中央集権的に計画され、地方の行政機関や高等教育機関その他の関係者は、国家計画の実施にあたって限定的にしか参加していない。私学セクターは、韓国ではとても大きく、中国では小さいものの急速に発展しているが、いずれも政府による厳格な規制を受けている。

反対に、ラテン・アメリカ諸国の政府は、インドと同様、議会や県政府と

責任を分かち合っている。他方、大学は、自らの教育プログラムを政府の財政のもとで開発する大きな自治権を与えられており、また組織化された学生や教員は、公立の大学において大きな影響力を行使している。政府は、私学セクターを規制できず、高等教育システム内部で私学セクターを操作する装置をもっていない。また、政府は地域やセクターの利害による圧力の対立に過敏になっている。東アジアの教育は、(チリを例外として)ラテン・アメリカの事例に比べて学生とその家族に教育費用の負担をずっと大きく依存している。このため、公的な財政は、中央政府によって立てられた国の政治的な目標に沿う形で、より戦略的に特定のセクターや機関、教育プログラムに集中させることができる[4]。

3）高等教育の多様化の統制

高等教育の多様化

諸政府は、高等教育システムの様々な部分に対する機能とガバナンスの違いを認識し、また、相互の接合や調整のメカニズムを確立することで、高等教育システムを法的な枠組みによって統制しようとしてきた。機関の多様性と分化は、システムが成長することによる「自然の」帰結と思われるかもしれないが、公的な財政を受けた高等教育機関群をフォーマルな形で分化させることがスムーズに実施できた事例は簡単には見つからない。なぜなら、分化には、政府の行動を通じて高価で希少な資源にアクセスする特権を認める行為が必然的に伴うからである (Smelser 1974)。何らかの階層化や競争、あるいは葛藤を伴わない分化は存在しない。葛藤は、高等教育システム内部のいくつかのアクターに限定されるものであるかもしれないし、高等教育が国の中でより中心的な位置づけにあり、目立つ場合には、より広範な政策議題のなかの、やっかいな部分となるかもしれない。さらに、高等教育機関間の資源――特定の学位の授与や特定の財政ラインへのアクセス、あるいは国や社会のために法的に定められた機能を果たすことなど、ある者は享受できるが他の者はそうでない特権――を巡る競争によって、葛藤が生じることになるかもしれない。

数多くの欧州諸国で高等教育の二元システムが多様な形の発展と結末を生み出したように、法に基づく類型化は、競争や葛藤を規制して政府の財政を特別の機能に集中させるために不可欠と考えられてきた。しかし、政府が主要目標として達成しようとしたこれらの試みは、「下層」部分に属する高等教育機関がもともと与えられていた権限を広げようとするミッション・ドリフトを制限したり、上層部分に属する機関の規模や学生のシェアを制限することに失敗した。高等教育の類型化をさらに精緻なものとする制限の様式が、例えば大学院レベルの学位の授与や一定量の研究の生産を行う能力の証明などの形で、大学の法的な定義に今やたいてい組み込まれている。1970年代初期におけるカーネギー委員会により提案されたものをモデルとして非政府組織が高等教育機関の分類を行ったが、これは、様々な高等教育機関の類似点と相違点をもとに分析的な分類をおこなったものである。高等教育機関は、高等教育の関係者に駆り立てられる形で、自らの長所と政府からの自律性に依存することになる。そして、政府の方は、批評家が危惧するところだが、公的な財政を方向付けるうえで高等教育分類を活用しようとすることになる（Vught et al. 2005）。

費用負担

多様化には、高等教育機関が非常に多種多様な学生集団のニーズに応え、特化された機能を担う力を育むと同時に、費用を抑制し、高等教育における公的な支出を誘導するような意図が働いている。これらの目標を考慮し、政府はしばしば、様々な方法で既存の高等教育機関の組織を改変・合併するなどいじくり回し、あるいは全く新しいセグメントを設立し、（授与する学位の種類や研究基盤の供給などにおいて）それぞれ特定の機能を割り振ろうとする。ここで前提とされているのは、研究や教育、そしてサービス活動の費用を、機関レベルあるいはシステムレベルで計測し、管理することは可能であるし、またそうすべきだということである。そして、このことは、これらの活動を遂行する人や部署が同一であろうと異なろうと、関係がない。この前提と、管理の帰結として、たいていの場合、高等教育機関や学術コミュニティからの相当規模の抵抗が起こる。

今日の政策理念のもとでは、多様化政策は、私的プロバイダーのさらなる大きな役割を促進するツールを含んでいる場合もそうでない場合もあるが、システムレベルで学生の費用負担の割合の増加や、公立高等教育機関の資源の基盤の多様化の拡大、そして地方の政府や実業界からの技能労働者や特定のサービスへの需要に対するより高い注目などが促進される可能性は大きい。政府は、大学システム全体に研究助成を行き渡らせるよりも、選ばれたセンターや機関において研究を助成し、あるいは研究能力を強化しようとする。このことは、学術界、特に、組織化された教員や学生たちを敵に回すことにもなる。

　中国の改革は、大規模な高等教育システムの改造という点で、おそらくかつてないもっとも大胆な実験である。中国の教育システムの改革が1985年に初めて行われた時には、地方の責任や、高等教育機関の多様性、財源の多元性、そして分権化が強調された。改革によって、「重点大学」の特権が維持され、拡大された。「重点大学」は、全国的に傑出し歴史が古い大学ではあったが、それまで研究支援をそれほど受けていなかったセクターである。これは、自然科学、社会科学および人文科学における研究の大部分が、政府機関であるアカデミーに限定されていたことによる。国家が支配的である経済全体における主要な経済改革に続いて、1985年の改革は、1990年代に洗練・拡大されたが、中央集権的な目標設定と分権的な実施というモデルの下で、党が支配する中央政府を、システム全体のマクロな管理者とした。1990年代までに、中国は、大学・非大学・成人中等後教育機関の3つの大きな区分を認定し、（しばしば地方政府や産業とのパートナーシップによるものであったが）私的なプロバイダーの運営を拡大するための準備を進めた（Min 2004）。高等教育機関の合併が、組織規模を拡大し、学術的に弱い機関をより大きな単位のもとに吸収する目的で一般化した。この複雑で多様なシステムの頂点には、卓越した研究遂行能力をもつ世界水準の機関となるよう設計された国立大学の一群が置かれた。大規模な産業についてのオーナーシップと経営は、1980年代以降、独立した収入基盤を創出したという点でこれらの大学のもうひとつのユニークな特徴である。

　朝鮮戦争のあと、政府は、4年制の学士課程と大学院プログラムを提供す

る大学と、短期大学や教育大学その他の学校とに明確な区分を与え、大学セクターの学生数のシェアを政府の政策と統制を通じて制限した。最近まで、大規模な学生数を持つ大学は、研究大学として統一された構造を有していた (Lee 2004, 63)。1990年代には、大学セクター内部での組織的な多様化と特化が、韓国内での競争力を大きく進展させる上でのツールとなった。この目標を達成するための中核的な政策装置は、世界水準の大学の能力強化を、学士課程教育において卓越性を示している地方大学と接合させながら進めることを目的とした、研究と博士課程教育プログラムへの競争的資金である。

　チリの軍事政府は、1980年に三層構造のシステムを導入した。これは、2年制の職業中等後教育と4年制の教育と専門職養成をおこなう機関という、2つの私的に運営され財政づけられたセグメントを含んだものである。大学の主要な機能は規制を受けた専門職の学位の授与と研究の遂行となり、それ以前に存在していた大学とは区別され、より大きな自律性とより制限された公的財政を享受した。そして、これらの新しい大学は、私的なイニシアティブによって創設された。また、2つの主要公立大学において大胆な分権化プロセスが進められ、これらの大学の地方ブランチに対しても自律性が与えられた。非常に急進的な改革ではあったが、チリの計画の下では、(政府のブロック・グラント、威信の高い学位の授与権限、教育プログラムやカリキュラムにおける比較的大きな自律性、そして、研究志向の教員などの) 伝統的な大学に付随するいくつかの特権に変化はなかったし、これらの大学のいくつかが「研究大学」になろうとする意欲の基盤が確立されたのである。

　チリと韓国は、学生とその家族による高等教育の費用負担の割合が高い点において共通しており、公共政策には特定の高等教育機関やプログラム、機能に対して助成を方向付ける余地が残されている。韓国の場合、家族は学校外教育に高価なお金を払っていることを考えれば、私的な投資はなお高いことになる。チリと韓国は、(私的な資金にだけではなく) 私立高等教育機関に深く依存している点でも共通している。しかしながら、大きな違いは、チリは長期の専門職教育プログラムで学ぶ学生の割合が多く、これに比較して韓国では、職業的ないし短期の教育プログラムが優勢なことである。ここでの我々の議論により関係があることとして、韓国の国民総生産 (GNP) に占める科

学技術への投資は、チリよりもずっと大きく、研究中心の高等教育機関の小規模なセグメントの内部での目標を強化する能力を有していることである。

多様化の制度化

多様化に対してのブラジルのアプローチは、とてもユニークである。1968年の高等教育改革を通じて開発された主要な手段は、米国のモデルにならった研究志向の大学院教育プログラムの創設である。ここでは、修士および博士が中心的な組織原理となり、伝統的な専門職教育は、4年制の学士課程教育へと改変されている。ブラジル連邦政府は、それ以来、体系的で定期的なプログラム評価とアクレディテーションを通じた研究と大学院教育に対する奨学資金の支援によって、多様化を促進させてきた。公立大学システム内部では、全ての教職員が公務員としての同一の地位を享受しているが、その均一性が、大学システムの内部におけるさらなる区別を進める上での主要な障害となっている（Durham 1998）。公立大学の学生数の限定的な拡大と、私学セクターに対する緩やかな統制枠組みによって、私立中等後教育機関の大規模なシステムの成長が促進された。大学は、このシステムの小さなセグメントのひとつに過ぎず、このうちの少数の大学——多くは歴史の古い、カトリックの大学であるが——が重要な研究能力をもつに過ぎない。最後に、しかし、少なからず、ブラジルは、州政府の役割が独特であり、特にサン・パウロが特徴的である。サン・パウロ州高等教育システムに属する3つの公立大学は、州の収入からそれぞれの大学が固定された割合を得る委任割り当てにより支援されており、そのうち2つの大学は、ブラジルにおける最も威信が高い研究中心大学である。

最近では、アルゼンチンとメキシコも高等教育システムの分化や調整、接合を統制する法的枠組みを開発した。しかしながら、全般的には、これらの努力がなされながらも、連邦政府によって支えられてはいるものの学術的な事項に関して大きな自律性をもつ公立大学セクターを、それぞれの高等教育システムの中核に位置づけてきた。最近のより焦点を明確にした財政メカニズムにもかかわらず、ブロック・グラントに大きく依拠していることにより、政府が大学内部での研究活動に公的助成を集中させる能力は、非常に限定さ

れている (Fanelli 2005)。これらの公立システム内の差異化は、新しい公立高等教育機関の創設によって遂行され、複合的な結果へとつながった。研究と上級の訓練・養成の大部分を集中させた最高の大学を運営しようという試みは、学生と教員の組合によって妨げられ、大学の選挙を巡るポリティクスでの激しい争いにつながった。国の政府は、結局のところ、高等教育機関のシステムのための目標と長期計画を開発するために必要な権力やコンセンサスを達成することができなかった。そして、この高等教育機関のシステムは、調整がなされていない市場の需要と政治的意志決定が混ぜ合わさることによって、成長する傾向があった。

　大学セクター内部での正式な差異化は、多くの場合、限定的にしか成功しなかったが、試験のシステムによってその遂行が助けられた。チリにおける1980年代の改革は、大学の長期学位プログラムの魅力を減退させるのには、限定的な効果しかもたなかった。そして、政府の願いに反して、非大学セクターの学生数の割合は、小さすぎるままであった。国の入学試験は、しかしながら、大学セクター内部の多様化のための効果的なメカニズムとなった。これは、国家の財政配分の重要部分が学生の選択と結びつくような形で、高い点数を取った学生による大学や教育プログラムの選択が行われたからである。

　ブラジルは、入学試験と、高等教育機関としての（必ずしも直接的には財政と関係のない）威信に基づく公立大学の高い選抜度に大きく依存しているもう一つの事例である。ブラジルは、公立・私立の大学における多様な専門職（学士課程）学位からの卒業生に対して、彼らの質の透明性を高めることを目指して国家試験を実施した点でユニークである。試験に対しては、教員と学生の組合からの激しい反対を受け、最終的には取りやめとなった (Moura Castro 2004)。これらの試験システムは、中国において国と省のレベルで実施されている非常に競争的な入学試験に比較すれば、見劣りがする。正反対の極端な事例であるが、アルゼンチンやメキシコなどの国々では、公立大学の伝統的な学士課程プログラムは、オープン・アドミッションのシステムに大きく依拠している。これは、新入生のクラスの巨大さと、低い卒業率について広く知られている仕組みである。公立大学における専門職学位プログラ

ムの入学選抜のための入学試験を実施することが困難であるのは、1920年代の改革運動にまでさかのぼる話である。このような早い時期に、学生の入学拡大の需要があり、厳格な試験に基づく入学制限のために設計された「定員制」にあたる仕組みへの反対があったのである（Ennis and Porto 2001）。

多様化へのリトマス試験は、しかしながら、政府が高等教育機関やその機能、また、教育プログラムに対して財政付けを行うために用いるメカニズムのなかに存在している。そして、このメカニズムは、高等教育機関のセグメントおよびそれらの機能の間の正式な区分によって支えられている。高等教育への公的財政は、ニュー・パブリック・マネジメントの一時的流行のなかでの公的財政の改革への広範な試みの一部として、多くの国で急速に変化した。このテーマについてのレビューは、あきらかに本論の範囲を超えている。

しかしながら、研究開発と高等教育の両方への投資を通じて支援されている研究の財政に関しては、研究大学を設立する試みの中核をなすのであるから、これについて簡単に議論することは、適切であると考えられる。

4）研究開発のための財政支援の役割

アジアの大学の躍進

科学技術のための大規模な政府のプロジェクトや機関の起こりは、1950年代と1960年代にさかのぼる。総合的な取り組みの規模、研究開発の財的支援やパフォーマンスに関する様々なセクターの役割、そして、高等教育と（または）産業における研究資金についての政府の戦略に関し、その主要部分においてラテン・アメリカとアジアの経験は数十年にもわたり性質を異にしていた。アジアの大学に比較してラテン・アメリカの大学の科学技術研究がもつ一番の強みは、アジアの大学における研究開発についての最近の努力の前では、かすんでしまっていた。研究開発戦略は、韓国と中国において研究大学を設立する上での理論的根拠として主要な要因であった。これに対して、インドやラテン・アメリカでは、このような関連づけはずっと少なかった。

世界の科学的成果におけるこれらの国々のシェアは、過去20年間に、どちらの地域でも着実に拡大した。このような飛躍は、中国においてもっと

も印象的であり、この国の科学者は今や世界の科学論文の2%を書くまでになっている。これに対して、韓国、インド、そしてブラジルは、いずれも1%前後にとどまっている。30年前には、発展途上国の間ではインドだけが唯一、世界の科学的成果において重要なシェアを有していた（Frame et al. 1977）。これらの国々は全て、近年になって、以前よりも研究開発により多くの投資を行うようになった。しかし、アジアに比較してラテン・アメリカにおいては、総体としての努力、あるいは国内総生産（GDP）に占める割合は、かなり小規模なものにとどまる。ラテン・アメリカにおける研究開発の支出は、1995年から2002年にかけて15%増加し、110億米ドルに達したが、それでも韓国よりも10億米ドル少ない。ブラジルは、研究開発に対して国民総生産の約1%を支出しているが、これに対して、チリ、アルゼンチン、メキシコは、出遅れている。中国は1.4%、韓国は2.5%を費やしている[5]。ラテン・アメリカでは、実業界の研究開発に対する財政支援が全体の約3分の1の貢献にすぎないのに対し、韓国は70%を越える貢献をしている。アジアにおける民間の国際的投資の劇的な成長は、部分的にこの違いの主要因となっている。これは、地域における新興産業のベンチャーは通常、強力な研究開発の構成要素を必然的に伴うからでる。

　韓国、また現在の中国では、研究開発活動の業績もまた、ビジネス・セクターに集中している。そこでは、政府が所有ないし運営する研究機関が有していた大きなシェアが減少し、産業界の研究機関へと移行しているのである。対照的に、ラテン・アメリカにおいては、国による違いはあるものの、政府機関や高等教育機関、ビジネス・セクターが、等しく研究開発活動の担い手となっている。相対的にみれば、高等教育は、韓国や中国においてよりも、ラテン・アメリカにおいて研究開発セクター全体の中でより重要な存在となっている。しかし、韓国と中国は、大学を基盤とした研究の強力な存在感を確立しようと活発に動いている。両国においては、数か所の大学に研究の財政を集中しようという確固とした政策がとられているが、その方法は大きく違っている。中国は、大学を基盤とし、大学が運営する産業組織を育成する長期的政策に加え、世界水準の大学を設立するための特別な財政支援パッケージを追加した。中央政府からの財政支援パッケージは——地方政府から

の助成資金がこれに加わる場合もあるが——中央の大学行政によって管理されている。このように、垂直的に組織された、非競争的な配分メカニズムは、どの高等教育機関が研究中心大学になる能力やビジョンを有しているのかについての先立つ判断を前提としたものなのである。

ラテン・アメリカにおける研究振興

ラテン・アメリカおける政府による科学研究の支援は、1960年代に創設された国家機関を通じて制度化された。そこではまず最初に、いくらかの資源を配分する競争的な国家メカニズムが確立された。これらの資源は、個人の奨学資金や賞を通じて配分された。また、教育プログラムや高等教育機関に対しては、通常非競争的な形で財政付けがなされた。不安定な民主的政府、そして権威主義的な軍事体制のどちらもが、大学と関係を結ぶにあたって困難に直面することになった。ラテン・アメリカの大学は、特定の分野における科学技術の能力を確立しようとする政府の努力に対して多くの問題をつきつけ、また財政機関も、この緊張を反映したものとなった。参加型の意志決定のプロセスは、緩慢で、政治化されていた。学生の政治的な急進化は、常に、実験室や設備への長期的な投資の決定に対して脅威を与えることになった。政府当局は、研究を、技術の発展や最終的には生産へと結びつけたいと願っていたが、学術関係者は、産業に対して根深い不信感を抱いた。

大学は、研究やその他のプロジェクト型の資金を管理するのに慣れていなかった。大学は官僚的に統一され、中央集権化されており、異なる状況に対処する柔軟性に欠けていることが明らかになった。また学術的には分権化され、新しい明確な方針を確立するための中央のビジョンや権威を欠いていた。おそらくブラジルを例外として、各国の軍事政府は、あらゆる学術政策よりも意識されていた安全上の脅威を優先させ、高等教育における研究や学問の自由を制限した。

近年の経済成長の回復により、政府は研究開発の努力を増加させることができるようになり、その一部は、大学によって担われている。しかしながら、ラテン・アメリカでは、研究開発への民間投資は限定的なものにとどまっている。この取り組みに対する消極性は多くの高等教育機関やプログラムに広

がっており、強力な需要がない状況で、これらの間にプライオリティを確立することは大変難しい。ピア・レビュー・システムに基づく競争的な賞の授与は、異なる専門領域や分野、機関、あるいはこの国における地域などの間の財政配分に関してより高い公正を達成することを保証するために、補完的に用いられることがしばしばある。政府は一般的に、テーマごとのプライオリティを確立する能力と、それを甚大なダメージを伴わない形でフォロー・アップする能力に欠けている。産業との接続が弱いことが、重要な政策課題のなかで高いプライオリティを付けられるようにするのに役立っていない。

残された課題

ラテン・アメリカにおいて1990年代、政府は通常の大学予算の外に、研究資金を拡大するための特別な資金を作った。これらの研究基盤と博士課程の奨学支援のための競争的資金は、大学・学部・学科などにとって、より強力な研究基盤を作る上で好都合であったが、多くの場合、高等教育機関や地域の間により高い公正を達成させようとするプレッシャーがかけられた。この特別資金は、国際機関の信用貸しを支えとしていたこともあり、政治的にも財政的にも持続的なものとはならなかった。これらの問題について、この地域の学術コミュニティは深く分断されたままであった。例えば教員や学生の組合など、政治的によりよく組織されたセグメントは、特に国際機関などに支持された競争的な計画などの大学の財政における新機軸を信頼しない理由を見つけ出し、そのかわり、政府による包括的な財政や、業績よりも年功制や学位に厳格に関連づけて教員やスタッフに報償を与えるような、固定化された給与基準を強力に養護する (Maura Castro and Levy 2000)。

1998年の頭脳韓国 (BK) 21以前の韓国の政策は、大学やプログラムの間で資金をより公平に配分していた。BK21の計画は、機会の平等から投資の効率性へと焦点を変化させた。計画の背景にある「選択と集中」の原則は、伝統的なトップ大学を利するものである (Moon and Kim 2001)。この原則は韓国のシステムの弱点とされている、研究領域における伝統的な序列と狭い専門分化をさらに強化するのではないかと危惧する声も多い。この計画は、地域における大学と産業との連携と、学士課程プログラムの質とを育成する

よう求めている。

　中国における研究開発資金による大学での研究は、1980年代にさかのぼる。これは、中国の国家科学基金が、先導的大学にある主要な国立研究所に対象をしぼった資金を管理するために設立された時期にあたる。いくつかの基礎研究機関が、アカデミーから大学へと移管された。リーダー的な大学の学長たちは、アカデミーから指名されるか、アカデミーの所属となった。中国政府は、1998年に、プロジェクトの多くを数個の大学に集中させることで、いくつかの「世界水準」の大学を設立する意志を表明した。中国の大学は現在、様々な国や省の機関からの研究資金を求めて競争を行っているが、重点大学・研究所は、競争における有利な立場を享受している。研究大学を設立する上での中国モデルのもうひとつのユニークな点は、主要な産業的事項についての大学の所有権とマネジメントを育成する政策である。これは、科学技術的研究を産業とリンクさせるための手段としてのものである。

5）博士学位授与機関としての研究大学

研究志向の博士課程

　博士号は、世界中の大学改革推進者が、大学における大学教授職の象徴として長い間捉えてきたものであり、したがって大学が訓練し、採用したいと考える質の高い教員の必須条件である。研究志向の博士号を授与する能力は、研究大学と、その研究大学に複雑な高等教育システム内部において与えられた機能についてのアメリカ的なトレードマークとなっている。これらの野心的な目標の間には明確な連続性がある。すなわち、現代の改革者たちは、博士号を授与する高等教育機関を、高等教育システムの質を強化し、また、学術研究の向上と拡大を支援することが求められるような新しい教授層を訓練するための手段として強化しようとしている。しかしながら、これらの諸目標の間の密接な関連によって、ジレンマと、そして極めて頻繁に、機関間の葛藤が与えられることになる。これは、様々な戦略が、多様な高等教育機関のアクターの間で、時間や協力についてのかなりの規模の公的・私的な投資を伴うものだからである。

ラテン・アメリカにおいて研究志向の博士課程が出現したことによって、大学の中には、専門職的な展望と、学術的な展望の間の緊張が生み出されることになった。緊張の源は、学位そのものにあった。すなわち、博士号は新しいものではなく、法学や医学などの専門職の間で大部分は名誉として授与されるものであると、以前は認識されていた。そして、これらの博士号は論文に基づくもので、しかも、研究の努力を全くあるいはほとんど必要としないことがしばしばであった。もうひとつの問題は、新しい博士を、大学教員の更新のシンボルや条件にしようという要望であった。これは大学教員に対して、高等教育においてフルタイムで雇用されることを要求するようなキャリア・パスとしての大学教授職にしていこうというもので、自由度の高い専門職における威信の高い実務家がパートタイムで大学教員を務めるという伝統的なあり方と、対照的である。ラテン・アメリカにおけるパートタイムの教員による専門職を基盤とした大学が、本書で検討されたアジアの経験との比較して相対的に強いことは、なぜこれらの緊張が、アジアにくらべてラテン・アメリカにおいてより激しく、解決が困難であるかを説明している。

　ラテン・アメリカにおいて、研究志向の博士課程は、大陸ヨーロッパ的モデル、すなわち、人文学および科学における長期サイクルの専門職教育の延長として出現した。学位は、哲学や科学などの「ファカルティ」と呼ばれる、大学内部のアカデミック・スクールに根ざしたものである。ヨーロッパで採用された教員が流入してきたことで、彼らのそれぞれの国の学術的伝統が導入された。しかしながら研究博士は、大学生活の辺境で、毎年わずか数人の博士号を授与するような、学術的に奇妙な存在であり続けた（Alcantara, Malo, and Fortes forthcoming）。1960年代には、改革志向のグループが米国モデルに基づく博士課程の計画を進めた。これは、研究と教育を統合し、フルタイムの教員を持ち、先進的な訓練と研究を行う大学院といったものであった。逆説的に、これらのイノベーションを推進したグループは左翼的集団であり、彼らはプロフェッショナル・スクールに自らの足場をもつ大学内部の保守的なグループと、また国の政策的問題に関しては政府と、その両方としばしば衝突することになった（Levy 2005）。

成功例ブラジル

　修士と博士を含む研究志向の大学院プログラムを設立するうえで、もっとも成功し、長期にわたり持続した努力は、1968年のブラジル高等教育改革に端を発したものである。その成功の鍵は、大学院プログラムのアクレディテーションと財政支援とを一つの機関に集中させたことで、これに研究開発機関からの補足的な資金が伴うことになった。アクレディテーションと財政支援は、ピア・レビューのプロセスにおいて、学術コミュニティの参加に依存していた。このことは、その他の政府政策に対して必ずしも熱心ではないような改革グループの間に、最初の正当性が獲得されることへとつながった。奨学資金は、アクレディテーション機関によってトップ・カテゴリーにランクされた大学院プログラムでの学習に対してのみ、利用可能とされた。競争には、公立大学も私立大学も参加できたが、既存の研究グループは、私立大学よりも公立大学においてずっと強力であった。

　また、国の研究機関を通じて、国外の博士課程での学習を行うための個別の奨学資金も、寛大な支援策として提供された。

　ブラジルの戦略の達成目標のひとつは、大学院における専門職の訓練を刷新することであり、まず、修士学位の保有が全ての大学の教員に対して義務づけられ、次いで、大学院プログラムの教員に対しては博士が標準とされた。今日の目標は、今後10年間で大学教員の博士号保有比率を、現在の20％強から40％に上げることである（Ribeiro forthcoming）。

　公立大学におけるこの値は、私学セクターのものよりも相当高い。現在、議会では、現行の名称がどうであれ「ユニバーシティ」という名称を、いくつかのアクレディテーションをうけた修士プログラムと、最低1個の博士課程プログラムを有する高等教育機関のみに限定しようという法律が討議されている。しかしながら、他の国々と同じように、需要サイドの圧力が学術的水準の低下へと結びつくことがしばしばあり、これは質保証機関が取り上げようとする問題となっている。そこで、ブラジルの機関は大学院プログラムについての詳細なランキングを活用してこの問題に対処しようとしている。このランキングの結果は、大学院プログラムへの公的な奨学資金利用可能性に直接影響を与える。ランキングは公表され、高等教育機関と学生の行動を

ガイドするものとなっている。

韓国との比較

　大学院教育と大学での研究に関するブラジルの戦略と、より最近のBK21計画との比較を行うことは、有益であろう。BK21は、12億ドル、7年間の計画で、高等教育を活性化しようという目的であり、全体の内75%の努力は、科学技術・社会科学および人文学分野の大学院とそのプログラムを選択的に強化することに集中されている。大学院生は、給費を受け、外国で勉強し、そして世界水準の大学におけるチームによるプロジェクトの研究インフラを通じて、この資金の直接の受益者となる。また、産業のニーズを満たし、その地方の質の高い高校の卒業生がその地方のトップの学士課程の大学へ進学するのを奨励するべく、地方大学を育成するための追加的資金が利用可能である。すなわち、BK21計画は、かつては中等教育の普及と質の向上に用いられていた大規模な投資を振り向けて、高等教育内部でのシステマティックなリンクと機関の特化を進めることを構想したものである（Moon and Kim 2001, 100）。

　両方のケースにおいて、大学院教育（特に博士課程）は、研究大学を学士課程教育に接合させる形で設立しようという努力の骨組みを構成するものであるが、韓国の計画は、重点国立大学と地方高等教育機関との補完的な機能をより巧妙に結びつけたものなのである。

　ブラジルにおいては、計画は、大学院の学位の供給と、拡大する高等教育システムにおける資格への需要について、より幅広い形で目標としていた。これは、ブラジルの政府が、韓国が享受しているような高等教育機関のシステムを中央集権的に運営する能力を有していないためである。もうひとつの決定的な違いは、産業との連携において現れている。両国はどちらも、この目標に対してプライオリティを与えてきたが、韓国の研究大学は産業との連携についてより長い歴史を有しており、そのなかには、日本モデルに従った、産業を基盤とした博士課程の改革が含まれる。ブラジルの大学のガバナンスシステムは、研究や教育のプログラムを形成するにあたっての、ビジネス事業の受け入れに対して厳しい制限を課している。

韓国は、ブラジルだけではなくおそらく台湾と中国を除く世界のどの国と比較しても、その拡大する高等教育システムのための大学教員の形成の戦略として、外国での博士の訓練により深く依存している。特に、米国の大学院への韓国の学生の流出は、国の人口の比率からみて最大であり続けている。米国の開発プロジェクトの支援により、すでに1950年代には韓国は、カナダ、台湾に次いで、米国における外国人学生の3番目に大きいグループであった。今日でさえ、韓国の人口はブラジル1国の半分よりも少ないのにもかかわらず、韓国人の博士課程の留学生数は、ラテン・アメリカ全体のそれよりも多いのである。韓国人は、米国における外国人学生に対して与えられる科学および工学の博士号全体の10%を獲得しているのに対し、メキシコの学生は1.7%であり、ブラジル人はさらに少ない。最近では韓国が頭脳流出から頭脳獲得へと趨勢を変化させたにもかかわらず、米国において生活している韓国の科学者のコミュニティは、ブラジル人のそれの4倍となる。

米国における韓国人の博士課程の学生数は、絶対数としては減少傾向にあるが、その傾向は、自国で博士号を取得しようとしている学生との比較においてより明確となる。主要な留学生送り出し国（中国・韓国・インド）における国内の博士課程教育の成長は驚異的である。1990年代初頭まで、米国には、中国とほぼ同数の科学および工学分野の博士号が、中国人学生に対して授与されていた。今日は、中国での博士号授与数は4倍である。国のサイズを考慮しても、中国・韓国・インドの博士プログラムのアウトプットの成長は、高技能労働者のグローバル市場のダイナミックスを変化させているといえる[6]。

6）研究大学の教員

国際的な教員の採用

研究大学の決定的な一要素は、全国的あるいは（可能であり望ましくあれば）国際的に採用される卓越した教員たちに対する信頼度にある。教員たちは、その専門分野でトップの学者や科学者であり、フルタイムで研究と上級教育に従事し、その機関にコミットすることを期待されている。教員の改革

は、世界中で高等教育改革の中心に位置付けられるが、同時に、より広範な公務の改革努力にも組み込まれている。これは、研究大学はたいていのところ公的に支援され管理されており、それゆえに公的セクターの雇用全般の規則にならうことが必要となるからである。

　中国・韓国・インドは、国の政策、そして高等教育機関の方針として、外国の研究者を採用し、自国の科学者や研究者を米国やヨーロッパで訓練しようとしてきた。これらの計画は、かなり成功を収めてきたようである。公的なセクターの雇用における厳格さは、競争的な採用が可能となるように撤廃される必要がある。北京大学は大学教員を刷新するために最も大胆な戦略をとったが、多くの他の中国の大学は、そのアプローチを後追いすることになるだろう。2005年に、北京大学は、中国全土を対象にまる1年をかけて慎重な検討を重ねた上で、「教員の従事および昇進に関する改革プラン」を発表し、教員を米国、英国、その他英語圏の国々から積極的に採用することとした。95％の上級職が、大学全体を通して開かれるようになった[7]。多くの教員たちは、この戦略がなければ雇われたであろう数多くの資格を持った中国の学者が、これによって解任されるのではないかと危惧した。この他の批判としては、英語を大学院での教授言語として用いようという長期計画や、それが中国の文化や国のアイデンティティに及ぼすかもしれない影響など、より広範な懸念に関するものである。

報償と賞罰

　国際的な教員の採用は、中国が、年功制や立地によって固定された基準による公的な雇用の中央集権的システムから、高等教育機関が自らの資源と戦略を発展させて、自分たちがまかなえる最良の教員を採用し、報償をあたえ、昇進させるシステムへと、どの程度移行してきたかを示している。報償と賞罰は、研究の生産性を上げ、自分たちの威信を高めるべく高等教育機関の能力を高めるために用いられる。ピア・レビューによる査読付きの学術誌、それも、特に国際的な学術誌での出版と、研究助成金は、厳格な財政的報償システムにおいて考慮の対象となる。さらに最近では、このシステムは、研究の生産性と教育負担に関する公式化された契約による期待と、それに従わな

いことに対する措置などを含む「役職手当」によって置き換えられるようになり、これにより、アカウンタビリティのための定量的なベンチマークに対しての一般的な関心が払われるようになった。

　ラテン・アメリカにおいては、1980年代までは、公立大学の財政モデルは教育・研究・サービスの業績に関係づけられた学術的な報償を設立する上で、主要な障害となっていた。このモデルは、慣性に基づいたものである。すなわち予算の増加は、費用の上昇に対する調整のためか、あるいは何か新しいもの（ポジション、コース、プログラム、設備、建物など）を作ることで承認されていた。ある高等教育機関が、何らかのコースやプログラムを閉鎖したり、大学教員を置き換えるために解雇したり、他の目的のために資金の使用を自由にしたりといったことをするための明確な根拠は与えられることはなかった。なお、軍事政権下は例外であり、政治的に望ましくない教員やプログラムを除去するために専横的な権力を用いる傾向があった。

　ラテン・アメリカの財政モデルには、イノベーションや変化に対抗するような根深いバイアスがある。これは、大学の教職員を保護するが、彼らがよい業績を上げたり、職員が指導的な活動を行う上では、何のインセンティブも与えない。公立大学の教職員やスタッフは、公務員であり、連邦システム全体のなかでの厳格なルールに従って雇用・報償・昇進がなされると同時に、強い組合に守られている。このシステムでは、それぞれの職階での位置づけに応じて同一の基本給が定められ、報酬は年功制と取得した学位に基づいているが、報償は官僚的な基準に従っているため、業績にもとづく報償体系にはなっていない。

　実際の給与は、フルタイムのポジションであるかパートタイムであるかによって相当異なる（多くの高等教育機関では、大多数はパートタイムである）。給与はまた、アドミニストレーションに関わる責務に対しての追加的な支払いや、しばしば過去の行政官に対する補償（早期退職やその他の便益）が含まれることもある。教育負担は、雇用上の地位に従って割り当てられるが、全てのフルタイムの任用については、教育と研究の両方に対する責任があるとの前提に基づいたものとなっている。しかしながら、実際に教育の大部分は、今日に至るまで、わずかしか支払われないパートタイムの教員とティーチン

グ・アシスタントに依存してきたのである。

　ブラジル・メキシコ・アルゼンチンは、研究開発の資金を、研究者を支援する専門的な機関と、大学内部での研究者の活動に頼ってきた。これにより教員に対して教員給与に追加する形で報償を与えるシステムを作っていたのであるが、この方法は悪化する傾向がある。国により異なるものの、これらの機関は、その就任、評価、昇進について、ピアレビュー（同僚評価）に基づいた自前のルールによる並行したキャリアを作り上げてきた。研究のインセンティブは、個別化した報償システムであり、研究チーム・センター・機関のニーズに応じて作られることはほとんどない。暗黙の政策目標は、高いコストがかかる研究志向のセクターを、高等教育システム全体を通じた学術界の給与の全般的な低下から保護することにあった。この政策は、政府からの一律的な給与増加を要求することが一般的な教員組合や学生運動からの挑戦を受けることになる。

　研究生産性に基づく報酬システムについての批判でしばしば言われるのは、量的なベンチマークによって、大学教員が非倫理的な手続きにより論文の数を、質やオリジナリティを考慮することなく増加させるようなインセンティブを与えるというものである。支持者たちは、このシステムを、ピアレビューに従った唯一の報酬であるととらえている。この事態を見守る大多数がおそらく賛同するのは、これらのシステムが研究を教育から切り離し、研究を基盤とした大学における卓越性の核心部分を機関のその他の部分から隔離する傾向があったということである。その他のインディケーターがない中で、大学は、国の研究システムにおけるメンバーシップをもつアカデミックな教員たちの数と、彼らの生産性を、自分の大学の研究志向を強調するために用いる。このことは、たとえ研究者たちがその大学の中核となる教育のミッションにほとんど貢献していない場合でもそうである。ただしチリは、公立の大学の間により大きな自律性をもつ環境を作ったという点において、例外的である。チリの公立大学は、今や全学的な教員政策をもち、より競争的な学術市場とより柔軟な教員の雇用・解雇のルールを奨励している（Bernasconi and Rojas 2004）。

7）結　論

　筆者は、高等教育におけるより大きな競争を達成するための政府の計画について4つの政策次元を簡潔に検討した。この4つの政策次元とは、すなわち、ミッションや機能の多様化、研究支援、博士課程教育、そして教員への報酬とインセンティブである。各国において目標と手段はしばしば似ているが、政府は、自前の資産や、政策の継続性や持続性においても互いに異なっている。研究大学は、本書でしばしば述べられているように、大量の公的投資とアカデミックな仕事が適切に機能するような特権的状態を必要とする。たとえ中所得国や中の上の所得国が相当な研究や訓練の能力を有していたとしても、全ての政府がこの目標を中心に据えた、財政上の、また政治城の資源や政治的意志を有しているわけではない。これは、多くの国々がもつだけのゆとりを持てない贅沢であると思われている。さらに、当然ながらひとつのあり方が全ての国々にあてはまるわけでもない。研究大学については、研究や高度な訓練に特化した高等教育機関についての広範な定義において、非常に多様なモデルが成立しうる（Brunner 1997）。

　本章では、それが正しいことかどうかはさておき、研究大学を目標として取り組むことができる政府の能力に影響を与える条件を中心に議論を進めてきた。この議論からは、いくつかの暫定的な一般化ができそうである。

　研究志向の世界水準大学を設立するという目標は、いくつかの政府によって、アクセスと国の経済競争力の両方を増進させることを目指した、より急進的な高等教育改革の政策課題の一部として追求されている。これらはボトムアップというよりもむしろトップダウンでの改革であり、異なる社会的ニーズに対してより多様化し、ターゲットを定めた財政を通じて対処しようという、システム全体での高等教育機関の変化を達成しようとするものである。高等教育機関の多様性と、ターゲットを定めた公的支援の中核にあるのは、教育費用の創出に対しての各家庭の貢献と研究開発活動を支援し営む上でのビジネス投資への深い依存との一貫性であり、あるいはおそらくこれらのことが決め手となっているのであろう。

　政府における教育セクターと研究開発政策セクターとの間の調整は、研究

大学への注目を高める上で決定的な条件である。これらの部門はしばしばそれぞれ異なるサイロのなかにあり、相互に競争関係にある。国の発展における教育と科学の役割について、政府と政策コミュニティの間により広範なコンセンサスが存在する場合、政策提携の実現可能性は高まる。産業の中にあるダイナミックな研究開発セクターは、しばしば政府の財政政策や租税政策によって奨励されるし、大学の研究とのシナジーを高め、国内の研究コミュニティを広げることになるかもしれない。

多くの政府は、博士レベルにおける国の高度な訓練についての能力を、高等教育の質を高めるための手段として向上させようとする。このため、政府は外国での博士課程での学習のための奨学プログラムと、自国での博士プログラムの支援との両方を行う。しかしながら、投資の大きさにおいても、あるいは高等教育政策と研究開発セクターそれぞれの戦略の調整の程度においても、各国政府には違いがある。研究大学の設立が強調されることで、これら2つのセクターにおける政策の方向性の中心がより効果的に定まっていく。

研究大学の設立や強化には、異なる高等教育機関においてアカデミックな仕事がどのように遂行され、報酬付けがなされるかについての改革が要求される。特に、アカデミックな研究や学問は、高度に専門化された訓練とフルタイムでの専念が必要となる。改革にとって主要な障害となっているのは、高等教育機関の間の同型繁殖を進行させる学術上の同質性の考えである。実際には、これらの改革は、教授陣と大学教授職とを区別し、階層化する傾向がある。

最後に、国際化は研究大学の中心的な事項である。博士課程レベルでの国外での訓練は、大学内部における研究をもまた育成してきた国際化の主要な場なのである。国内で博士号を生産する能力が大きくなったとしても、学生と教員の移動は、卓越性を獲得し、競争力を増す上で、引き続き重要なのである。

注

1 差異化 (differentiation) と多様化 (diversification) は、文献では、ある高等教育システム内部における高等教育機関の間の違いを指している。筆者は、

これらを同義の言葉として用いている。Levy（2005,326頁，注1）を参照のこと。
2 これは、ヨーロッパにおいてもっとも明白である。European Commission（2005）を参照のこと。米国については、Douglass（2006）を参照のこと。
3 本節および次節において、筆者は、本章以前の章に出た情報と分析を、退屈な繰り返しを避けるため参照することなく数多く活用している。しかしながら、彼らの仕事についての筆者の解釈に対して、オリジナルの著者たちに責任はない。
4 東アジアとラテン・アメリカとの対比は、多くの著者が行ってきており、しばしば東アジアを従うべきモデルとして賞賛している。例えば、Birdsall（1999）; Ferranti et al.（2003）; and Ratliff（2003）を参照のこと。
5 これらの数値はすべて、Inter-American Development Bank（2006）による。
6 National Science Board（2006）. See also Wyckoff and Schaaper（2005）.
National Science Board（2006）. また、Wyckoff and Schaaper（2005）も参照のこと。
7 Lixin and Jie（2005）. I thank Laurie Behringer for calling my attention to this controversial issue.
Lixin and Jie（2005）. この論議を呼ぶ問題に対し筆者の注意を喚起してくれたLaurie Behringer に感謝する。

参考文献

Alcantara, A., S. Malo, and M. Fortes. Forthcoming. Doctoral education in Mexico. In Nerad and Heggelund, forthcoming.

Altbach, P. G., and T. Umakoshi, eds. 2004. *Asian universities: Historical perspectives and contemporary challenges*. Baltimore: Johns Hopkins University Press.

Baker, D. P., and G. K. LeTendre. 2005. *National difference, global similarities: World culture and the future of schooling*. Stanford, CA: Stanford University Press.

Bernasconi, A., and F. Rojas. 2004. *Informe sobre la educación superior en Chile: 1980-2003*. Santiago: Editorial Universitaria.

Birdsall, N. 1999. *Education: The people's asset*. Working paper no. 5. Washington, DC: Carnegie Endowment for International Peace, Center on Social and Economic Dynamics.

Brunner, J. J. 1997. La economía política de la educación superior. In *Los temas críticos de la educación superior en América Latina*, ed. R. Kent. Mexico City: Fondo de Cultura Económica.

Douglass, J. A. 2006. *The waning of American higher education advantage: International competitors are no longer number two and have big plans in the global economy*. Occasional Paper Series. Berkeley: Center for Studies in Higher Education, University of California.

Durham, E. R. 1998. *As universidades publicas e a pesquisa no Brasil*. Working

paper 9/98. São Paulo: NUPES, Universidade de São Paulo.
Ennis, H. M., and A. Porto. 2001. Igualdad de oportunidades e ingreso a la universidad pública en la Argentina. Documento de Trabajo no. 30. La Plata: Departamento de Economia, Universidad Nacional de La Plata.
European Commission. 2005. *Towards a European research area: Science, technology, and innovation, key figures*, 2005. Brussels: European Commission.
Fanelli, A. M. G. de. 2005. *Universidad, organización e incentivos*. Buenos Aires: Fundacion OSDE.
Ferranti, D. de, et al. 2003. *Closing the gap in education and technology*. Washington, DC: World Bank.
Frame, J. D., et al. 1977. The distribution of world science. *Social Studies of Science* 7:501-16.
Inter-American Development Bank. 2006. *Education, science, and technology in Latin America and the Caribbean: A statistical compendium of indicators*. Washington, DC: Inter-American Development Bank.
Jayaram, N. 2004. Higher education in India: Massification and change. In Altbach and Umakoshi 2004, 85-112.
Kehm, B. M. 2006. The German "Initiative for Excellence" and rankings. *International Higher Education*, no. 44:20-22.
Keun, S. H. 2002. Intellectuals and power: The changing portrait of university professors in South Korea. *Development and Society* 31 (1): 107-24.
Lee, S. H. 2004. Korean higher education: History and future challenges. In Altbach and Umakoshi 2004, 145-73.
Levy, D. C. 1986. *Higher education and the state in Latin America: Private challenges to public dominance*. Chicago: University of Chicago Press.
―――. 2005. *To export progress: The golden age of university assistance in the Americas*. Bloomington: Indiana University Press.
Lixin, W., and Z. Jie. 2005. The whole story of the Beida personnel system reform and the controversy. *Chinese Education and Society* 38 (1): 18-37.
Min, W. 2004. Chinese higher education: The legacy of the past and the context of the future. In Altbach and Umakoshi 2004, 53-83.
Moon, M., and K. Kim. 2001. A case of Korean higher education reform: The Brain Korea 21 project. *Asia Pacific Education Review* 2 (2): 96-105.
Moura Castro, C. de. 2004. Success and perils in evaluating Brazilian undergraduate programs. *International Higher Education*, no. 35:16-18.
Moura Castro, C. de, and D. C. Levy. 2000. *Myth, reality, and reform: Higher education policy in Latin America*. Washington, DC: Inter-American Development Bank.
National Science Board. 2006. *Science and engineering indicators*, vol. 1. Washington, DC: National Science Foundation.

第2章 アジアとラテン・アメリカにおける高等教育政策と研究大学 67

Nerad, M., and M. Heggelund, eds. Forthcoming. *Changes in doctoral education worldwide: Proceedings of the International Conference on Forces and Forms of Change in Doctoral Education Internationally*. Seattle: University of Washington Press.
OECD. *See* Organization for Economic Cooperation and Development.
Organization for Economic Cooperation and Development (OECD). 2005. *Science, technology, and industry scoreboard, 2005*. Paris: OECD.
Post, D., et al. 2004. World Bank okays public interest in *higher education*. Higher Education 48:213-29.
Ratliff, W. 2003. *Doing it wrong and doing it right: Education in Latin America and Asia*. Stanford, CA: Hoover Institution.
Ribeiro, R. J. Forthcoming. The evolution of the doctorate in Brazil. In Nerad and Heggelund, forthcoming.
Schwartzman, S. 1984. The focus on scientific activity. In *Perspectives on higher education: Eight disciplinary and comparative views*, ed. B. R. Clark, 199-232. Berkeley: University of California Press.
Serrano, S. 1993. *Universidad y nación: Chile en el siglo XIX*. Santiago: Editorial Universitaria.
Smelser, N. J. 1974. Growth, structural change, and conflict in California public higher education. In *Public higher education in California*, ed. N. J. Smelser and G. Almond, 9-141. Berkeley: University of California Press.
Steger, H.-A. 1974. *Las universidades en el desarrollo social de la América Latina*. Mexico City: Fondo de Cultura Económica.
Vught, F. A. van, et al. 2005. *Institutional profiles: Towards a typology of higher education institutions in Europe*. Working paper. Enschede, Netherlands: Center for Higher Education Policy Studies, University of Twente.
Wyckoff, A., and M. Schaaper. 2005. The changing dynamics of the global market for the highly skilled. Paper for the Conference on Advancing Knowledge and the Knowledge Economy. Washington, DC: National Academy of Science.

第3章
日本の「世界水準大学」政策の行方

米澤彰純

1）はじめに

　高等教育の公費負担の主体は国であり、国政が及ぼす影響は大きい。本書で紹介されたアジア・中南米の新興国の動きからは大学・政府のそれぞれの思惑と相互の関係のあり方が、世界水準の大学形成の成否に大きな影響力を及ぼしていることが読み取れる。

　これら新興国と日本の高等教育が置かれた文脈は明らかに異なる。日本のトップ大学は遅くとも20世紀末までには世界水準、また、アジア最高峰としての地位を確立していたと考えられ、その後、中国や韓国の「世界水準大学」政策に刺激される形で、世界10位以内というさらなる高みを目指すと同時に、新興国の猛烈な追い上げに対抗せざるを得なくなっていく。

　21世紀の最初の10年間の日本の高等教育政策を席巻したといってもよい「世界水準大学」の政策は、2009年9月におきた自由民主党主体から民主党主体への政権交代によって、大きな変質を迎えたように思われる。

　鳩山由紀夫・菅直人両内閣で文部科学副大臣であった鈴木（2010）は2010年度を「入学の年」と述べた。民主党政権発足当初の教育財政の焦点は子ども手当の導入と高等学校実質無償化にあてられていたが、2011年度の予算形成を巡っては、政権が目玉として掲げた「新成長戦略」の優先順位を決める「政策コンテスト」という名で71,747件のパブリックコメントが集められ、2004年度の国立大学法人化以来毎年減少が続いていた大学関係主要経費への予算が増加した。他方、2011年3月11日の東日本大震災は、日本のトップ大学および科学技術のあり方、特にその社会へ果たすべき責任について、大きな議論を巻き起こすことになった。

グローバルな知識基盤社会においては知識の創造・普及および高度科学技術人材の養成が社会の成長のために不可欠であるとされる。このため、世界トップレベルの研究大学 'World Class University'（以下「世界水準大学」）の形成を目指す政策がアジアやラテン・アメリカなど世界の幅広い地域の中所得国に拡大、本書が示しているように欧米・日本などの先進国を巻き込んだ大競争状態を生み出している（Hazelkorn 2010）。

「世界水準大学」は、本書（Altbach & Balán 2007）がこの概念を大きく世に知らしむる役割を果たしたが、各国や各大学それぞれの多様な思惑のなかで多義的に用いられてきてきた。しかし、現在は、サルミ（Salmi 2009）によって図のように（1）才能（教員及び学生）の集中、（2）豊かな教育環境と高度な研究を実現する有り余るほどの資源、（3）戦略的ビジョンやイノベーションと柔軟性を促進する適切なガバナンスの3つが「世界水準大学」の要件として定式化されている。本書が見てきたように、この概念は、そもそも新興国が自らの国を代表する大学の国際的認知を高めようとする意図から生み出

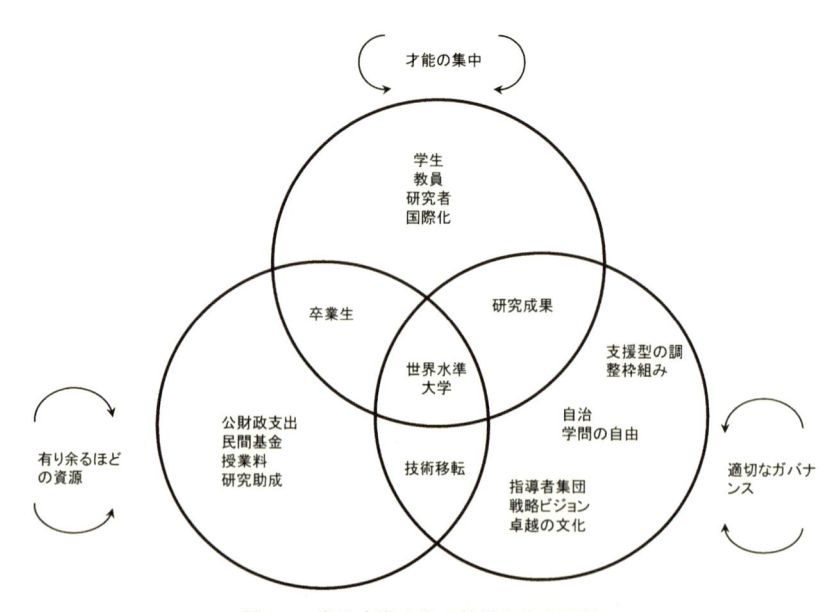

図3.1　世界水準大学の特徴と主な要件
Salmi（2009）p.8 より転載（訳：米澤彰純）

されてきたものである。では、この概念は、日本にとっては、どのような意味があったのであろうか。ここでは、本書の解説に代えて、日本にとっての「世界水準大学」政策について考えてみたい。なお、ここでは「世界水準大学」政策を、上記のサルミの要件を満たす「世界水準大学」の形成を目指すことを意図した政策と定義したい。

本書は、日本をドイツ、米国とともにいち早く近代研究大学の設立に成功したモデルと位置づけ、また、天野（1989）は、日本が近代高等教育の設立以来、少数の大学に資源を傾斜配分し、増大する進学需要の吸収を授業料収入に依拠する私学セクターに負わせてきたことを明らかにしている。

サルミのモデルに沿って考えるならば、日本の場合、大学間に明確なヒエラルキー構造が存在することが一部の大学への「才能の集中」を生み出すことになる。また、限られた高等教育財政の資源を傾斜配分させることは、結果的に研究助成や民間基金もまたこれら一部の大学へ集中することを促し、特定の大学が「有り余るほどの資源」を確保することを可能にする。第三の要素である「適切なガバナンス」を生み出す政策とは何かについての単純な議論は困難であるが、これについては本稿を通じた課題として検討していくことにする。

日本において明示的な形で「世界水準大学」政策が打ち出されたのは、小泉純一郎内閣下である2001年6月に経済財政諮問会議に対して提出された「大学（国立大学）の構造改革の方針」においてである。この「遠山プラン」とも呼ばれる短い文書のなかで、「1. 国立大学の再編・統合を大胆に進める。2. 国立大学に民間的発想の経営手法を導入する。3. 大学に第三者評価による競争原理を導入する。」の3つの方針が示され、この3番目の方針の目的として「→国公私「トップ30」を世界最高水準に育成」という一文が現れた。これは、国立大学と文部科学省との間での議論の積み重ねをもとに形作られたものではなく、小泉内閣からの外圧によって文部科学省が急遽方針を示し、翌週に国立大学協会の総会冒頭で報告されたものであった（天野2004）。

ここでは、日本の高等教育財政・政策の展開を、遠山プランで示された世界最高水準の大学形成に関わると考えられるものを中心に、国際的な動向を踏まえて整理する。これを通じて、一方で日本の高等教育財政が、学術政策

と高等教育政策の間の二重構造の中で次第に前者への依存を深め、さらに「国際化」という方向の異なる政策へと転進していく様子を示す。その上で、政権交代がもたらしつつある高等教育財政の方向転換が持つ意味を検討する。

2）遠山プラン以前

　「世界水準大学」を巡る政策的議論は、すでに1990年代から実質的には始まっていた。1980年代の財政緊縮路線の下におかれた国立大学において財政の「窮乏化」問題が顕在化（有馬1996）、国立大学協会や日本学術会議、10大学理学部長会議などによる「研究予算増額キャンペーン」が繰り広げられ、その対応策として旧七帝大を中心とした大学院重点化などによる教官当積算校費の実質増、科学研究費の大幅増が進んだ。同時に、特別教育研究経費等多くのプロジェクト予算が新設され、施設設備費に関しても「教育研究環境特別重点整備五カ年計画」（1992年〜）などが開始された（阿曽沼2003）。

　すなわち、1990年代には、国際競争力を意識した学術政策に依存した形で高等教育財政の充実が図られた。そして、この流れを決定づけたのが、1995年の科学技術基本法の成立と、1996年以降5年ごとに立てられている科学技術基本計画である。同法では、同計画に必要な資金の予算計上の努力義務が明記され（9条6項）、また同計画では政府研究開発投資総額の目標が具体的に明記されてきたことから、同法の成立以降、研究機能が強い（主に国立の）大学については、学術関連の予算増が期待可能になった。

　他方で1990年代には、特に国立トップ大学で国際的な評価や位置づけを意識する動きも顕在化した。東京大学理学部物理学教室は、国内外の委員を招聘した外部評価報告書を1993年に英文で公表した（喜多村1999）。また、国際大学ランキングで当時唯一広範に利用可能であったゴーマン・レポートにおける東京大学などの位置づけが国会等でも話題に上っている。

　政府もまた、新公共経営の理念に基づき大学の評価や国際的競争力への関心を高めた。1998年に出された大学審議会答申「21世紀の大学像と今後の改革方策について（答申）」においても、「世界的水準の教育研究」の展開や「個

性化」「多様化」等への言及がなされ、また、「多元的な評価システム」の一貫として第三者評価システムの導入と「評価情報にもとづき、より客観的で透明な方法によって適切な資源配分を行う必要」への言及があった。

　また、森喜朗内閣下での教育改革国民会議においては、教育基本法の見直しと同時に教育への投資を促すための教育振興基本計画の策定が提唱された。さらに、同会議の報告「教育を変える17の提案」(2000年)には、「世界のトップレベルの研究機関と伍していくために、厳格な評価に基づき、研究支援者や研究教育スペースを含め、重点的な資源の投入と基盤整備を行う」との提言も盛り込まれた。

　他方、同時期に議論が活発化した国立大学の法人化は、大蔵省関係者から東京大学・京都大学を先行して法人化する案が示されたりはしたが、最終的には1999年に文部省から全国立大学を一斉に法人化する方針が提示され、国立大学の種別化を想起する案は封じられた。

　このようななか、「世界水準大学」政策は、日本よりも先に、中国・韓国などにおいて進展していた。まず、中国は、21世紀までに100の研究大学を作り上げる計画「211工程」を1990年代半ばから進めていた。さらに1998年5月に国家主席による「世界水準の大学」創設を目指す宣言がなされ、2001年までに34大学に対して34億米ドルの大規模な資金投下が行われた(本書5章)他、海外の優秀な研究者招聘のための様々な優遇策が打ち出されている(本書4章)。また、韓国では、公募方式で世界水準の研究拠点に7年計画で集中投資する「頭脳韓国21(BK21)」プロジェクトが1999年に開始された。同プロジェクトでは、国立大学であるソウル大学の1998年の一般会計予算1500億ウォン、科学研究費補助金総額が1,000億ウォンであるところに年間2,495億ウォンのプロジェクト予算が設定され、しかもその中核の科学技術分野の予算の58％がソウル大学に、残りを有力私立大学数校に配分された。その後、韓国では、「第二期BK」(2007～12年)、「世界水準の研究大学(World Class University)」育成事業(2008～12年)などさらに大規模なプロジェクト予算が投下されている(馬越2010)。

遠山プランと国立大学法人化

2001年の遠山プランで示された第三者評価による競争原理の導入については、「専門家・民間人が参画する第三者評価システムを導入（「大学評価・学位授与機構」等を活用）」「評価結果を学生・企業・助成団体など国民、社会に全面公開」「評価結果に応じて資金を重点配分」「国公私を通じた競争的資金を拡充」の4つの具体策が示されていた。このことから、先述の同プランにおける「トップ30」は、国立大学を主な対象とした第三者評価に基づく資金配分とプロジェクト資金の競争的配分によって公的資金配分の選択と集中を意図したものであったと解釈できる。

「トップ30」の政策的具体化については文部科学省の説明不足もあり多くの議論を呼んだが、最終的に「研究拠点形成費等補助金（21世紀COE）」として具体化され、2002年度から2004年度にかけて274の研究拠点が選ばれた。予算は、すべての採択拠点が出そろった2004年度には338億円が配分され、最大の配分を受けたのは東京大学だが、そのシェアは12.4％であった。なお、同年度の東京大学の収入は2,067億円であり、同プロジェクトの配分資金42億円は、東京大学の収入のわずか2％程度にすぎなかった。

他方、2004年度からの国立大学法人化は、中期目標・計画による評価とその財政配分へと制度上は切りかわる。しかし、その評価が財政配分に影響を及ぼし得るのは2010年度以降の第2期からであり、同時に、国立大学運営費交付金の算定においては、毎年1％の効率化係数による削減、大学病院に関しては2％の削減が実施された。

島（2009）は、法人化前後にあたる2001年から2006年の国立大学の資金配分の実態について、主要な競争的資金（①科学研究費補助金、②戦略的創造研究推進事業、③科学技術振興調整経費、④21世紀COE・特色GP等、⑤特別教育研究経費）と運営費交付金（法人化以前は国立学校特別会計）とに分けて、大学間・学内配分までおりた詳細な分析を行っている。その結果として、運営費交付金には旧来の教官当積算校費などの大学間格差がそのまま温存されていること、上記の公的な財政収入に占める競争的資金の合計額の比率が2001年の11.4％から2006年の18.5％まで一貫して増加、さらに旧帝大などの特定大学に集中することで法人化以後に格差が拡大していること、基盤的な教育・

研究費の減少比率が旧帝大では14.3%にとどまっているのに対し、医学部のない地方総合大学の場合70〜80%に達していることなどを明らかにしている。

すなわち、2000年代前半には、大学間の財政格差が拡大し、特に周辺部の大学で深刻な財政不足が生じたものの、それが中国や韓国に見られるような「世界水準大学」形成につながるような抜本的な収入の増加をトップ大学にもたらしたわけではなく、むしろ基盤的経費に関しては90年代よりも政策が後退していることがわかる。

3）教育振興基本計画とグローバル30

小泉内閣が2006年9月に総辞職した後、安倍晋三（2006年9月〜2007年9月）、福田康夫（2007年9月〜2008年9月）、麻生太郎（2008年9月〜2009年9月）の短命内閣が続いた。この中で、高等教育に関する政策指針も不安定さを増していった。

まず、安倍内閣のもとでは、2006年12月に教育基本法の改正が行われ、第7条に大学、第17条に教育振興基本計画についての条文が新たに加えられた。また、日本の安定と成長およびアジアを中心とした海外の成長・活力を日本に取り組むことを目指した「アジア・ゲートウェイ構想」が2007年5月に策定された。その最重要項目10のなかに「アジア高度人材ネットワークハブを目指した留学生政策の再構築」「世界に開かれた大学づくり」の2項目が取り入れられ、それぞれ「留学生10万人計画」（1983年）後の日本の留学生シェアの維持や、大学国際化に向けた競争的な資金配分と評価の充実が提唱された。なお、後者は、正確には、「国際化の評価」を行いこれに競争的な資金配分を行うことを意味している。すなわち、ここにおいて、トップ大学に対する集中的な財政支援による「世界水準大学」形成という政策の方向は残されつつも、全体的には日本の、特に競争力のある大学の「国際化」を推進することで、世界的な存在感を増す方向へと軌道修正が図られたことになる。

次に、福田内閣の下では、2008年7月に文部科学省を含む6省庁により

2020年を目途に留学生30万人を受け入れる計画の骨子が発表された。この中で、国際化の拠点となる大学を30選定し、重点的に育成することが定められた（グローバル30）。また、教育振興基本計画が2008年7月に閣議決定され、同計画の中に「留学生30万人計画」とともに「世界最高水準の卓越した教育研究拠点」150拠点程度の重点的支援が盛り込まれた。なお、同計画の策定においては、予算の裏付けを具体的な数値目標として盛り込むことが検討されたが、最終的にはこれらはほとんど見送られた。

市川（2006）は、科学技術基本法との対比のなかで、教育基本法改正を「憲法改正への第一歩としたい自由民主党と所管予算の減少に歯止めをかけたい文部科学省による「"抱き合わせ改正"」との苅谷（2006）の議論を紹介した上で、科学技術基本法にある科学技術基本計画についての財源保障の規定が教育基本法政府案（執筆当時）ではみられないことから「文教予算の確保は期待できない」と指摘している。実際、市川の執筆後に成立した教育基本法では、第16条4項に「国及び地方公共団体は、教育が円滑かつ継続的に実施されるよう、必要な財政上の措置を講じなければならない。」との規定はあるものの、教育振興基本計画について定めた第17条には、財源保障の規定はなく、特にもともと私的負担割合が多い日本の高等教育財政充実の根拠とはなりにくい。

なお、遠山プランに現れた30大学と、留学生30万人計画における国際化拠点30大学とは、大学数は一致するものの直接的関係は全くない。高等教育の国際化・グローバル化対応に関係する答申としては、大学審議会答申「グローバル化時代に求められる高等教育の在り方について」（2000年）、中央審議会答申「新たな留学生政策の展開について」（2003年）などがある。しかし、このいずれも学生交流を基軸とした高等教育の国際化一般を議論したものであり、例えば中教審の「大学院答申」（2007年）には、国際競争力のある卓越した教育研究拠点の形成支援という項目があるものの、「世界水準大学」政策に関しての直接的言及はなされていない。

むしろ、グローバル30の直接的「前身」とでも言うべきプログラムは、グローバル30の採択・実施業務等を担当することになった日本学術振興会が実施していた「大学国際戦略本部強化事業」（2005～2009年度）であると

考えられる。同事業は科学技術・学術審議会国際化推進委員会報告書「科学技術・学術分野における国際活動の戦略的推進について」(2005 年) において「大学における特色ある組織的な国際展開に向けた取組みの支援」が提唱されたことを受けたものであり、高等教育政策というよりも学術政策の流れをくんでいる。

なお、グローバル 30 事業の具体化は、福田内閣を引き継いだ麻生内閣の下で進められたが、2009 年度の採択校は予算的な制約等から 13 校にとどまり、2010 年度の新規募集は政権交代後見送りが確定した。また、この第 1 期の採択基準として示されたのは、科学研究費の採択数や外国人教員・留学生数およびその将来の見込み数などの量的な指標を重視したものであったため、大規模でかつ研究活動が盛んな総合大学のみが採択されることになった。

他方、研究プロジェクト資金の重点配分はポスト小泉内閣のもとでも継続されており、例えば、21 世紀 COE を継承しながら採択件数を減らし 1 件当たりの補助額を増やした「グローバル COE」(2009 年度～)、10 年間の長期的な支援をきわめて限定した拠点数に対して行う「世界トップレベル研究拠点プログラム (WPI)」(2007 年度～) 等、さらに麻生政権下でリーマン・ショック対策の一貫として行われた「最先端研究支援プログラム」(2009 年度補正予算での先端研究助成基金造成に基づくもの) などが引き続き実施に移されている。

4) 背景としての世界大学ランキング・ブーム

「世界水準大学」政策の流れにおいて、特に 2000 年代半ば以降に「国際化」支援が強調されるようになってきたことには、この時期に進んだ世界大学ランキングの発達と普及を併せて考慮する必要がある。2003 年に上海交通大学の Academic Ranking of World Universities (ARWU)、2004 年に英国の高等教育専門誌タイムズ・ハイヤー・エデュケーション・サプリメント (Times Higher Education Supplement、現 Times Higher Education、以下「THES」) が、それぞれ数種類の指標を組み合わせた総合ランキングを、世界の大学を対象として開始された。ARWU は主に研究に関する客観指標に基づくランキングで、教員や卒業生のノーベル賞・フィールズ賞受賞者

数、『ネイチャー』『サイエンス』論文掲載数、その他研究の出版や引用に関する指標により構成されている。他方、THES は、QS 社とのパートナーシップの下で世界の学術関係者に対するインターネット調査による「ピアレビュー（同僚評価）」、雇用者の評価、教員当たりの学生数、外国人教員・留学生比率、論文引用度などの指標に基づく。これらのランキングが依拠する情報は大学の国際的な質や水準を知る上では非常に限定的・一面的かつ粗いものであるが、政策レベルで考えたときにはこれら世界大学ランキングの登場は、「世界水準大学」政策についてともかく具体的な根拠に基づく議論が可能になったことを意味する。実際、両ランキングは、各国の大学・政府が注目し、経済協力開発機構（OECD）や世界銀行もまた、その影響力についての分析を進めた（Hazelkorn 2010, Salmi 2009 など）。

日本での具体的な動きとしては、まず、東北大学がランキングの上昇を目標として掲げた大学改革を始めた（北村 2007）他、国立大学を中心に幅広い大学の国際担当責任者の注目を集めた（Yonezawa, Akiba & Hirouchi 2009）。

また、小泉内閣で総務大臣であった竹中は、世界トップ10位以内の大学がほとんど私立大学であることを根拠に東京大学をランキング上昇のため民営化し、運営交付金を交付すべきではないと主張した（竹中 2009）。さらに、2008年5-6月には、自由民主党国家戦略本部「大学ランキング向上プロジェクトチーム」が立ち上げられ、日本の大学のランキング向上へむけた戦略形成のための有識者ヒアリングが行われた。その後、中央教育審議会大学分科会のもとに「大学教育の検討に関する作業部会 国際的な大学評価活動に関するワーキンググループ」がおかれ、2009年1月から2010年5月にかけて、世界大学ランキングへの各大学の対応を含めた検討と議論が行われた。

このようななかで、世界大学ランキングに登場するような日本のトップ大学の共通の弱点として、国際化の遅れが指摘されるようになってきた。すなわち、外国人教員・留学生のシェアが指標として含まれる THES のランキングでは、日本のトップ大学が外国人教員や留学生の比率が著しく低い。また、ARWU では、日本のトップ大学は論文数ではスコアが高いが、研究成果の国際的影響力を示す多くの指標は必ずしも高くない（小林他 2007）。

また、高等教育の国際化支援は、研究活動の支援に比較して少額で実現可

能である。例えば、研究・教育支援であるグローバル COE の予算は、2009年度で総額 342 億円、1 拠点当たり 5 千万円から 5 億円とされている。これに対し、グローバル 30 は同年度総額 41 億円、1 大学あたり 2～4 億円程度となっており、さらに申請においては事実上同額程度までの大学の自己負担を求めるものとなっている。

　このように「世界水準大学」政策が国際化支援に方向性をシフトし始めた背景には、国の負債額が深刻なものとなり、従来学術関係を中心としたプロジェクト予算増で運営費交付金や私学助成などの基盤的経費の停滞・減少を補ってきたあり方そのものが、一種の限界に達してきたこともある。この具体的な現れは、2008 年 8 月に自由民主党無駄遣い撲滅プロジェクトチームが実施した文部科学省の政策棚卸しである。ここでは、科学技術振興調整費や科学技術研究費補助金、グローバル COE や WPI を含む様々な競争的資金について検討が加えられ、実際グローバル COE などについては翌年の予算配分の減額が行われた。

　また、財務省の見解もまた、引き続き大学予算の削減を求めるものであった。羽田（2009）は、政権交代直前の 2009 年 6 月に出された財務省財政制度等審議会『平成 22 年度予算編成の基本的考え方について』において高等教育機会に関する関心が低いなど、政府内に政策アジェンダの見解に関する乖離があるとの指摘を行っている。なお、木章が主眼とする「世界水準大学」政策に関して言えば、同文書は THES のランキングに言及し、「世界の上位 20 位以内の評価を付されているのは、我が国では東京大学のみである」ことなどから「国際的に見た日本の大学の評価はおしなべて低い」としている。その上で「運営交付金を機械的・一律に配分するよりも、各大学が自ら質を高める取組を促すため、引き続き運営費交付金の削減を行い、できる限り、教育は授業料、研究は科学研究費等の競争的な資金で賄うことを目指すべきではないか」「国立大学法人として今後ともトップレベルの教育研究を行わせる大学として、どの程度の数の大学を想定するのか」と問題提起するなど、公的な基盤的経費の予算増無しに規模縮小や外部資金に依拠した「世界水準大学」実現を提唱する。

　なお、2009 年衆議院選挙における自由民主党のマニフェスト「政策

BANKナビ」では、高校・大学生をもつ親世代を対象とした低所得者の授業料無償化、就学援助制度の創設、新たな給付型奨学金の創設などの支援策と同時に、日本の国際競争力の強化策の一環として、国立大学運営費交付金や私学助成の充実等による高等教育の財政基盤強化、地方大学への重点的支援、「留学生30万人計画」、国際化拠点大学30大学への重点的支援、世界トップレベルの研究拠点約30ヵ所の整備、若手研究者育成に重点を置いた科学研究費補助金など競争的資金の拡充などが盛り込まれた。これらは、きわめて総花的・全方向的であり、仮に自民党が政権を維持していた場合の実現可能性は不明であるが、少なくとも具体的に「世界水準大学」政策と呼ぶべき施策が維持されていた。

さらに、2010年参議院選挙における自由民主党のマニフェスト「自民党政策集Jファイル2010」においては、やはり高等教育関連に関しての多様な方向性の幅がある公約のひとつとしてではあるが、「世界水準大学」政策について、より踏み込んだ言及がなされている。具体的には、2009年のTHESランキングを順位と外国人教員・留学生比率のみを抜き出した形で掲載し、諸外国のトップ大学に比較して日本のトップ大学における同比率が著しく低いことを強調、そのうえで、「東大・京大等に民間企業型ガバナンスを導入すること等により「民営化」「スーパー・ユニバーシティ化」を図り、私学も含め5年後までに世界の大学ランキングの10位以内に3校、30位以内に5校以上入ることを目指」すとしている。これは、先述の竹中による提案に沿ったもので、また、政権交代直前に同様の案が経済財政諮問会議の資料として出されていた（徳永2009）。「世界水準大学」政策において「資源」の増加ではなく、遠山プランですでに言及されている「ガバナンス」の改革を強調したものである。なお、「世界水準大学」政策の一環としてガバナンス改革を行うこと自体は過去にもマレーシアなどの事例があり（リー2004）、また、2011年にソウル大学が法人化された（井手2010）が、これはあくまで「法人化」であり、運営資金の公的支出の打ち切りを意味するものではない。なお、政権交代を跨いで文部科学省高等教育局長の職にあった徳永（2009）は、国立大学民営化等の議論について「過度に重大視する必要はないが、しかし、根拠もなく実現性に乏しいこととして軽視することも危うい」と述べている。

他方、以上のような自民党政権下での施策は、結果的に日本の大学における学術生産性を高めることには成功しなかった。トムソン・ロイター（2010）は、日本の論文の被引用インパクトは過去10年にわたり横ばいであり、日本発の論文数の世界的シェアは中国の急速な台頭を受けてアジア全体のシェア増加傾向とは逆に、減少していることを明らかにしている。また、豊田（2009）は国立大学の臨床医学論文数が法人化以降中規模大学や地方大学で減少に転じ、旧七帝大でも微増にとどまっていることをトムソン・ロイターのデータ分析から示し、「学術の国際競争力の停滞ないし低下」を招いた点で、「法人化及びそれに付随する政策は国の"失政"と言わざるを得ない」と断じている。

5）政権交代以後

2009年9月に鳩山由紀夫内閣が成立し、民主党を主体とした政権への交代がなされた。大内（2010）は、2009年衆議院時点の民主党マニフェスト「民主党政策集index2009」とその後の主に財政面を中心とした詳細な検討を、高等教育を含めて行っている。大内はそのなかで、給付奨学金を含む奨学金制度の充実、高等教育予算の充実方針が示されながら、「子ども手当」「高校授業料の実質無償化」と比較して「高等教育に関わる政策は、具体性が乏しく、後回しにされている感が否め」ないと指摘している。また、大内、鈴木（2010）が述べているように、文部科学省が国立大学法人運営交付金について「年1％削減を見直す」という民主党マニフェストに沿って前年度を上回る概算要求を行ったが、2009年11月に行われた第一弾事業仕分けにおいて国立大学法人の運営交付金について「見直し」判定が下され、結果として2010年度予算では附属病院運営費交付金が大幅増加したのにもかかわらず総額としては0.94％削減となった。

なお、予算削減の背景には、2008年のリーマン・ショック以後の大幅な税収落ち込みのなかで「子ども手当」「高等学校実質無償化」などによる教育関連支出膨張のしわ寄せを受けたことと同時に、行政刷新会議による「事業仕分け」の影響も考慮すべきであろう。

事業仕分けについては、以下の2点を指摘する必要がある。

第一に、阿曽沼（2003）や島（2009）がデータで示しているように、日本の高等教育財政は基盤的な財政支出の停滞・減少を競争的なプロジェクト資金の拡大で補ってきた経緯があり、両者を合わせた総体として高等教育財政のあり方を検討する視点が不可欠である。しかし事業仕分けでは、各事業項目がそれぞれ別々に財政削減の余地を検討されるため、こうした総合的な視点が欠落してしまい、結果として島（2009）が危惧する大学間の財政格差や周辺的大学における財政的困難の問題も見過ごされてしまう。

第二に、この事業仕分けに対する反論が、主に科学技術政策の観点から行われ、必ずしも高等教育全体の質や内容に踏み込んだ広がりを持たなかった点は、高等教育財政、また「世界水準大学」政策の遂行にも決定的なダメージを与えた可能性がある。大内（2010）が指摘しているように、事業仕分けの直後には旧七帝大および早稲田・慶應の9大学の学長やノーベル賞受賞者など、多数の関係者が大学や科学技術予算の削減に対する反対声明を出し、世間の注目を集めた。これを受けて、理科系出身の菅副首相（当時）や鳩山首相が日本の成長における科学技術投資の重要性について理解を示し、これが民主党政権による「新成長戦略」の策定へとつながっていった。しかし、この「新成長戦略」で触れられているのはあくまで科学技術の振興であり、既存の大学や高等教育機関の国際競争力の強化ではない。

「新成長戦略」は、2009年12月に鳩山内閣において基本方針が決定され、2010年6月に菅内閣のもとで閣議決定された。ここにおいては、高等教育の国際化については従来の留学生30万人受入に加えて「日本人学生等の留学・研修等の交流を30万人」にすることを目指すという踏み込んだ提言がなされた。また、「我が国が強みを持つ学問分野を結集したリーディング大学院を構築し、成長分野などで世界を牽引するリーダーとなる博士人材を国際ネットワークの中で養成」「特定分野で世界トップ50に入る研究・教育拠点を100以上構築」など、従来学術政策の下で主張されていた提言は取り入れられたが、「世界水準大学」形成支援に関する直接的言及は行われていない。

また、2010年参議院選挙における民主党マニフェスト「民主党の政権政策 Manifesto2010」においても、奨学金制度・授業料減免制度の拡充などの

家計支援、就職支援等は中心的に取り上げられているが、その他は、グリーン・イノベーション、ライフ・イノベーションなどの目的に特化した科学技術振興が言及されているのみであった。

　他方、世界水準大学の考えが、日本の政策から完全に姿を消したかと言えば、そうとは言えない。2005年1月に出された中央教育審議会答申『我が国の高等教育の将来像』では、大学の機能別分化が唱われ、7つ示された大学の機能の最初には、「世界的研究・教育拠点」が挙げられている。ただし、これについては、この答申によって、（複数もあり得る）機能を大学が選び、これに対して政府はきめ細かな競争的資金を準備する形での誘導をめざすものであり、天野（2008）はこれを、政府による種別化という考え方を放棄したものとしてとらえている。

　この機能分化ときめ細かな競争的資金による政府の誘導という考え方は、2011年1月に示された「第5期・中央教育審議会大学分科会の審議経過と更に検討すべき課題について」においても踏襲されている。他方、大学全体ではなく、国立大学間の機能分化については、とくに具体的な言及はなされていない。また、国立大学法人評価の結果の財政配分へのリンクは、結果的に政権交代後に行われたが、その財政配分への反映は極端に少なく、例えば金額では最大の収入増を得た東京大学が2,500万円、同大学の総収入額の0.03％に過ぎなかった（朝日新聞2010）。

　こうしたなかで、むしろ積極的な動きを示しているのが、「世界水準大学」をめざす、大学の方である。政権交代後3ヶ月目になる2009年11月に、国立旧帝国大学7校（北海道大学、東北大学、東京大学、名古屋大学、京都大学、大阪大学、九州大学）と私立の早稲田大学、慶應義塾大学9校の学長が「大学の研究力と学術の未来を憂う」という共同声明を発表し、①公的投資の明確な目標設定と継続的な拡充、②研究者の自由な発想を尊重した投資の強化、③大学の基盤的経費の充実と新たな枠組みづくり、④大学の基盤的経費の充実と新たな枠組みづくり、⑤政策決定過程における大学界との「対話」の重視の5項目について、政府に対する意見表明を行った。この中で、特に5番目の「対話」の重視は、自民党中心の長期政権の下で良くも悪くも構築されていた大学と政府との交渉の多様なチャネルが新政権の標榜する「政

治主導」のもとで少なくとも一時的に喪われ、より公開の場にさらされる形での「対話」の模索が始まったことを意味する。このグループには、2010年8月に東京工業大学と筑波大学が加わり、2011年8月に「研究及びこれを通じた高度な人材の育成に重点を置き、世界で激しい学術の競争を続けてきている大学（Research University）による国立私立の設置形態を超えたコンソーシアム」「学術研究懇談会（RU11）」としてウェブサイト公開された。このグループは、その後も政府への政策要望の声明を発する一方、2010年のTimes Higher Educationの世界ランキングに大幅な算定方式の変更があり日本の大学が順位を落としたことについて、同社と同社にデータを提供したトムソン・ロイターに対して新方式の問題点の指摘と改善要請を行ったり、また、東日本大震災以降の大学や科学技術の役割についてのシンポジウムを開くなど、大学としての自由・自律性の立場を強調しながら、同時に社会への責任を果たそうという態度を示している。

6）結　論

　以上より、次のような結論を導き出すことが出来るだろう。

　第一に、自由民主党を主体とする政権下では、政策的な方向として、競争的資金配分による一部の大学への資金の集中が常に志向されてきたものの、明示的な形で「世界水準大学」形成が政策アジェンダとして意識されるようになったのは、2001年の遠山プラン以降であった。しかしながら、この「世界水準大学」政策は、中国や韓国などで見られるようなトップ大学への大幅な財政支援増をもたらすことなく、当初から織り込まれていた国立大学法人化やその後継続した国立トップ大学の民営化の議論などのガバナンス改革、あるいは「国際化」など特定のアジェンダの中に埋め込まれた形で存続した。しかし、これは、最終的には政権交代を機に政策アジェンダの中心から外れることになった。

　第二に、自民党政権下では、競争的資金配分の拡充と基盤経費の停滞・削減が長年進められてきている中で、大学間の財政格差自体は拡大し、特に医学部を持たない地方の小規模大学などで深刻な事態をもたらした。このこと

は結果的として、論文数によって示される研究の生産性においても格差をもたらし、日本全体としても論文数のシェアが低下した。

　第三に、1990年代における科学技術基本法とそれに基づく科学技術基本計画が学術関連予算の拡充を促し、これが競争的なプロジェクト資金として研究力の強いトップ大学における基盤的な公財政支出の削減を補う役割を果たしてきた。この傾向は、政権交代後も「新成長戦略」を支える重要な要素としての位置づけを得て、グリーン・イノベーションやライフ・イノベーションなど、より目的を特定した支出に形を変えつつ存続している。

　第四に、政権交代を契機に、日本のトップ大学群が共同行動をとり、より公開の場で政府や社会との「対話」を模索するようになった。すなわち、引き続きトップ大学は特に国立において財政上国家の庇護下にあり、また、大学も社会に対する自らの責任を意識している。同時に、これら政府や社会との関わりについて大学自身は政府からの一定の距離を保った上での「対話」によって、大学自身の、おそらく最終的には国境を越えうるような主体性と自律性の構築への道を歩み続ける可能性を探り続けることになるだろう。

　本章では、「世界水準大学」政策そのものの善し悪しを議論することは目的としない。しかし、この政策の盛衰は、以下の3つの点で、日本の高等教育財政の性格を知る上で重要なヒントを与えてくれる。

　第一に、この政策が、欧米ではなく新興国である東アジア（中国・韓国）の政策動向を参照しながら進められたと考えられる点である。遠山プランの形成前後には、馬越（1999）などが盛んに中国・韓国などアジアの高等教育政策の動向を紹介し（IDE2001）、ある程度事情が知られていた。しかしながら、結果として日本の実態は、トップ大学に対する急速な投資拡大を成し遂げた他のアジア諸国とは異なり、基盤的な公財政支出についてはトップ大学でも削減され、プロジェクト資金での小幅な収入増が実現したにすぎなかった。そして、政府もまた、国際化やガバナンス改革など公財政支出の増大を伴わない形で「世界水準大学」政策を進めようとした。

　第二に、学術や科学技術一般への投資価値は社会的に認知されたものの、教育研究機関としての大学に対しての公財政支出への社会的理解は、必ずしも広く共有されていないことが明らかになった。鈴木（2010）が民主党政権

について「世論に敏感」と形容したように、政権交代を可能とするような与野党の勢力均衡は、一般論としてポピュリスト的政策が重視される傾向を生み出す。このとき、結果的に民主党が選択したのは高等教育へのアクセスを支えるための家計への経済的支援（子ども手当、高等学校無償化、奨学金、授業料減免）であった。これは、日本が近代社会成立以降ずっと抱えている高等教育への入学までを重視する「学歴社会」への社会的関心が未だ根強いことを意味する。そして、このことが、高等教育の活動の中身に対する支援への政策的関心の低さ、あるいは高度人材養成など労働市場との接合に特化した関心へとつながっているものと考えられる。

最後に、遠山プランが突如示した「トップ30」は、大まかに言えば中央教育審議会答申「今後における学校教育の総合的な拡充整備のための基本的施策について」（四六答申）（1971年）以降の種別化論の系譜に属するものであり、これは2010年前後中央教育審議会で議論がなされた「機能分化」論につながるものである。しかし、システムとしての機能分化がある程度受け入れられている反面、それぞれの大学をある明示的なカテゴリーに入れ込む「種別化」は、日本では依然として受け入れられているとは言えず、遠山プランのような変則的な形での提起しかできない。こうした中で、トップ大学自身が主体的にグループ形成の動きを示した。

「世界水準大学」政策は、これ自体国際的なブームとして最近急速に拡大したものであり、今後長く存続するかどうかはまだ明らかではない。その意味で、日本でのこの「政策」の盛衰の事例が普遍性を持つかどうかはもう少し時代を経てからの検証が求められる。ただ、ガバナンス改革は一定程度進捗したものの、公財政の抜本的増加による「有り余るほどの資源」を生み出すことにつながらなかった過去10年の同政策は、日本の大学の「ランキング」上の地位を抜本的には押し上げなかったし、今後も現在の政策動向が続く限り、そのようなことは考えにくいということである。実際、東京大学を中心に9月入学を推奨するなど国際対応の動きも盛んであるが、2012年には国立大学が一時的給与引き下げに踏み切り、財政緊縮のトーンの中での「選択と集中」が続く。他方で「大学改革実行プラン」と名付けられた詳細な政府によるガイドラインが示されるなど、大学の運営上の自由度も増して

いるとは言いがたい。この時点で今一度、大学と、科学技術と、社会の成長との関係を、抜本的に考え直す必要がある。そして、こうした問い直しは、すでに政府や社会のみならず、「世界水準」を目指す大学自身から主体的に進められる以外に道はないのかもしれない。

参考文献

Altbach, P. G. and Balan, J. (eds.). 2007. *World Class Worldwide: Transforming Research Universities in Asia and Latin America*. Johns Hopkins University Press.
Amano, I. 1996. 'Structural changes in Japan's higher education system-from a planning to a market model'. *Higher Education*：34 (2). 125-139.
天野郁夫 1989『近代日本高等教育研究』玉川大学出版部。
天野郁夫 2004「国立大学の構造改革」国立学校財務センター編『国立大学法人化と諸外国の改革』国立学校財務センター、1-12 頁。
天野郁夫 2008『国立大学・法人化の行方：自立と格差のはざまで』東信堂。
朝日新聞 2010「国立大、初の順位付け」3 月 25 日朝刊。
有馬朗人 1996『大学貧乏物語』東京大学出版会。
阿曽沼明裕 2003『戦後国立大学における研究費補助』多賀出版。
羽田貴史 2009「政権交代と高等教育政策の課題　政策決定の透明化と中間団体の役割」アルカディア学報2373、『教育学術新聞』10 月 7 日。
Hazelkorn. E. 2010. Attitudes to Rankings: Comparing German, Australian and Japanese Experiences', In Kaur, S., Shirat, M. and Tierney, W.G. (eds.) *Quality Assurance and University Rankings in Higher Education in the Asia Pacific*. Penang: Pernerbit Universiti Sains Malaysia, pp.123-146.
市川昭午編著 2006『教育基本法』日本図書センター。
井手弘人 2010「韓国の高等教育戦略」『カレッジマネジメント』163、42-45 頁。
IDE2001『IDE 高等教育 430　アジアの大学に学ぶ』
苅谷剛彦 2006「"抱き合わせ"改正にどう対処するか」『世界』7 月号、岩波書店 100-107 頁。
喜多村和之 1999『現代の大学・高等教育・教育の制度と機能』玉川大学出版部。
北村幸久 2007「東北大学の戦略とランキング」『IDE 現代の高等教育』495、51-54 頁。
小林雅之・曹燕・施佩君 2007『市場型と制度型大学評価の国際比較研究』東京大学大学総合教育研究センター。
リー、モリー　N.N.2004「マレーシアの高等教育の法人化、プライバタイゼーション、国際化」P.G.アルトバック編『私学高等教育の潮流』玉川大学出版部 135-159.
大内裕和 2010『民主党は日本の教育をどう変える』岩波書店。
Salmi, J. 2009. *The Challenge of Establishing World-Class Universities*. Washington: The World Bank.

島一則 2009「競争的資金に注目した国立大学間・内資金配分の実態」日本教育行政学会研究推進委員会編『学校と大学のガバナンス改革』教育開発研究所 146-163 頁。
鈴木寛 2010「新政権における高等教育改革」『大学マネジメント』6-3: 43-54 頁。
竹中平蔵 2009「スッキリ！ 混迷経済の処方箋 8」『プレジデント』47 (9)、108-113 頁。
徳永保 2009「今後の国立大学の在り方について」『IDE 現代の高等教育』511、15-20 頁。
トムソン・ロイター 2010『グローバル・リサーチ・レポート：日本』トムソン・ロイター。
豊田長康 2009「学術の国際競争力と大学病院の機能向上を」『IDE 現代の高等教育』511、27-33 頁。
馬越徹 1999「活況を呈する動きは日本を凌ぐ (変貌するアジアの大学 (1))」『カレッジマネジメント』17 (4)、21-23 頁。
馬越徹 2010『韓国大学改革のダイナミズム』東信堂。
Yonezawa, A., Akiba, H., and Hirouchi, D. (2009). 'Japanese University Leaders' Perceptions of Internationalization: The Role of Government in Review and Support', *Journal of Studies in International Education* 13 (2), pp.125-142.

【註】本章は、米澤彰純 2010「変動期の高等教育財政」日本教育行政学会年報 36、41-59 頁を、本書日本語版のために大幅に加筆・修正したものである。

第2部 世界水準をめざすアジア・中南米のトップ大学

第4章
中国における旗艦大学と経済改革

馬万華

（船守美穂訳）

1）はじめに

　中国の高等教育は1970年代後半から史上稀にみる変化を遂げてきた。社会変革に伴う経済変動、知識や技術革新に対するニーズ、高等教育の国際化に対する要求の高まり、経済のグローバル化などが、中国の大学の使命と役割の変容に影響を与えているとされる。科学的発見や技術革新が重視されるようになり、人材を育成し文化的遺産を継承・伝達するという大学の伝統的な役割は、より実利的で機能的な役割へと変化せざるを得なかった。高等教育におけるこのようなパラダイム・シフトは、中国の有力大学に課題とともに新たな機会を提供している。

2）中国旗艦大学の概観

　米国の研究大学の成功は高等教育のモデルとして世界的な注目を受け、1980年代には経済協力開発機構（OECD）諸国においても米国の科学研究システムについて議論がなされるようになった。米国モデルは中国の高等教育にも大きな影響を与えた。米国における先進的な知識と教育を学ぶために1978年以来、多数の中国人学生と教員が渡米した。中国における教育分野の政策決定者は、米国研究大学の発展とガバナンスについて学ぼうとした。米国研究大学に関する会議や出版物が多数開催・出版され、その強さの源泉やその応用について議論がなされた。米国の経験は、中国における研究大学の形成も含む、中国の高等教育改革の主要なモデルとなった。

　中国の高等教育は従来、重点大学と非重点（あるいは一般の）大学とに区分

されていた。1978年には88大学が教育部によって重点大学と認定され、これ以外の大学（約500の大学）は一般の大学とみなされた。北京大学・清華大学・復旦大学は3つの上位重点大学であった。重点大学にはその根拠となるいくつかの指標がある。すなわち、充実した教育資源、国内に定評のある学問領域やプログラム、そして基礎科学研究である。重点大学は地域的な分布にも配慮して選ばれた——多くの重点大学は中国東部に位置していた。

　重点大学のシステムは、高等教育における教育と学習の質の向上と基礎科学研究の強化を目的として開始された。重点大学は1980年代の中国の高等教育の発展に大きく寄与した。1980年にいくつかの学問領域の修士および博士プログラムが重点大学において初めて開設された。1980年代中盤から、重点大学は基礎および応用研究の双方に力を入れるようになった。新たな政策と戦略が策定され、これら重点大学に研究資金が注入された。

　中国経済が急速に成長し、大学の研究と科学革新に対して需要が高かったにもかかわらず、1980年代における高等教育への投資は減少傾向にあったようである。たとえば高等教育への投資は1990年に国内総生産（GDP）の3.04％であったが、1995年には2.41％に落ちた（Ma 2004）。結果として高等教育財政の構造改革に対する要望が、多く聞かれるようになった。このため中国政府は、以下の3つの戦略を打ち出した。高等教育システムの構造改革、学生からの授業料徴収、大学の財務メカニズムの調整である。これらの戦略の一部は米国モデルに倣っている。中国の大学は従来、授業料を徴収しておらず、さらに宿舎・生活費・書籍等の経費を賄うための奨学金が政府から支給されていた。1994年に授業料および民間金融機関による学生ローン・プログラムが設立され、中国の大学の財源確保のあり方が実質的に変わった。

211工程と985工程

　これら一連のシステムの改革は、中国の旗艦大学の成長の契機ともなった。ここで旗艦大学とは、ある国の高等教育システムにおいて先導的立場にある大学を単に指す。2つの重要なプロジェクトについて言及する必要がある。211工程と985工程である。211工程は1994年に開始され、21世紀初頭までに100の国際的に通用する大学を設立することを目標とした。これに先立

ち、1993年に政府から「中国における教育改革と発展の大綱」が公布された（Central Committee 1993）。この政策文書は以下の点で中国の高等教育改革において重要とみなされる。この文書で中央政府は、国家の経済・社会開発と国際競争を先導する一部の大学に重点投資するという方法で中国の高等教育を構造改革する、と明言している。211工程はこの政策決定の成果とされる。このプロジェクトで中国政府はいくつかの重点大学における教育・学習・研究環境を改善するために、4億元（5,000万米ドル）を配分した。同時に、地方政府や地方自治体にもこれら重点大学への財政支援を呼びかけた。たとえば上海市は、復旦大学と上海交通大学における教育研究環境を改善するために、それぞれの大学に対し1.2億元（1,500万米ドル）の財政支援を1995年にした。地方政府がその地域に立地する重点大学に支援することに積極的であることを示す好例である。

高等教育に対する公共投資を拡大するため、1998年5月に開催された北京大学100周年記念において985工程が宣言された。このプロジェクトでは、中国の2大有力大学である北京大学と清華大学に対してそれぞれ3カ年18億元（2.34億米ドル）の資金パッケージが提供された。その後、このプロジェクトはさらに9つの有力大学に拡大された。北京大学、清華大学、復旦大学、南京大学、中国科学技術大学、上海交通大学、西安交通大学、浙江大学、ハルピン工業大学である。このプロジェクトにおける各大学に対する中央政府からの財政支援の規模は縮小し、かわりに他の省や地方政府、地方自治体等からの支援が奨励された。たとえばハルピン工業大学は1999年から2001年の間に1億元（1,230万米ドル）を教育部、国防科学技術産業委員会、黒龍江省政府から得ている。

世界水準大学

これら9つの大学に対する初期3年間の投資の成果評価が近年、「世界水準大学」のコンセプトとなりつつある。「世界水準大学」の概念は中国で問題視され、広く議論されてきたが、それは「世界水準大学」の定義についての共通基準が存在しなかったことにもよる。一部の研究者は「世界水準大学」の概念を明確にするための分類やランキング・システムを確立し（第3章参

照)、中国の大学を調査する手段にしようとした。「世界水準大学」の特徴を定義しようと試みる研究者もいる。たとえば、「世界水準大学」を定義するにはノーベル賞受賞歴のある同窓生数や『ネイチャー』『サイエンス』などの著名な雑誌への論文投稿数ではなく、物的・財政的支援の適切な保証や研究能力の強さ、大学運営面の大学の自治の確立などの方が適している、と主張する (Ding 2004)。

　一部の高等教育の政策決定者や実務担当者はいっこうに収まるところのない「世界水準大学」に関わる議論に苛立ちを見せている。「世界水準大学」が、慈善行為あるいは一時的な投資によって速やかに形成されるものではなく、時間のかかるプロセスであるということが徐々に理解されつつある。実際、中国という環境では真の「世界水準大学」を形成できないのではないか、といった疑念までもたれはじめている。「世界水準大学」と一般に認識されている英国のオックスフォード大学やケンブリッジ大学、米国のハーバード大学やイエール大学などは、何世紀にもわたる時を経て形成されている。さらにこれらの大学は異なる政策環境のなかで発展してきており、大学のガバナンスの構造も異なる。

ポジション争い

　標準分類の形成やランキングの作成は中国の政策決定に実際には影響を与えないと思われる。中央政府にとっては、いくつかの優先的に強化する有力大学を決めてしまい、これら大学の知の創造や技術革新などの研究能力を強化する方策を策定することの方が重要であろう。2004年の教育部による「教育再生のためのアクション・プラン 2003-2007」に言及されているように、「世界水準大学」の形成の目的は、科学と教育における国際的競争力の強化である (Ministry of Education 2004)。

　985工程は、中央政府と中国の高等教育システムの双方において関心が高かった。985工程に採択してもらい「世界水準大学」に仲間入りするため、大学は競争を始めた。多くの大学がこのプロジェクトに参加するためにキャンパスに新たな建物を建設し、コンピュータ実験室を設置して教育環境の改善を図り、外国の学位を有する教員の雇用を拡大し、カリキュラムを調整し、

その他の対応をはかった。地方政府に土地や施設整備経費の支援を要請した大学もある。

「世界水準大学」となる可能性のある大学がごく一部であるにもかかわらず、このような目標が設定され、そのための取り組みが推進されたため、中央政府が真剣であることを一般社会も認識するようになった。経済のグローバル化は優位なポジションについていないと置いていかれる、ということを意味する。特にハイテクな世界において、デジタル・デバイドの課題は仮想のものではなく、現実である。1990年代以来中国が経験している頭脳流出の問題は、この「世界水準大学」追求に関わる課題のごく一面にすぎない。中国に研究大学を形成するという目標自体が、大きな課題と認識されている。

211工程および985工程の導入は、中国の従来からの重点大学と一般大学の区別を新区分に置き換えた。211工程は1,683の国公立大学・高等教育機関のうち約99大学を対象とする。これら99大学のうち34の大学は高度研究型大学とみなされている。これら34の大学のうち9大学は「世界水準大学」への発展が予定されている大学であり、中でも北京大学・清華大学が最高峰の大学である。

3）中国経済の旗艦大学へのインパクト

開放政策

中国がなぜこれほどまでに多くの有力大学を発展させるためのプログラムやプロジェクトを開始したのか、また、これが国の高等教育システムにどのような影響を与えたのか、といった疑問に答えるには、国の経済構造の変化や高等教育におけるパラダイム・シフトを理解しなければならない。1970年代後半、中国は開放政策を採用した。この政策のもとで外国の投資家は中国においてビジネスや産業を展開することが可能となった。ただし、イデオロギーや文化、社会などの差異が、国内・国外の双方を躊躇させた側面もある。中国経済改革初期の社会主義中国における租税免除を伴う経済特区の創設は、外国の投資家にとって画期的な出来事であった。はじめての経済特区となった深圳は、10年の間に小規模な町から大都市へと成長した。中国の

変革への決意を示す成功事例である。

　しかし、いかなる政策転換も副次的な効果がある。中国初のマクドナルド北京店は、外来食品を導入しただけでなく、異なるサービスや生活スタイルを中国にもたらした。このような食品が世界中で流行する理由が問われた結果、一定の文化的心理に訴えるビジネス戦略が競争力を生むと認識されるようになり、中国の食品産業やビジネス界一般もこれに倣うようになった。

　外国の企業が多数進出し対外投資が拡大し、キャピタルゲインの追求とともに能力のある人材や知識に対する需要が増すにつれて、中国における従来からの知識生産システムや生産性・富に対する伝統的な価値は本質的に変わっていった。とりわけネクタイやハイヒールを身にまとい、多国籍企業や外資系企業に高給で雇われる若い世代は、高所得や高い地位を有するだけでなく、社会的移動やその他の変化に対しても従来からの中国人と異なるセンスを有する。

教育システムの変革と拡大

　開放政策が経済発展とともに教育システムの変革も促したことは間違いない。たとえば1980年代後半から1990年代にかけて多くの国営企業は生産性の向上と品質の改善を図るべく、技術革新のための国際協力プログラムを活用して外国から技術を輸入した。しかし、これら新しい設備や機械を操作するための知識が欠けていたため、これらの輸入品は工場の持ち腐れとなった。いまはジョイント・ベンチャーの手法が頻繁に用いられるようになり、能力と資格のある労働者に対する需要が高まっている。多くの若い学生が限られた高等教育の機会獲得のために競争している。これらは内的力学にもとづく動きである。中国の高等教育変革の外的要因としては、情報技術の影響や知識拡大のスピード、国際協力に対する需要がある。

　このような状況のもと、中国の高等教育は人材育成や新しい科学的発見、知識生産、技術革新、新しい知識の生産性への転換などに対する中国の経済変革の強いニーズにさらされた。中国の高等教育は過去25年間、国家の経済的ニーズへの積極的な対応と捉えられる一連の変革を経てきている（Min 2004；Ma 2003）。

こうした変革の中でも主要なのが高等教育システムの拡大であろう。1978年の時点では中国には405の高等教育機関しか存在しなかった。1995年には1,300以上の国公立の大学・高等教育機関がすでに存在していた。この拡大は民営の大学・高等教育機関の発展の許容といったシステムの多様化を伴った。2004年にはいわゆる民営の大学・高等教育機関が1,405あった。中国初の民営高等教育機関は1983年に北京に設立されている。同時に、大学の統合によって総合大学を形成する動きも、中国の高等教育構造の変化において多く見られた。大学統合の意義は活発に議論された。大学統合の最も重要な目的の一つに、知識の発展のための学際的研究環境と、有力大学における質の高い教育のためのキャパシティーの形成があった。中国の高等教育は未曾有の入学者の拡大を経た。1999年、大学への進学率を3割にするという政策が中央政府によって打ち出された。5年後、中国における大学進学率は18％に達し、1,200万人の学生が大学・高等教育機関に在籍することとなった。このような改革を経て、中国における有力大学の使命と役割は変化してきている。中国の有力大学はもはや、単なる教育機関ではない。それらは、教育・研究・社会連携をその発展の究極目標とする機関である（Ma 2003）。

4) 大学が運営する企業を通じた研究の産業化

「エンジン」

中国有力大学の新しい使命や役割を鑑みるに、これら大学は学部教育や修士・博士の学位の拡大を期待されているだけでなく、新しい知の創造と発見、そして国家の産業の発展のための技術革新に資することが求められている。社会・経済変革の時代において、知識と人的能力の開発が発展のために最も重要で、これら2つの目的に最も適しているのは教育の現場である、と一般に認識されている。このため1998年の北京大学100周年記念のおりに陳佳学長（Chen 1998）は、中国の社会経済改革における大学の役割を示唆する用語としてはじめて「エンジン」という言葉を用いた。中国における科学研究システムは1952年に中国科学院が設立されて以来、大学から分離されており、大学における研究は従来重視されていなかった。中国において大学は

主に教育機関であり、ごく一部の主要大学のみが基礎的な研究プログラムを少数有していた。

国家重点研究所

　1986年、北京大学に初の国家重点研究所が設置された。これが国家の研究開発資金を活用して大学キャンパス内に国家研究所を設置し、大学の研究を国家の基礎研究システムの一部として推進する、という方法のさきがけとなった。国家重点研究所を大学に設置するという構想は米国研究大学をモデルとした。1980年代後半から1990年代前半にかけて、米国連邦政府による大学への研究投資の手法は、中国における科学研究システムの改革に大きな影響を与えた。モデルとしてよく挙げられるのは、カリフォルニア大学システムにおけるローレンス・バークレー国立研究所、ローレンス・リバモア国立研究所、ロス・アラモス国立研究所などである。中国大学における国家重点研究所の多くが当該研究分野におけるCOEを形成するという目標のもと、現段階では各々の学問領域に特化しているものの、いずれカリフォルニア大学と同様の研究所を保有することが中国大学にも期待されている。

　中国教育・研究ネットワーク（中国教育和科研計算機網：http://www.edu.cn/）によると、2002年には91の国家重点研究所が中国有力大学に設置されていた。北京大学だけでも13の国家重点研究所があり、国家の緊急の開発課題に対応した研究プロジェクトを推進している。1986年にある有名な国家科学研究プロジェクトが開始された。このプロジェクトは1986年3月に4名の著名な科学者によって提案されたため、863計画とよばれる。この計画は国家の研究開発資金を利用して、情報技術・オートメーション・エネルギー・新素材・バイオテクノロジー・その他の領域において先進的研究を推進することを目的とした。この資金を管理するために中国国家科学基金が1985年に設立され、大学および科学アカデミー双方の科学技術分野の研究組織を助成するようになった。

　国家重点研究所の設立は、大学の研究能力を向上させた。統計（Z. Wang 2003）によると、1998/99年に中国の有力9大学は2,465の博士号を授与し、2000年にはSCI（the Science Citation Index）に5,891の論文が掲載され、

2002年には研究領域が295の主要研究分野にわたった。同年、これら大学は研究面において国家技術革新助成金の78%、国家技術進歩助成金の49%を獲得していた。6,118の特許のうち32.4%は有力9大学によるものであった（Zhao 2003）。

大学が運営する企業

　1980年代、中国の産業は新しい発明を導入する上で限られた資源と能力しか保有していなかった。大学における研究と発明をいかに生産性に結びつけるかは、中央政府と大学の中心課題であった。しかし、給与水準は低く、研究資金も不足していたため、研究を継続することは困難であった。そのうち発明を企業に特許化してもらうのではなく、自身で生産活動に移行する教員が出てきた。北京大学では情報科学学部の王選教授とその同僚たちが、方正集団を開始した。大学からの投資を得て、1986年には中国の電算写植システムの生産を開始した。このシステムは数学・物理学・中国言語・情報科学の研究成果を統合している。2年のうちに、この企業の製品はハイテク商品として市場への参入を果たした。この企業は国家重点研究所と工学研究センター、市場販売、研修プログラム、メンテナンスサービスセンターを設立した。東南アジア、北米、欧州にもビジネスを拡大した。王教授の成功についで北京大学の他の学部・大学院も、生医科学・コンピュータソフトウェア・サービス産業などの分野で企業を設立した。2005年には北京大学は10の大企業を保有していた。

　清華大学も1980年代に大学によるハイテク企業を設立した。有名なのは、清華紫光集団と清華同方集団である。これら清華大学によって設立されたハイテク企業の成功物語は北京大学とほぼ同じものである。大学からの若干のスタートアップ資金を得て情報科学学部の教員数名が企業を設立し、成功した。1993年から1998年の間に清華紫光集団と清華同方集団の生産高と収益は、それぞれ290%と230%に増加した（D. Wang 1998）。

　中国にはなぜこれほど多くの大学が運営する企業があるのだろうか？また、これら企業はどのように運営されているのだろうか？実は、中国の大学にとって工場や企業を運営することは新しいことではない。1950年代後半

から1960年代初頭にかけて、中国のカレッジや大学は学生のインターンシップあるいは研修のために工場を設置することを要請された。その後、これら大学内に設置された工場は文化大革命（1966-1976年）のおりに閉鎖された。しかし、その伝統は保持された。1980年代後半には大学の設備や研究資金を活用して小企業を設立し、自身の発明を生産に移すことを通じてさらなる研究資金を獲得し、また、自身の給与の一部もそこから得ることが、中国の教員にとって一般的になった。

　これらの企業は、大学の科学研究や教育基盤の形成にも資した。大学の組織運営のために、大学はこれら企業から資金を得ることも許されていた。これは、教育部および財政部が共同で公布した政策文書にも記述されていた。1990年代に中央政府は、大学の研究成果を応用する最も効果的な方法が大学経営の企業を設立することである、と認識した。このような企業設立を促進するため、1994年にこれら大学企業に対する税を一部免除するという政策も打ち出された。

　20年間の実践と政策的支援を得て、中国の大学企業は大学の発明を消費者市場向けの製品の開発と製造に応用するだけでなく、中国のハイテク産業を発展させる上で重要な役割を果たした。有力大学の企業の年間利益は30％の率で増加し続けた。さらに重要なのは、これら大学の経営する企業が学生のインターンシップの場となり、大学の教育・研究現場の延長となったことであろう。統計によると、1997年には約52万人もの学生が大学の経営する企業で仕事あるいは研究を推進している。そのうち1,419名の学生は博士号を受理し、2,817名の学生は修士号を得た（Ma 2004）。

　教育部は2001年にこれら大学の経営する企業の効率性と効果を評価するためのプロジェクトを実施した。この調査報告書「2001年における中国の大学が運営する企業に関する統計報告」によると、575の正規の高等教育機関が5,039の企業を保有し、そのうち993（大学が運営する全企業の40％にあたる）がハイテク企業である。5,039の企業のうち4,059の企業は大学の単独出資であり、718の企業は大学と地方政府による共同出資、94の企業は外資系企業と中国大学の共同出資である（Ministry of Education 2001）。これら5,039の企業の総売上高は607.48億元（75億米ドル）で、そのうち74.45％はハイ

テク企業によるものであった。ハイテク企業は、数は少ないものの、その総売上高はその他の大学が運営する企業に比べてはるかに高いことを示している。

この報告書によると、2001年のこれら大学が運営する企業の総利益は48.51億元（6億米ドル）であった。これら大学が運営する企業から大学への還付額は18.42億元（2.3億米ドル）であり、大学の教職員や学生の給料や管理運営経費として活用された。これらの実績から分かるように、大学が運営する企業、とくに有力大学におけるそれは、大学の研究成果を市場に転換し、研究成果の輩出から市場への転用の時間を短縮し、さらに大学に若干の利益を還元することを通じて、中国経済に対して重要な役割を果たしてきたことが分かる。

しかし、大学が運営するすべての企業が成功している、あるいは採算性がある、というわけではない。一部の企業は大学にとって重荷になっており、倒産寸前のものもある。北京大学の方正集団や清華大学の清華紫光集団や清華同方集団など成功事例とみなされている企業ですら、内部マネジメントや財政建て直し、出資元の大学との関係などで、問題を起こしている。大学経営と企業経営は異なるため、学長が腕の利くCEOであるとは限らない。しかも大学が運営する企業の経営は、ビジネスの拡大と情報技術と国際競争に応じて中国市場経済が多様化するとともに、ますます複雑になってきている。大学の商業化に対する批判も、大学が運営する企業と関係があるだろう。

5）産業と地域経済との連携

知識と人材育成

大学が運営する企業によって大学の研究成果や発明は効果的に製品へと転換された。しかし、大学が運営する企業がすべての新しい発明や技術革新を吸収できるわけではない。1990年代における知識移転に対する差し迫ったニーズから、大学を地域の産業および地方政府と連携させるための、新しい戦略が策定された。

1990年代になると、大学の役割は中国経済を促進させるための新しいス

キルや知識・アイディアなどの主要な源泉となることである、と中央政府や一般社会が強く認識するようになった。大学と産業との間の連携や、大学における研究と経済活動の統合に向けた呼びかけがなされるようになった。たとえば1998年3月19日に第9期全国人民代表大会第1次会の記者会見において朱鎔基首相は科学と教育を通じて中国を活性化することの必要性を強調し、これを中央政府の主要課題であるとした。さらに科学と教育の両セクターの間の連携を強化するために、国家科学技術・教育委員会を設立すると発表した。

同年5月4日、北京大学の100周年記念において江沢民国家主席（Jiang Zemin）は世界水準大学を形成すると宣言し、国家の経済発展における科学と教育の重要性とともに、知識を基盤とした世界経済の時代において経済・社会の発展を進めるための知識革新と優れた人材の育成の必要性を強調した。

地域との連携

中国の有力大学はすでに科学と教育を連携し、知識を産業や地方政府に移転するようになっている。清華大学や北京大学は技術革新や知識移転のために産業や地方政府と関係を構築している。1997年には1,020のカレッジや大学が70.5億元（8.7億米ドル）を研究経費として支出した（Zhang 1998）。この70.5億元のうち75％は企業からの資金である。同年、大学と国有企業は共同で2,000ものR&D研究所や経済団体を形成した。その年までに大学発の研究成果や技術革新が50,000件以上、産業に技術移転されている。大学は企業と4,514件以上の契約を締結し、これにより6.18億元（7,500万米ドル）もの外部資金を獲得した。

知識移転を加速するために、有力大学は産業や地方政府とそれまでと異なる関係も構築するようになった。Zhang（1998）は大学と産業や地方政府とのパートナーシップのモデルをいくつか示している。以下にそのモデルを要約する：

  第1のモデルでは、大学と企業が共同で国家の研究開発助成を申請し、関連する研究を実施する。このような場合、発明と技術革新はパートナー企業に帰属する。第2のモデルでは、大学がキャンパス内に専門

のエクステンション・センターを設置し、この研究成果を普及する。このようなセンターは、関連する政府団体によって承認・監督されなければならない。Zhangの研究によると、1996年にはこのようなセンターが30箇所存在し、そのうち15箇所は大学内に設置されていた。第3のモデルでは、大学と企業が共同研究センターをキャンパス内に共同して開設する。このモデルでは企業が研究資金を提供し、大学が施設・設備を提供する。このような企業－大学連携のモデルは大学・企業双方に人気が高い。企業は発明を必要とし、大学は資金を必要としているからである。第4のモデルは地域発展のための人材トレーニングであり、地方政府や地方自治体が大学のためにR&D資金を提供する。このケースでは、地域のニーズに基づき大学がサービスや研究、トレーニングを提供し、地方政府が出資する。第5のモデルは、大学が企業に対し、大学における科学研究マネジメントへの参加を呼びかける。これを通じて大学は研究に関連する企業ニーズをよりよく理解することができる。第6のモデルでは、地域政府や地方政府が大学発の研究成果を発表・展示するために貿易博覧会や技術革新フェアを開催し、大学と地域の企業や事業体との間の関係構築を促進する。(Ma 2004)

　このような産業や地方政府との連携を通じて、大学の研究は企業や地域のニーズにより密接に関連するようになる。たとえば1999年に北京大学は深圳の地方政府と香港科学技術大学とともに深圳・香港研究所を初めて設立した。この研究所の目的は、情報技術や沿岸環境研究、タンパク質や植物の遺伝子組み換え技術やその他の研究を推進することである。この研究所の設置以来、北京大学は科学研究や教育の面での契約を8つの地方自治体や地方自治政府と締結した。これらの共同研究と研修活動の連携を強化するために、北京大学は知識移転・生産・学習のためのオフィスも設置した。清華大学も同様に、1998年までに98の著名な国内企業や国際的企業とパートナーシップ関係を構築した。これらのパートナーシップにおける活動を円滑に進めるため、清華大学は産学連携のための特別委員会を設立した。大学と地方政府や企業との連携の効果は未だ不明で、今後の発展を見守る必要がある。

6）大学の研究と大学サイエンス・パーク

研究の促進

　中国における過去25年間の経済成長は、労働集約的企業と農業生産によって主に支えられてきた。国内の天然資源が限られているため、原材料の輸出への過度の依存も問題となってきた。国連貿易開発会議（UNCTAD）の世界投資報告書（World Investment Report）によると、中国の輸出に占めるハイテク製品の割合は1985年には0.4％であり（UNCTAD 2003）、2000年には6％まで上昇した。発展過程にある、という意味では、この成長は好ましくみえる。しかし、米国や他の先進諸国と比べると中国ははるかに遅れており、道のりはまだ長い。1997年に973計画という新規プロジェクトが科学技術部によって開始され、材料科学・エネルギー・天然資源・農業・その他の分野における基礎研究が推進されることとなった。有力大学の教授と科学院の研究者が共同して、最も緊急な科学的課題を解決する。

　大学と科学院との間の研究連携を確立するために、科学院の改革がなされた。科学院内の基礎研究所の一部が関連する大学に移管された。1990年代後半の有力大学の学長の多くが科学院によって指名されたり、あるいは、科学院出身の研究者であることは、大学における研究を促進し、科学院と大学との間の連携を強化したいという政府の意図を表している。北京大学の現学長・許智宏氏は科学院会員であり、現在も科学院の副院長である。

サイエンス・パーク

　大学における基礎研究と新しい知識の応用的側面とを結びつけるため、中国政府は大学においてサイエンス・パークやテクノロジー・パークを拡大設置すると1999年に発表した。米国の事例にアイディアを得たものである。中国にとって、ハイテク産業の集まるシリコンバレーの成功は魅力的に映った。この結果、北京に中関村サイエンス・パークが科学院・北京大学・清華大学の近郊に設立された。

　北京市第11期人民代表大会第23回常務委員会において2000年12月8日に採択された中関村サイエンス・パークの規則では、サイエンス・パーク

は、科学と教育、市場経済を通じて国家発展戦略に基づく総合的改革を推進するための実験地域である、とされている。サイエンス・パークは科学と技術革新のための国家モデルとみなされており、科学技術成果のインキュベーションと普及、そして新規のハイテクの産業化と優秀で創造力豊かな人材を育成するための基地である。この規則では、カレッジや大学、科学研究機関が共同で技術革新のための事業体や組織を設立したり、技術革新に関連する共同研究や開発活動を実施できる、とされている。

中関村サイエンス・パークは中国のシリコンバレーとされている。2001年までには約10,000ものハイテク企業が設置された。これら企業は2兆142億元（250億米ドル）もの総収入を技術・企業・貿易の移転から得て、455.7億元（56.3億米ドル）もの付加価値があった。政府への売上税納付は89.4億元（11億米ドル）にのぼった（Liu 2002）。これら数値からサイエンス・パークの効果の一部が垣間見られる。

中関村サイエンス・パークの効果については多様な意見があるものの、これが中国のサイエンス・パークのモデルとなった、ということはいえる。中国の有力大学は、科学研究・技術革新・知識移転のインキュベーターとしてサイエンス・パークを設置するようになった。1990年に大学によるサイエンス・パークがはじめて、遼寧省にある東北大学によって設置され、清華大学・北京大学・復旦大学・上海交通大学・武漢科技大学・燕山大学・西安交通大学があとに続いた。2000年に中国政府は、大学によるサイエンス・パークの国家経済発展への貢献を確認したとし、大学によるサイエンス・パークを国家科学研究システムの一部として位置づけた。同年、科学技術部と教育部は、さらに多くの国立大学サイエンス・パークを共同で設置することを決定した。

中国の「大学による技術移転ウェブサイト」によると、2004年には44の大学によるサイエンス・パークが104の大学に附置されていた。これら大学によるサイエンス・パークは、2002年10月には1,200のR＆D機関と5,500の事業体、297億元（34億米ドル）もの投資を得ていた。これらサイエンス・パークにおいて920の企業が起業し、そのうち29の企業はすでに株式公開していた。4,116の新製品が発明されていた。現在、1,300もの外資系企業が

これら大学によるサイエンス・パークを運営するようになっており、2,300の企業が起業に向けて準備中である。これまでに、大学によるサイエンス・パークは100,000名分もの雇用を生み出した。

これらの数値は、大学によるサイエンス・パークの成果について一定の評価を与えるものである。しかし、これらサイエンス・パークは中国の大学における比較的新しい取り組みであり、また現在も発展の途上にあるため、実際に成功しているかを評価することは難しい。さらに、公式のレポートでは成功事例や達成済みの事項しか取り上げられないことも多い。実際、このような発展段階において、大学は多くの課題に直面している可能性が高く、これについてはさらに調査を進める必要がある。

これら大学によるサイエンス・パークの多くは、大学キャンパスに近接する高度に商業的なビジネスを営む近代的な建物内にあることが多い。しかし、これら有力大学が何を目的とし、大学の教育がサイエンス・パークによってどのような影響を受けるのか、より深く吟味する必要がある。

7）教員の保持と獲得戦略

頭脳流出

本章ではこれまで、有力大学における科学研究や知識移転に関わる方針や戦略について述べてきた。これら活動を推進するためには当然、科学者や優れた研究者に対する差し迫った需要がある。すでに述べたように、1980年代後半から中国における有力大学は、「外国留学の潮流」にさらされてきた。有力大学の若手研究者や学生は、外国の奨学金や経済支援を得られる可能性が高かったためである。例えば1990年代、北京大学は外国留学のための「予備校」とされてきた。卒業生の1/3が米国や他の先進国に留学していたためである。特に、科学・技術を専攻した学生は、中国に戻るより最終学位を得た国で職を得ることが多かった。1978年から2004年の間に815,000名の中国人学生が外国留学をしたが、そのうち198,000名しか帰国しなかった。つまり、留学した者のうち1/4しか帰国しない、という計算になる。

優秀人材計画

　優れた教員を保持・獲得するため1992年には、外国留学を支援し、帰国を奨励し、そして帰国後に再び外国に渡航する自由を保証するという政策が打ち出された。1993年に教育部は、「卓越した能力を有する世紀の優秀人材計画」というプロジェクトを開始した。このプロジェクトは、高給を求めて他のセクターに異動してしまう可能性の高い教員を保持することを目的としていた。この計画で認定を受けた教員は特別手当を政府から受給し、正規の教授に昇進した。この計画は外国に留学した学生に帰国後の保証を示すことを目的としていたが、帰国する学生の割合は実際には低いままに留まった。学生や教員の外国に残る理由は多様であるが、中国の政治的安定性やキャリア開発の機会が不透明であること、外国滞在によるライフスタイルの変化や子どもの教育に関する懸念など、いくつかの重要な要因があることに留意する必要がある。

　1990年代後半、中国の有力大学は教員の保持と獲得に関して深刻な問題に直面した。優れた研究者や教授が不足し、在籍している教員の教育・研究負担が過剰になったのである。アカデミック・キャリアの最盛期にある教員が過労死した事例が一般社会および政策決定者、大学執行部において取り沙汰された。この事件をもってようやく、一部の特権的教員の地位だけでなく、教員全般の経済的・社会的地位を改善する必要があると認識されたのである。このため、有力大学では985工程を教員の給与改善に充てることができるようになった。

長江研究者奨励計画と春輝計画

　985工程と合わせて長江研究者奨励計画が1998年に開始された。長江奨学教員は年間10万元（1.25万米ドル）のボーナスを受給し、大学や大学院からもその他のボーナスを獲得し、また、自身の研究資金からも一定の手当を得る。この計画は科学技術分野で外国に留学した教員を主に対象としていた。たとえば中国科学技術大学では2005年、先の3年間にこの計画の資金で研究を行った科学分野の中国人教員を14名呼び戻した。北京大学でも同様に

57名の長江奨学教員が2003年に存在した。教員の専門はすべて、科学技術の分野であった。2004年からは人文・社会科学の分野も同計画の対象とされたが、実際にはごく少数の教員が採択されるにとどまった。たとえば、北京大学では2名の教員に留まった。

　このプログラムは選抜が厳格であり、すでに研究者として名声の確立した人物や著名な教員のみが招聘される。外国に滞在する最も優れた科学者を中国の科学研究に呼び戻したい、という中国政府の固い決意が読み取れる。この長江研究者奨学計画以外にも、外国にいる中国人研究者が中国の有力大学で教育や研究を推進することのできるプログラムが多数ある。「春輝計画」もそのうちの一つで、完全帰国はしないが短期の訪問であれば帰国する外国にいる中国人科学者を対象とする。このプログラムは1990年代後半に開始された。関心を有する研究者は夏期休暇やサバティカル（研修のための長期休暇）期間に、中国の大学で教育や研究をできる。単独でも、中国大学の教員との共同研究でも、構わない。長江研究者についても、外国と中国を行き来しても構わない。これを通じてこれら研究者は、先進国における最先端の知識に触れ、知識を向上させ続けることができる。

　外国にいる中国人研究者の呼び戻し以外に、外国人研究者に中国の有力大学で研究あるいは教育を推進してもらうプログラムもある。対象となった大学では国家外国専門家局の資金を用いて外国人の科学者や専門家を招聘し、教育あるいは研究を推進してもらうことができる。この政策は、北京大学において年間600名もの研究者が研究および教育のために招聘されるほどの効果がある。

　これらの取り組みの結果、トップ大学における有力教授の多くは、外国の学位あるいは外国における教育経験を有している。一部の教員は国際的にも名が知られている。しかし、このような傾向は中国の大学における知的・学術的発展について根本的な疑問を投げかける。中国の大学は科学の分野に注力しつづけるのであろうか？それとも科学・社会科学・人文の分野でバランスのある発展を目指すのであろうか？これまでに獲得された優れた教員のほとんどが科学の分野である。

　教員の給与は優先分野や戦略によって多様である。応用科学や専門職大学

院、人文学、社会科学、それぞれの分野において給与が大きく異なる。人文・社会科学の分野の教員は研究助成金も給与も少なく、昇進の機会も少ない。このような格差があることを鑑みるに、中国の有力大学はよりバランスの取れた教員開発に努め、著名な社会科学者や自然科学者を世界から獲得し、社会科学者にも同等の手当と昇進の機会を与えなければならない。このような対応が図られなければ、中国有力大学の全般的な発展に長期的には悪影響が出るであろう。

8) 教育と研究を通じた世界との架け橋

WTO 加盟

およそ30年の世界からの孤立を経て、中国は1980年代からようやく世界貿易機構（WTO）への加盟を果たし、世界経済の一部となろうと力を入れだした。WTO加盟への長い交渉過程中、世間一般はこの問題にあまり関心を抱いていなかったが、2001年11月に中国がWTOに加盟した直後から、WTOへの加盟が国家および市民生活に及ぼす可能性のある影響について懸念が示されるようになった。外国の投資家が中国に大学を開校したいとした場合、中国政府の責任はどこまで及ぶのか？中国の高等教育システムへの影響はどのようなものであろうか？外国の投資家は、財政的にも技術的にも中国の投資家より競争力がある。議論は白熱し、「オオカミがやってくる！」と警告をならした研究者もいたほどであった。

オオカミはやってくるだけでなく、中国の経済改革に実際に参加している。中国がWTOに加盟した一年後にはすでに外資系銀行やスーパーマーケット、建設業、その他のビジネスが多数、中国に支店を開設していた。利益追求がこれらビジネスの本質であるものの、対外投資の付加的な効果も多い。たとえば、先進的な技術の導入や雇用機会の拡大、国内消費者市場の多様化などがもたらされた。教育分野でも外国大使館主催の展示会が多数開催され、国際的な教育協力活動が各国と推進された。学生の留学を高い手数料で仲介する中間団体も多数設立された。

外国の高等教育機関にとっても、中国の急速な経済成長は魅力あるものに

映った。教育部の統計によると、2002年の終わりごろにはすでに712の外国と関連のある教育機関が中国に存在した。そのほかにも多くの外国の機関が共同の研修プログラムを開発しようとし、研究センターを開設したり、関係のある中国の組織とともに、キャンパスのエクステンションを設置しようとしている。これらの展開は中国経済のグローバル化の直接の効果である。

　しかし、グローバル化は均質化を意味しない。グローバル化のプロセスに参加する諸国の経済的・文化的・社会的背景は異なる。激化する競争社会では、「持たざる者」はこのプロセスに参加することさえできない。「持つ者」と「持たざる者」との間では発展に不均衡が生じる。近年、中国人の経済のグローバル化に対する態度と感情を表現する2つの用語が、メディアやその他の出版物で多く用いられている。一つは"接軌"で「歩調を合わせる（to be in line with）」あるいは「連結している」という意味である。もう一つは"双贏"で「相互互恵的」あるいは「win-winの関係を作り出す」ことを意味する。しかし、世界の他の諸国と歩調を合わせ、中国の経済成長を犠牲にせずにwin-winの関係を作り出すことは、中国の政策決定者にとって大きな課題となっている。中国の繊維製品に関するEUと米国との貿易交渉が、これを象徴している。

英語での講義と国際連携プログラム

　このような背景から、2005年までに中国の大学における学士課程の講義の15％を英語で提供しなければいけない、ということが発表された。この政策決定は言語運用能力の強化のためだけでなく、将来のリーダーが言語や文化的障壁なくグローバルな視野で思考し、国際的に活躍することを期待したものである。有力大学にとってこの決定は、単に講義を英語で実施する、ということ以上の意味を有した。新しいカリキュラムが形成され、高度に先進的な知識が学生に教授され、外国の大学と共同で教育・研究プログラムが開発され、学術交流を通じて中国の経済改革の成果に関する情報が発信された。これらを通じて中国の教育はグローバルなニーズに応えることとなった。言い換えれば、中国の有力大学は、科学研究に関する知識や文化交流、コミュニケーションを通じて、世界との架け橋となることが期待された。

北京大学はカリフォルニア大学と共同プログラムを確立し、北京大学の学生がカリフォルニア大学学生とともに北京大学のキャンパス内で授業を受けられるようになった。2004年9月、スタンフォード大学は北京大学内にブランチを設立した。北京－早稲田共同教育センター（Peking-Waseda Joint Teaching Center）やロンドン・サマースクールなどのプログラムはすでに実施されている。いくつかのプログラムは外部資金を得ており、一部は学生から授業料を得て運営されている。北京大学はすでに49カ国200以上の大学と研究や教育の関係を構築している。57のアジアの大学、69の欧州大学、46の米国大学、4のアフリカの大学、8のオセアニアの大学とである。これら外国大学との関係以外に、北京大学は世界銀行や経済協力開発機構（OECD）、国連教育科学文化機関（UNESCO）などの国際機関とも関係を構築し、研修プログラムを開発・実施している。清華大学も同様に、世界150の大学と教育・研究上の関係を構築している。さらに世界各国の著名な外国企業と共同研究契約も締結している。これらの関係や契約を利用して教育や講義の提供、セミナーの開催を世界に向けて実施することが、教員に求められている。

　これらのプログラムや活動は本質的に複数国に及ぶ。これら国境を越える活動は異なる4つの形態に分類される。(1) 外国人留学生の入学と研究交流プログラムの拡大、(2) 教員の外国派遣と外国大学との交流活動の拡大、(3) 外国企業や大学との共同のR&Dセンターまたは共同研究プロジェクトの開始、(4) 国際機関との環境保護やエネルギー不足といった共通課題に対する解決の模索、などである（Ma 2005）。

　高等教育において世界の諸国と連携するために、中国の有力大学は地域、あるいは国際的な大学連合に積極的に参加するようになった。過去10年間に北京大学はアジアや環太平洋、その他の地域の大学連合に加盟してきた。これらは、中国と世界を知識や教育の面で連携させるための有力大学の重要な取り組み努力である。

9）結　論

　中国の経済改革のプロセスにおいて中国有力大学は、経済に調整や再調整をかけようとする国家のニーズに十分に応えてきた。これら調整や再調整の背景にある動力は多種多様であるが、これら変化を誘発している主要な要因は、国家の教育政策や科学政策である。有力大学がさらに発展するためには、政策の一貫性と中央政府からの継続的な財政支援が不可欠である。近年、研究大学、特に世界水準の大学を構築するためには巨額の費用がかかる、ということがようやく認識されてきた。中国経済がこれら大学の発展を支援し続けられるかについては疑問が常に投げかけられており、近年の有力大学への財政支援の変化はこの懸念を裏付けている。このため、これまでの発展を維持・継続するために、中国の有力大学は新たな機会を見つけ出し、自給することを学ばなければならない。

　過去30年の改革を経て、中国経済は労働集約型から知識基盤型に変化してきた。このような変化は、有力大学に対して、より複雑な知識を創造することを要求する。企業や事業体を設立し、技術移転をしているだけでは足りない。過去の経験から、有力大学を含め大学は企業経営をする能力が一般にはなく、大学の経営する事業体や企業から大学が得る収益は限られている、ということが証明されている。将来の発展において有力大学は、企業や事業体を設立したり、過度にサイエンス・パークに関与したりすることをやめ、かわりに基礎研究に注力しなければならない。基礎研究こそが新しいアイディアや知識革新のための識見を与えるからである。中国の有力大学はすでに国家重点研究所において基礎研究の場を形成している。今後、これらのキャパシティーを最大限に活用することが必要であろう。

　中国の経済発展における有力大学の役割を表すのに、「蒸気機関車」あるいは「エンジン」という言い回しが多く使われてきた。大学は科学研究や技術移転に関しても責務があるものの、そのほかの責務もあるため、研究機関とは区別すべきである。国の文化的遺産を収録・統合し、社会における不公平を告発し、調和のある社会形成に向けて支援をし、社会的に責任感を有し献身的な学生を育成する。これらが教育機関の使命である。これはとくに有

力大学にあてはまる。また、現代の知識創造は複雑なプロセスであり、新しいアイディアや識見を得るために、科学の分野の教員が社会科学や人文の教員と協力をしなければいけないこともある。現在の過度の科学重視の傾向は、社会科学や人文学の重要性を既にないがしろにしつつある。不均等な資源配分や地方の貧困層の高等教育への限られたアクセス、地域開発の不平等、雇用機会の不足、社会犯罪の増加などは、社会的不安定を呼ぶであろう。有力大学は社会科学や人文学の専門的知識をもって、これらの問題に取り組まなければならない。中国の有力大学はその学術計画を再検討しなければならない。

米国の研究大学では、優れた科学研究を卓越した教育といかに結びつけるかについて、議論が長くなされてきた。教員評価における研究面と教育面のバランスの配分が、集中して議論されてきた。中国の有力大学も同様のジレンマに直面している。「論文を書かないと滅びる（publish or perish）」はよく知られているが、科学と知識の創造が過度に重視されるあまり、教員が十分に学生の面倒を見ていない、という批判がすでに学生側から提示されている。近年の有力大学における学生の自殺率の上昇は、何かが不足していることを意味しているのかもしれない。中国有力大学はそろそろ学生のために、その多面的な役割を取り戻さなければならない。学生こそが持続的な社会と経済の成長のための未来の資源なのだから。

米国における現代の大学の多面的機能を表現するために、クラーク・カーは「マルチバーシティ」という用語を用いた。この表現は中国有力大学にも用いることができる。いかに大学の複数の機能の均衡を図るかは単なる大学の発展の問題ではなく、社会の公共益にも関係する。様々な社会的・政治的・経済的需要に包囲されているときこそ、中国の有力大学は自らの使命と機能を十分に再検討しなければならない。

参考文献

Central Committee of the Communist Party and the State Council of the People's Republic of China. 1993. Outline for education reform and development in China. Beijing: State Council.

Chen, Jia'er. 1998. Mission and role of the university in an information society. In *The university of the 21st century: Proceedings of the forum of higher education in conjunction with the centennial of Peking University May 2-4, 1998*, ed. Xin Wei and Wanhua Ma, 11-16. Beijing: Peking Univ. Press.

Ding, Xueliang. 2004. *What is a world-class university?* Beijing: Peking Univ. Press.

Hawkins, John N. 2000. Centralization, decentralization, recentralization: Educational reform in China. *Journal of Educational Administration* 38 (5): 442-54.

Liu, Zhihua. 2002. Zhongguancun—the most dynamic regional technological innovation base. A survey of achievements scored in three-year construction of Zhongguancun Science Park. www.zgc.gov.cn/cms/template/item_english.html.

Ma, Wanhua. 2003. Economic reform and higher education in China. Higher Education Series, CIDE Occasional Paper no. 2.

———. 2004. *From Berkeley to Beida and Tsinghua: The building of public research universities in China and the United States* [in Chinese]. Beijing: Educational Science Press.

———. 2005. Transnational education: More than a new tendency for higher education internationalization [in Chinese]. *Higher Education in China* no. 21:23-24.

Min, Weifang. 2004. Chinese higher education: The legacy of the past and the context of the future. In *Asian universities: Historical perspectives and contemporary challenges*, ed. P. Altbach and T. Umakoshi, 53-83. Baltimore: Johns Hopkins Univ. Press.

Ministry of Education. 2001. A statistical report of the country's university enterprises in 2001 [in Chinese]. www.edu.cn/20020809/3063829.shtml.

———. 2004. The action plan for education revitalization between 2003-2007. Beijing: Ministry of Education, People's Republic of China.

United Nations Conference on Trade and Development (UNCTAD). 2003. *World report 2000: Cross-border mergers and acquisitions and development*. New York: UNCTAD.

Wang, Dazhong. 1998. Toward a new partnership between universities and society in a global knowledge economy [in Chinese]. In *The university of the 21st century: Proceedings of the forum of higher education in conjunction with the centennial of Peking University, May 2-4, 1998*, ed. Wei Xin and Wanhua Ma, 173-78. Beijing: Peking Univ. Press.

Wang, Zhanjun. 2003. Why should we build research universities? [in Chinese] *Degree and Graduate Education* 2:10-13.

Zhang, Xumei. 1998. Current situation and future development for university and industry relations in China [in Chinese]. Paper presented at the conference on university linkage with industry in Asia and the Pacific. Kunming, China.

Zhao, Xinping. 2003. To explore the Chinese way of building research universities [in Chinese]. China's Higher Education nos. 15-16: 4-5.

第5章
中国の研究大学：
多様化、分類、世界水準の地位へ
劉　念才

（福井文威訳）

1）はじめに

　中国の高等教育は、1980年代以降急激な発展を遂げた。1990年代までに、研究大学は中国において一般の関心事となり、この事象に関する何百もの論文が発表されている。中国には研究大学の明確な定義や分類の基準は存在しないが、これら研究大学は、政策や大学ランキングにより他の大学と区別されてきた。中国における研究大学という概念を確固たるものとして質を強化するにあたり、その分類基準を確立することが必要であろう。

　世界水準の大学を設立することは、中国人にとって幾世代にもわたる夢であった。本章では、中国のトップ研究大学と世界水準の大学との間にある差、中国のトップ研究大学が直面している主な課題、そして中国のトップ研究大学が世界水準の大学になるまでのタイムフレームを議論することにある。特に断りのない限り、本章は、大陸中国を対象としている。

2）中国の高等教育の概要

学士課程教育

　中国の高等教育は、1980年代以来、殊に1990年代後半以降、急激な発展を遂げてきた。現在、中国には1,700以上の大学やその他の高等教育機関があり、そのうち約38％が学士号を授与している。2004年の学士課程等への入学者数は、1998年の4倍以上にものぼった。中国の高等教育に在籍する学生の総数は、2004年には2,000万人に達し、中国の高等教育システムは、世界最大となった。2005年には学士課程等への入学者数は、さらに8％増

加している（Ministry of Education 2005）。

　中国の民営高等教育は、特に急激な成長を遂げた。民営高等教育機関の在籍学生数は、2004年には140万人に達した。これは、全学生数の約10％にあたる（Ministry of Education 2005）。ほぼ全ての民営高等教育機関は、学士課程やこれに準じる教育を行っている。しかし、その大部分は、修了証明を授与するのみで、学士号を授与する権限を持たない。

大学院教育

　中国の大学院教育は、1981年より開始された。博士号取得者の総数は、1983年の19人から2003年の18,625人にまで増加した。博士号の90％以上は、大学とその他の高等教育機関によって授与され、中国科学院のような独立の研究機関が授与するものは10％未満である。1983年から2003年までの様々な分野における博士号取得者の人数は、表5.1に示したとおりである。全博士号の約3分の1は、工学分野において授与されている。博士課程への入学者数が大幅に増加していたことから、博士号授与数の急激な増加は予想されるところであった。2005年には、博士課程への入学者数は54,000人であった（Ministry of Education 2005）。

　中国で設置された最初の専門職学位は経営管理学修士（MBA）であり、1990年より開始された。過去15年の間には20種類もの専門職修士の学位

表5.1　中国における博士号取得者数　1983年-2003年

博士号	1983	1988	1993	1998	2003
哲学、歴史学、文学	2	156	121	546	1,580
社会科学（法学、経営学含む）	0	93	171	800	3,094
理　　学	12	510	584	2,246	3,580
工　　学	4	704	756	3,250	6,242
医　　学	1	157	406	1,240	3,073
農　　学	0	62	76	416	742
その他の分野	0	0	0	20	314
合　　計	19	1,682	2,114	8,518	18,625

出典）Ministry of Education. 2004. www.moe.edu.cn/edoas/website18/siju_xuewei.jsp

が開拓された。1,000人以上の在籍学生を抱えるこれら専門職修士の課程には、工学、経営管理学、教育学、法学、公共管理学、農業普及学、そして医学がある。

大学院教育は、常に研究と密接に関連している。中国の大学院生は、研究という重要な役割を担っている。例えば、上海交通大学の被引用論文のファースト・オーサー（一番目に名前が記される主要な著者）の半分以上は、大学院生である（Shanghai Jiao Tong University 2004）。この状況は、中国の他のトップ大学にもあてはまる。

主たる機能としての研究

中国は、1950年代、大学外に独立研究機関を設置するというソヴィエト・モデルを採用した。これには、特に中国科学院、中国社会科学院、また中国農業科学院が含まれる。これらの科学院は、数百の研究機関によって構成され、主要な学問分野全てをカバーしていた。1980年代まで中国のほとんどの研究活動は、このような独立研究機関で行われており、中国の大学の中心は、教育であった。

1986年の国家自然科学基金委員会の創設は、中国の大学に研究費獲得のための競争の機会を提供することとなった。1980年代から90年代に科学技術部やその他の中国政府各組織が研究プロジェクト等を設立したこともまた、中国の大学が主要な研究資金の機会を得ることに貢献した。同時期に中国の大学は、研究活動により多くの関心をよせるようになり、研究は、多くの中国のトップ大学の主要な機能となるに至った。

Science Citation Index Expanded（SCIE）、Social Science Citation Index（SSCI）、Engineering Index（EI）に収録された中国の論文の約4分の3は大学からのものである。また、全ての「国家重点研究所」（中国政府が指定するトップ研究センター）の約3分の2は、大学に属している。大学が、国家自然科学賞の半分以上を獲得している。

中国のトップ研究大学の教授は、多くの時間を教育よりも研究に費やしている。相当数のフルタイムの教授と副教授は、学士課程では全く教えていない。学士課程教育を改善するため、教育部は、2003年に、フルタイムの教

授及び副教授は学士課程を教えなければならないという指示を出した。加えて、学士課程を教える教授の割合は、国が中国の大学における学士課程教育の質を評価する際の主要な指標として採用されてきた。

大学に対する財政支援

1993年、中国中央政府は、国内総生産（GDP）に占める教育分野への公的支出の割合の目標を4％と設定した。それにもかかわらず、過去数年間、その割合は約3.3％と停滞している（Ministry of Education 2005）。しかし、教育分野への財政支援の実額は、中国のGDPの急激な上昇と共に大幅に増加している。2005年以降の数年間の教育分野への公的支出の増加は、GDPの上昇の結果であるが、これらは主に地方の初中等教育の改善のために支出されることになろう。

中国には、約100の国立大学があり、これらは中央政府から財政支援を得ている。残りの公的な大学に対しては、各省の政府が財政支援を行っている。中央政府、地方政府は共に、主に学生数に基づいて、大学の教育活動に対する経常的な財政支援を配分している。学生一人当たりの財政支援の基準は、学士課程の学生と、大学院生では異なる。しかしながら、研究大学とそれ以外の大学との間に差はない。加えて、大学は、特定のプロジェクトのためのインフラ整備に関する財政支援を政府に対し申請することが出来る。

中国では、大学に対する所謂211工程や985工程といった多くの特別な財政イニシアティブが存在している。そのイニシアティブの大部分は、トップ大学の研究能力の改善を目的とし、事実、それらの財政支援の大部分は、研究に関連した活動に費やされている。こうしたイニシアティブの大部分は、主に大学の戦略的計画に基づいた政府補助金によって、諸大学に対する財政支援の配分を行うものである。その多くの場合、中央政府と地方政府は、責任を分担すべく調整している。

1990年代中頃、中央政府は、21世紀初頭までに100の研究大学を作り上げる計画を掲げた（「211工程」）。さらに、北京大学の100周年記念（1998年5月）に、中国国家主席は、我が国はいくつかの世界水準の大学を創設しなければならないと宣言した（「985工程」）。985工程の第1期においては、1999年か

ら2001年までの3年間に、34大学に対して総額283億元（34億米ドル）の財政支援がなされた。その50%以上は、中央政府からの支援であった。しかし、残念なことに、985工程の第2期における支援額は、大幅に少なくなった。

中国の大学は、様々な財政機関からの研究財政支援を巡って競い合っている。2001年から2005年の間に中国の全大学の研究開発（R&D）支援の総額は2倍以上になり、今後も似たような割合で継続的に増加していくと考えられる。国家の研究開発支援の総額に占める大学への支援額の割合も同様に安定的な増加を示している。例えば、大学は、国家自然科学基金委員会からの研究助成金の約4分の3を受けている。

中国の高等教育における主な改革

1950年代、中国は、ソヴィエトにおける専門別の単科大学モデルを踏襲した。大方の世界水準の大学が総合大学であり、幅広い専門分野を有していることから、中国政府は、中国の高等教育機関の効率性を高め、世界水準の大学を設立することを目指し、自国の高等教育機関の再編成を行った。1992年以来、200以上の単科の機関が、多様な専門分野を擁する総合大学へと統合されてきた。この再編過程を通じてほとんど全てのトップの研究大学は、一流の医科大学や他の専門分野の単科大学を合併していったのである。これには、北京大学に合併された北京医科大学や、清華大学に合併された中央美術学院等の例がある。

3）中国の大学の多様化

政府の政策

中華人民共和国には、その建国当初より「国家重点大学」なるものが存在する。1954年、中央政府は、6大学を国家重点大学に指定し、1959年に16大学、1960年に44大学をそれぞれ追加し、1963年にさらに4大学をリストに加えた。文化大革命の後、国家重点大学は再編され、さらに多くの大学がリストに加えられ、1981年には96の国家重点大学が存在した。これらの国家重点大学は、財政優遇措置を受けた。

1984年より北京大学、清華大学、復旦大学、上海交通大学、西安交通大学、中国科学技術大学、北京医科大学、中国人民大学、北京師範大学、中国農業大学の10大学に対し、国家重点項目に基づく追加的な財政支援が行われている。1980年代後半には107大学において416の国家重点学科が採択され、国家重点プログラムの一環として追加的な財政支援が行われた。

211工程には約100の大学が含まれているのに対し、985工程からの財政支援を獲得している大学は、38大学に過ぎない。985工程から最も強い援助を受けているトップ9の大学は、清華大学、北京大学、浙江大学、復旦大学、上海交通大学、南京大学、中国科学技術大学、上海交通大学、ハルビン工業大学である。

財政政策による多様化に加え、学術政策にも多様化は及んでいる。最も影響力のある学術政策の1つは、大学院政策である。今のところ中央政府は、(大学院プログラムを提供する400以上の大学の中の)53大学に対して「研究生院」(大学院)の地位を与えている。その他の大学は、「研究生院」という名称を使用することは認められていない(代わりに「研究生所」、「研究生部」(専攻科)という名称が用いられている)。適正な規模の大学院生の在籍、比較的広範囲の専門分野にわたる大学院プログラム、そして質の高い教育を有する大学のみが大学院の地位を獲得することが出来る。事実、博士課程の院生の総数の4分の3以上は、大学院の地位を付与された大学に在籍している。大学院として認可されることは、大学の地位や評判を高めるだけでなく、結果として新しい教育プログラムやカリキュラムを設置するための効力と柔軟な裁量権をもたらす。

多くの欧米人にとって驚くべき点かもしれないが、中国の大学のリーダーは公務員としての職階ランクを有している。学士課程教育をもつ大学の学長は、中央省庁の局長相当の職階ランクとなる。最近では31の大学の学長は、副大臣相当の職階ランクを中央政府から与えられている。しかしながら、公務員としての職階ランクをもつことが、31の大学に対して大きな影響を与えているわけではない。

大学ランキング

中国では、1990年代中頃より大学ランキングが一般的な事象となってきている。5つの影響力のあるランキングがあるが、そのうちの4つは機関レベルのランキングである。ランキングは、重要な情報源として学生やその親に広く利用されている。大学や政府もまた、これらのランキングに対して関心を払っている。特にデータの入手や信頼性等、中国の大学ランキングには多くの問題があるが、ランキングが各機関の位置づけについての大まかな情報を提供しているのは確かである。

表5.2は、2004年に4つの主要なランキング機関が中国のトップ大学に対して行った評価の平均値を示したものである。トップ20に含まれている全ての大学は、985工程による財政支援を受けている。985工程におけるトッ

表5.2　中国のトップ20大学　2004年

ランク	機関	所在地	平均ランク
1	清華大学	北京	1.3
2	北京大学	北京	1.8
3	復旦大学	上海	3.5
4	浙江大学	浙江省杭州	4.0
5	南京大学	江蘇省南京	4.8
6	上海交通大学	上海	7.0
7	武漢大学	湖北省武漢	8.8
8	中国科学技術大学	安徽省合肥	9.5
9	華中科技大学	湖北省武漢	10.3
10	中山大学	広東省広州	11.8
11	西安交通大学	陝西省西安	12.3
12	南開大学	天津	12.5
13	吉林大学	吉林省長春	13.3
14	ハルビン工業大学	黒竜江省哈爾浜	14.0
15	四川大学	四川省成都	15.0
16	北京師範大学	北京	15.8
17	中国人民大学	北京	16.3
18	天津大学	天津	18.3
19	同済大学	上海	19.5
20	山東大学	山東省済南	19.5

(出典) ランキングは、2004年における4つの主要な中国の大学ランキングの結果である。それらの出典は、次のとおりである。
NETBIG.com (China) Ltd., http://rank2004.netbig.com/; Guangdong Institute of Management Science, *Ke Xue Xue Yu Ke Xui Ji Shu Guan Li* (1): 61-68; Research Center for China Science Evaluation, rccse.whu.edu.cn; China Universities Alumni Association, www.cuaa.net.

プ9大学のうち7大学は、中国の先進地域に位置しており、ランキングにおいてもトップ9以内に入っている。2つの例外は、中国西部の西安交通大学と北東部のハルビン工業大学である。立地する地域が不利な条件として働き、両大学ともに頭脳流出の問題を抱えている。

トップ研究大学の特徴と指標

985工程の最初のグループに選ばれたトップ9大学は、中国全体のSCIE、SSCIに収録された論文数の42.1％、国家重点研究所の47.3％、また研究収入の20.2％を占める。また、大学院の地位を付与された53の大学は、SCIE、SSCIに収録された論文数の73.8％、国家重点研究所の92.0％、また中国の全ての高等教育機関の研究収入の60.0％を占める。

第一期985工程グループのトップ9大学は、博士課程に在籍する学生の20.0％、修士課程に在籍する学生の10.1％、また国家重点プログラムの30.6％を占める。大学院大学としての地位を認められた53大学は、博士課程に在籍する学生の78.0％、修士課程に在籍する学生の55.4％、また国家重点プログラムの75.2％を占める。大学院生の数は、各大学の年次入学計画を認可する中央政府によってコントロールされてきた。21世紀初頭に大学院生の数が急激に増加した後、中央政府は、大学院入学者数の増加に対して比較的厳格なコントロールを継続的に課している。

第一期985工程グループのトップ9大学は、中国科学院と中国工程院（これらの組織は、米国の米国科学アカデミーと米国工学アカデミーに相当する）の会員の41.5％を有する。トップ9大学において博士号を持つ教員の割合は、現在、50％近くになっている。これらの大学は、今後全ての新しい教員に対して博士号を有することを求めているため、博士号を持つ教員の割合は、今後10年の間に90％に達するものと見込まれている。

4）高等教育機関の分類

中国の高等教育機関の分類に対しては、政府、高等教育機関、そして学術界からの大きな注目が集まっている。この問題の理論的検討を行った論文も

数十本発表されており、そのなかでは、分類の展開方法もまたいくつか示されている。しかしながら、2006年現在、分類の実践的な基準はまだ確立されていない (Ma 2004)。

カーネギー教育振興財団による米国の高等教育機関の分類は、長い間、世界中でよく知られてきた。この分類は、高等教育機関を機関の特徴と授与した学位の数や割合によって分類したものである。例えば、その2000年版では、「大規模博士研究大学 (research/doctoral-extensive university)」を、毎年少なくとも15以上の学問分野で、50以上の博士号を授与している大学と定義している。

天野 (Amano and Chen 2004) は、かつて日本の大学を研究大学 (research universities)、大学院大学 (doctorate-granting universities Ⅰ)、準大学院大学 (doctorate-granting universities Ⅱ)、修士大学 (master's degree-granting universities)、学部大学 (colleges) の5つのタイプに分類している。研究大学の主要な特徴は、学部生に対する博士院生の比率が国公立大学においては9%以上、私立大学においては6%以上をそれぞれ占めていることとされている。

分類の基準

米国におけるカーネギー教育振興財団による分類や日本における天野の分類の基準、そしてまた中国の現状も考慮したうえで、中国の高等教育機関を分類するために4つの基準を採用した。この基準に含まれるものは、様々なレベルの学位の授与総数、学士課程の学生に対する博士課程の大学院生の比率、政府からの年間研究収入、そして一人当たりのSCIEとSSCIに収録された論文数である。その結果、中国の高等教育機関は、研究型大学Ⅰ (research university Ⅰ)、研究型大学Ⅱ (research university Ⅱ)、博士型大学Ⅰ (doctoral universities Ⅰ)、博士型大学Ⅱ (doctoral universities Ⅱ)、修士型大学Ⅰ (master's universities Ⅰ)、修士型大学Ⅱ (master's universities Ⅱ)、学士型大学Ⅰ (baccalaureate colleges Ⅰ)、学士型大学Ⅱ (baccalaureate colleges Ⅱ)、専科型学院 (associate colleges) の9つのカテゴリーに分類される。(Liu and Liu 2005)。

研究における国際競争という現象が進行していることに鑑み、また、中国の研究大学を国際的な文脈に組み込むため、SCIEやSSCIに収録された論文数を基準として導入した。アメリカ大学協議会の60の加盟米国大学において、SCIEやSSCIに収録された一人当たりの論文数が最も少ない数（2004年には0.7）を、中国における基準として採用した。なお、アメリカの最低レベルの一人当たりの論文数を上回る中国の大学は、10大学のみである。

研究型大学Ⅰ：幅広い学士課程プログラムを提供する。博士課程の大学院教育を行い、基礎研究に重点を置き、政府の研究資金を獲得する競争力をもつ。

研究型大学Ⅱ：幅広い学士課程プログラムを提供する。博士課程の大学院教育を行い、政府の研究資金を獲得する競争力をもつ。

博士型大学Ⅰ：幅広い学士課程プログラムを提供する。博士課程の大学院教育を行い、研究を重要な機能であると考える。年間70以上の博士号を授与する。

博士型大学Ⅱ：幅広い学士課程プログラムを提供する。博士課程の大学院教育を行い、研究を重要な機能であると考える。年間の博士号授与数は70未満である。

分類の結果

表5.3は、上記の分類基準に基づいて中国の高等教育機関を分類し、その分布を示したものである。研究型大学Ⅰには、清華大学、北京大学、中国科学技術大学、南京大学、復旦大学、浙江大学、そして上海交通大学が含まれる。これらは、中国の高等教育機関の総数の僅かな割合を占めるに過ぎない。

表5.4は、2004年における中国の大学入学者数の平均を示している。研究型大学Ⅰと研究型大学Ⅱに入学を認められた博士課程の大学院生数の平均は、それぞれ1,104人と553人である。その数は、主要先進諸国の研究大学のそれよりも大きく上回っている。一方、研究型大学Ⅰと研究型大学Ⅱの研究収入の平均は、2億8,900万元（3,500万米ドル）に過ぎない。先進諸国のトップ研究大学と比較すると、遥かに少ない額である。

表 5.3　中国の高等教育機関の分布　2004 年

機　関	カテゴリー	数	割合（％）
研究型大学	Ⅰ	7	0.4
	Ⅱ	48	2.8
博士型大学	Ⅰ	74	4.3
	Ⅱ	116	6.8
修士型大学	Ⅰ	83	4.9
	Ⅱ	126	7.4
学士型大学	ⅠおよびⅡ	201	11.8
専科型学院		1,047	61.5
合　計		1,702	100

出典）Liu and Liu（2005）

表 5.4　入学者数の平均　2004 年

機　関	カテゴリー	博士院生	修士院生	学部生
研究型大学	Ⅰ	1,104	2,819	3,600
	Ⅱ	553	2,166	4,200
博士型大学	Ⅰ	132	896	4,000
	Ⅱ	27	380	3,200
修士型大学	Ⅰ	n.a.	237	3,300
	Ⅱ	n.a.	69	2,300
学士型大学	ⅠおよびⅡ	n.a.	n.a.	2,000

出典）Liu and Liu（2005）
注記：n.a = 非該当

5）中国における世界水準大学の設立

　世界水準の大学を設立することは、中国の政治家、大学の教職員学生、一般民衆を含む中国人の幾世代にわたる夢であった。本章のはじめに述べたように、中国政府は、いくつかの世界水準の大学を設立するために 985 工程を開始した。トップ 9 研究大学に対する 985 工程の支援額は、通常の政府の教育財政支援よりも遥かに大きいものとなっている。最近、政府当局は、いくつかの中国の研究大学を 2020 年までに世界水準の大学に転換するという明確な目標を掲げた。

　中国の数十の大学が、世界水準の大学や世界的に有名な大学になるための戦略目標を掲げている。例えば、清華大学と北京大学は、それぞれ 2020 年、2016 年までに世界水準の大学となることを目標にしている。しかし、残念

なことに、世界水準の大学についての普遍的な基準は存在しない。世界水準の大学の構成要素はどのようなものか、その１つになるためになすべきことは何か、ということは、中国のほとんどの大学にとって漠としている。

中国のトップ研究大学と世界水準の大学

中国の大学と世界水準の大学の差を検証するために、上海交通大学高等教育研究所は、世界の研究大学をその学術や研究の業績によってランク付けた。これは、如何なる人でも確認できる国際比較可能なデータに基づいたものである。このランキングで世界のトップ500に入った中国の大学は、たった8大学のみであった。中国の大学で最良の順位は、151位から200位の間である（Institute of Higher Education 2005）。ランキングを行った上海交通大学のグループは、「世界水準の大学（world-class universities）」を世界のトップ100大学と定義している。

中国のトップ研究大学と世界水準の大学の主な違いは、教員と研究の質にある。これは、国際的に有名な自然科学の賞を獲得した教員の数、主要な学問分野で頻繁に引用される研究者の数、世界水準の大学で博士号を取得した教員の数、公表された論文の被引用回数等により示される。

世界水準の大学は、ノーベル賞やフィールズ賞を獲得した教員を平均4.4人、主要な学問分野において頻繁に引用される研究者を平均56人抱えているが、中国の大学は、ノーベル賞やフィールズ賞を獲得した教員を有しておらず、また主要な学問分野において頻繁に引用される研究者も欠いている（Liu, Cheng, and Liu 2005）。

世界水準の大学に所属する85％以上の教員は、博士号を世界のトップ100大学で取得している。それと比較してみると、清華大学、北京大学のような中国のトップ研究大学においても、その割合は、10％に過ぎない（Jiang 2004）。SCIにおける1論文当たり平均被引用回数は、清華大学、北京大学のような中国のトップ研究大学では2から3であるのに対し、ハーバード大学は25である（China Institute for Science and Technology Information 2005）。

1999年以来、中国のトップ研究大学に対する財政支援は急激に増加しているが、これらの年間予算は、世界水準の大学に比べ、依然として非常に少

ない。中国の研究大学は、世界水準の大学教授を惹きつけるだけの財政力を有していないのである。学術的なパフォーマンスと財源の差に加え、中国のトップ研究大学は、大学マネジメントや学術文化といった非学術的な事柄においてもまた世界水準の大学に遅れをとっている。

主な課題

　中国の大学に対する政府のコントロールは、緩和されてきている。しかしながら、中国政府は、資金配分、認可制度、プロジェクト評価、大学訪問、様々な会合を通じて強い影響力を保持している。中国の大学が、望ましいと考えられる程度の自治を獲得するまでには、依然として長い時間が必要である。中国の産業の技術革新の能力は脆弱なため、中国政府は、研究大学が国の経済発展に役立つよう奨励している。中国の大学で行われている大多数の研究は、応用分野であり、またその大部分は、産業の発展を念頭に置いたものである。基礎研究は、中国の研究大学にとって未だ贅沢なのである。

　大学教授のうち僅かな割合の者だけが、純粋な学術的関心に基づく研究を行っている。ほとんどの教授は、生計を立てるための方法として教育と研究を行っているのである。教員の質、昇任基準、評価方法は、世界水準の大学の構成要件からかけ離れている。根本的な改革が不可欠である。

　中国科学院と大学との間の競争は、熾烈さを増してきている。科学院は、大学院の学位を授与する権限を与えられ、そしてその目標は、2010年までに大学院の在籍者数を50,000人とすることにある。さらに、科学院は、通常の財政支援に加えて特別な財政支援を中央政府から獲得している。それ故、主要な研究資金獲得のための競争や、国の要求を満たすことへの科学院の能力は、高まっていくと思われる。

　中国のトップ研究大学は世界水準の大学になろうと模索しているが、各大学は、大学の地位の維持や必要な財源を巡る競争のために、国際競争よりも寧ろ国内競争により注力している。世界水準の大学は、発展し続けており、中国のトップ研究大学は、その努力を国際競争に集中させていく必要がある。

中国のトップ研究大学の発展

　中国の高等教育の急激な拡大と中国政府からの強力な財政支援を背景として、中国のトップ研究大学は、自らの学術的な業績を改善する重要な段階にさしかかっている。また、これらの大学は、世界水準の大学になるという自らの戦略目標に向かって著しい発展を遂げつつある。

　2000年から2005年の間に、SCIに収録された中国のトップ研究大学の論文数は、2倍以上になった。清華大学においては2003年に約2,700の論文がSCIに収録され、世界トップ50大学の水準に近づいている。中国のトップ研究大学は、一流の学術誌に掲載された被引用率の高い刊行物に対して報酬を与えることによって、発表された論文の質を重要視し始めている。

　本章のはじめに述べたように、博士号をもつ教員の割合は、既に中国のトップ研究大学では約50％に達しており、2010年までに75％に達すると見込まれている。これらのトップ研究大学は、世界水準の大学から博士号を取得した教員の割合を増やす努力を進めている。さらに、各大学は、様々な手段を用いて、世界水準の教授を招聘しようと特別な努力を払っている。

　大学院生（専門職大学院生を含む）と学士課程の学生の比率は、既に1対1に近い。更に、大学は、目下、特に大学院生のイノベーションや創造のための能力を高めるべく、大学院教育の質を改善しようと奮闘している最中である。博士課程の大学院生は、博士請求論文に応ずる前に、査読付きの国際雑誌に発表することをしばしば要求されている。

　トップ研究大学は、グローバルな地位を積極的に獲得すべく、国際的な協力もまた進めている。この成果は、様々な学生交換プログラムや共同学位プログラムにおいて現れている。各大学が取り組む留学生受け入れや、共同研究プログラムの設立には、著しい進展がみられる。また、各大学は、教員や学術プログラムに関する国際的な評価の導入を試みている。

結果の予測

　世界水準の大学の建設には、国や地域の経済・政治・文化の発展が関係する。いくつかの先行研究では、世界のトップ100大学を有するほとんどの国の一人当たりGDPとGDPは、それぞれ25,000米ドルと2,100億米ドルを超え

ると示されている (Cheng, Liu, and Liu 2005)。しかし、世界水準の大学を有するいくつかの国の中には、上記の世界水準の大学をもつ国の基本的な一人当たりGDPとGDPの水準を満たしていないものもある。このような少数の国々は、高等教育や科学技術にとって有利な政策を有している。これらの国々の高等教育や科学技術分野への投資額は、世界でも有数の高さである。

　中国政府の戦略的計画は、2020年のGDP総額を、2000年時のGDPの4倍に達すると見込んでいる。上海や北京のような中国の先進地域のGDP総額は、2,100億米ドルを超えると予想されている。また、それらの地域の一人当たりGDPは、2020年には約25,000米ドルを超えると予想されている。中国の経済発展に加え、中国政府は、トップ研究大学への援助を継続すると期待されている。このような理由から、北京の清華大学と北京大学、上海の復旦大学と上海交通大学は、2020年までに世界水準の大学になることが見込まれる。

6）結　論

　知識基盤経済の時代において、研究大学は、国家間の国際競争においてますます重要なものとなってきている。中国は、世界的な経済力を有する新興勢力として、自国の研究大学を優遇政策や財政支援を通じて強化していかなければならない。中国の高等教育機関の分類と中国の研究大学についての基準の確立は、不可欠な作業である。中国の高等教育システム——これは、世界で最も巨大なものであるが——は、複雑である。よって、その分類の基準は、他の国からの借用ではなく、中国独自の特徴を持たなければならない。中国政府は、研究大学に対して優遇政策を徐々に確立させていくべきである。

　中央政府と地方政府が、財政支援や改革を通じて研究大学を改善するための献身的な努力を行っているにもかかわらず、中国の研究大学と世界水準の大学との間には未だに大きな差がある。中国のトップ研究大学を世界水準の大学に転換していくには、依然として重大な課題が残っている。成功の鍵は、第一に、透明性のある手続きによって大学の学長を世界中から採用すること、第二に、世界水準の学者、殊に中国人としての背景を持つ卓越した学者を先

進諸国から教員として招聘すること、第三に、厳選された一部のトップ研究大学に対して財政支援と優遇政策を継続的に行うこと、第四に、中国科学院の一部の機関をトップ研究大学と統合すること、そして第五に、大学の活動を国際化することである。

参考文献

Amano, I., and W. Y. Chen. 2004. Classification of higher education institutions in Japan [in Chinese]. *Fudan Jiaoyu Luntan* [Fudan education forum] 2 (5): 5-8.

Cheng, Y., S. X. Liu, and N. C. Liu. 2005. When will Chinese universities be able to become world-class [in Chinese]? *Journal of Higher Education* 26 (4): 1-6.

China Institute for Science and Technology Information. 2005. 2004 statistical analysis of science and technology articles of China. December.

Institute of Higher Education, Shanghai Jiao Tong University. 2005. *Academic ranking of world universities-2005*. http://ed.sjtu.edu.cn/ranking.htm.

Jiang, Y. P. 2004. The origins of doctoral degrees of faculty members in world-class universities [in Chinese]. *Jiangsu Gaojiao* no. 4:106-09.

Liu, N. C., Y. Cheng, and L. Liu. 2005. Academic ranking of world universities: Present and future [in Chinese]. *Tsinghua Journal of Education (China)* 26(3): 8-15.

Liu, S. X. and N. C. Liu. 2005. Classification of Chinese higher education institutions [in Chinese]. *Journal of Higher Education* 26 (7): 40-44.

Ma, L. T. 2004. *The classification and management of tertiary educational institutions* [in Chinese]. Guangzhou: Guangdong Education Press.

Ministry of Education. 2005. *Education development in 2004 and prospect of 2005* [in Chinese]. www.moe.edu.cn.

Shanghai Jiao Tong University. 2004. International publications of graduate students. Unpublished reports, Graduate School.

第6章
知識の受け売りを超えて：
インドにおける研究重点大学の展望

N. ジャヤラム

（米澤由香子訳）

　我々が心に描く最重要の改革は、スタッフや学生の点でも、必要な設備や雰囲気の点でも条件が整っているような5つから6つの「主要」大学が、第一級の大学院研究を実施できるようにするための改革である。これらの主要大学の水準は、世界のあらゆる地域における同種の最良の機関と匹敵しなくてはならない。……インドにおいて最も将来有望ないくつかの大学が、……この先の10年でそのような水準にまで発展することは間違いなく可能であり、重要な優先事項として取り上げられるべき課題であると、我々は考えている。

—教育委員会

1）はじめに

　インドにおける「主要大学 (major universities)」の設置勧告に際し、教育委員会 (the Education Commission) (1964-1966) は、インドの高等教育がやがて陥るであろう窮地を予測していた (Ministry of Education 1971, 506-07)。この勧告は、1968年には委員会報告作成を進めたインド教育省により、即座に却下された。教育省による大学システムの手直しはあまり役に立たず、インドは今や振り出しに戻った——つまり、宇宙物理学・宇宙論学者として著名なジャン V. ナリカールが「高等教育分野の地平線に現れた、真に危険な雲の集まり」と表現したような問題に対する論議が巻き起こり、そのために失われた時間と機会とが、ただ嘆かれているのである。

　インドは（中国、米国に次いで）[1] 世界で3番目に大きな高等教育システムを抱えており、323の大学の地位をもつ機関（178の州立および18の国立大学、18の医学および40の農業大学、52の「准 (deemed-to-be) 大学」機関、12の国家的重要機関、そして州法により設置された5機関）、および13,150のカレッジ、そして約900のポリテクニクがある。この高等教育システムは411,600人の

教員を雇用し、約840万人の学生の需要に応えている[2]。また、この高等教育システムにはおよそ150年の歴史があり、科学技術、芸術、人文、医学、法学、その他の分野において毎年何千人もの卒業生や博士号取得者を輩出しており、インドを世界における第2の大学資格保持者の、そして第4の科学技術労働力の宝庫にしている。

　矛盾しているようではあるが、このように巨大で経験豊かな高等教育システムにもかかわらず、研究におけるその卓越性はほとんど知られていない。科学分野でのノーベル賞受賞者の中に、インド人はいないに等しく（C. V. ラマン，H. クラーナー，S. チャンドラセカールのわずか3名）、経済分野ではたった1名（Amartya Sen）である。著名な科学者――例えばJ. C. ボーズ、S. ラマヌジャン、S. N. ボーズ、ホーミバーバ、S.S. バトナガー、P. C. マハラノビス、P. C. ロイ、ヴィクラムサラバイ、M. N. サハといった――は何名か挙げられる。しかし、わずか46名――工学者3名、科学者43名――が王立協会（the Royal Society）に名を連ねているのみである。現代の著名な科学者のほとんどは、インド国外で活躍している。インドで出版された科学学術誌は、概して国際水準には達していない。有名な国際的学術誌におけるインド人の研究論文は、ごく少ない。もっともなことに、インド人科学者の論文引用度数（citation index）は貧弱で[3]、人間開発報告書（Human Development Report）2000によれば「1998年には、インドは何百万もの人口に対し、たった1つ認められるのみであった」（Vijayakumar 2003, 4より引用）。さらに重要なことには、インド人科学者による重要研究は、どれも大学[4]ではなく研究機関――バンガロールのインド科学大学（the Indian Institute of Science：IISc）、ムンバイのタタ基礎科学研究所（the Tata Institute of Fundamental Research：TIFR）、チェンナイ、デリー、カーンプル、カラグプル及びムンバイにあるインド工科大学（Indian Institutes of Technologyi：IITS）など――や、科学産業研究委員会（the Council of Scientific and Industrial Research：CSIR）の傘下にある研究所においてなされてきた。

　本章では、インドの高等教育に特有の分離現象、すなわち、知識の創出と洗練――これらは大学システムの外の専門的研究機関や研究所に割り当てら

れた機能である——ではなく、膨張する大学システムによる「知識の受け売り」の集中化について扱う。この分離現象を、インドの大学システムの植民地時代の遺産にまで辿った後、却下された「第一級大学」設立案、大学システムの大衆化により生じた質への疑問、科学および教育政策に対する見通し、大学基金委員会（the University Grants Commission：UGC）[5]の、大学システムを知識の受け売りから跳躍させる取り組み、そして、ポスト構造調整政策（structural adjustment policy；SAP）のシナリオの前兆について、検討する[6]。

植民地時代の遺産

インドの現在の高等教育システムの基礎は、19世紀中期の英国植民地体制によって築かれた（Ashby and Anderson 1966, 54-146）。キリスト教宣教者と東インド会社の初期の取り組みは、西洋の方針を導入しようとする「英国通（Anglicists）」と、内国の指針を支持する「東洋通（Orientalists）」との間の長々とした論争を引き起こした。トーマス・マコーリーが、かの（悪）名高い『覚え書き（Minute）』を書き上げた日（1835年2月2日）の1ヶ月後、ウィリアム・ベンティンクは、ようやくこの論争を英国方針の採用という結果で終わらせた。チャールズ・ウッドの『至急報（Despatch）』（1854年7月19日）は、この方針を再び主張した。1855年1月26日に承認された委員会勧告により、1857年には最初の3つの大学がボンベイ（現ムンバイ）、カルカッタ（現コルカタ）、マドラス（現チェンナイ）に設立された。

ロンドン大学（1836年設立）に倣い、これらの先駆的大学は概して、独自の知的活動をほとんど行わない認知および審査団体であった。そのすぐ後に続いて設立された大学はすべて、この原型大学のパターンと同型に発展していった。英国式教育のインドへの移植は、英国の経済、政治、統治関係者にとって役に立ち、とりわけ彼らのこの国における支配力を維持強化したと考えられる[7]。その教育の中身は、言語や人文学に偏り、科学や技術は冷遇された。

英国人統治者たちは、このような教育の移植に関する問題や、その植民地社会にとって不利な結果に気づかなかったわけではなかった。しかし、「大学の本来の概念をその強烈な偏狭さから救う」取り組みがなされたのは、——インド総督カーゾン卿（Lord Curzon）の統治時代（1898-1905）の——

20世紀初頭のほんの数年間のみであった。植民地支配の最後の30年間には数回の調査が実施されたが、「その主な勧告のどれも、大学の運営方針や実践に反映されることはなかった」(Tickoo 1980, 34)。

それゆえ、1947年の独立時にインドに受け継がれた高等教育の遺産は、すでに「生彩がなく歪んでおり、機能不全を起こしていた」(Raza et al. 1985, 100)。引き継がれた高等教育システムの退廃が続く一方、そのシステム自体は、まれに見る拡大を経験した。中等後教育レベルの入学数拡大の大半は1950年代から1960年代の間に起こり、その拡大率は年に13から14％にのぼった。過去数十年間、この拡大率は著しく低下した。1982/83年には6.1％、1989/90年には7.4％となり、その後は4～5％に落ち込み、安定している。高等教育の顕著な拡大にも関わらず、18歳から23歳の年齢層の、かろうじて8～9％が、現在、高等教育機関に入学しているのみである。2001年の大学および入学者のデータ[8]分析では、調査大学のおおよそ74％が芸術、化学、商業の学士課程を提供し、入学者の69％が芸術、商業、教育、法学、その他の分野のプログラムを専攻しており、そしてわずか20％が科学分野の課程に入学したのみであった。植民地時代の遺産の長引く痕跡は、これらのデータからも明らかである。

研究の軽視

大学システムの主要部分をなすはずの研究は、植民地時代には重視されることはなかった。コルカタ大学（1857年設立）は1911年、ジャネスワール・ゴーシュに対し、彼の論文『英仏独露における土地所有の歴史と小作問題 (The History of Land Tenures in England, France, Germany and Russia and the Agrarian Question)』に初の経済博士号を授与した。この博士号は、インドの大学により授与された社会科学の初めてのPh.D.として引き合いに出されてきた (Datta 1989, 78および79)。マコーリー植民地時代より後の、そしてそのすぐ後の独立後においても同様に、最も優秀なインド人科学者や学者が、国外へ、しかもそのほとんどが英国の研究志向で高水準の高等教育を求めて渡ったのは、もっともなことである。

知識の受け売り役としての大学という植民地時代の遺産は長く続いた。そ

れゆえ、科学産業研究委員会（CSIR）理事長のR. A. マシェルカールは次のように述べている。『大学数の2倍の増加、および研究に係る支出の1980年から2000年にかけての16倍の伸びにもかかわらず、研究数は低下した』（the United News of India［2002, 11］による）。世界銀行の、高等教育と社会タスクフォース（Task Force on Higher Education and Society）の2000年報告書によれば、インドの科学および社会科学論文数は、1981年の13,623件から1995年の14,883件（すなわち15年間で9.25％）へとほんのわずか増加したのみであった。同じ時期に中国に登録された論文数が784.38％という著しさで（わずか1,293件から11,435件へと）増加したことに比較すれば、この増加は取るに足りない。

　マシェルカールはまた、インドの国際科学論文引用度指標（the International Science Citation Index）によって引用された論文数が、1980から2000年の時期に15,000件から12,000件に低下したという報告にも言及している。すなわち、インドが1980年の8位から2000年の15位へとランクを落とした一方、中国はその順位を15位から9位へと上げた。実はその時期、インドの科学論文引用数は、1981-1985年の56,464件から1993-1997年の90,162件（すなわち59.68％増）へと絶対数としては増加した。しかし、この増加は、同時期の中国の科学論文引用数の驚くべき増加——8,517件から77,841件（すなわち813.95％増）と比べれば、明らかにずっと小さい（Task Force on Higher Education 2000, 124-25）。科学産業研究委員会（CSIR）の報告書を示しながら、B. Vijayakumar（2003）は「CSIRの全歴史の中で、科学者による20,000件を超える論文のうち、100回引用されたものは、世界の平均が250件に1件であるのに対し、たった3件である」と記している。さらに彼は、「1,000回引用（された）論文」はゼロまたは極めてまれであるとも述べている（Vijayakumar 2003, 4および5）。この国における科学教育および科学研究の質の低下をめぐる動揺の高まりは、当然である。

2）コタリ委員会と「第一級大学」構想

コタリ委員会

　独立後、インド政府は高等教育の発展を検討し、その将来の拡大と改善のための提案を策定する、大学教育委員会（the University Education Commission）(1948-1949)――ラーダークリシュナン委員会として広く知られる――を設置した。この委員会は、大学を「教化機関」、また「知的冒険心の本拠地」と捉えており、高等教育の理念を反映し、教育の水準向上のための手法を提案するものであった。しかし、この委員会は教員の義務を「研究に従事すること」、そして「知識の更新に努めること」と示したことより他には、大学システムを研究へ向けて新しく方向づける方法について、ほとんど何の意見も示さなかった（University Education Commission 1985, 240-47）。

　教育委員会（the Education Commission）(1964-1966)――コタリ委員会として有名――は、教育のあらゆる側面を総合的に検討し、「教育の国家システム」についての青写真を作る、インドの教育史における最初の委員会であった。教育に関する2つの国家政策（the National Policy on Education）(1968年および1979年)、そしてそれを通じた第4次、第5次、第6次5カ年計画（1968-1983）に影響を与え、教育委員会報告書はおよそ20年間、審議中の状態である。この報告書は大学システムを研究志向へと方向付けるための、非常に理路整然とした提言を行っている。

　コタリ委員会が描いた最も重要な改革は、おそらく、「第一級の大学院研究を可能にするため、スタッフや学生の点でも必要な設備や雰囲気の点でも条件が整っているような」、5つから6つの「第一級大学」を開発することであった。これらの大学の水準は、「世界のあらゆる地域における同種の最良の機関と匹敵しなくてはならない」ことが強調されている。委員会は、もし最優先事項とされれば、この「第一級大学」構想は10年で実現可能と確信していた（Ministry of Education 1971, 506-07）。委員会は、これらの大学が高等教育において「極めて重要で仲介的な役割」を担うと期待した、なぜならこれらは、

・研究および学生に提供する高水準の教育によって、その存在を知らしめる
・大学、カレッジ、その他高等教育機関のスタッフとして必要とされる、傑出した人員を相当量供給する
・教育先進国に匹敵する一流の大学院教育を自国内で提供する
・インド独自の学術活動の獲得を支援する（Ministry of Education 1971, 507-508）

と考えられたからであった。

「第一級大学」構想

インドの学術活動の「重心」——当時それは概してインド国外に存在していた——を自国へと転換させることの他に、「第一級大学」はまた、高等教育と研究のために海外へ渡るインド人学者に費やされる外貨の不足をも救った。この提案は、米国科学アカデミー（US Academy of Science）理事のF. Seitz および、英国王立協会（British Royal Society）理事のP. M. S. Blackett からの強力な支持を得たのである。

関連する資本の多額の支出や、こうした大学のゼロからの設置プロセスには遅滞が伴うことを考慮し、コタリ委員会は UGC が「現存する大学の中から、第一級大学として発展させるべき約6つの大学（IITsのうちの1つと農業大学を含む）」を選定することを推奨した。それは、「必要不可欠な教育を提供し、価値ある研究に貢献することのできる、傑出した知的水準の教員集団」の募集、および、優れた教育の恩恵を受け、「研究についての適切な設備と満足な環境」の供給を与えられる、資質ある学生の入学のためのガイドラインをもたらした（Ministry of Education 1971, 510ff）。

「第一級大学」構想に付随するものとして、Kothari 委員会は UGC の「先進研究センター（centers of advanced study）」プログラムの拡大・強化を奨励した。この取り組みは第一級大学設立の準備として、あるいはその設立の結果として着手されうるものであると、委員会は考えた。理想としては、デリー大学ですでに実施されたように、選り抜きの大学の中に先進研究センター「群」が設置される。委員会は、そのような先進センター群が互いを強化、

向上し合い、学際的研究を推進することを期待した。そのようなセンター群が不可能な場合、UGC は、特にそうしたセンターの設置がなされない場所に、大学院教育および研究の単一センターの設立に取りかかることが可能であった。委員会は、先進研究センターの選定、定期的レヴュー、そして管理運営についての基準や、その基準を他の分野や関連カレッジにも拡大応用するための手段を提言した (Ministry of Education 1971, 514-18)。

しかし、コタリ委員会の「第一級大学」設立についての説得力ある提案は、あらゆる方面から反対された。まず、議会委員会 (the Parliamentary Committee) および学長委員会 (the Vice Chancellor's Conference) からは即座に却下された。また、どのような形式であれエリート主義には反対する D. R. ガドギル[9]といった学者が極めて批判的であった一方、高等教育に関する選択的取り組みを概ね支持する学者からさえも、この提案は支持を得なかった (Naik 1982, 111-13 を参照)。この計画が反対、拒否される言葉の上での根拠は、それはエリート主義者的であり、社会―民主主義国家の平等主義精神に反するというものであった。委員会はそのような酷評を予想し、この計画には、当面は大学間での変容が伴うことを容認した。委員会は、「この計画は財政不足の状態において不可避であるだけでなく、結局はすべての点で最短に利益の上がる、確実で実現可能な方法である」と判断した。さらに続けて、「我々は、卓越性の追求には差別化のアプローチが必然的に伴うこと、また、成果や成長見込みの程度と関連しない資源の平等供給は、単に月並みな結果を促進させるだけであることを、認識しなければならない」と主張した (Ministry of Education 1971, 509)。

質的向上のための選択的アプローチの原理を受け入れる主体は、「大学でなく学科が単位として捉えられるべきであること、そしてすべての大学のあらゆる学科が、先進研究センターとして選別される資格を有するべきであること」(Naik 1982, 113) という根拠から、第一級大学の構想に対し反対を主張した。しかし彼らは、条件が好都合な選抜大学のいくつかに、多くの先進研究センター群を置くという構想は受け入れた。この構想はまた、報告書を再検討した議会委員会により是認された。「第一級大学」構想が棚上げされた一方、先進研究センター群構想は、1968 年の国家教育政策 (the National

Policy of Education)において進められた。しかし、教育委員会の委員長である J. P. ナイークが述べたように、この計画は「何の有益性もなく、修正後の案ですら、計画を開始するための効果的手段は取られなかった」。1987年3月には、25もの科学分野の独立先進研究センター、そして15もの人文社会科学分野のセンターが設立された。しかし、1966年の時点では見られた先進研究センター構想の「卓越性と魅力」は、失われてしまった（Naik 1982）。

3）大学システムの大衆化と質への疑問

質の劣化

独立後インドにおける高等教育の急速な拡大は、その質を犠牲にして起こった[10]。全般的な質の劣化は見られたものの、いくつかの機関は高水準を維持した。それらは、インド工科大学（the IITs：チェンナイ、デリー、カンプール、カラグプール、ムンバイ）、インド経営大学院（the Indian Institutes of Management：アーマダバード、バンガロール、コルカタ）、インド科学大学（the Indian Institute of Science：バンガロール）、タタ基礎科学研究所（the Tata Institute of Fundamental Research：ムンバイ）、インド国立法科大学（the National Law School of India University：バンガロール）、そして大学内の例外的ないくつかの学部であった。附属カレッジの中にも、高水準を維持するところがいくつかあった。

質の劣化は、概して州立大学で、そしてとりわけ附属カレッジの学部レベルで、極めて明らかであった。この危機的状況は、今や大学で提供される従来の大学院プログラム（MA, MSc, MCom）をも包含している。これらのコースは、現在では拡張された「子守り」としての機能を果たしている。これらのコースを運営する上での比較的低いユニット・コストや、入学する学生が—私立セクターの学生が支払う金額よりはるかに少なく—教育にほとんど費用をかけないという事実を考慮すれば、理解できることである。この教育セクターの無制限の拡大は、例外なく質の危機をもたらす主な要因とされてきた。

高等教育の名の下に多くの州立大学やカレッジで行われたことは、無価値なものであった。自然科学の劣悪な研究施設や、嘆かわしいほど不十分な図書館や実験室のおかげで、多くの機関が「アカデミック・スラム」と呼ばれることになった。資源の不足はこの文脈において広く聞かれる畳句であり、何よりもまずこのジレンマの原因であるが、それのみを非難することはできない。それとは別の深刻な要因は、アカデミック・スタッフの採用と昇進の最低限の資格を定めた規定すら破られたこと、最低勤務日数が満たされていなかったこと、学術活動の日程表が紙の上のもので実態が伴わなかったこと、そして、管理運営が事実上崩壊していたことであった。これらすべての要因が、インドの大学で提供される教育の質に対し、不利に作用した。教育―学習プロセスではなく、卒業資格を過度に重視したことが、大学教育の方向性を歪めたように思われる。当然、優秀な才能溢れる者を大学システムに惹き付ける要因は、ほとんどない。

質の低下の一例として、大学システムで授与される最高の学術資格であるPh.D.の事例を特に挙げることができるであろう。過去20年間、インドの大学（准大学機関を含む）は、平均して年10,000人の博士号取得者を輩出している[11]。1999年から2000年の間には、合計11,296人が博士号（Ph.D./DLitt/DSc）を授与された。その内訳は、人文／社会科学（4,280, 37.89%）と自然科学（3,885, 34.39%）学部が合わせて72%にのぼり、残りの28%は商業（571, 5.05%）、教育（364, 3.225）、工学／技術（723, 6.40%）、医学（228, 2.02%）、農学（787, 6.97%）、獣医学（146, 1.29%）、法学（74, 0.66%）、その他（音楽／美術、図書館学、体育、ジャーナリズム、ソーシャルワーク）（238, 2.11%）であった（UGC 2002, 1）。

博士号の量と質

これらの博士号を科目ごとの分析で見ると、人文／社会科学では、4,280人の中で語学と文学のみでおよそ40%（1,685, 39.37%）を占めており、続いて経済学（830, 19.39%）、政治学（362, 8.46%）、社会学（257, 6.00%）、心理学（199, 4.65%）、その他（947, 22.13%）であった。同様に、自然科学の博士号取得者3,885人のうち、76%以上（2,954）が化学（965, 24.84%）、物理学（533,

13.72%)、植物学（495, 12.74%）、動物学（438, 11.27%）、数学（265, 6.82%）、生化学（142, 3.66%）、家政学（116, 2.99%）であった。(UGC 2002, 27-30 および 31-33）。

　しかしながら、従来分野における博士号授与の大部分は、真の研究への関心を反映してはいない。それよりも、UGC は、大学の教職の任命や、講師（lecturer）から助教授（reader）への昇進の必須要件に博士号を設けたという方が、分かりやすい説明である[12]。加えて、採用時に博士号を取得していない講師は、教員向上プログラム（the Faculty Improvement Program）により、有給の休職を与えられ博士論文に取り組み、博士号取得においては2段階の昇給が行われる。質とは無関係に博士号を教職の採用や昇進に必須とするこのやり方は、その地位と質を侵食していった。

　状況分析に基づき、C. P. S. チャウハンは「研究で取り上げられる論題はいつも、他のインドや外国の大学の古い論題を反復したものか、または言葉上の変形を施したものと決まっている」。複製は別にして、「[選ばれた]論題はその学科や社会の真の問題に基づいているのではなく、むしろ理論上の問題についての無益な精神的課題に関わるもので、その結果、何の実益ももたらさない」(Chauhan 1990, 183）。このことは、インド大学協会（the Association of Indian Universities）の週刊誌である『大学ニュース（University News）』に掲載された博士論文のリストを見れば、一目瞭然である。

　ほとんどの大学院生にとって、博士号取得は研究との関わりの終わりを示す。彼らは一般的に、博士号を元にした論文すら出版することはなく、それゆえ、大学図書館や文書センターの書架を占領することになる。したがって、学問以外の点を考慮すれば、博士課程の研究は、インドの大学の研究志向の真の指標として、到底見なすことはできない。この文脈において留意されないその他の問題は、高い比率での博士課程研究における停滞やドロップアウトであり、多くの学生が博士課程の研究を、職を得るまでの当座しのぎの調整と捉えている。

　英国にある同様の機関とは異なり、インドの UGC は、大学における教育の質を規定する責任を負う[13]。しかし、監督が必要な大学が法外に多く、また権限がほとんど与えられていない状態のため、UGC は事実上、単に資金

を支出する機関へとその役割を減じられており、自らの勧告を実施させることが不可能である。高等教育における質の統制への監督として、教育国家政策 (MHRD 1986) を受けて、UGC は 1994 年、国立評価・アクレディテーション・カウンシル (the National Assessment and Accreditation Council : NAAC) と名づけられる独立団体を設置した (Stella and Gnanam 2003)。当初は、評価および基準認定 (accreditation) の実施は任意であったが、大学の外部にある団体がこれを行うという考えは、大学に十分に受け入れられなかった。2004年11月までに、審議会は 113 の大学と 2,088 のカレッジを評価および認定したのみであり、また、1998/99 年に初めて評価を受けた 20 の機関——大学1校およびカレッジ19校——を再認定したのみであった (NAAC 2005, 16)。このスキームは現在では義務付けられており、評価や認定をされなかった大学やカレッジは開発交付金を剥奪される。たとえ間接的にせよ、この取り組みが大学システムにおける現状をどの程度改善するかは、まだ分からない。

4) 科学政策と相対する大学：欠陥モデル

科学技術政策における大学の軽視

インドの政治主導者たちは、国家発展における科学の重要性を認識していなかったわけではない。ジャワハルラー・ネルー (Jawaharlal Nehru) 首相（当時）により提議された 1958 年 3 月 4 日の科学政策決議には、インド国民は、科学的知識の修得と応用から得られるあらゆる便益を獲得すべきであると、はっきり述べてある。しかし、この決議でも、その後の継続決議である 1983 年の技術政策でも、科学的発展における大学や高等教育の役割については言及されていない。最新の決議である 2003 年の科学技術政策だけが、科学的発展における大学および高等教育の役割について、明確に言及している。

科学政策文書における大学の軽視は、しばしば科学上のリーダーシップとマネジメントという役割における失敗として捉えられてきた (Dadhich 2004, 2181)。ナーリカーは、逆説的に聞こえるかもしれないが、「タタ基礎科学研

究所のような機関の設置の様式は……概ね、現代の学生に見られる基礎科学の不人気を招いた犯人である」との見解を示している (Narlikar 2003, 8-9)。タタ基礎科学研究所は、インドが独立する直前の 1946 年に設立され、独立後に設立した研究機関や研究所はすべて、これをモデルとしている。つまり、それらは「相当の自立性と潤沢な財源や設備を享受し、学部生や大学院生への教育が研究者の「邪魔にならない」ように、大学からは切り離されている」(Narlikar 2003, 9)。そのねらいは、研究者が大学教育からだけでなく、学生からも切り離されるところにある。「そのため、大学では研究が次第に副次的となっていく一方で、研究機関での教育の欠落は顕著となった」(Narlikar 2003, 9)。

　この事例は、広く知られる基礎科学のみでなく、医学や工学分野においても起こった。名の知られた病院は自らを「研究センター」と明言するが、研究を遂行することは稀である。ほとんどの医学大学において、医学生は自分のキャンパスで行われている研究を経験することは決してない。学生は自らを医学研究者ではなく、開業医や外科医と見なしている。(義足の開発で有名な) プラモド・カラン・セティ博士や、(腹腔鏡手術のレトロ腹腔鏡検査 (retroperitoneoscopy) で知られる) ドゥルガー・ダット・ガウル博士、(外科医学における革新で知られる) V. N. シールカーンデなどは、ごく稀なケースであり、彼らのような事例は典型的な医学生にはほとんど影響力をもたない (Narlikar 2003, 10-11)。

大学システム外での研究拠点の発展

　したがって、研究がこれらの専門研究機関、施設、研究所の創設により盛り上げられる一方、このような拠点が大学システムの外で発展していったという事実は、科学的才能が大学から研究機関や研究所へと「国内頭脳流出」することによって、大学がもつどのような研究上の潜在的可能性も衰退させることとなった。思い出されるのは、スジャンタ・ダッタグプタが物理学に関してまとめたものによれば、J. C. ボースは、ボース研究所 (the Basu Vigyan Mandir：現在は科学技術局 (the Department of Science and Technology) の傘下にある) を設立する以前にマドラス管区大学

（Presidency College）で研究しており、C. V. ラマンは、ラマン研究所（the Raman Research Institute：同じく科学技術局（the Department of Science and Technology）の傘下にある）の設立前にはコルカタ大学とインド科学大学（the Indian Institute of Science：バンガロール）で働いており、M. N. サハは、アラーハーバード大学（Allahabad University）を去り、サハ核物理学研究所（the Saha Institutite of Nuclear Physics：現在は核エネルギー省（the Department of Atomic Energy）の保護のもとにある）を創設した（Dattagupta 2005, 19-20）。

　大学システムの外に研究機関を設立することによる教育と研究の分離は、研究機関に対しては逆の影響ももたらした。自立した研究機関は「能力ある若手を惹きつけることがますます難しくなっており、若手集団の空白が、ゆっくりではあるが着実に生じてきている。より高い責任を担うようになるのは、結局は若手集団であるため、ミッションのもとに進められる科学プロジェクトは……深刻な人材不足を迎えている」（Narlikar 2003, 11）。大学では研究がますます二次的なものに後退してきていることで、「若手科学者を［研究］機関に供給する大学卒業生のまさに生命線は、ますます希薄になり、今や消失しようとしている」（Narlikar 2003, 11)[14]。よって、研究と教育の乖離は、知識創出の拠点としての大学に、最も大きなダメージを与えた。

　インドの大学における科学分野に優れた学生は、例外なく海外へ、そのほとんどが米国へ勉学と研究の遂行のために渡り、多くはインドへ戻ってこない。頭脳流出がより一般的な現象となる一方、いくつかの発展途上国でも同様に経験してきたことであるが、インドのような発展途上国におけるその社会経済的インパクトは深刻である。高等教育と社会タスクフォースが述べているように、帰国した専門家は、しばしば先進国での研究課題を持ち込んでくるが、母国ではそれほど関連のないものであることもある。したがって、このような「追従」現象が意味するのは、「事実上、"頭脳流出"は実際の移住がないところでも生じるのである」（Task Force on Higher Education and Society 2000, 73）。

5）大学における研究の促進

新たな教育政策

1985年、新制のコングレス党（the Congress：インドの主要政党の一つ）は、「教育システムの再構築」という複雑な課題に着手した。この目標に向けて、同年の8月には、教育大臣は（人材開発省（the Ministry of Human Resource Development）として認められたため）国会に対し、119ページからなる Challenge of Education : A Policy Perspective と題された文書を提出した。この文書は高等教育に最大の強調点を置き、「国家的資源の主要部分は大学外の研究所に流れてしまった」ため、「最前線の研究のための設備に関する重大な困窮」が大学システムに生じたと記している。同文書は、この矛盾の是正を求める（Ministry of Education 1985, 49）一方、同時に在来型の大学の拡大と新しい研究拠点の設置の一時的停止を提言した。

「国家教育政策のアクション・プログラム」（Ministry of Human Resource Development 1986）は、アチャリア・ラマムルティ委員会によって報告されたプログラムである（MHRD 1991）。この報告書を検討した教育中央諮問委員会（The Central Advisory Board on Education）は、1992年5月に国会で採択された。改訂された「アクション・プログラム1992」（Ministry of Human Resource Development 1992）では、研究の強化の必要性が強調された。1986年の新教育政策には、大学間センターを設立することを盛り込み、科学の主要分野における研究のための共通設備を提供し、「科学技術のインフラストラクチャーの強化」のスキーム下での研究科を援助し、そして1991年にUGCと科学産業研究委員会（CSIR）間で合意した、大学研究者と科学産業研究委員会（CSIR）研究施設の相互アクセスを可能とする覚書を締結した（MHRD 1992, 66-67）。また、改訂された「アクション・プログラム1992」でも「産業集中化をともなう大都市圏、都市および周辺地域における優先拠点」、および「インド国内大学と海外"先端"研究機関の機関間関係」に関する産学の関係構築を提言した。さらに重要なことには、報告書は科学技術局、科学産業研究委員会、インド社会科学研究審議会（the Indian Council of Social Science Research）、インド歴史研究審議会（the Indian Council of

Historical Research) およびその他の機関の代表者からなる「強化委員会 (high powered committee)」を設置し、大学での「研究の質を評価すること」を提言した。しかし、これらすべての提言が、ふさわしい程度の真剣な関心を得た訳ではなかった。

UGC による研究強化の取り組み

　研究抜きの教育の評価は意味をなさないことから、UGC は自らの責務により、また、変化する教育政策に沿い、大学の教育および研究活動の強化のために相当の援助を提供する、いくつかのスキームに着手した。まずはじめに、UGC は自然科学、そして人文および社会科学における教育向上のためのプログラムを、それぞれカレッジ自然科学向上プログラム（1970/71 年導入）、カレッジ人文・社会科学向上プログラム（1974/75 年導入）として開始した。これらのプログラムには 2 つの異なるレベルが取られた。すなわち、(1) 個々の学部全体を網羅する選抜カレッジにおけるプログラム、そして (2) 総合大学に附属するすべてのカレッジでの、特定課題についての大学リーダーシップ・プロジェクトを通じてのプログラム。前述のような応用研究センターに加え、UGC は特定分野での学問プログラムを開始するための、特別助成プログラムによる、定評のある学科を選定する財政支援を行った。UGC はまた、教育者個人、教育者グループそして大学全体により行われる「メジャー」（長期）および「マイナー」（短期）研究プロジェクトへの財政支援も拡張した。研究志向の将来性豊かな若手教育者には、キャリア報奨計画のもとに資金が与えられ、シニア教育者の間で名高い者には、国家アソシエートシップが与えられる。財政支援はまた、個々の教育者が博士研究を修め、セミナーやシンポジウム、ワークショップに参加することに対しても拡張された。

　大学教育者の優れた研究への潜在的可能性を誘導するため、UGC はいくつかのスキームを用意した。たとえば、国家フェローシップ（常時 30 件を上限とする）を通じて、傑出した教育者は通常業務から一年間解放され、研究に集中的に時間を配分することができる。また、国家レクチャーシップにより、優れた教育者および研究者は、講義を開講したりその他の学問プログラ

ムに参加するため、他の大学に滞在することができる。また、名誉フェローシップ（1983年開始）により、大学は65歳未満の退職教授の専門性を活用できる、などである。

　自然科学、社会科学および人文科学の分野における、優れた学者へのキャリアとしての研究の選択肢を与える目的で、UGCは研究科学者計画を開始した（1983-1984年）。この計画のもと、これらの分野において、それぞれ100の新たなポジションが、講師、准教授、教授の職に60:30:10の割合で創られた。給与と手当に加え、これらの研究職には臨時補助金も与えられた。この職は、まず手始めに5年間から始め、審査の後さらにもう一期、延長がなされる。選ばれた研究者はまた、その研究成果によっては次のポジションへの昇進も果たした。2003年3月には、78名の学者がこの計画のもとで研究していたが、それ以後は中止されている（UGC 2003a, 141-42）。

　研究の継続と重要な進展のためには、研究と教育の共存関係があるべきである。新教育政策の改訂された『アクション・プログラム1992』のフォローアップとして、UGCは、大学教員や学生が利用する世界水準の機関としての専門別の大学共同利用センターを設立した。プネーにある天文学・天体物理学大学共同利用センター（The Interuniversity Center for Astronomy and Astrophysics）、ニューデリーの核科学センター（the Nuclear Science Center）、インドールの原子エネルギー施設部門大学間コンソーシアム（the Inter-University Consortium for Department of Atomic Energy Facilities）などが、これら共同施設の例である。最新のコンピュータベースの情報センターが、インド科学大学（バンガロール）、SNDT女子大学（ムンバイ）およびMSバローダ大学（M. S. University of Baroda）に設立された。アーマダバードにあるUGCの情報・図書館ネットワーク大学共同利用センター（Inter-University Center for Information and Library Network）は現在、学術誌のオンライン購読を通じて最新文献へのアクセスを提供している。このネットワークを通じて、自然科学および社会・人文科学のほとんどの主要学術誌が100以上の大学で利用可能であり、計画ではすべての大学をカバーする予定である。そのようなセンターは、もちろん「研究大学」の代替とはならないが、大学の現状を考えれば、こうした、また同様の取り組みは、歓迎すべき進展である。

おそらく、──コタリ委員会が40年ほども前にすでに推奨した「第一級大学」と同じような──研究志向大学へ向けたUGCの最も重要な取り組みは、高額の資金を投入した「潜在的卓越大学（Universities with Potential for Excellence）」計画（UGC 2003a, 127-28）である。いくつかの大学から提出された応募書類と、学長によるプレゼンテーションで示される、大学の成果と今後の見込みに基づき、UGCは5大学──ジャダプール大学（Jadavpur University）、ジャワハラル・ネール大学（Jawarhalal Nehru University：ニューデリー）、ハイデラバード大学（University of Hyderabad）、マドラス大学（University of Madras：チェンナイ）、プーネ大学（University of Pune）──を採択し、それぞれに5年間で3億ルピーの開発のための資金を与えた[15]。これらのうち3大学は、はっきりと突出した分野を有しているが、2大学は広範な分野をカバーする大学である。UGCはさらに、発展可能性のある100の大学を採択し、それぞれに1,000万ルピーの開発資金を投入することを計画している。

インド人民党（Bharatiya Janata Party）主導の国民民主連盟（National Democratic Alliance）政権（1999-2004）は、4つの国立科学研究所（National Institutes of Science：NIS）の設立構想──アラーハーバード、ブバネシュワル、チェンナイ、プーネに、それぞれアラーハーバード大学（Allahabad University）、ウトカル大学（Utkal University）、アンナ大学（Anna University）、プーネ大学（Pune University）との協力により機能する──をもっていた。これらの「関係大学」との慎重な協議を経て、2004年3月、UGCはそれぞれの国立科学研究所に対して7億4,500万ルピーの初期支出を行うという詳細なプロジェクト報告を準備した。しかし、これは4大学がこのプロジェクトについて聞き及んだ最後の機会となった。国立科学研究所は、技術に対してインド工科大学が、マネジメント教育に対してインド経営大学院が果たしているような、科学教育のための施設となることを強く推奨された。そのねらいは、国内から優秀な科学の学生を惹きつけ、基礎及び応用科学の5年間の統合修士（Msc）プログラムに入学させるというものであった。これは、最高水準の大学院生を、近い将来に年配者が退職することで危機に直面することが予想される、国立研究所やミッションを帯びた機関に配置し、

指導的役割を担わせることを意図したものであった。

この計画は、純粋科学と応用科学の表面上の分離を融和することを促進し、インドの科学教育システムにおいて画期的な事例——これも「第一級大学」同様——となるであろうものであった。2005年6月、アブドゥル・カーラム（A. P. J. Abdul Kalam）首相——彼自身は有名なミサイル科学者であり学士院会員である——は2003年12月28日、UGC50周年記念会の閉会の際、これらの機関設立を発表したが、コングレス党（Congress）主導の統一進歩連盟（United Progressive Alliance）政権（2004年3月に政権を得る）は、この計画を凍結したようである。

国立科学研究所計画の棚上げは、政治がインドの高等教育にどう影響を与えるかということの典型的な例である。しかし、革新的取り組みを妨害するものとしてはたらく、高等教育の別の政治的側面もある。第42回の憲法改正（1977年1月）に伴い、中央（連邦）政府は州政府と共同して教育に関する法律制定の権限を与えられた。中央といくつかの州との関係が徐々に悪化するに伴い、中央政府は教育の領域においてどのような大胆な処置をも、自信をもって取れなくなっている。

6）ポスト構造調整改革のシナリオ

州政府の支援低下

インドの教育に関する公財政支出は、「万人のための教育」[16]の需要を満たすには常に不足していたが、その歴史を通して、政府は高等教育には手厚い支援を施してきた（Tilak 2004b）。構造調整は、高等教育に関する公的支出の抜本的な削減を意味した。1989/90年から1994/95年の間、開発的（計画）支出の中の高等教育の割合は12.6％から6％に減少し、同様に経常的非計画）支出の中の高等教育割合は14.2％から11％に落ち込んだ（Tilak 1996）。概して、高等教育のための財源配分は、第5回5カ年計画（1974-79年）の28％をピークとしてその後は徐々に減少していき、第10回5カ年計画（2002-2007）では第1回5カ年計画（1951-56年）と同じ配分のわずか8％にまで落ち込んだ。

大学と高等教育への公的支出の年間成長率は、1980/81年から1985/86年

の間は13.1%であったが、1980/81年から1995/96年の間には7.8%に減少した（Shariff and Ghosh 2000, 1400）。全政府支出において、高等教育の占める割合は1990/91年の1.57%から2001/02年の1.33%へと減少した。学生一人当たりの支出額の現状——1990/91年には7,676ルピー（154米ドル）から2001/02年の5,873ルピー（117米ドル：1993/94年相場）(23.49%)——を考えれば、高等教育への公的支出の割合の落ち込みはさらに激しいものとなったといえるであろう（Tilak 2004a, 2160-61）。大学がUGCや中央政府から得る資金は、その運営維持が保障されるにすぎない。教職員へのサラリーに費やされる資金が多額なため、インフラにかかる費用の不足はますます拡大してきた。このことは明らかに、高等教育や研究の質にマイナスに影響してきた。

　政府の高等教育への支援における段階的な撤退は、高等教育のプライバタイゼーションへの潮流と同一線上にあった。しかし、高等教育の私営のイニシアティブという新種の動き——私立大学[17]や機関の設立、「ツイニング・プログラム」、国際的共同研究など——は、例外なくすべて高い需要のある分野でのプログラム（経営、情報技術、バイオテクノロジーなど）であり、研究そのものへの関心には欠ける。たとえ研究に焦点を当てたものであったとしても、私営による取り組みが行われるのは、即時的成果を上げることのできる応用技術の分野である。インドの大学での、コンピュータ・サイエンスと工学の研究を推進するためのGoogleの取り組み（近年、その研究開発センターをバンガロールに開設した）は、この点における一事例である（www.webindia123.com を参照のこと）。

大学教育課程への需要の変化

　1990年代初頭以降、インドの学生のキャリア選択は劇的に変化してきた。伝統的な研究プログラムの拡大は、学生からの需要を上回るものであったと思われる。とりわけ、従来の分野の学位保持者に広がる失業という事態は、何十年もの間悪化しており、政府はもはや彼らを公的雇用へと吸収することができない。従来分野の学位保持者が通常持ち合わせていないような知識や技術を求める、経済自由化計画が、事態を悪化させている。待合室として従

来分野のプログラムを利用してきた学生たちが、低いレベルでの労働市場への早い段階での参入を求めるか、またはそれよりもましな雇用への見込みがあるプログラムへ入学しようとするのは、自然なことである。未だに従来分野の大学院プログラムに入ろうとする学生は、概して遺物のような者か、または郊外や貧困層（「下層カースト（scheduled castes）」や「下層階級（scheduled tribes）」）出身の高等教育第一世代の、特に政府から財政的援助を受けている者たちである。

　従来型プログラムへの需要が先細りになる一方、専門職、あるいは同類のプログラム——医学、歯学、看護学、技術工学、コンピュータサイエンス、情報技術、ビジネスマネジメントなど——は、こうした学位を持つ者の間にも失業状態が広がっているにもかかわらず、絶えず増大してきている。専門職プログラムを修めていない学生はむしろ、さらに狭い専門的職種に期待されるプログラム、例えば包装、プラスティックテクノロジー、ファブリックデザイン、空調設備と冷蔵など——に取り組むようである。市場における自らの力と雇用見込みを向上させるため、専門職プログラムの学生は、与えられた分野の専門性を高めようと努めるか、一般的に大学では提供されない、世慣れたプログラムにおいて資格や技能を得ようとする。

　才能ある学生が、もはや基礎科学のプログラムを履修しようとしないという事実は、関心の的となった。2004年7月に中央政府内閣の科学諮問委員会（Science Advisory Committee）に提出された報告書によれば、中等教育修了後に科学を選択する学生の割合は、1950年代の31％から1990年代には20％に減少した。また、1950年代に科学プログラムを選択した学生はトップにいる優秀な学生であったが、こうしたプログラムを選択する現在の学生は、中位または下位のグループにいる（Batra 2005, 7）。このことは、何年にもわたりPh.D.プログラムの学生のみを受け入れてきたが、やがて1990年代初頭には5年間の修士（MSc）統合プログラムを開始した、インド科学大学（バンガロール）などの有名な科学機関の学術プログラムにも深刻に影響している。中央政府内閣に対する科学諮問委員であるR. チダンバラムによれば、この機関は現在、学士（BSc）から始まる物理学の学部対象科学プログラムを開設することを計画している（Ray 2005, 7）。インド工科大学は純

粋科学（および経済ビジネスアドミニストレーションも）のコースを開設すべき、という人材開発省（The Ministry of Human Resource Development）の提言が、インド工科大学の評議会によって協議されている（Times News Network 2005, 18 を参照のこと）[18]。

7）結 論

　インドの選り抜きの高等教育機関による、とりわけ原子力および宇宙科学における優れた成果にもかかわらず、科学技術能力の点でのインドと先進国の間のギャップは顕著に広がっていることは、否定できない。いくつかの科学上の取り組みによって、現在、国内の選りすぐりの大学に研究志向をもたらすような努力がなされる一方、インドの大学システムは概して、知識の受け売りに甘んじている。質のコントロールが未だに仮想の段階にとどまっている中、インドの大学の質は低下してきている。近年の世界トップ100大学および研究機関ランキングに入るインドの大学や研究機関は、当然一つもなく、たった2つの研究機関と1大学が200位以下のランクに名を連ねているのみである。すなわち、インド科学大学（バンガロール：202-301位内）、インド工科大学（カラグプール）およびコルカタ大学（University of Calcutta：コルカタ）（どちらも404-502位内）が、この順でインドの高等教育機関のトップ3である[19]。

　インド高等教育における教育と研究の分離、およびその結果として生じた、大学システムにおける研究志向の欠如を鑑みれば、根本的な提案を行いたくなるであろう。しかし、コタリ委員会が1960年代中期にエリート主義の立場から提案した「第一級大学」構想が拒否され、1980年代の新たな教育政策、およびそれについての1990年代の「アクション・プログラム」以降の、大学システムの当座しのぎの修正策の採用、そして、現在の連立政治の強制という制約により、そのような根本的改革の提案は当然、机上のものとなったままである。したがって、高等教育のそうした根本的改革の必要性が否定されることはないとしても、我々にできるのは、せいぜい、インドの大学システムを知識の受け売りから飛躍させるために、実際的で制度上も実行可能な

提案に転換することのみである。

現状の向上に向けた提案は、これまでも十分なされてきた。ナーリカー（2003）によれば、この国の高等教育のみでなく、科学技術の展望もその進歩にかかっているのであるから、基礎科学教育の向上は急務の問題である。とりわけ、彼は (1) 資源としての役割を果たす著名な科学者とのインタラクティブな授業、(2) 電子情報転送を伴う図書館のネットワーク化、(3) 大学および研究機関による設備の共有化、そして (4) 人的交流による自律的研究施設の大学との近接化を提案している。社会科学に関しては、同様の提案が、社会科学研究審議会の南アジアにおける社会科学研究能力についての報告書でもなされた（Chatterjee 2002, 140-53）。しかし、政府が高等教育への財政支援を拡大するようには動かない状況下で、政策提言が効力をもちうるかは、依然として議論の余地のある問題である。

J. C. ラマン、M. N. サハ、S. N. ボーズ、および K. S. クリシュナン（そして海外で活躍する多くのインドの科学者および学者）が示した成果からも、インドという国に才能が不足しているわけではないことは明らかである。これらの学者は、すべて植民地カルカッタで研究し、英国的な概念に基づく科学的アプローチに影響されてはいたが、彼らが「英国政府の支援をほとんど受けていない自立した偉人たち」（Dattagupta 2005, 19）であったことを強調するのは重要である。過去数年間の UGC の「センター・オブ・エクセレンス（the centers of excellence）」の支援が、それらをインドにおける最初の「研究大学」へと転換させ、そしてさらなるボーズ、ラマン、サハを輩出するインキュベーターとして機能するかどうかは、まだ明らかではない。インドの大学システムの歴史をひもとけば、誰も楽観的になどなれるはずはない。

注

題辞：Ministry of Education 1971, 506-07.
1 インドの大学は、中央政府の法律（an act of Parliament）（国立大学（central universities））、または州の立法（state legislatures）（州立大学（state universities））により設置される。特定の専門分野に特化していたり、あるいは伝統的分野を継承するが、多数の学科を擁する総合大学とはならないような機関は、大学基金委員会（the University Grants Commission：UGC）の 1956 年決議によ

り「准大学（deemed-to-be）機関」とされてきた。インド政府は、12の大学レベルの機関に「国家的重要機関（institute of national importance）」の地位を授与した。つまり、それらはUGCの1956年決議によれば、大学からしか与えられない学位の授与権を与えられている。インド経営大学院（The Indian Institute of Management）も国家レベル機関の一つであり、これには学位授与権を与えられていないが、その「フェローシップ」は大学学位保持者と同程度の扱いを受けている。

　その組織について、インドの大学の最も大多数を占めるのは、附属の類型である。これらの大学は大学院レベルの教育と研究を行う学部や学科を擁する中央キャンパスをもつ。加えて、一般的に学士レベル（first-degree-level）の教育を提供する多数のカレッジが、これらの大学に附属する。そのような大学の主な役割は、こうした附属カレッジの学術レベルを決定、監督し、中央集権化した試験を入学希望者に実施することである。これら附属カレッジは、地理的には分散していることもあるが、規定により大学の管轄権下にある。対して、独立型の大学は、大学のみでカレッジをもたない。このタイプのほとんどは学部および大学院コースを提供し、研究を行う。ある意味で、この2つのタイプの混合型の大学も存在する。

2　本章のデータは、the Institute of Applied Manpower Research（2002）、Kaur（2003）、University Grants Commission（2003b）、およびAssociation of Indian Universities（2004）より引用した。

3　科学産業研究委員会（CSIR）についての論文の平均インパクトファクター（Avgifは、フィラデルフィアにあるInstitute for Scienctific Information [ISI] が、過去2年間に自機関の学術誌に掲載された特定の研究センターの論文数について受理した引用数の割合である）は、1999年の1.47に対して2001年には1.70に上昇（15.65％）し、論文数は同年の間に1,563件から1,700件に増加した。同様の兆候が2つの一流研究機関——インド科学大学（IISc、Bangalore）、およびタタ基礎科学研究所（TIFR、ムンバイ）でも見られる。Avgifは、IIScについては1997年の1.86から2001には2.15へと（15.59％）、TIFRでは2.52から2.67へと（5.95％）増加した。1997年には542件であったのに対し、2001年には845件ものインド科学大学の論文がISIの学術誌に掲載された（55.90％）。同様の数字について、TIFRは280件と415件であった（48.21％）（R. A. Mashelkar, *The National Times*, Panjim, November 2, 2002, 11より引用）。これらの意味するところは、Avgifは国際的な科学分野におけるそのような論文のインパクトを示すものであるから、少なくともその数値は研究論文の質の尺度となる。

4　近年、UGCは科学産業研究委員会（CSIR）に「准大学」の地位を授与した（Times of India, Mumbai, May 27, 2005, 7）。しかし、この傘下組織がどの程度「大学」として機能するかは不確かである。

5　UGCは1956年、中央政府の法律により高等教育の基準を設定、調整するための資金を提供する権限を授与された中央機関として設置された（Singh 2004）。この機関は、英国UGC（第一次世界大戦後設立、その後廃止）に倣って作られた。

6　植民地時代の遺産、大衆化、そしてポスト構造調整政策（SAP）のシナリオについては、著者随筆「インドの高等教育：大衆化と変遷（Higher Education in

India：Massification and Change)」から引用した（Jayaram 2004）。
7 インドの英国的教化の底流にある期待は、頻繁に引用される Macaulay の次の言葉に簡潔に要約されている。すなわち、「我々と、我々を統治する何百万人の者たち、すなわち血統と肌の色はインド人であるが、その態度、意見、モラル、思考においては英国人である者たちとの仲介者となる階層を形成すること」（Young 1935, 359）。インド都市部のエリートもまた、この教育を雇用への道としてのみでなく、インドの社会的、政治的改造の手段と捉えられるとして歓迎した（Basu 2002, 168）。
8 2001 年 3 月でのインドのカレッジの分布は以下の通りである。教養（arts）、科学、商業、東洋研究 73.92％、教師教育 5.42％、工学／技術／建築 5.29％、医学 8.35％、農学 0.80％、畜産学／動物学 0.39％、法学 3.62％、その他 3.22％。学生入学者数は以下の通りである。教養 46.1、科学 19.9％、商業／マネジメント 17.8％、教育学 1.3％、工学／技術 6.9％、医学 3.1％、農学 0.6％、畜産学 0.2％、法学 3.2％、その他（音楽／美術、図書館学、体育教育、ジャーナリズム、ソーシャルワークを含む）0.9％（UGC 2003b, 9-10 および 20）。
9 プーネ大学での召集演説（1966 年）で、Gadgil はこの提言を表わす痛烈な形容句を用いた。すなわち、「"エリート主義"を偏愛する」、「壮大な」、「我々の大学やカレッジの現状の向上とは無関係」であるが「間違いなくこの状況を悪化させる」、「誤解を恐れずに言えば、ぞっとするような途方もないアイディア」であると（Nalik 1982, 111-13）。
10 長期にわたり高等教育の水準についてのあらゆる客観的測定が欠如していたため、その悪化の性質と程度を正確に見極めることは、疑いもなく困難である。にもかかわらず、インドの水準が教育先進国の平均的水準と比較して劣位にあることは、否定できない。教育委員会（the Education Commission）は 1960 年代中期に、早々とこのことに注目していた（Ministry of Education 1971, 66）。したがって、インドの大学により授与される学位が、多くの外国の大学からは、それらが与える学位と同等とはみなされないこと、政府機関を含むインドの雇用者が、こうした学位に慎重となること、学生が「課外学習」あるいは「家庭教師」による個人教授に頼っていることは、驚くにはあたらない。
11 Ph.D. 授与数は、1973-1978 年の 18,286 から 1993-1998 年には 50,000 以上に増加した（Bandyopadhyay 2003, 2）。
12 このことを、UGC はアカデミック・プロフェッションの減少への対抗措置として実施した。高等教育の急速な拡大に伴い、州立大学に大量生産された多くの大学院生は教育に安直な雇用への道を見出したが、その学問的備えは不十分であり、そうした職業への適性があるかは疑わしい。UGC は、教職を志望する者への国家適性テストや新人教員へのオリエンテーションコース、すでに教職に就いている者へのリフレッシュ教育の導入により修正を試みた。教職採用の制限により、多数の教職カレッジ（academic staff college：教職者の質向上のため UGC が開始）は、オリエンテーションコースの提供を中止し、また義務的要素が導入されたため、リフレッシュ教育は形式的なものとなった（Jayaram 2003 を参照のこと）。

ついでながら、大学長やカレッジの長にかかる様々なプレッシャーの中で、優秀な教員の採用は今日では全く彼らの関心事ではない。実際、「善意の大学教員により良質な候補者を求めることすら、不公平と捉えられる」(Dadhich 2004, 2181)。縁者びいき、えこひいき、収賄が大学やカレッジの教員採用でよく聞かれる一方、才能ある者の発掘はインドの大学システムでは一般的に聞かれない。

13　職業教育における学術成果の水準は、インド医学審議会 (the Indian Medical Council)、全インド工学審議会 (the All India Council of Technical Education)、インド弁護士審議会 (the Bar Council of India)、インド歯学審議会 (the Dental Council of India)、インド薬学審議会 (the Pharmacy Council of India)、インド看護審議会 (the Nursing Council of India) といった、法定で定められた団体により調整、規制されている。インド農学研究審議会 (the Indian Council of Agricultural Research) は農業教育を監督する。これらの団体は、中央 (州) 政府の異なる省により設置され、それらの調整不足が問題となっている。国会の法令により制定されたこれらの団体、および国会の法令や州の立法府により設置された大学の間の権限はしばしば、法定より前の問題として起こる。

14　プーネ近郊のKhadadにある国立電波天文学センター (the National Centre for Radio Astrophysics：NCRA) の前センター長であった、アイディアマンのGovind Swarupは、2000年に世界で最強の電波望遠鏡 (the Giant Metrewave Radio Telescope) を完成させたが、皮肉にも「天文学上の発見よりもまず、科学者を呼び集めなければならなかった！」。Swarupによれば、国の天文学者は顕著な研究成果を上げてきたが、学生に積極的に近づくことはなかった。すなわち、「参加した研究者数は過去12年間で約13名であり、国家は彼らに毎年5億ルピー (50 crore：crore=1,000万ルピー) を費やしている……1、2名の研究者がNCRAに毎年参加してきたが、時には1名もいないこともあった。過去5年間では、今年の3名を含めてわずか9名が参加したのみである」(Kabra 2005, 74)。

15　2005年5月現在、1ルピー=0.023米ドルであり、1米ドル=43.42ルピーである。

16　86ヶ国の国際比較で、インド (GNPに占める教育の支出割合は3.8%) は、教育に関する公的支出について32位と低かった (Shariff and Ghosh 2000, 1396 より引用)。

17　(米国タイプの) 純粋の私立大学という概念は、インドではまだ新しい概念とされている。1995年8月にRajya Sabha (国会上院議会) に提案された私立大学設立法案は、現在のところ未だ懸案中である。高等教育は憲法のもとで同時作用するものであることを考え、いくつかの州 (新たに誕生したチャティスガー (Chattisgarh) など) では独自に私立大学設置条例を発しており、こうした州においては、私立大学が急速に広がり始めた。しかし、2005年2月11日のその採決において、インド最高裁判所はチャティスガー州私立大学法 (the Chattisgarh Private University Act) 2002のある条項を「違憲である」とし、112の私立大学の登録を無効とした (Thomas and Tiwari 2005 を参照のこと)。

18　科学に関する大学 (教育) と研究機関 (研究) との分離について言われていることは、社会科学についても当てはまる。このことはニューヨークの社会科学研究審

議会（the Social Science Research Council）に2001年に委任された、南アジアにおける社会科学研究能力に関する報告書で確かめられている（Chatterjee 2002, またDatta 1989）。
19　このランキングは、中国・上海の上海交通大学高等教育研究所による世界中の2,000の大学および高等教育機関の調査に基づいている。本調査で用いられたランキングの方法に関する情報は、http://ed.sjtu.edu.cn/rank/2004/top500list.htm を参照のこと。現在のところ、インドの高等教育機関についての公的なランキングはない。いくつかの雑誌がそのようなカレッジのランク付けを試みてきたが、そのランキングは大衆主義的で、方法論的厳密性を欠いている。

参考文献

Ashby, E., and M. Anderson. 1966. *Universities: British, Indian, and African*. London: Weidenfield & Nicholson.

Association of Indian Universities. 2004. *Universities handbook*. New Delhi: Association of Indian Universities.

Bandyopadhyay, M. 2003. Quality control of doctoral research: Role of research fellowships. *University News*, 41 (29): 1-5 and 13.

Basu, A. 2002. Indian higher education: Colonialism and beyond. In *From dependence to autonomy: The development of Asian universities*, ed. P. G. Altbach and V. Selvaratnam, 167-86. Chestnut Hill, MA: Center for International Higher Education, Boston College.

Batra, A. 2005. Fewer students for pure science has government worried. *Indian Express* (Mumbai), March 31, 7.

Chatterjee, P. 2002. *Social science research capacity in South Asia: A report*. With N. Banerjee, A. K. Baruah, S. Deshpande, P. R. de Souza, K. Hachhethu, B. K. Jahangir, M. S. S. Pandian, N. Wikramasinghe, S. Akbar Zaidi, and I. Abraham. SSRC working paper series, vol. 6. New York: Social Science Research Council.

Chauhan, C. P. S. 1990. *Higher education in India: Achievements, failures and strategies*. New Delhi: Ashish Publishing House.

Dadhich, N. 2004. Indian science experiment. *Economic and Political Weekly* 39:2181-84.

Datta, B. 1989. Social science research: Universities and autonomous institutions. In *Higher education in India: The institutional context*, ed. A. Singh and G. D. Sharma, 78-88. Delhi: Konark.

Dattagupta, S. 2005. The state of physics. *Seminar* 547:19-22.

Institute of Applied Manpower Research. 2002. *Manpower profile: India—Yearbook 2002*. New Delhi: Concept Publishing Company.

Jayaram, N. 2003. The fall of the guru: The decline of the academic profession in India. In *The decline of the guru: The academic profession in developing and middle-income countries*, ed. P. G. Altbach, 199-230. New York: Palgrave Macmillan.

———. 2004. Higher education in India: Massification and change. In *Asian universities: Historical perspectives and contemporary challenges*, ed. P. G. Altbach and T. Umakoshi, 85-112. Baltimore: Johns Hopkins University Press.

Kabra, H. 2005. A vacuum in space. *Outlook* (New Delhi) 45 (11): 74-75.

Kaur, K. 2003. *Higher education in India (1781-2003)*. New Delhi: University Grants Commission.

Kumar, D. S. 2005. *Indian Express* (Mumbai), April 27, 9.

MHRD. *See* Ministry of Human Resource Development.

Ministry of Education, Government of India. 1971. *Education and national development (Report of the education commission, 1964-66)*. Repr. ed. New Delhi: National Council of Educational Research and Training.

———. 1985. *Challenge of education: A policy perspective*. New Delhi: Controller of Publications.

Ministry of Human Resource Development (MHRD). 1986. *Program of action: National policy on education*. New Delhi: Controller of Publications.

———. 1991. *Towards an enlightened and humane society: Report of the committee for review of national policy on education 1986*. New Delhi: Controller of Publications.

———. 1992. *National policy on education — 1986: Program of Action — 1992*. New Delhi: Publications Division.

NAAC. *See* National Assessment and Accreditation Council.

Naik, J. P. 1982. *The Education Commission and after*. New Delhi: Allied Publishers.

Narlikar, J. V. 2003. How to recapture the thrill for basic sciences in higher education (UGC golden jubilee lecture series). New Delhi: University Grants Commission.

National Assessment and Accreditation Council(NAAC). 2005. *NAAC News* 5(11): 16.

Ray, K. 2005. Undergraduate science courses at IISc mooted. *Deccan Herald* (Bangalore), March 30, 7.

Raza, M., et al. 1985. Higher education in India: An assessment. In *Higher education in the eighties*, ed. J. V. Raghavan, 95-173. New Delhi: Lancer International.

Shariff, A., and P. K. Ghosh. 2000. Indian education scene and the public gap. *Economic and Political Weekly* 35:1396-406.

Singh, A. 2004. *Fifty years of higher education in India: The role of the University Grants Commission*. New Delhi: Sage Publications.

Stella, A., and A. Gnanam. 2003. *Foundations of external quality assurance in Indian higher education*. New Delhi: Concept Publishing Company.

第6章　知識の受け売りを超えて　161

Task Force on Higher Education and Society. 2000. *Higher education in developing countries: Peril and promise.* Washington, DC: World Bank.
Thomas, P. M., and D. Tiwari. 2005. Two-room university! *The Week* 23 (13): 36-37.
Tickoo, C. 1980. *Indian universities.* Madras: Orient Longman.
Tilak, J. B. G. 1996. Higher education under structural adjustment. *Journal of Indian School of Political Economy* 8:266-93.
―――. 2004a. Absence of policy and perspective in higher education. *Economic and Political Weekly* 39:2159-64.
―――. 2004b. Public subsidies in education in India. *Economic and Political Weekly* 39:343-59.
Times News Network. 2005. *Times of India* (Mumbai) March 10, 18.
UGC. *See* University Grants Commission.
United News of India. 2002. *Navhind Times* (Panaji, Goa), September 2, 11.
University Education Commission (1948-1949). 1985. Extracts. In *Higher education in the eighties,* ed. J. V. Raghavan, Appendix I, 240-47. New Delhi: Lancer International.
University Grants Commission UGC). 2002. *University development in India: Basic facts and figures (Doctorate degrees awarded, 1999-2000).* New Delhi: University Grants Commission.
―――. 2003a. *Annual Report 2002-2003.* New Delhi: University Grants Commission.
―――. 2003b. *University development in India: Basic facts and figures (institutions of higher education; students enrolment; teaching staff, 1995-96 to 2000-01).* New Delhi: University Grants Commission.
Vijayakumar, B. 2003. Regeneration of quality research in higher education: Ways ahead. *University News* 41 (41): 3-7.
Young, C. M. 1935. *Speeches of Lord Macaulay.* Oxford: Oxford University Press.

第7章
世界水準のインド研究大学への展望

P. V. インディレサン

（米澤由香子訳）

1）はじめに

　一般に、大学は次の3つの機能を担う。最も基礎的なレベルでは、大学は過去の知識を新しい世代の学生に伝達する。すなわち、大学は教育を行う。中間レベルでは、大学は過去の知識を批判的に検討した上で普及させ、その本質的な要素を抽出する。すなわち、大学は教科書を作る。最も高度なレベルにおいては、大学は主に綿密な分析に基づき知識のフロンティアを開拓する。すなわち、大学は基礎研究を行う。ブレークスルーを起こし、全く新しい知識の展望を広げ、知識革命を起こし、時には新種の産業をリードする大学もある。

　世界水準の研究大学（world-class research university）は、広い範囲の学問分野（教養、人文、社会科学から科学技術まで）[1]をカバーする必要は必ずしもないがその方が望ましく、また、教育と研究を支援し、教育の内容や教える者、そして誰に教えるかということを自律的に決定する自由を保持し、世界中から学生を引きつけ、教員を集め、ノーベル賞などの国際的栄誉を得る場所であると説明できる。そのような大学はまた、活力に満ちた学士課程のプログラムも有することになる。言うまでもなく、そうした大学はエリート機関であり、各分野の多数の学者を支援し、彼らが互いに切磋琢磨しあうのに十分なだけの規模をもつ。財政的にも十分豊かであるため、優秀であるが貧しい学生に常に門戸を広げている。次のような要素がなければ、どのような大学も研究大学とはなり得ない。すなわち、ひたむきで優れた学生、国際的に賞賛を受けている教員、国際レベルでの財政的支援、そして完全なる学問の自由である。

検討すべきもう一つの関連カテゴリーは、世界水準の著名大学からはやや落ちるランクの大学で、その研究成果はトップ大学と比較できるものではないため、単に世界水準の大学（world-class university）といわれる大学である。世界水準の大学は良質の教育を提供し、時折教科書を作り、最先端の研究に基づいたものではないものの、査読付きのジャーナルに研究論文を掲載する。

「旗艦（flagship）」大学、つまり研究大学と、単なる世界水準の大学との間には区別がなされるべきである。旗艦大学は先頭を行き、他の大学を従える。どの国でも、たとえそれが研究大学、あるいは世界水準の大学でさえないとしても、旗艦大学をもつことができる（がもたないこともある）。同様に、その国が研究大学を多数擁していれば、すべての研究大学が必ずしも旗艦大学の役割を担う必要はない。

2）インドの高等教育の状況

学生の高い質と高等教育の貧弱さ

インドの高等教育は、次の童謡に登場する女の子のようである。すなわち、「よい子のときは、とても、とてもよい子、でも悪いときは本当にひどい！」ここ数十年間、いくつかのインドの大学、とりわけインド工科大学（the Indian Institutes of Technology : IITs）は、高水準の卒業生を輩出することで世界的な賞賛を得てきた[2]。インドの大学卒業生は、世界中の名声の高い大学やビジネス界において高く評価されている。インド工科大学の卒業生は、アメリカの人気風刺漫画『ディルバート』に当てつけのように描かれる。インドの高等教育はそのような栄誉を得るのであるから、当然良質であるに違いない。

インドの大学には優秀な学生がおり、教育は社会的・経済的に出世するうえで最短の方法であることから、彼らは高いモチベーションをもっている。前もって取り決められた婚姻システムの習慣が一般的であるため、学生は、欧米の学生が接するような気晴らしには近寄らない。しかし、インドの学者で世界水準の教科書を書いた者はほとんどおらず、彼らの研究成果はまばらである。インドの大学で研究大学に近いものは一つもない。インド工科大学

ですら、優秀な教育を施す大学ではあるが、研究大学ではない。

インドの大学の、学生の高い質と研究成果の貧弱さ（大学院レベルでさえも）の間のよく知られた乖離は、重大な問題である。多くの学者がインドの高等教育機関の貧弱な状態に苦悩しているが、彼らは一般的にこの問題に取り組もうとはしてこなかった。たいてい、彼らはそのシステムの弱さを甘んじて諦めてきた。

インドには13,000から14,000のカレッジがあり、しかも、毎日2つから3つは新しくそれに加えられるため、誰もその正確な数を把握することはできない。現在のところ、同年齢コーホートのかろうじて6%しか高等教育レベルに到達していないことから、この急速な拡大は必要不可欠である。当然、大学教育には大きな社会的需要の拡大がみられ、また、多くの就職機会に求められる資格の高騰により、事態はさらに悪化している。大学学位が低賃金労働やバスの車掌といった仕事にさえも必要となっており、インドは「学歴病 diploma disease」として知られる現象が多くの国よりもよくあてはまる（Institute of Development Studies 1987）。そのような大規模な拡大は概して、質を犠牲にしてきた。インドのカレッジは、その数の多さと政治的コネクションにより、良質な機関にとって重荷となっている。この拡大し続けるセクターは、インドが研究大学や、あるいは世界水準の教育を行う大学さえも発展させるうえで障害となっている。このため、インドが研究大学を発展させる可能性についてのあらゆる議論は、量的拡大が引き起こした問題の検討なくしては始まらない。したがって、以下では、満足に機能している部分よりも、何がインドの高等教育を悩ませているかということの叙述となる。

インドでは、下級カーストに対する古くからの差別への反発として、エリート主義に向けた社会的、政治的圧力が広がっていた。そして、下級カースト層を保護する極めて厳格な法的措置や、上級カースト層に属する学生の入学や就職の厳しい制限が、卓越性の追求にとっては障害となってきた。政治的、官僚的干渉により問題はさらに悪化しており、学生の入学選抜や教員の採用といったアカデミックな事項のみでなく、些細な購入行為においても、そうした干渉が生じる。そのような細部まで規定する管理方法は、システムの中のあらゆる自由を奪い、活気を削ぐ。インド文化にある温情主義的、権威主

義的慣習が、何事も規則や序列に従ってなされなければならず、新たな試みの余地はほとんどあるいはまったくないような専制的管理の存続に繋がってきた。そのような権威主義的文化は学生の態度にも影響を与える。すなわち、学生は物事を疑って見るという精神をもたず、書かれていることをそのまま受け入れる傾向がある。したがって、インドの学生は現存するルールのもとで最適な設計をおこなうにあたって推奨に値する能力を示すものの、ルールそのものを疑ってみようとはしない。彼らはまた、経済的圧力も受けている。貧困からの脱出という願望が非常に高いため、彼らは学究とは対照的な、主に金銭的利益の上がるキャリアに繋がる学習に関心をもつ。その結果、良い研究者となるインドの学生は少ない。

　財政的にも、インドの大学は貧弱な状態である。非常に恵まれているインド工科大学でさえ、年間予算は約2,000万米ドル（10億ルピー）であり、年間で学生一人当たり4,000から5,000米ドルである。インドの非常に低い給与水準を考慮に入れても、世界の多くの大学が自由にできる金額からすれば、その資金額の規模は小さい。インド工科大学はインドの他の大学機関より自律性をもつにもかかわらず、2,000万米ドルを超えて基金を集めることは許されない。したがって、インドの大学は、前述した研究大学の成功にとって重要な4つの要素のうち、たった一つ（優秀な学生）しか持ち合わせていない。

　そうであるから、研究大学への展望という研究課題を提案したフィリップ・アルトバックが次のように述べているのは当然である。すなわち、

>　近年の高等教育における組織的な投資の欠如により、世界水準の研究者も、多数の高度な訓練を受けた学者や科学者も、また高度な技術の発展を支える経営者も輩出されてこなかった……少数の例外を除き、インドのカレッジや大学は、大規模で、資金が不足し、統制のきかない機関となった。多くの大学ではキャンパス生活が政治化し、アカデミックな任用を始めとするあらゆるレベルの事項の決定に影響が及んできた……インド最高の大学は政府の持続的な支援を要求し、……［そして］効果的な管理運営や学術面でのメリトクラシーの気風を求めている。たとえ資源があったとしても、現在の組織構造では最高の質の

第7章 世界水準のインド研究大学への展望 167

プログラムを構築し、維持することはできない（Altbach 2005）。

　これはインドの教育が苦悩している事がらを適切に表現している。インドには良質の学士課程段階のカレッジが多数あるが、トップ2-3％の機関を除けば、その質は急速に落ちる。政府の強力な支援やよりよい管理運営がインドのカレッジを向上させるというアルトバックの望みは、国全体で13,000から14,000もあるカレッジのうち、ほんのわずかの機関でしか具現化され得ない。ほとんどすべてのカレッジにとって、世界水準に到達する望みすらまったくない。つまり、それらのカレッジの教員は非常に貧弱であるため、彼らはせいぜい事務員レベルの重要でない仕事に甘んずるしかないような、実質的に無教養の学生を生みだすことしかできない。

主導的大学

　インドの総合大学はその名声を徐々に落としていった。対照的に、工学、医学、経営における専門職教育は比較的功績を挙げている。この相違の理由の一部は、専門職教育が金銭的利益の上がるキャリアを提供するためであり、それゆえ専門職カレッジは優れた学生を引き付けている。インド工科大学やインド経営大学院（the Indian Institutes of Management）、全インド医科大学（the All India Institute of Medical Sciences）などの、他の機関の模範となるベンチマークをなすような主導的機関がなければ、良質な学生のみでは高品質の専門職教育を作り上げることはなかったであろう。最近まで、インド工科大学は工学系カレッジの教員を圧倒的な割合で訓練し、この国の工学系カレッジに資質ある教員の安定した供給を行ってきた。

　インドの経営教育および医学教育は、インド工科大学のかつての姿とよく似ている——すなわち、素晴らしい教育を行うが研究については十分でない。インド経営大学院は、全体の中で最も活気がある。その卒業生の多数がFortune誌の500企業のトップの地位を占め、高等教育におけるインドの名声を高めることにおいて、インド工科大学の卒業生と同程度に貢献している。医学教育については、デリーにある全インド医科大学およびポンディシェリ（Pondicherry）とチャンディーガル（Chandigarh）にある医科大学院（the

Post-Graduate Institutes of Medicine) が、新たな教育プログラムを導入する法的権限をもつ。したがって、専門職教育において、インドは学術的リーダーシップを発揮し他の大学機関が高品質の教授活動を維持するのを支える特権的な旗艦大学をもつ。しかし、研究においては、これらの大学の活動成果はもっとも良いものでも並の水準であり、世界水準には及ばない。

　科学教育において、インド科学大学 (the Indian Institute of Science : IISc) はインド工科大学と同様かまたはそれ以上の魅力をもつ。しかし、インド工科大学が工学教育を推進したあり方と比較すると、インド科学大学は科学教育の普及に関して不利な条件をもつ。第一に、科学教育は工学教育ほど流行しているわけでなく、工学教育と同様の質の学生を引きつけることはできない。次に、インド科学大学は比較的規模が小さく、他大学のモデルとなるべき学士課程のプログラムを一切もたない。インド科学大学の大学院プログラムへと学生を送り込むカレッジは少なく、工学系のカレッジよりも貧弱であり、その予算は学生一人当たりわずか200から300ドルである。さらに、科学の研究はより費用がかかり、その利益はあまり明確でない。これらすべての理由から、科学教育は受けるべき援助を得られない。つまり、インドの科学教育の状況は危険な状態を引き起こしている。インド政府は現在、ある程度の事態改善を決め、インド工科大学モデルに基づいた新しい2つの国立科学大学を発足しようとしている。しかし、現在のところ、この2つの大学はともに学士課程教育のみに限定されている。研究大学へと自らを進展させるどのようなチャンスも、将来において到底起こりそうもない。

　教養および人文の分野では、旗艦大学は一つもないため、状況はさらに悪い。かつてはカルカッタ大学 (the University of Calcutta) がそうであったが、今やその役割を担ってはいない。ジャワハーラル・ネルー大学 (Jawaharlal Nehru University) は思慮深いことに伝統的な学科組織から抜け出し、代わりに学際的センター群を有するという選択をしたことで、このような責任を引き受ける煩わしさを被ることはなかった。伝統的な大学はまた、時代遅れの大学管理運営により妨害され、政治家のような教員たちによって停滞している。50年前、インドは社会主義的な発展様式を選択し、市場経済を断固として拒否した。その結果、社会主義の提唱者が学術界においてイデオロ

ギーによる統制力を得た。彼らのイデオロギーでは状況の対応に不十分であることが明らかになればなるほど、彼らはますます変化に抵抗した。やがて、変化への抵抗はインドの大学に蔓延していった。その状況はあまりにひどく、デリー経済大学（the Dheli School of Economics）——アマルティア・セン（Amartya Sen）（インド唯一のノーベル経済学賞受賞者）や現首相（原書当時；訳注）Manmohan Singh がかつて教鞭を取っていた——のような一流大学でさえも、25年間もシラバスを更新することができなかった。このように、力のある機関は全く変化しておらず、彼らのイデオロギーと同調することがない研究大学という理念に対して反対し続けることになるだろう。

研究の状況

研究論文の質は、通常、後続の研究者に引用される回数によって測られる。さらなる篩い分けとしては、被引用数のトップ1％に入る論文（引用回数に基づいて選ばれる）が、卓越した論文とみなされている。したがって、このような卓越論文におけるある国の割合は、その国の科学的成果のインディケーターとなるという考えが受け入れられている。**表7.1**はいくつかの国の数値を、研究開発（R&D）への投資額と、そのGNP（国民総生産）に占める割合とを示したものである。後者の数値は、その国のR&Dへの関与の度合いを

表7.1 国際的な R&D 成果

指　標	アメリカ	イギリス	日本	中国	インド	韓国	ブラジル
研究者数 [a]	4,099	2,666	5,095	n.d.	157	2,329	n.d.
論文数 [b]	23,723	4,831	2,609	375	205	294	188
全支出額 [c]	206	27	120	16	5.5	12	9.5
国民一人当たり [d]	705	450	978	12	5.5	241	56
研究者当たり [e]	230	172	192	16	35	104	36
論文当たり [f]	8.4	5.6	6.1	4.0	2.7	3.9	5.1

出典）UNESCO（1999）；Chidambaram（2005）
注；n.d.= no data available（データなし）
a 100万人口（million/population）当たりの研究者数
b 被引用論文トップ1％内の論文数
c 10億米ドル
d 米ドル
e 1,000米ドル。アメリカの総国家R&D支出額はR&D研究者数で割った。
f トップ被引用論文ごとのR&D支出額（100万米ドル）。アメリカの総R&D国家支出額は被引用論文数で割った。

示す有効なインディケーターとなる。

　これらの数値は、インドを含む発展途上国が先進国に追いつくには、かなりの開きがあることを示している。表中の最下段は、極めて優れた研究論文の産出のための平均費用を示している。インドの費用が最低—アメリカの3分の1—であることは、特筆に値する。

　インド工科大学は学士課程教育で大きな賞賛を受けてきたが、大学院プログラムについては同じようには成功してこなかった。ほとんどの卒業生が経営プログラムに移動するか、大学院での研究をするため海外へ渡った。したがって、インド工科大学の修士課程には最近まで、他のカレッジからの、一般的に能力不足の学生しか集まらなかった。よく教育された学生の不足により、インド工科大学は最先端の修士プログラムを導入することができなかった。

　この状況は変わり始めている。約10年前、情報工学分野のいくつかの多国籍企業が、インターネットとビデオ会議のできるこの時代に、距離はもはやハンディキャップとはならず、遠く離れていても研究グループを運営することが可能であることを見いだした。インドではトップ水準にある科学者や教授が年間10,000から12,000米ドル（450,000-550,000ルピー）の給与水準にあることを考えれば、インドの学者をアメリカやヨーロッパに送るよりもインドに配置したほうが、経済上合理的である。したがって、そのような多国籍企業は、才能ある学者の輸入よりも安価な代替策として、インドにR&Dセンターを設立しはじめた。このことは新たな潮流を生み、100を超えるそのような企業がR&Dセンターをインドに設立している。名前を挙げる価値があるようなR&Dセンターをもつ内国企業は一つもないが、それでもR&Dへの関心は見受けられる。それゆえ、国内において現在、研究職への新しい市場が起こっている。多国籍企業はインドの水準からみて給与水準が高いため、研究はやはり金銭的利益の上がるキャリアをもたらす。さらに、9.11事件以後、アメリカは外国人学生に厳格な制限を課してきた。このような理由から、インド学生の海外移住は目立って減ってきた。インド工科大学の学生カウンセラーは、同大学の学生の海外移住はほぼ半減し、学生総数の約25％にまで落ち込んだと推定している。

したがって、過去数年間に、インド工科大学の修士課程入学者は2倍以上となり、修士プログラムの質は一段と上がった。インド工科大学は博士プログラムも拡張しており、過去3年間で、インド工科大学ボンベイ校は博士課程入学者数をほぼ倍の1,200名に増やした。

3) 研究大学の発展を妨げるもの

財政上の限界

独立以降、政府職員の給与は7回引き上げられ、大学もその例にならった。これらの引き上げは、インフレーションの矯正としてなされる定期的に増額される「補償手当」とは切り離してなされたものである。その結果、教員の給与は上がり、名目上、過去50年間で40から50回引き上げられ、職階が低いスタッフの給与は70から80回上がった。毎回、政府は給与以外の支出を減じることで節減しようと試みてきた。その結果、多くのカレッジにおいて、給与支出は全体予算の95から98％を占め、図書館蔵書や日常的メンテナンスなどの他の学術的必要物資にかかる給与以外の支出は、ほとんど残らないこととなった。インド工科大学ですら、一般的に、大学運営側の裁量で自由に利用できる収入は、全体の10％未満であった。こうした状態であるため、政府資源によるあらゆる建物は荒廃しており、図書館には書籍や学術誌が不足し、研究室は基本的な設備や物品が欠乏している。近年では、矯正手段として、大学基金委員会（the University Grants Commission：UGC）は選ばれた「センター・オブ・エクセレンス（COE：卓越した拠点）」におけるいくつかの研究重点分野を推進するという非常に人気のあるスキームを導入した。これらの拠点は、通常5年間で数百万ドル以下の特別資金を得る。しかし、このスキームは国中のカレッジの1％すらサポートしていない。このことに関連して、書籍、学術誌、消耗品について、インドはドル価格を支払わなければならないことに注意する必要がある。欧米の企業はよく、自社製品を将来の顧客に広めるために、自国の大学に対しては相当の値引きを行う。このような行為はインドの大学に対しては適用されていない。したがって、インドの大学はアメリカやヨーロッパの大学よりも高いレートを支払うしかない。

このような現状は、筆者の次のような個人的経験が、最も明確に示している。6年前、筆者がタミル・ナドゥ州計画審議会（the State Planning Commission of Tamil Nadu）のメンバーであったとき、私はある国立工科カレッジから、150,000ルピー（約3,000米ドル）の2台のパソコンを購入する特別資金の要請を受けた。私が少なくとも100台のコンピュータを獲得するべきだと提案すると、そのカレッジは信じられないようであったが、最終的に財務局はその配分を25台にまで削減した。同じ市には、数百台のコンピュータを所有していることを自慢している私立カレッジがある。このエピソードは2つの事実を示している。つまり、政府は、世界銀行の仮説を受け入れて高等教育は価値のない財であると考え、授業料（しばしば年間5.00ドル以下）を引き上げる政治的決断ができずにカレッジを必要不可欠なニーズに対してすら欠乏している状態にさせておいた。比較的豊富な規模の財源をもつことができているのは、2、3の私立カレッジのみである。その結果、国内で電子顕微鏡のような（それもたいていは何十年も前のものであるが）洗練された機材をもつことができる大学は20にも満たないのである。

最新（2005/06年）の予算には、インド科学大学に対し10億ルピー（2,200万米ドル）が与えられ、大いに活気づいた。インド工科大学もまた、同額（学生当たり約5,000米ドル）の私的基金をもつことが認められている。これらの数値は、ハーバード大学が学生当たり40万米ドルの資金をもつことと照らし合わせて考える必要がある。ハーバード大学が例外であるとしても、インドは「COE」でさえも、真の研究大学と比較して、財源においてかなり違いがある事実は残されたままである。この問題が打開されない限り、インドは高等教育における大きな進展を期待できない。

エリート主義対公平性

インドは古くからの社会的格差に頭を悩ませている。インド憲法には、政府は後進カーストの地位向上のため、社会的取り組みを行わなければならないと明記している。インド政治は現代の、能力を伸ばすことへの関心がほとんどないという不利な状態に（現在もずっと以前も）ひどく悩まされている。多くの州政府は、学生の受け入れおよび教員の任用の50から70％を後進カー

スト向けに確保している。法律によって強制される形で、保護政策に明記されている定員を満たすため、能力不足の学生の入学が認められ、また資質のない教員が採用されなければならないのである。

最近、私立カレッジが政府資金を受けず、入学選抜プロセスが透明性をもつ限り、政府はこれらのカレッジに資質のない低級カーストの学生を受け入れるよう強制することはできないという最高裁判所（the Supreme Court）の裁定が下った後、この問題はひとつのピークに達した。この裁定は大きな論争を呼んだ。国会ではすべての政党が例外なく、私立カレッジが州の方針に従って学生を入学させるよう強制する法令の制定を支持する決定をおこなった。法律の専門家は、単なる法の制定のみでは実効性がなく、相当程度の憲法改正が必要となるだろうと述べた。状況は未だ流動的であり、今後事態がどのように展開するかは明らかではない。

かつて高い名声を誇った、ムンバイ大学ジャムナラール・バジャジ経営学院（the Jamnalal Bajaj Institute of Management at Mumbai University）の事例は、保護政策の結末をよく表している。私立セクターの給与額と教授職の給与額との開き続ける格差により、多くの教員がこの学院を去った。過去には、保護対象のカースト出身の教員はほとんどいなかった。この状況の埋め合わせのため、現在は保護カースト出身の候補者しか、採用が許されていないようである。そして、資質ある候補者がいないため、その学院には事実上、教員はだれも存在しないのである。未だに、この学院は多数の学生を入学させ、パートタイムの教員の協力を得てかろうじて運営されている。これは分りやすい事例であり、似たような状況が一般化している。インド工科大学マドラス校の評議会報告の一つで、私は次のように述べたことがある。

　　　［計画カーストにかかる国会審議会（the Parliamentary Committee on Scheduled Castes）のメンバーの］何人かは、我々の水準は高すぎると感じている。中には、我々が必要としているのはインドの教育水準であって国際的な水準ではないとまで言う者もいる……論議しなければならない根本的な問題は、ある集団の人々が一定の水準の教育についていけないという理由だけのために、彼らがそれ以外の者たちへの教育を拒否す

る権利をもつべきかどうかである（Indoresan and Nigam 1993, 358)。

残念なことに、計画カーストに与えられた特権は、実は彼らを救ってはおらず、それどころか過剰な温情となっている。そうした人々が最も必要としているのは、良質な栄養補給と良い学校である。保護政策はこうした基本的ニーズを満たすのには不十分であった。政府が憲法改正に踏み切るとなれば、法律のなかにある平等原則を廃止せざるを得ないであろう。カーストにもとづく投票の脅威はとても大きく、私企業からの強い反発にもかかわらず、このような抜本的な一歩は未だ踏み出されてはいないのである。

量と質

50 年前、ある著名なインドの大学の学長は「質は量から生じる」と宣言した。現在、インドの人々は量に悩まされている—おそらくそれは、彼らは非常に貧しいため、小説『オリバー・ツイスト（*Oliver Twist*)』のように、より良きものを求めずにただより多くを求めるのみだからである。野心家の親は自分の子供に長時間勉強させるが、それは偉大な学者にさせるためではなく、ビジネス界において金銭的利益の上がるキャリアに備えさせるためである。州政策もまた、質よりも数により高い優先性を与えている。**表 7.2** は、高等教育における爆発的拡大の様子を表しているが、事態の全体

表 7.2 インド高等教育の趨勢　1981-2002 年

指　標	1981/82	1991/92	2001/02
全入学者数	3,000,000	5,270,000	8,821,000
工学系の受け入れ数	28,500	66,600	359,723
工学系カレッジ数	158	337	1,208
全カレッジ数	4,886	8,743	13,150
教員数	199,904	264,000	351,000
学位授与数	6,080	8,743	11,450
工学系学位授与数	139	299	739
高等教育支出（GNP 比%）	1.0	0.46	0.40

出典）University Grants Commission (2004)；Ministry of Human Resource Development (2003)。

像を示してはいない。ヒマラヤ山脈の中のある無名の大学は、毎年 400 から 500 の Ph.D を授与している。一流大学であるジャワハーラル・ネルー大学（Jawaharlal Nehru University）ですら、博士号授与者を増加させるために質を落としたことで知られている。

計画審議会（the Planning Commission）は次のように述べている。"第 10 回計画（the Tenth Plan）の主な目標は、18 歳から 23 歳の高等教育入学者数を現在の 6％から 10％にまで引き上げることである"。卒業生の失業者は 20％を超え、不完全就業はおそらく 50％を超えるであろうという事実があるにもかかわらず、このことが目標となっているのである。最近、政府はルルキー大学（Roorkee University）をインド工科大学ルルキー校と改称し、このことがさらに 6 つの現存カレッジをインド工科大学と改称する提案を導いた。これらのカレッジのどれも、現存するインド工科大学の研究数の数分の 1 すら研究成果を生み出していないことが、政府やその従順なアドバイザーを躊躇させている。実際、選定されたカレッジの 1 つは、大学基金委員会（UGC）から「卓越した大学（universities of excellence）」に与えられるわずか 700 万米ドルも受ける価値がないとはみなされている。数が重視され、質は考慮されないのである。

グレシャムの法則——悪化は良貨を駆逐する——がインド高等教育における質の損失についてのこの事例に当てはまるであろうという、実際的な危機が存在する。この危機はすでに多くの大学で具体化してきており、その圧倒的な数の力によって、二流の学生が学術の質を落としている。

官僚の十渉

インド行政局（the Indian Administrative Services；IAS）では、すべての職員が交換可能であるとみなされており、誰も出過ぎることが許されない。優秀な大学は卓越したリーダーにより作られるのであるから、この「盆栽」的慣習は重大な障害である。IAS 職員はしばしばケダ（khedda）象（インドで野生の象を捕獲するのに使われる訓練された象）のようにふるまう。彼らは他者に対して自由と専門職としての尊厳を認めようとしないが、それは彼らがそのどちらもほとんど許されていないからである。ことに、彼らはある施設の

長の地位が埋められていなかったとしても、意に介さない。たとえば、デリー大学（Delhi University）の多くのカレッジは長い間、場合によっては4年間にもわたり学長が空席となっている。ある機関が自らの長を欠いているとき、官僚は巨大な力をもって干渉する。

2005年4月時点で、インド工科大学デリー校（IIT Delhi）は9ヶ月の間、校長が空席であった。政府は前校長の任期終了が近づいているのに気づいていたが、彼の任期延長を行わないことを1か月前に決定していた。それでも、校長の座の空白を避けるどのような措置も取らなかった。同様に、インド全国技術教育審議会（the All India Council of Technical Education）もまた、何ヶ月間も長の空席が続いていた。対照的に、I. G. Patelがロンドン大学LSE校（the London School of Economics）の校長に就任する時、彼の任期は前もって2年間と決められた。先進国は、大学の将来に亘る指揮担当を相当の慎重さをもって検討する。インドでは、学長はその採用や異動において、しばしば日雇い労働者と同様の扱いを受けるのである。

会計検査官（comptroller）および監査役長（auditor general）によるインド工科大学についての最新報告書は、インド工科大学が助教授に対し規則の適切な解釈に対応した報酬を定めていないとして、学長らを厳しく非難した（Hindu 2005）。インド工科大学6校すべての校長によりなされる、透明性のある管理運営の意思決定は、堕落したものとして国中に公的に宣言されたのである。校長たちは今や、自身の名誉挽回のためにいくつもの屈辱的な課題に取り組まなければならない。先進国では、若手教員の給与はその学科の長によって決定され、学部長でさえ関与しないことが多い。インドでは、官僚が大学に対して、学術的事項よりもそのようなささいな事項に取り組むよう、強要するのである。

インド工科大学は現在、中央監視委員会（the Central Vigilance Commission）の権限下に置かれている。今後は、インド工科大学のあらゆる購入行為や管理運営決定事項は、もはやピアレビュー文化の範囲内で行われることはなく、監視の文化に縛り付けられることとなるであろう。公設銀行の長を務めていた経験から、私は個人的意見として、中央監視委員会による脅しが発せられ、そしてそれがあらゆる先駆的、革新的取り組みを凍結させ

るのではないかと案じている。ある有名な州政府の機関では、中央監視委員会による「略奪」があった。すなわち、誰も監督官に連行されるリスクを望まないため、購入行為はすべて停止し、備品予算の80％以上が放棄された[3]。インド工科大学デリー校でもまた、幾人かの教授が、大きな支出を伴うプロジェクトを受け入れないことにしたと語った。インド工科大学は、わずか数年前に技術開発の主要な担い手として登場したばかりである。この花がつぼみのうちに摘み取られてしまうかもしれないのである。

タミル・ナードゥ（Tamil Nadu）（国内でも最優秀とされる州政府がある）にあるカレッジの状況に関するレポートにおいて、国立評価アクレディテーション・カウンシル（the National Assessment and Accreditation Council）は、州政府立カレッジについて、その7つの審査項目すべてに低い評価を下した（National Assessment and Accreditation Council 2003）。対照的に、自治のある私立カレッジはみな、全事項において高い評価を受けた。結局のところ官僚による統制は利益ではなく害悪をもたらす。それでも、インド工科大学の運営委員会に関わる官僚は、彼らが管理運営すべき大学に害を与える政治的プレッシャーに、抵抗することができない。官僚全体の中に悪人が1人でもいれば、インド工科大学がこれまで謳歌してきた穏当な自治を破壊するのに十分である。インド工科大学もまた、今や州政府がインドのかつての世界水準大学にもたらした同様にお粗末なレベルに落ち着くことになりそうなのである[4]。

教員の任命

すべての州政府のもとで、教員の採用と異動は政治的に行われてきた。過去には、中央（国立）大学はこうした状態からは比較的自由であった。しかし、近年では、中央政府は学術的理由でなく技術的理由により、書類へのサインのみで国立のインド工科大学（IITs）の11名の校長を解雇した。政府の誰も、このような免職がその影響を受ける大学の健全性に与える損害に注意を向けることはなかった。本当に憂慮すべき状況は、このような高圧的措置に対して、これまで抗議の悲鳴すらあがらなかったことである。インドの学術界は、相当の賞賛を受けたインド工科大学ですら、黙して事態を見守り

続けているのである。

　ほとんどの政府立カレッジにおいて、教員の採用は凍結され、その異動は頻繁に（しかも政治的動機によって）起こり、実質的には存在しない分野もある[5]。また、多数の私立カレッジの経営者も信用できない。私立カレッジは腐敗しており、入学に際し賄賂を要求し、学術的水準に強制的に下げるのに十分な力を保持している。このような行いは学術的成果に損害を与えるだけではなく、影響を受けやすい若い精神に対し、修復のきかない倫理的ダメージをも引き起こす。

司法上の妨害

　裁判の遅滞は世界共通であるが、インドでは驚くべき長さである。司法上の干渉もまた、他と比べものにならない。すなわち、あるカレッジで地域の圧力のもとに行われる決定が、国中の他の地域にも悪影響をもたらすのである。問題を感じた官僚は、「停止命令」を要求することができ、これは、通常認められることになる。アメリカでは最高裁判所は最重要事項のみを扱うのに対して、インド最高裁判所（the Indian Supreme Court）は葉書に書かれた申し立てすら受け入れるのである。その結果、裁判の進行は20年や30年も続くこともあり、行政が停止してしまう。

　近年、インド最高裁判所はカレッジ運営の比較的瑣末な事項にも活発な干渉を行ってきた。裁判所はカレッジの学費徴収額や学生の入学受け入れのあり方、また、さまざまなカースト層の学生配分の優先権などについて司法判断を行ってきた。これらの判決は全国で適用されるが、インドの地方ごとの状況は非常に異なるため、大きな混乱を招く結果となり、裁判所は判決を変更せざるを得なくなっている。

　一方で、最高裁判所は政府や私立大学における高圧的な行為に関わる多数の訴訟の救済者ともなってきた。たとえば、州政府の総選挙が行われる数週間前、チャッティスガル（Chattisgarh）州政府は157の大学の運営開始を認可した。この大規模な拡大のもと、読み書きがわずかしかできないような者たちが自らを学長とし、妻を事務局長とし、そして一族の者を理事会メンバーに配置した。状況があまりにひどくなったため、最高裁判所はこうした大学

すべてを司法によって閉学させなければならなくなった。しかし、それ以前に、何千名もの学生がそのような大学に入学を許可されていた。この事態について、未だ満足のいく解決はなされていない。

　理解を超えるような司法裁定もある。何年か前、最高裁判所はデリー大学のある教授が12年以上もの間教育を行っていなかったにもかかわらず、採用規則には彼が教育をしなければならないとは明記されていないという理由から、彼の復職を命じた。対照的に、同裁判所は最近、カーストに基づいた入学は質に影響するとの理由から、政府は大学に対して基準に達していない学生のカーストによる入学を強制してはならないと命じた。インドの法システムのやり方は誠に奇妙である。

　　内部のポリティクス
　大学の学術関係者もまた、栄誉を身にまとっているわけではない。教員組合はしばしば政治的力があり、学生入学やシラバスの刷新などの学術的な業務に強い影響力をもつ。インドの大学では、教員が週に2日か3日しか授業をせず、残りの時間は休むといったことは珍しくない。彼らが発揮する政治的影響力のため、そのような教員でも懲罰を与えられない。しばしば、影響力の強い「教員政治家」は、授業の準備をやりなおさなければならないという理由でシラバスの現代化を阻止する。デリー大学では、最高機関である運営委員会には、"ゼロ時間"という風習がある。その「ゼロ時間」のなかで、教員組合のリーダーたちは、医療休暇などの些細な管理事項について何時間も長々と話しこむため、学術的な方針に関する議論にはほとんど時間が割かれない。そのようなシステムは、誠実で才能ある教員の妨げとなり、大学は「教員政治家」のなすがままになっているが、彼らの影響力はあまりに強大であるため政府は彼らを統制する気がまったくない。そのため、多くの大学のシラバスはしばしば何十年も変わらないのである。

　　産業の質
　欧米の大学では、大学と産業の間に用心深くも実りの多い交流がある。産業界が、実際的な関心から綿密な研究のために相当額の研究資金を提供する

ことはよくある。そのような交流は、いつもそうとは限らないが、しばしば互いにとって有益である。このような交流によって、教員は資金をめぐって互いに競争し、また、産業がもつ関心事の実際的問題に注目させられることになる。これによって、ペダンティックな学者たちが「針の上で何人の天使がダンスできるか」などといった謎かけにはまり込むことが制限される。確かに、行き過ぎがあれば、産業界からの支援は純粋な学術研究の遂行に損失を与える。しかし一般的に、大学は産業界との交流によって、財政的、そして知的に多くの便益を得ることができる。

　大学は機械の修理や製品故障の修理、あるいは機械を設計することすらできない。つまり、大学と産業界との交流は、それが基礎研究に関連するときにのみ実りをもたらす。反対に、最先端のイノベーションを担う産業のみが基礎的問題に直面することになる。残念ながら、インドの産業界がイノベーティブであることはまれである。つまり彼らはみずから技術を生み出すことはせず、製造技術に関して外国メーカーに依存している。自らの製品が時代遅れとなれば、彼らは新たな機械や専門技術を外国メーカーから購入する。したがって、そのスキルは機械の操作に注がれるのであって、機械の設計には――ましては発明などには――傾けられない。そのような理由から、インド産業界の製造業者はインドの研究所に対し、製造のための機械の提供を求めており、製造のための良いアイディアを期待してはいない。大学は研究所から市場への技術移転のプロセスに通じているわけではない。このような理由から、インドの大学は産業界との交流ができず、「象牙の塔」であると非難されることになる。

　あらゆる国のどのような研究大学でも、応用技術の重点化が求められている。インドの多くの誠実な人々は、マハトマ・ガンディ（Mahatma Gandhi）の思想を技術的事項にも文字通り取り入れてきた。その哲学は、労働力を追放する機械装置を有害とし、手道具を最上のものとみなす。この見地から、インドの貧弱で不足する技術により、使われている機械装置はもっとも質素な用途に限られるものである。こうした信念をもつ人々は、洗練された機械はそれほど熟練していない操作者でも動かすことができるという事実を受け入れない。実際、現代技術は悪魔だとして拒否される。伝統的な古い道具の

唱道者は少数であるものの、彼らは国家の現代化への試みを妨害している。

1990年代以降、社会活動家は環境に悪影響をもたらす技術についてかなりの警鐘を鳴らしてきた。彼らは強力な陳情団を組織する。あるグループは、ナルマダ（Narmada）ダムの建設を数年間にわたり遅らせ、20億米ドルを超える損害をもたらした。灌漑、水力発電、また産業関係のものであれ、この国の主要な工学プロジェクトは強力な反対にあい、現実化されない。自らの意見が受け入れられなければ自殺に走るという脅迫と、多くの支持者による群衆を動員することにより、活動家は技術計画の欠陥を修正させるのではなく、計画そのものを中止させることができる。彼らが引き起こす損害はしばしば致命的であり、多くの有用なプロジェクトが完全に断念させられてきた。

技術の輸入は、政党や腐敗政治家の主要な資金源となった。したがって、政界のトップには、インドの科学技術における進展に反対する者も多い。

さらに、インドのソフトウェアサービスにおける成功は複雑な恩恵をもたらすことになった。中国とは異なり、インドは歴史的な発展プロセスにおいて近道を取り、製造業の段階を飛び越え、イギリスやアメリカがたどり着いたサービス主体の段階へと一直線に跳躍することができるという、誤った印象が作られてきた。その結果、インドは欧米諸国が行い、中国が今現在行っているような製造技術への投資をしていない。これらの理由によって、科学技術の分野で、インドの大学は先進諸国と比較してハンディキャップを背負っている。

4）世界水準の研究大学の創設

教員の誘致

根本的問題は、インドの給与水準でいかに世界水準の教員を採用するかである。ある意味で、インドの教員は極めて良い報酬を支払われている。アメリカの教授が平均所得のわずか2、3倍の給与であるのに対し、インドでは教授は国民平均所得の20倍が支払われている。著名な大学では教員にはいくらかの特権もあり、非常に裕福な者でも望めないほどの贅沢な住居なども、それに含まれる。しかし、実際の給与額は年間10,000から12,000米ド

ル（450,000-550,000ルピー）であり、外国での休暇などの贅沢や、退職後に蔵書保管ができるほどの大きさの住居といった必要性に対処できるほど十分ではない。また、インドの教員は欧米の教員のように旅費や研究備品の資金を自由に使うことができない。さらには、欧米の教員が当然とみなすような程度の事務的支援も欠いている。それどころか、インドの事務スタッフは警察のようにふるまい、教員の動向をチェックし、妨害し取り調べている。

　イスラエルは一つの解決策を提示した。著名な教授をフルタイムで引きつけることができないため、イスラエルはアメリカの大学と共同の採用を促進した。インドではそのような採用に対しどのような法的障害もない（インド出身の教授に限る）。資質のある研究大学はこのアプローチに取り組み、時間と名声の一部を提供するよう、著名な人物を誘導することができる。

　アメリカでは、米国国立科学財団（the National Science Foundation）が大統領奨励賞（Presidential Young Investigators）を選出している。インドでも同様の賞が贈られるが、魅力的とはいいがたい。さらに、アメリカは世界中から才能ある者を集めることができる。アメリカが現在行っているような、そしてイギリスがかつて行っていたような世界中からの才能の誘致がなければ、インドは世界水準の大学を確立することはできない。アメリカのように、インドはこの国で教育活動をしているという条件で、若い才能ある学者に（国籍とは関係なく）100万米ドル超の研究助成金を5、6年にわたって与えることを、考慮すべきである。

　インドの大学は、ノーベル賞受賞者を数名招へいし、短期コースを開講したり、インドに在籍する研究助手の手を借りながら（遠隔で）研究者をガイドすることもできるであろうし、同窓会や産業界——いくつかの企業はすでに相当額の貢献をインド工科大学に対して行ってきた——から100万ドルの資金を得るようにすることもできるであろう。インターネットの時代においては、このような対応は国際水準の学者をすぐ近くにもつことと同じくらい有意義であろう。さらに、事務側が詮索ばかりせず支援体制を取るようになれば、そうした大学は比較的控えめな支出で、堂々とした研究大学になることができるであろう。

一流学生の入学

　何千名もの志願者が受ける全国試験により決定される入学の選抜プロセスは、機械的になされてきた。そうしたテストを受験するための訓練を受ける余裕のある学生は、かなり有利である。したがって、インドの専門職カレッジ（インド工科大学を含む）は、社会の貧困層にいる才能ある者を含めた広い層に対して門戸を閉ざし、丸暗記には関心のないような真の学者を逃している。

　インドの大学は、貧困層から才能あるものを見出すことができるようにならない限り、政府の保護政策の歪みを避けることはできない。このことと関連して、グラマースクール廃止後のイギリスの経験は示唆的である。1960年代後半まで、イギリスは「11プラス」と呼ばれるシステムを採用しており、11歳の時点で、子供たちを中学入試を通じて学問上の能力別に「経路付け（ストリーミングまたはトラッキング）」をした。つまり、才能がある者はグラマースクールへ行き、実務向きの者は職業学校へ行き、残り（多数派）は中等学校(secondary modern school)へ入学した。才能ある学生のグラマースクールへの経路付けは、貧しい家庭からの不利な子供が感受性の強い11歳で上流階級の生徒と競争することは不可能であることから、1960年代に廃止された。*Economist*に掲載された次の記事が、この構造的変革について表している。

　　グラマースクールの廃止はおそらく、イギリスにおいて近年の統計が示している社会移動の速度に鈍化をもたらした原因のひとつであろう。つまり、多くの良質の公立学校が結果として私立への転換を選択し、そのことで富裕層と貧困層の教育格差が拡大した……現在トップのAレベルを得ている学校100校のうち、総合中等学校（comprehensive school）は96位と99位のたった2校である。1960年代や1970年代に育った子供と比較して、1980年代に育った者は彼らの親よりも成功する機会は少なくなっている……解決策は18歳でのシステムを微調整することではなく、彼らにより早い段階でより良い教育を提供することである。政府はグラマースクールのような仕組みを再び創り、今世代

のトップにいる者がのぼったような梯子を次世代に掛けてやる必要がある（*Economist* 2002）。

イギリスでのこの政策論争は、インドにとって重要な教訓となる。「若い時点での獲得と大事に育てること」は、子供たちが若い間は無視し、手遅れとなってから特別な保護特権を与えるよりも効果的である。インドがこの教訓から学べば、研究大学はこの多段階の選抜から便益を受けることになるだろう。第一の選抜は、保護者のモチベーションを通して起こることは避けられない——つまり、子供が若いときに学校教育に対する関心をどの程度植え付け、どの学校に子供を通わせるか。イギリスの経験から、学問的志向を方向づけられた子供は早い段階で、おそらく小学校の最終学年の段階で進路付けされるべきである。アメリカの大学がインド人志願者の最終的選抜候補者の絞り込みに出身大学の著名度を用いるように、インドの研究大学は名声の高い学校出身の学生に優先権を与えることができるであろうし、そのような方法は、そうした名声の高い学校の選抜水準をさらに高めることになるだろう。大学入学試験は継続されたとしても、その試験をさらなる候補者絞り込みの基準としてのみ（そして低級ランク学校の出身学生のための窓口として）用い、最終的な要因としないことも可能である。こうした多段階の選抜に基づき、研究大学は2、3名の志願者を面接し、彼らの素質をテストすることができる。要するに、研究大学は、先進諸国の大学が行っているような方法で学生を入学させることができるのである。

質の高い教育への出資

質の高い教育は費用がかかり、その収穫はしばしば目に見えないか、現れるまでに長く時間がかかる。同時に、教育にかかる費用は、有能な学生が大学入学を思いとどまってしまわないよう、低く抑えるべきである。こうした解決困難な現実が、大学財政のディレンマとなっている。大学は、全く取るに足らない言い訳で時の政府に非常な負担をかけることに終始するような、ずけずけ言う学者たちというトゲのあるバラ園のようである。ジャングルと異なり、またバラ園と同様に、大学は継続的に養育される必要がある。大学

の真価を認めるという行為には、高いレベルの感覚的センスと同様に先見の明があることが必要条件となる。しかし、財政的窮境という最初の一吹きで、政府は高等教育に対する支援を減らしがちである。それゆえ、インドでは、また豊かなイギリスやアメリカですら、高等教育に対するドラスティックな財政削減が課されてきた。事態をより困難にさせることには、教員はこのような"世俗的な"金銭の問題にはほとんど関心を示さない。

　優良な政府は大学を公共財とみなし、それを手厚く保護する。残念なことに、世界銀行は高等教育を「メリットのない財（non-merit good）」であると公言し、インド政府に高等教育を事実上、見限るよう促した（World Bank 1986）。中央政府は依然としてインド工科大学およびインド科学大学には寛大な態度をとっているものの、教員が従順であることも手伝って、徐々に自治を侵食し始めている。インド工科大学の次のような歴史が示すように、政府に入れ込みすぎるのは賢明とはいえない。

　インド工科大学が初めてカラグプル（Kharagpur）に創設されたとき、ロンドン大学のインペリアル・カレッジ（Imperial College, London）における学生一人当たりの年間費用は1,460ルピー（当時110ポンド）であり、マサチューセッツ工科大学（Massachusetts Institute of Technology：MIT）では1,520ルピー（320米ドル）であった。これに基づき、新設のインド工科大学への費用は年間1,500ルピーが適当であるとされた。この費用の3分の1は授業料から、もう3分の1は政府資金から、そして残りの3分の1は産業コンサルティングからまかなわれるものと決定された。政府はまた、インド工科大学がコンサルティングのプロジェクトを実施するときは、その開始前に生ずるどのような不足をも満たすことに同意した。このスキームは一度も実現していない。以上のように、インド工科大学カラグプル校（IIT Kharagpur）は、ロンドン大学インペリアル・カレッジやマサチューセッツ工科大学が教育にかけたのと同様の、賞賛すべき大望とともに始まった。しかし、インフレーションへの修正が全くなされなかったため、価格高騰が起きたとき、政府は世界水準に見合うだけの授業料値上げや資金配分の増額に抵抗した。インド産業界は輸入技術に固執していたことから、産業界からの支援も同様に実現には及ばなかった。インド工科大学は政府にもっぱら依存するようになって

しまったのである。

　政府は1990年代の過酷な財政危機に直面した際、インド工科大学への資金配分を凍結することを決定したが、大学が自ら獲得した資金に関してはそれがいくらであれ同額の助成金（マッチング・グラント）を提供することには同意した。インド工科大学は予想を大幅に超えて民間資金を生み出すことに成功した。マッチング資金の提供の負担を警戒し（また、インド工科大学が独立を宣言するのではないかとの予想から）、政府は一方的にマッチング資金の約定を破棄し、以前の「借入金補填」の手法に立ち戻った。政府はまた、インド工科大学がどのような直接的寄付も受け取ってはならず、そうした資金はまずもって政府に支払い、それからどのように処理すべきかを政府が決定すると布告した。当然、この件は激しい怒りを買うことになった。政府は今では、こうした寄贈を全額、それが当然渡るべきインド工科大学（IITs）へ返還することに同意している。しかし、政府があらゆる寄付を統制する優先権をもつという約定は残っており、インド工科大学は自由にそれを直接受け取ることはできない。さらに、インド工科大学が蓄積することのできる基金は、トップクラスの研究大学がもつべき資金と比べればほんわずかでしかない。インド経営大学院のいくつかは、政府の助成から完全に独立しようとしてきた。しかしそれもまた拒否されつづけている。ここに学ぶべき教訓がある。つまり、政府は大学への権力に一度味をしめたら、二度とそれを手放そうとはしないのである。近年、インドはイデオロギーが大きく異なる、あるいは正反対でさえある2つの政府を経験してきた。しかし、この2つの政府はいくつか共通の特徴を持つ。すなわち、どちらも権威主義的であり、学問の自由という理念には同調せず、百家争鳴を許容しない。ゆえに、インドでは、研究大学は政府の保護に対し慎重にならなければならない。

自　治

　概して、インド中央政府は大学自治を尊重しているが、州政府はそうでもない。さらに中央政府もまた、時には大学長の選出を干渉することがあり、しばしば不幸な結果を招いている。政府に過度に依存しているカレッジや大学は、「州の機関」と考えられがちであり、その自治は政府の裁量下にある。

資金をまったく受けていないとしても、その大学が学位を授与するのであれば、州政府の統制下に置かれる。これが理由で、最近開学したインド商科大学院（Indian School of Business）は資金も得ていなければ学位も授与していない。インド科学大学もまた、何十年も学位を授与していなかったし、インド経営大学院も、現在もなお授与していない。

インド商科大学院は極端な事例である。経営系の大学院は、全費用を高い授業料を課すことで回収することができる。総合大学ではこのような措置は現実的でもなければ望ましい方法でもない。費用を負担するものが誰であれ、大学は政府による財政支援からできる限り自由であることが最も望ましい。それでも、多数のヒンドゥ寺院が示した結末のように、政府が乗っ取ることはないという保証はないのである。強力な社会主義者気質は政府の中にも（そして学術界にも）存在する。ゆえに、インドの大学は自由を保証するために、絶えず警戒し続けなくてはならない。

アメリカでは、州立大学よりも大きな成功と卓越性を成し遂げている私立大学もある。それゆえ、民間資金はインドの研究大学でも最善と考えられる。残念なことに、民間資金はハーバード大学前学長のデレック・ボック（Derek Bok）が以下のように生々しい夢という形で表現したように、欠点をもつ。すなわち、

　　最初の「夢」は、ある卒業生で途方もなく成功した投資銀行家と同席した、ニューヨークでのディナーで始まった。ハーバードの終わりのない要求を満たすための資金集めに関わる私の苦労を聞いて、彼は私に非常に多額のローンを借りるよう促した……次の幸福な「夢」は、ハーバードが非常な成功期に入ったことであった……しかし、私のこの幸福感はあまりに早く終わりを迎えた。それ以来、連続する「夢」はずっと、そのローンに必要な増え続ける支払いに応えるのに必要な費用を稼ぐには非常に困難で、より議論を呼ぶスキームへつながっていった……大胆にも、私はただちに進路を変え、先手策とはいえ十分ではないものの、われわれの最良の生命科学部門における発見のライセンスを得る独占権を、関心をもつ企業に与えた……彼は次の夜に、私をローン

の債務不履行という社会的不名誉に陥らせないような最終的提案をもって戻ってきた。彼が言うには、私がすべきことはただ、ハーバードのカレッジの各クラスの残り100席を取っておき、オークションにかけて最高入札者に与えることに同意するだけであった（Bok 2003, viii-ix）。

　この架空の夢は、商業化がいかに大学に大きな災いをもたらすかを詳細に示している。民間資金は有効で、必要でもあるが、良質な大学は、自らのために、罠に陥らないよう注意すべきである。とりわけ、大学は決して借財をすべきではなく、また実業家や政治家との売買取引も模索してはならない。売買取引となったとき、大学は世俗的な事柄に関して実業家や政治家ほど熟達してはいないのである。

　多国籍企業からの民間資金援助となれば、それはとりわけ重大である。いくつかの多国籍企業はインドの大学院プログラム（しかし実際にはインドのプログラムではない）を積極的に支援している。しかし、インドはアメリカの大学のように寄付者を引きつけることができるのであろうか。経験から言えば、ほとんどの寄贈は個人により、感傷的理由からなされ（すでにインド工科大学では同窓生が非常な額の寄付を行っている）、商業的関心に基づいた企業からの寄贈ではない。そのような寄贈が促進されるべきかどうかには疑問が残る。

実業界との関係

　どのような研究大学も単独では機能することができず、その国の経済的影響力から離れることは到底できない。とりわけ、技術教育はその地域の産業水準に依存している。その卒業生が世界中で求められているとしても、技術分野は地域の産業と依存関係にならざるをえず、そしてそれは野菜のように、収益を上げるために常に新鮮であり続けなくてはならない。インドの製造業者が継続的に技術革新に携わってきたならば、彼らは研究大学を、あるいは少なくとも技術分野における世界水準の教育大学を必要であると感じてきたであろう。そうはせず、インドの産業人はあらゆる専門家を買い取っては使い倒し、それが技術革新における長年の遅れにつながってきた。その結果、技術の遅れは修復するにはあまりに広がり過ぎてしまった。それゆえ、イン

ドの産業界はまたもや技術を輸入するしか手段がない。したがって、インド産業界は維持管理のためのエンジニアのみを必要とし、設計者や発明者を求めていない。しかし近年、状況は幾分変わってきた。自動車や製薬産業のような多くのセクターが、定期的にその技術を向上させ、その設計を買うのではなく自ら開発し始めている。産業文化でのこのような変化にともない、インドは初めて研究大学を求めている。近頃では、インド工科大学は、産業界からの多額の財政支援を受けているが、ほとんどが外国企業からであり、インドの企業からはまだない。インド産業界が将来、大学教育に効果的支援をなす兆候が表れてきている。

財政的資源としての土地

インドでは、郊外地域が開発されれば、地価は100倍かそれ以上に高騰する。大学周辺では投機家がこうした土地高騰により利益を得られることから、大学もそのような利益を得る可能性がある。しばしば、建設者は残りの土地を市場に出す見返りを期待して、喜んで無料の建築を申し出る。したがって、研究大学は学術用の建築物（教職員の住居を含む）に必要なスペースの2から3倍の土地を得、自らが使う建物を建設する代わりに余剰地を貸し出すことができるであろう。

近年、多くの研究大学はテクノロジーパークを設立することで、財政的にも学術的にも大きな便益を得てきた。たとえば、ノースカロライナ州のリサーチ・トライアングル・パーク（the Research Triangle Park）は7,000エーカーに広がり、50,000人を雇用しており、その99.4％の者は研究開発に従事している。そのようなパークはあらゆる研究大学にとって不可欠な付属施設となってきているようである。国家製造業競争力審議会（The National Manufacturing Competitiveness Council）は近年、インドの大規模なテクノロジーパークを創設することを支持する私の提言を受け入れた。研究開発部門の創設により、産業と大学は研究施設を共有し、専門技術の交換も期待できる。そうした産業から支払われる商業的使用料は、大学にとって効果的な財源となるであろう。

大学運営のための不動産からの収入の利用は新奇な手法ではない。インド

科学大学はその創設に際し、タタ（Tata：慈善家）からボンベイにある広大な土地の寄贈を受けた。残念ながら、賃貸料が統制されており、その土地財は市価の1％の収入も生み出していない。したがって、寄贈として得られるあらゆる不動産は、そのような政治的干渉から自由でなければならないのである。

授業料

　ハーバード大学のような著名私立大学における教育費用は、その国の国民当たり所得とほぼ同額である。ハーバード大学は私立として運営されているが、非常に多額の寄付があるため——それを非難する者もいるが——授業料は学生当たりの実際の教育費用よりも相当低い。対照的に、ほとんどすべてのインドの私立専門職カレッジは、地域の政治家などによって運営されている、事実上の営利機関である。その授業料は国民一人当たり所得の10倍を超え、運営者をにわかに億万長者にしている。

　インドでは、国民一人当たり所得に対して学生当たりの費用は非常に高額となるが、それは比較的高い給与と、設備が世界水準の価格で購入されなければならないことによる。それゆえ、支払い能力を考慮すると、インドの授業料も、またアメリカの価格よりも非常に高い傾向にある。ゆえに、インドの私立大学は、授業料を支払い可能なレベルにとどめておくことが非常に難しい。専門職プログラム（おそらく実用的な研究大学におけるすべてのプログラム）においては、貧しいが能力のある学生を支援するのに十分なだけ、裕福な学生を引きつけることが可能である。このような補助のあり方が理想的かどうかは、厳しい論争となるところである。

　世界中で、素質ある運動選手は、学術的素質が限られたものであっても、入学を許可されている。インドでは、たとえ学術的成果が貧弱であっても、低い階層出身の学生を入学させることは、道徳的原則の問題と考えられている。しかし、高額な授業料を支払うという理由で、裕福な、また実際優れた学生を入学させるという提案は、道徳に反すると考えられる[6]。

　いくつかのアメリカの大学では、授業料は学生の支払い能力と関連づけられていたり、時には学術成果とも関連づけられている。インドでは、億万長者も貧困者も同額の授業料を課される。この方針に関し、インドがアメリカ

のシステムから学ぶことは多くありそうである。インドの学術関係者の中には、カレッジの授業料は個々の学生がそれ以前の学校で支払っていた額にリンクさせるべきと提案する者もいる。これにより、自動的に私立学校に通う富裕層の学生はもっと多くの額を支払い、政府の補助を受けた学校に通う貧困層の学生は、より少ない授業料を支払うこととなる。しかし、この提案は受理されたことはない。理性がイデオロギーに打ち勝つことはめったにないのである。

3つの選択肢

インドが研究大学設立の意志をもつと仮定すれば、以下のような3つの可能な発展方法がある。

選ばれた大学の高度化 既存の大学を研究大学のレベルにまで高めることは、低費用という利点があり、物理的、また、アドミニストレーションのインフラストラクチャーがあり、経験豊かな中核的教員が準備される。この案の欠点は、過剰な負荷がそのインフラストラクチャーに対してかかっていること、競争的研究を支持するのに適するかどうか分からないような厳格な事務運営、そして、質の高い教育を支持するかどうか分からないような政治的コントロールがある。すでに確立されている大学はまた、学術的イノベーションに対してあまりに保守的で受容力がなさすぎる教員も多数抱えている。彼らはまた、国際水準の給与を要求するかもしれないような、海外からのより能力ある若手研究者の就任を、脅威と感じるかもしれない。例外なく、既存のインフラストラクチャーは荒廃しており、現在在籍している教員は世界水準を下回り、彼らは高度な素質ある国際水準の教員の採用に抵抗するであろう。

新たな大学の創設 インドはこのアプローチを新しい取り組みとして採用してきた。これにより、インド工科大学は、既存の大学に埋め込まれた機関としてではなく、独立体として生まれた。新たな大学は、選りすぐりで気鋭の教員が困難なく、また国際的なレベルの給与で就任することが可能であるという利点をもつ。また、学術およびアドミニストレーションにおけるイノ

ベーティブなプロセスを、確立された利害に基づく抵抗を受けずに、導入することができる。欠点は、多くの気鋭の教員が、自身の在籍する既存の大学から移動することに同意しないかもしれないことである。（学術的な、また社会的な）インフラストラクチャーは、完全に開発されるまでに相当の時間を要するであろう。取り組みへのあらゆる努力と犠牲の結果として、新たな大学が、既存の大学にくらべて特に優れていないということになる可能性もある。

私立セクターにおける学位授与を伴わない大学の創設　インド科学大学（IISc）は、学生をいかなる試験システムにも縛り付けてはならないという、ジャムシェドジー・タタ（Jamshedji Tata）の命令とともに始まった。2001年の創立から5年後、インド商科大学院が、同じような形でハイデラバード（Hyderabad）に出現した。これは完全に民間資金のみによる設置で、政府からの資金は得ておらず、学位の授与を一切行わない。したがって、この機関は、あらゆる政府のコントロールから自由であった。インド商科大学院はまた、世界中から名のある教員を引きつけるのに十分な高い給与を支払うことが可能であり、そうしている。そしてインド科学大学が100年も前に科学教育について行ったと同様の新しい水準を、経営教育に取り入れた。しかし、インド商科大学院で学ぶことができるのは非常に裕福な学生に限られる。そのような大学がアメリカの私立大学と同等の寄付や奨学金を引きつけ、それによってあらゆる資質ある学生が支払える額の授業料を設定できるかどうかは疑問が残る。

　これら3つのとるべき道には、支持者もいれば批判する者もいるが、どの選択肢がインドに適しているかを結論づけるのには、より広範な分析を必要とするであろう。

　要するに、インドの高等教育システムは、いわば、玉石混交である——つまり、良いものは非常に優れているが、ひどいものは極端にひどい。こうした相違は、この国の影響力あるエリート——政治家、行政官、学者——が、その活動成果に対する誇りをほとんどもたないために起こるのである。

注

著者注：本論説の準備中に、私はこの国のトップ水準にある多数の研究者から、早い段階でクリティカルなコメントを得る幸運に恵まれた。もっともなことに、それらの意見はかなり多岐にわたっていた。次の諸氏に感謝したい。K. L. Chopra, B. Deb, B. L. Deekhatulu, U. B. Desai, G Govil, K. Joshi, L. S. Kothari, S. C. Lakhotia, S. K. Pal, T. J. Pandian, G. Pad,amabhan, K. R. Pathasarathy, S. Prasad, V. Rajamani, V. Rajaman, B. Ramachandra Rao, S. Ranganathan, P. V. S. Rao, M. M. Sharma, S. P. Sukhatme, Suma Chitnis, B. Yegnannarayana, M. S. Valiathan。Dutta Roy はとりわけ多くの点で協力的であった。また私の妻である Jaya は根気よく草稿に目を通してくれた。私は彼らの批評にできる限り対応するよう努めたが、最終的責任はすべて私自身が負う。Philip Altbach にもまた感謝申し上げたい。彼の励ましなくして私は本章に取り組むことはできなかったであろう。

1 本著にはインドに関する別の章（N. Jayaram、社会科学者）があるため、本章は自然科学、とりわけ技術における大学教育に集中した。
2 インド工科大学（IIT）教員の国際的名声はかなり高いため、2005 年 4 月、アメリカ合衆国下院（US House of Representatives）はアメリカ経済に対するインディアンアメリカン、とりわけインド工科大学（IIT）出身者の貢献を賞賛した。
3 私は最近、この大学の理事会議長（chairman of the board of governors）に就任した。
4 この悲観主義は論争を呼ぶであろう。残念なことにこの 50 年間、インドの学者は緩やかな衰退の脅威に対して無感覚であった。彼らは、水が徐々に蒸発していくというのに死に至るまで熱せられているカエルのようであった。多数の王立協会フェロー（Fellow of the Royal Society）やノーベル賞受賞者などを輩出したカルカッタ大学やアラハバード（Allahabad）大学のような、かつて偉業を誇った大学がなぜ徐々に衰退していったのかということについての重要な研究が何もなされなかったのは、偶然ではない。さらに、インドの科学者は、国立工科大学（the National Institute of Technology）の 11 名の学長免職のデモ隊の事例のように、彼らを滅ぼそうとする政治家と対峙する勇気を持ち合わせていない。インド工科大学（IIT）教員は、同様の運命が彼らにも訪れる可能性があることに気付かなかった。
5 ラジャスタン（Rajasthan）にある政府立カレッジは、何年もの間、歴史学部に教員が一人もいないにもかかわらず、その学部の学生を卒業させてきた。物理学にはたった 1 名いた。そのような落ち度は国中に蔓延している。
6 かつて私は、教育政策についての提言をあるトップの政治家に行うよう求められたことがある。そのような高尚な集団に近づくことに慣れていなかった私は、ジャーナリストで前政権下の大臣でもあった Arun Shourie にアドバイスを求めた。彼は私に、"統治者の無知の結果に苦しむよりも彼らを教育するほうがましだ" と述べた。同様に、富裕な国民の無知の結果に苦しむよりも、彼らを教育するほうがましである――とりわけ彼らがハーバードやオックスフォードのような大学に入学するのに十分適していると考えられているような場合は。

参考文献

Altbach, Philip G. 2005. Higher education in India. *Hindu*, April 12.
Bok, D. 2003. *Universities in the market place: The commercialization of higher education*. Princeton, NJ: Princeton University Press.
Chidambaram, R. 2005. Measures of progress in science and technology. *Current Science* 88 (6): 856-60.
Economist. 2002. How Britain's elite has changed. December 5.
Hindu. 2005. CAG points out irregularities in IITs. May 21.
Indiresan, P. V., and N. C. Nigam. 1993. The Indian Institutes of Technology: Excellence in peril. In *Higher education reform in India: Experience and perspectives*, ed. S. Chitnis and P. G. Altbach, 334-64. New Delhi: Sage Publications.
Institute of Development Studies. 1987. *Why do students learn? A six country study of student motivation*, IDS Research Reports Rr-17, Institute of Development Studies, University of Sussex, Brighton, UK.
Ministry of Human Resource Development. 2003. Revitalizing technical education: Report of the review committee of the All India Council of Technical Education.
National Assessment and Accreditation Council. 2003. *State-wise analysis of accreditation reports — Tamil Nadu*, January.
Tilak, J. B. G. 2004. Quality of higher education. NAAC Decennial Lectures, National Assessment and Accreditation Council, August.
United Nations Educational, Scientific and Cultural Organization (UNESCO). 1999. *Statistical yearbook*. Paris: UNESCO.
University Grants Commission. 2004. *University Grants Commission annual report, 2004*. New Delhi: University Grants Commission.
World Bank. 1986. *Financing education in developing countries*. Washington, DC: World Bank.

第8章
周縁国家における世界水準大学の創出：ソウル大学

キースック・キム　スンヘー・ナム

（太田浩訳）

1）はじめに

　経済のグローバル化の進展に応じて、多くの発展途上国が、世界水準の大学の形成に注目している。世界水準の大学の創出は、多くの先進国においても挑戦的なことであり、まして韓国のような周縁国家では、なおさらのことである。アルトバック（Altbach 2003）によると、西洋の世界水準に達する大学のパターン、アイディア、価値は、高い学術水準を反映している。このように高くなった水準の下で、中所得国が競争力のあるプレーヤーとなることは、一層困難となっている。科学・学術分野の国際舞台で、活動を展開するための財政的な需要が劇的に高まっていることが、その理由として挙げられる。

　このような難題を抱える中、多くの発展途上国（特にアジア諸国）において、競争力のある大学の創出に成功している顕著な例がある。シンガポールにおける「東洋のボストン」構築の試みや、韓国の「頭脳韓国21（Brain Korea 21；BK21）」がその良い例である（Altbach 2000）。中国は1994年に21世紀初頭までに100の有力大学を作るという野心的な目標を持つ「211工程」を開始し、1998年には、世界水準の大学を作るために33の重点大学に対し34億米ドルもの巨額を投資するという「985工程」に着手した。アルトバック（Altbach 2000）は、これらの試みは複雑な結果をもたらしたと述べているが、最終的な評価を下すには時期尚早だろう。

　韓国の大学は、国際競争力ある人材を生み出すことに真摯に取り組んでいる。中心的な戦略は、博士課程に焦点を当て、それを世界水準のものへと押し上げようとするものだった。各種の評価や基準に従えば、韓国の旗艦大

学の一つであるソウル大学（Seoul National University）は、世界水準の大学に到達していると見なされるであろう。2005年、英国の新聞であるタイムズ・ハイヤー・エデュケーション・サプリメント *Times Higher Education Supplement*（以下 THES とする）は、世界のトップ100自然科学系大学において、ソウル大学を45位とランク付けた（THES 2005）。大学として60年、本格的な博士課程を持つ大学としては30年という短い歴史しか持たないにもかかわらず、ソウル大学の成し遂げた偉業は驚くべきものである。このソウル大学の異例とも言える成果の推進力となったのは、何だったのであろうか。

本章では、ソウル大学が世界水準の大学へと成長したプロセスを検証する。過去10年、ソウル大学で実施された内部改革と、世界水準の大学創出における一連の政策の効果に焦点を当てて分析したい。ソウル大学の取り組みは、他の韓国の大学にとって、また、他の中所得国の大学にとって、理論面と実践面の両面において、極めて重要な示唆を与えるケーススタディとなるであろう。

2）経済の再構築と高等教育改革

世界水準の研究大学の構築

韓国が1970年代初期以来達成してきた経済発展の速さ及びその程度は、よくとり上げられている。1996年までに、韓国は一人当たりの国民所得が1万米ドルとなり、世界市場における主要な競争相手になった。しかしながら、1990年代後半、韓国経済は主として通貨（外貨）危機のために深刻な状況に直面した。失業率は1997年の2.6％から1998年の7.9％に跳ね上がった。この経済危機は、原材料地指向の製造業型経済の限界を露呈し、韓国政府は主要な政策目標の一つとして、知識基盤型経済への転換を提案した。教育部（教育省）は、知識基盤型社会に向けた準備のため、一連の教育改革政策を打ち出した。このような文脈において、韓国の経済発展の中心的な役割を果たすことになるであろう世界水準の研究型大学の創出が、国家の優先事項となった。

世界水準の研究型大学創出のための主要な戦略として、BK21が挙げられる。これは、知識基盤型社会に必要な創造性ある高度人材を養成することを目的とした、主要な高等教育改革プロジェクトである。この目標を達成するため、韓国政府は1999年から2005年の7年間で、約12億米ドルを投資することにした。これまでの教育改革政策に比べ、このプロジェクトは大学院レベルに焦点を当てている。採択大学に在籍する大学院学生は、このプロジェクトの直接の受益者である。研究のための資金は、補助金として直接教員に与えられるのではない。代わりに、全予算の4分の3が、奨学金、海外留学のための経済的支援、および研究のためのインフラ整備というかたちで、大学院生に対する教育環境支援をもたらすべく使用された。

限られた教育改革予算

BK21のために割り振られた予算は、前例のないものであった。しかしながら、教育改革政策プログラムのために利用できる資金は、それでもかなり限られていた。例えば、2004年に教育人的資源部が高等教育のために割り当てた予算は、全体（約280億米ドル）の13％であった。これは、韓国の国内総生産（GDP）の0.43％にあたる。この比率は、経済協力開発機構（OECD）に加盟する他の国々において高等教育に支出されるGDPの平均割合(0.9％)の半分以下である。そのうち、教育改革政策プログラムに割り当てられた額はわずか1.3兆ウォン（13億米ドル）で、全高等教育予算の40％以下である。同年、教育人的資源部は、8,582億ウォン（8億6000万米ドル）を大学における研究開発に充て、そのうちの31％は大学院課程をもつ研究型大学に、46％は4年制教育型大学に、残りは専門大学等の支援に配分された。また、研究開発予算から1,400億ウォン（1億4,000万米ドル）がBK21に、1,237億ウォン（1億2,370万米ドル）は純粋科学と人文科学に充てられた。教育人的資源部に加えて、他の政府関係機関も大学の研究開発に対し財政的な支援を行った。2003年には、2兆ウォン（20億ドル）が大学における研究開発に充てられ、その原資の内訳は、政府による出資が76％、個人、民間からの寄付が14％、大学独自による出資が9％であった。最も資金が多く割り当てられたのは工学分野であり、2番目と3番目に研究資金が多く充てられた

のは、自然科学分野と薬学分野であった。最も競争力のある大学が、研究のための財政的支援を最も大きな規模で受けることとなり、トップ10大学で研究資金全体の46％、トップ20大学で63％を占めた。研究資金の3分の2が国立大学に与えられた。

　実際の高等教育改革関係の政策に使える資金は限られていたにもかかわらず、BK21は韓国の大学界全体に大きなインパクトを与えた。特に、大学院課程及び大学院生に焦点を当てていることやその事業規模が、韓国の旗艦大学、特にソウル大学に対し、周辺諸国において世界水準の大学を得るための前例のないチャンスを与えることとなった。

3）ユニバーサル・アクセスへの移行

ユニバーサル段階

　マーチン・トロウ（Martin Trow 1970, 2001）は、現代社会における高等教育はエリート教育や大衆教育の段階を越え、ユニバーサル教育の段階に入ったと繰り返し指摘している。米国における高等教育の発展段階が、そのよい事例である。

　1980年代半ば以来、韓国では高等教育がかなりユニークなかたちで発展してきている。その変化のスピードは目覚しい感がある。米国が半世紀かかった進歩の段階を、韓国の高等教育は約30年で成し遂げたと言える（Trow 1961）。2000年現在で、韓国の高校生は、米国の高校生より、高等教育を受けるであろう者の割合が5％以上も高かった。同年に韓国で4年制大学在学者の割合は38％、様々な高等教育関係機関に在学する者の割合は、81％に上った。この傾向は2005年まで続いた。この傾向から、韓国においては、高等教育がユニバーサル化しただけでなく、大学院教育もますます大衆化していることが伺える。1995年から2000年にかけて、大学院学生数は2倍の230,000人に上り、さらに増加し続けている。米国における趨勢と異なり、韓国における高等教育の大衆化段階への急速な移行は、中等教育のユニバーサル化への迅速な移行の直後、または同時に起こった。これらの先例のない（しかも、わずかな調整しか施されていない）加速的な移行は、中等教育から高

等教育に進む際、いわゆる受験地獄や厳しい選抜を引き起こした。

　韓国の高等教育システムは、その急進的な変化による諸問題によって、課題を抱えている。ほとんどの大学は、「爆発」とでも称すべき急速な拡大を見せた。しかも、その爆発的拡大は大学の理念、機能や構造を適切に変更させることなく起こった。それどころか、ほとんどの大学が機能の差別化をすることなく、類似の課程や専攻を提供している。スティードマン（Steedman）の言葉を借りれば（1987）、全ての大学がソウル大学を「大学という名にふさわしい大学（defining institution）」とみなし、ソウル大学のモデルを採用しようと試みた。言い換えれば、デービッド・リースマン（David Riesman）が1950年代に米国で言った「とめどもない行進（meandering procession）」、すなわち、大学の大部分がトップ校を模倣しようとする米国の潮流（Altbach 2003）が、韓国でも起こっていた。韓国の多くの大学は、韓国のハーバード大学、または韓国の東京大学とも言うべきソウル大学のような旗艦大学になることを志向していた（Cutts 1999）。

深刻な財政問題

　高等教育の急速な変化は、同時に、財政的支援における深刻な問題も招いた。韓国の高等教育の拡大に、政府の財政支援能力が追いつかず、学生およびその両親の経済的負担を増大する結果となった。韓国の高等教育の急速な変化は、政府による中央からの計画によって始められたというよりは、むしろ、子どもの高等教育へ投資したいという両親の熱意や意欲によってもたらされたものであることは、注目に値する。実際、高等教育に関する国家予算の83％は家庭の資金から拠出される（Kim et al. 2005）。これは、私立セクターが国公立セクターよりはるかに優勢な日本や米国においてさえ見られない現象である。

　私学は、韓国の高等教育において常に重要な役割を果たしてきた。韓国では、教育のプライバタイゼーションは、開国の時代よりもかなり前に始まったが、近代型の私学教育の形態は、西洋の宣教師の渡韓により始まり（Lee 2004）、植民地時代の間（1910-1945）も続いた。1948年に独立国家として大韓民国が成立した後には、中央政府の財政的関与や能力がない状態での急速

な教育拡大が起こった。この事態に直面し、教育のプライバタイゼーションはさらに激化した。現在、大学生の80％は私立大学に在籍している。私的な寄付によって設立・支援されている米国の私立大学とは異なり、韓国の私立大学は、主として学生から支払われる学費により支えられ、財政的に維持されている。

4）韓国の大学に見られる特徴的な側面

モデルの変遷

　国の歴史的な発展の過程に伴って展開した韓国の大学には、いくつかの特徴が見られる。韓国の伝統社会では、支配層であるエリートたちが教育制度の主な後援者であった。多くの学会（韓国の学者が時々「門」[1]と呼ぶもの）は、仏教や儒教の著名な学者を中心的存在として形成された。固有の学問的伝統は、学問的論壇や広範囲にわたる著述や書簡を通して洗練され、また維持された。欧州とは異なり、ウニベルシタス（*universitas*）——デュルケーム（Durkeim 1938）が中世のパリ大学に関する歴史社会学的研究において著したもの——のようなフォーマルな教育機関は、韓国における知的生活と学究的活動の制度的な基盤とはならなかった。朝鮮王朝の時代（1392-1910）には、中国によく見られるようなフォーマルな政府の教育機関の制度が存在していた（Min 2004）。しかし、韓国の知識人は、師弟の間で繰り広げられるコミュニケーションといった非公式な活動経路を通して、学術的な活動を行った。中世の大学において西洋スコラ哲学が栄えたのと同様に、韓国の儒教は、中央または地方政府によって設置されたフォーマルな教育機関よりも、むしろ、ゆるやかに結びついた師弟関係に基づいた学派間の競争を通じて、ルネサンスを経験した。興味深いことに、これらの伝統と慣例は今日の韓国の学術環境においても見られ、学術的業績での成功を収めるための強力かつ有効な原動力となっている。このような韓国の文化的遺産は、最初に米国のプロテスタント宣教師、その後、日本の植民地開拓者によって導入され、かつ実践された西洋的な大学観（Lee 2004）とは、相容れないものであった。

　植民地時代（1910-1945）、日本は日本独自の大学理念を押し付けた。それ

はフンボルト・モデルに基づく、ドイツ型の大学理念である（Fallon 1980）。この日本方式の研究大学は、1920年代、京城帝国大学が創設された時、韓国に移植された（Altbach 1998）。現在の韓国の高等教育制度は、米国による占領時（1945-1948）に確立されたものである。1946年、軍事政権下の教育局次長として働いていたコロンビア大学の卒業生が、現代の公教育の全体制度とともに、米国型の大学理念を紹介した。しかしながら、日本の植民地の大学の卒業生は、「教授会自治」を掲げ、植民地時代の遺産である日本・ドイツ型の大学理念を維持するための継続的な努力を行った（Fallon 1980：Musselin 2001）。

ソウル大学は、反植民地主義と民主的改革という同じ旗の下にあった2つの矛盾する大学理念の支持者間による、激しい勢力争いが起こっている中で設立された（K.-S. Kim 1996）。言い換えれば、ソウル大学の設立当初及びその後の発展は、西洋の大学のパターン間（Altbach 1998）、または、具体的に言うと、内部（教授会自治）統治と外部（理事会）統治といった「ねじれのルーツ」を反映してきた。ソウル大学は、京城帝国大学およびその他の旧制専門学校と、学科（department）を基本的な組織単位とし、学生の成績付与と評価を行うためのカーネギー式の単位制度に基づく米国の大学システムとを統合したのである。米国のモデルは、教授陣の学歴によって、さらに強化された。韓国の大学（特にソウル大学）の教授のほとんどは米国の大学で博士号を取得しているため、彼らの大学理念は、彼らの母校（米国の大学）に依拠するものとなる。したがって、近年の韓国高等教育の再構築への取り組みの中で、米国のパターンがベンチマークとして使われているのは当然の帰結であろう。要するに、ソウル大学をはじめとする韓国の大学の現在の構造や運営状況は、伝統的な師弟（門）関係、日本によって採用され、かつ変容したドイツ型の研究大学モデル、そして米国の高等教育システムといった、様々なシステムやモデルを反映している。すなわち、他のアジアの大学と同様に、韓国の大学もまさに「ハイブリッド（交配種）」である（Altbach 1998）。さらに言えば、これら3つの相反する大学理念は、大学をどのように改革するかについて、教員間における実際的なコンセンサスの形成が非常に困難であることを物語っているのかもしれない。ましてや、世界水準の大学の地位をど

のようにして獲得できるかということについては、言うまでもないことであろう。

大学の多様化

韓国の大学は、世間の評判や専門分野によって、多様なものとして捉えることができる。国立大学であるソウル大学と韓国科学技術院（Korea Advanced Institute of Science：KAIST）、私立大学の浦項工科大学（Pohang University of Science and Technology：POSTECH）は、韓国における卓越した研究型大学である。これら3大学に私立の高麗大学と延世大学を加えたものが韓国の先導的旗艦大学である。ソウル大学、KAIST、高麗大学は、THESのランキングにおいて、初めて世界トップ200大学にランクインした。これらの旗艦大学に続く第2階層は、ソウル都心にある4年制総合大学で構成される。それに続く層は、地方の国立及び私立大学で構成される。多様化したシステムの最下層は、2～3年制の短期大学や専門大学を含む。専門分野に従った多様化は、労働市場におけるその専門分野の威信と望ましさに依存し、医学（漢医学を含む）、法学、ビジネス、薬学、教育学が最上層を構成している。

韓国における大学の多様化は、入学志願者の学問的資質と卒業生の就職状況のレベルに基づくものである。例えば、専門分野に基づく違いは、志願者の大学入学試験（米国で言う Scholastic Aptitude（Assessment）Test（SAT）と同様のもの）の成績と一致している。大学のランクは、ハイレベルな職業に就く卒業生の割合で決定付けられる。ハイレベルな職業とは、威信の高い公務員（裁判官、弁護士、外交官、市役所職員、教員など）、医者及び薬剤師、そして、サムソン、LG、SKのような大企業の社員である。政府高官、裁判官、ジャーナリスト、大企業のCEO（社長、代表取締役）の学歴は、韓国の大学のランクを反映している。

高校で首席となり、上位の大学（例えばソウル大学）に合格し、資格試験に通って、最終的に医者や裁判官、弁護士になるというのが、成功した学生の歩む典型的な進路である。日本でも、これと同様のパターンが見られる（Cutts 1999）。残念なことに、この一連の出来事は、高等学校及び大学での教育を高次の思考力や創造力を育成するものというよりは、むしろ形式的な

知識の機械的暗記型のものにしてしまっている。なぜなら、学生は、高校時代には大学入試に焦点を当てて勉強しなければならず、また大学時代においては威信の高い職業に繋がる様々な試験の準備をしなければならないからである。将来、上位の大学に入学するという究極の目標のもと、小学生の段階でさえ、日本で言うところの塾に通い始める。大学入学後、学生は大学のカリキュラムに集中して勉強する代わりに労働市場に注目し、将来のキャリアのため、様々な資格試験の準備を始める。工学や自然科学を専攻する学生でさえ、法律や公共事業に関するキャリアを得ようと、大学での3～4年間を公務員試験に向けた準備に費やす。韓国の教育は、社会的・経済的な不平等のレベルを減少させるというよりも、むしろ社会的・経済的システムにおける不平等を永続、拡大させ、そして正当化さえしているように見受けられる。

5）大学における高度化への努力

ソウル大学

現在のソウル大学の博士課程のシステムは、大学を新キャンパスに移転し、医学部を除く全学部を1箇所のキャンパスに集めた後、大学の高度化の一環として1976年に導入された。論文のみで学位が取得できるといった、日本植民地時代の大学の慣行に由来する、いわゆる「旧方式」と呼ばれる当時の博士課程の形態は、もはや時代遅れだった。米国の研究型大学の標準に従った「新方式」は、博士論文を執筆する前に、コースワーク（講義・演習履修）と資格試験を課すものである。上述のように、日本植民地時代の大学は、ソウル大学の開学当初に影響を及ぼした一方で、その後のソウル大学の組織構造や運営方式は米国の大学をモデルとしている。

世界水準の大学創出へ向けた大学独自の取り組みは、1999年にBK21が開始されるよりも随分前に始まったことは注目すべきであろう。アルトバック（Altbach 2003）は、世界水準の大学に必要とされる重要な条件として、次のことを指摘している。トップレベルの学者による卓越した研究、大学の自治、学問の自由、学術研究のための適切な設備、そして、長期にわたる公的な財政支援である。ソウル大学を世界水準の大学に向上させるための主な

戦略は、アルトバック（Altbach）が第一の条件として挙げた研究の卓越性を追求することであった。7年間の主要な公的財政支援プログラムの主たる後援者として、ソウル大学には、教員参加のもと、世界水準の大学になるという長期的な目標を追求するための莫大な資金が与えられた。

教員の良質な研究を促進するため、2000年以降は、教員の新規雇用の際、ならびにテニュア（終身雇用）審査の際においては、国際的に高く評価されている学術雑誌への論文の掲載状況を考慮することが義務付けられた。しかしながら、准教授から教授への昇進の段階への審査については、猶予されている。1994年以後の米国のトップ大学の研究記録が、韓国の年間学術達成度と生産性に関する進展を評価するためのベンチマークとして活用され、研究活動の内部評価は、大学、学部、学科、研究グループのレベルで行われた（K. Kim et al. 2004 ; K.-S. Kim 2005 ; K.-w. Kim et al. 2005）。周辺諸国の旗艦大学を世界水準の大学に押し上げるための完璧な方法はないことから、自己点検・評価は、この目標を達成するための唯一の合理的手段と言えるだろう（Altbach 2003）。ソウル大学は、大学院生に十分な奨学金と研究助手（RA）職を与えることで、大学院課程を強化した。また、ポスドクのためのプログラムが、若手研究者支援を目的に拡大された。

国際連携・国際協力もまた、世界水準の大学を創出するためには不可欠な要素である。ソウル大学は、様々な分野における国際的に著名な優れた研究者を定期的に長期間もしくは短期間招へいすることにより、国際連携を促進した。また、海外の大学とのジョイント・ディグリー・プログラム（共同学位課程）や、その他の学術交流プログラム等の実施を通じて、国際協力を推進した。ソウル大学は、世界中の27ヶ国、約90大学と学術交流プログラムを持っている。1995年には、わずか100名だった受入留学生数が、2005年には700名以上に上った。外国人教員数も2000年以後は倍になり、2005年には58名に達した。また、ソウル大学は大学院生の海外留学や国際会議への参加を支援した。これらの海外経験は、国際舞台での競争的な状況において若手研究者に自信を与えるという点から特に重要で意義深かった。加えて、様々な学術情報のデータベースに簡単にアクセス可能な電子図書館、高度なコンピューター実験室、外国人研究者や留学生のための宿泊施設といったイ

ンフラ面においても、かなりの支援があった。

　これらの一連の大学改革の政策と取り組みは、目覚しい結果をもたらした。ソウル大学の上層部は、米国や他の先進国で出版される科学関係学術論文数に注目し始めた。米国のInstitute of Scientific Information（ISI）（現トムソン・ロイター：訳者註）が、Science Citation Index（SCI）において、毎年掲載された科学関連学術論文をデータベースとして保存していることは、科学者の間でよく知られている。改革に熱心な大学の理事と政府高官は、SCIにおける掲載学術論文数が、大学の生産性を表す量的指標になると考えている。SCIの掲載学術論文数を集計して作成された世界ランキングによると、ソウル大学は、1999年には75位に留まっていたが、年々劇的に上昇し、2003年には34位となった（K. Kim et al. 2004）。この量的な指標については、議論の余地があるが、ランクの一貫した上昇は、ソウル大学の上層部にソウル大学高度化への自助努力に対する成功感を与えている。

　SCI指標を使用することの大きな問題は、定性的な測定というよりは、むしろ定量的な測定に過度に依存してしまうことである。ソウル大学は、2004年以降、SCI指標をもはや重要なメカニズムとしては使用しておらず、代わりに、それぞれの掲載された学術論文の被引用数の指標を使用し始めた。世界水準の研究を発展させるためには、SCI指標ではカバーできないが、同様に意味のある重要な側面が他にもある。つまり、アウトプットや成果物の過度の強調は、学術共同体としての大学の精神とモラルを害するというものである。

　掲載された科学学術論文の数による生産性の測定は、むしろ純生産性ではなく、総生産性を測るに留まり、十分な情報とはならない。純生産性は、大学への財政投資レベルに依存すると考えられる。2004年における掲載学術論文数のトップ3大学は、ハーバード大学、東京大学、カリフォルニア大学ロサンゼルス校であった。実際のところ、ハーバード大学はソウル大学の3倍もの論文を発表している（ハーバード大学の9,421に対し、ソウル大学は3,116）。しかしながら、それぞれの大学に投資された財源に注目すると、幾分異なったランク付けとなる。**表8.1**は、量的指標（掲載学術論文数）、年間予算、研究費について、トップ3大学及びソウル大学の純生産性を比較したもので

ある[2]（Office of Research Affairs 2006）。ソウル大学の年間予算は、ハーバード大学のわずか約4分の1である。また、ハーバード大学の研究費の総額は、ソウル大学の2倍以上である。

だが、表8.1から見て取れるように、ソウル大学の利用可能な財源はトップ3大学に比べ不足しているにもかかわらず、ソウル大学の投資単位あたりの生産率は他の3大学に比べさほど低くない。運営予算100億ウォン（1,000万米ドル）に対する論文数は、ソウル大学が約5本であるのに対し、ハーバード大学は約3本であった。また、研究費100億ウォンあたりで言うと、ソウル大学では12本、ハーバード大学では15本の論文数であった。測定の方法を、総生産性から研究開発経費に対する純生産性に変換してみると、ソウル大学は研究面において国際競争が可能なレベルに到達したことが伺える。

しかしながら、世界水準の大学になるためには、単なる量的な進歩ではなく、むしろ質的なものが求められる。BK21グループの主な研究責任者らは、ソウル大学の研究能力レベルを明らかにするための質的な指標を探し始めた。キューウォン・キム（Kuy-won Kim）と彼の同僚ら（2005）は、科学技術分野の研究能力レベルに関するソウル大学の国際競争力について内部評価を行った。調査報告では、SCIで指標化されている6分野（数学、物理学、生物

表 8.1　2004年ソウル大学と世界水準の研究型トップ3大学における論文出版数と研究開発経費

変　数	ハーバード大学	東京大学[c]	カリフォルニア大学ロサンゼルス校	ソウル大学
出版論文数[a]（順位）	9,421	6,631	5,232	3,116
	(1)	(2)	(3)	(31)
運営予算				
総額（単位：100億ウォン[b]）	2,857	1,732	3,651	647
100億ウォン[b]あたりの出版論文数	3.3	3.8	1.4	4.8
研究費				
総額（単位：100億ウォン[b]）	648	426	611	270
100億ウォン[b]あたりの出版論文数	14.5	15.6	8.6	11.5

出典）Office of Research Affairs（2006, 10）
注）為替レート：US$1 = 1,100ウォン；1円 = 9ウォン
　a：SCI指標による論文数　b：100億ウォン = 約1,000万米ドル　c：2003年の東京大学のデータより

学、化学工学、機械・宇宙航空工学、薬学）の学術雑誌に掲載された学術論文の質、量両面について分析が行われた。学術論文の質を測る指標として、研究員らはISIウェブ・オブ・サイエンスのデータベースに登録されている学術論文への被引用数を計算した。個々の研究者の被引用数の集計は、エラーに悩まされるだけでなく、手間がかかり、また退屈な作業である。驚くべき結果ではないが、推定許容誤差の範囲は、10％程度であると言われている（K.-w. Kim et al. 2005）。米国の大学との明確な比較のために、USニューズ・アンド・ワールド・レポート（U.S. News and World Report）が報告した特定分野における年次ランキングに基づいて、米国の大学を2つのグループに分けた。すなわち、特定分野で上位3位以内にランク付けされた大学を米国の「トップ大学」とし、上位20～30位以内にランク付けされた大学を米国の「上位大学」とした。

　その調査報告では、出版された学術論文の量的な比較も行われた。1994年、ソウル大学の掲載論文数は、米国のトップ大学の掲載論文数の75％にあたり、2004年の同割合は151％に上っている（K.-w. Kim et al. 2005）。論文被引用数に基づいた質的指標の報告によると、1994年から1995年におけるソウル大学の論文被引用数は、トップ大学の被引用数の35％、上位大学の同総数の53％だったが、それ以後、顕著かつ着実な進歩が見られ、2005年には、ソウル大学の論文被引用数は、トップ大学の74％に達した。上位大学グループとの比較において、2002年から2003年の間のソウル大学の論文被引用数は37％も上回った。掲載された学術論文の質から、ソウル大学の科学工学分野の大学院課程のレベルは、米国の上位大学のうち20位の大学に相当すると判断された。

　しかしながら、この内部評価は、ソウル大学を単純に米国の研究型大学と比較してランク付けしたものであったため、深い疑念を伴う激しい議論や論争を引き起こした。だが、2005年のTHESにおける科学技術分野の世界トップ100大学に関する国際的な調査の結果は、この内部調査の結果と一致している[3]。

　世界大学ランキングに、学生数に対する教員数の割合、外国人留学生数や客員あるいは専任の外国人教員数といった指標が加えられれば、ソウル大学

のランクは間違いなく下がるであろう。しかし、米国の大学のモデルがベンチマークとしての役割を果たしていたとされる間において、ソウル大学が国際競争力を持ち、同時に文化的にも適切な大学モデルの開発に努力していたことは、注目に値する。

クロニクル・オブ・ハイヤー・エデュケーション（The Chronicle of Higher Education）（July 23, 2005）は、韓国科学技術院（KAIST）、浦項工科大学（POSTECH）に並んでソウル大学を、韓国における「Asia's New High-Tech Tigers（アジアの新しいハイテクの虎）」として紹介した（Brender 2004）。中でもKAISTは、その世界レベルの大学の創出において、ソウル大学とは異なったアプローチをとってきた。

韓国科学技術院（KAIST）

国立の研究型大学であるKAISTは、その教育システムを世界水準に引き上げるため、ユニークな取り組みを行った。KAISTをリストラクチャリングする取り組みは、目覚しい結果をもたらした。2001年から2003年に、KAISTの教員がSCIに指標化されている学術雑誌に掲載された学術論文数の平均は、11.12本であった。これに対する米国の大学の同数値は、マサチューセッツ工科大学で6.64本、スタンフォード大学で6.47本、カリフォルニア工科大学で15.08本である。KAISTは、かなり革新的なアカデミック・システムを採用した。学部生は、入学試験を受けることなく入学する。また、KAISTは学科や学位に関する標準的なシステムを採っておらず、学生は最低必要単位を修得した時点で卒業することが可能である。学部課程と大学院課程は複雑に関連しており、単位は両課程間で互換可能であることから、学部生も先端研究の講義を受講することができる。全学生は大学寮に寄宿している。大学院生は入学試験や面接がなく、願書関係書類一式として提出された資質を基に選考され、入学する。修士課程での履修単位は、博士課程への読み替えが可能であり、博士号を取得するための要件の一つは、著名学術雑誌での研究論文の掲載である。

KAISTは、米国人ノーベル賞受賞者であるロバート・B・ラフリン（Robert B. Laughlin）を学長に招いた。ラフリンは、学長就任時に、KAISTに対し批

判的な見解を示し、当時のKAISTには国際社会で通用する競争力がないと考えた。しかし、彼はKAISTが米国のMITに匹敵するまでに成長する姿を思い描き、この目標を達成するため、まず学生評価による不必要な授業の廃止を提案した[4]。次に、彼はトップクラスの教授を海外の卓越した大学から成功裡に採用するため、彼らに対し十分な報酬を約束した。また、不適任な教員を解雇し、かわりに全体の15％にあたる教員を海外から募集することを計画した。大学の政府への依存を低減しながら、国際競争力を高める意思を彼は示した。このラフリンの大学民営化のアイディアは、教授陣からの強い反対に直面した。この米国人学長と韓国人教授陣との摩擦は、KAISTのビジョンと方向性に関する双方の基本的な相違から生じたものである。ラフリンが唱えたKAISTのビジョンと政策のリストラクチャリングに関する有効性を判断するのは、時期尚早であろう。しかし、もし彼の考えや政策が意図していた結果をもたらすならば、この発展は韓国の教育再建過程にとって、重要な意義をもたらすであろう。言い換えると米国の私立大学が未来の韓国の大学の理想モデルを提示することになるかもしれない。

先述の3匹の虎（ソウル大学、KAIST、POSTECH）に加えて、高麗大学と延世大学も、世界水準の学術機関となるために、真摯的かつ効果的な取り組みを行った旗艦大学である。国立大学に比べ私立大学では、再構築の過程において大学の自治や組織の柔軟性をより享受しているようである。このことは、改革のための政策をより効果的にするよう見受けられる。2005年のTHESランキングで見られたKAISTの急上昇は、その典型と言える。

6) 結 論

研究の優秀性におけるソウル大学の驚くべき成果は、ソウル大学が世界水準の大学と言える水準に到達したことを示している。これは、周辺諸国の旗艦大学が、世界水準の大学になり得ることを示している。この目覚しい偉業を導いたいくつかの要素が挙げられる。

第1の支持的要素は、韓国の中等教育制度における基盤的な強さである。学生は高度な学問的準備をした上で、ソウル大学に入学する。経済協力開発

機構 (OECD) が出版した国際的な調査によると、問題解決と数学の能力の分野で、韓国の中等教育課程に在学する生徒は、上位3ヶ国にランクされている (OECD 2004a, 2004b)。よって、韓国のトップクラスの学生が入学するソウル大学が、世界水準の大学となる可能性を有しているというのは、当然のことであろう。

　第2の要素は、ソウル大学の学部課程の教育の質である。クロニクル・オブ・ハイヤー・エデュケーションは、1999年から2003年の間に米国の大学から博士号を取得した者のうち、ソウル大学の学部課程卒業生が、カリフォルニア大学バークレー校における同課程卒業生に次いで2番目に多いと報じた (Gravois 2005)。ソウル大学の学部課程は、米国で上級課程に進学する学部生の傑出した供給源として、2番目に優れた「カレッジ」と言える (Jenks and Riesman 1968, 20-27)。

　ソウル大学を世界水準の大学に成長させた第3の要素は、韓国の知的伝統とも言える、師弟の間に見られる強く、責任ある関係であり、それが大学院課程において効果的な学術上の強さとして機能している。韓国の伝統的な文化様式が、現代の教育機関をグローバル化するための重要な方策として有効な役割を果たしているというのは、驚くべきことである。

　中所得国が世界水準の大学を創設する可能性に関し、アルトバック (Altbach 2000, 2003) が悲観しがちな理由の一つとして、大学の自治に関する問題が挙げられる。大学の自治は、学問的創造及び自由に関わる重要な問題である。彼は、韓国における大学の自治の欠如を前提として、野心的な韓国のBK21プロジェクトが効果的であるかについて、疑問を呈している。なぜなら、多くの中所得国の中央政府は、経済成長を促進するために世界水準の大学を創出しようとしているため、学術機関にとって意味あるレベルでの自治を保つことが困難になってしまう。実際、ソウル大学も公共機関としての自治を維持するのが難しくなっている。なぜなら、特にソウル大学は、公的な財源の主たる受給者だからである。適切な資金を得るため、ソウル大学はその自治の面で妥協してきており、それが一貫した政策を維持するのを困難なものにした。不十分な財源を鑑みると、韓国では、より低い程度ではあるが私立大学でさえ、このようなジレンマに直面している。

第8章　周縁国家における世界水準大学の創出：ソウル大学　211

　ソウル大学の自治に影響を与える韓国独特の力学がある。韓国の教育界では、私学セクターが重要な役割を果たしている。韓国での高等教育の迅速なユニバーサル化への移行の背景には、両親の子どもに向ける教育熱がある。高い競争率となる大学入試制度は、常に両親、教師、政府、そして大学間の論争の種である。大学入試制度に関する政策は、政府と私学との政策交渉の切り札となり、それは大学の自治を脅かしてきている。韓国一の旗艦大学で、全ての韓国人学生の夢とも言えるソウル大学は、その学術的威信を守るために、高い代償を支払ってきた。政策全般、特に入試方針の面で、ソウル大学は政治家と大衆の厳しい監視下に置かれ、大学の独立性の欠如という結果を招いている。入試方針に重要な制限を設けたのは、ソウル大学をはじめとする大学ではなく、中央政府である。大学の「4つの基本的な自由」の中で、ソウル大学は「入学を許可される者」を決定する自由を欠いている（Bok 1980, 81）。社会的公平性が強調されている現在の韓国の政治的環境において、学歴・資格社会の到来と大学間の序列化の過熱は、政治的問題として激しく議論されている。

　ソウル大学の偉業は、まさしく注目すべき事例であり、同様の野心と決意を持つ他の中所得国に対して、モデルを提示し、刺激を与えることになるであろう。一方で、ソウル大学の事例から学ぶべき教訓がある。まず、高等教育改革の政策の焦点は、包括的で基盤的な変革に置かれるべきということである。定量的測定が採られたが、それらは世界水準の学術機関を創出する唯一の取り組みとなるべきではない。

　大学の自治と中央政府の役割との絶妙なバランスは、中所得国で世界水準の研究大学を創設する上で重要である。政府は財政と各大学への支援をするべきだが、アルトバック（Altbach）が主張するように、大学の自治は学問の自由とイノベーションを促進する知的環境において重要な側面である。

　最後に、科学的知識は、政治的作用やイデオロギー的作用と無縁ではない。継続的な配慮がされるべき課題は、中所得国の大学が、その大学の国際競争力面で妥協せず、自国特有の伝統的な遺産との関わり合いを保ちながら、世界的な知的コミュニティにおいて、ニッチを見つけられるようにすることである。競争力ある相手として世界水準の大学のコミュニティへ参加するに

は、大きな決意、並外れた努力、多くの資源が必要となる。主要な先進工業国で開発され、磨き上げられた大学のモデルをベンチマーキングとして使うにしても、中所得国は独自の知的伝統を捨てるべきではない。これらの国々は、21世紀の知的新植民地主義の被害者にならぬよう注意しながら、世界的な知的コミュニティとの関係性を維持する必要がある。

注

1 門という言葉は何千年も前に遡る仏教学者の伝統と実践に起源をなし、彼らの間で広く使われたものであった。たとえば、ブッダ自身が、何千人もの門弟と大勢の忠実な信奉者たちにとって、仏教の道に通じる門であったと同様に、孔子自身もまた、伝説的に名高い中国中から来た3,000名もの門弟のための門であった。ブッダと孔子にとって、門は最高レベルの知的優秀性と同レベルの卓越した師匠としての高い徳を結合させたものを意味する。ある門下に入るということは、その人自身がある師匠の生涯の門弟としての地位を決めることになる。韓国の学者はよく、ある著名な学者の勤勉かつ献身的な門弟を格付けするために、「ある門の下で学ぶ学生：門下生」とその門弟を呼ぶ。ここでの「下」は、学生が謙虚な門弟であることを意味する。競争関係にある門の間での白熱した論争が、公務としての仕事に関係して、あるいはそれとは関係なく、学者の世界における門の知的地位を強化する。国家の安全が危機に瀕するようなときにおいては、門一族はよく政党へと発展する。このような門による学界は、緩やかにつながっている師弟関係から成り立っているが、欧州の大学のような制度化された基礎や中世における職人間のギルドのような組織化された基礎を持たない。しかしながら、このような関係性は朝鮮王朝時代において、儒教的慣習と権力エリートの教育を調和させながら、卓越した研究拠点であり続けた。
2 ハーバード大学のデータについては、ハーバードの2004年 *Analysis of Financial Results* を参照のこと。東京大学のデータについては、2003年の同大学の記述を参照のこと（www.u-tokyo.ac.jp/fin/01/06_01j.html）；同大学の研究費総額は、民間団体、企業、その他の外部資金に加えて、文部科学省からの研究補助金も含まれていた。UCLAのデータについては、Campus Facts in Brief 2004-2005 を参照のこと（www.universityofcalifornia.edu/annualreport/2005/）。
3 *Times Higher Education Supplement* によると、スコア38.3のソウル大学は、スコア39のジョンズホプキンス大学とスコア36.7のカリフォルニア大学サンディエゴ校の間に位置している。もし、米国の研究型大学だけを考慮すれば、つまり、トップ100大学の中から、欧州、日本、そして中国の大学を除外すれば、ジョンズホプキンス大学は16位、そしてカリフォルニア大学サンディエゴ校は17位であった。これらのランキングが妥当であるとすれば、米国におけるベンチマーキング・カウンターパート間でのソウル大学の位置づけに関する自己診断は、ほぼ支持されることになる。

第8章　周縁国家における世界水準大学の創出：ソウル大学　213

4　「不必要な」授業とは、特に工学分野において重複している、または範囲が狭すぎると見られた科目、及びラフリン（Laughlin）が導入したいと考えていた人文科学や文学に関する一連の科目と相容れないもの、さらに法学、医学、そして経営学の大学院に対する準備コースとしての授業をさす。「学生評価」は全ての科目、それぞれについての満足度を調査したもので、ある種の一般投票である。

参考文献

Altbach, P. G. 1998. Twisted roots: The Western impact on Asian higher education. In *Comparative higher education: Knowledge, the university and development*, ed. P. G. Altbach, 55-80. Hong Kong: Comparative Education Research Centre, University of Hong Kong Press.

―――. 2000. Asia economic aspirations: Some problems. *International Higher Education*, no. 19:7 8.

―――. 2003. The costs and benefits of world-class universities. *International Higher Education*, no. 33:5 8.

Bok, D. C. 1980. The federal government and the university. *Public Interest 58* (Winter): 80-101.

Brender, A. 2004. Asia's new high-tech tiger: South Korea's ambitious, and expensive, effort to bolster university research is paying off. *Chronicle of Higher Education* 50 (46): A34.

Cutts, E. L. 1999. *An empire of schools: Japan's universities and the molding of a national power elite*. Armonk, NY: M. E. Sharpe.

Durkheim, E. 1938. The birth of the university. Trans. P. Collins. In *The evolution of educational thoughts*, 75-87. London: RKP.

Fallon, D. 1980. W. v. Humboldt and the idea of the university: Berlin, 1809-1810. In *The German university: A heroic ideal in conflict with the modern world*, 28-31. Boulder, CO: Colorado Associated University Press.

Gravois, J. 2005. Number of doctorates edges up slightly. *Chronicle of Higher Education* 51 (18): A34.

Jenks, C. S., and D. Riesman. 1968. *The academic revolution*. Garden City, NY: Doubleday.

Kim, Ki-Seok. 1996. The formation of a divided higher education system in Korea after liberation, 1945-1948: The rise of Seoul National University and Kim Il-Sung University. *Sadae Nonchong* (a College of Education bulletin) 53:85-110.

―――. 2001. Can Korea build a world-class university? On the practicality of Korea's ambitious aspirations. The First International Forum on Education Reform: Experiences of Selected Countries, Bangkok, Thailand: Office of National Education Commission.

———. 2004. Some progress of BK 21 projects at Seoul National University. Paper presented at the Beijing Forum, Peking University.

———. 2005. How to get a world-class university in Korea: The case of self-strengthening program of SNU, 1994-2005. *Research Note* (Educational Research Institute, Seoul National University), no. 24:1-36.

Kim, Ku, et al. 2004. An evaluative study on the accomplishments of the BK 21 in SNU. *Research Bulletin* (Seoul National University), 1-104.

Kim, Kuy-won, et al. 2005. An assessment of research competence in science and engineering. *Research Bulletin* (Seoul National University), 1-45.

Lee. S. H. 2004. Korean higher education: History and future challenges. In *Asian universities: Historical perspectives and contemporary challenges*, ed. P. G. Altbach and T. Umakoshi, 145-74. Baltimore: Johns Hopkins University Press.

Min, W. 2004. Chinese higher education: The legacy of the past and the context of the future. In *Asian universities: Historical perspectives and contemporary challenges*, ed. P. G. Altbach and T. Umakoshi, 53-84. Baltimore: Johns Hopkins University Press.

Musselin, C. 2001. The "Faculty Republic." In *The long march of French universities*, 23-29. New York: RoutledgeFalmer.

OECD. See Organization for Economic Cooperation and Development.

Office of Research Affairs. 2006. *Research activities at Seoul National University: 2005/2006*. Seoul: Office of Research Affairs, Seoul National University.

Organization for Economic Cooperation and Development (OECD). 2004a. *Learning for tomorrow's world*. Paris: OECD.

———. 2004b. *Problem solving for tomorrow's world*. Paris: OECD.

Steedman, H. 1987. Defining institutions. In *The rise of the modern education system*, ed. D. Muller, F. Ringer, and B. Simon, 11-134. Cambridge: Cambridge University Press.

Times Higher Education Supplement (THES). 2005. World university rankings. http://www.thes.co.uk/statistics/international_comparisons/2005/top_100_science.aspx.

Trow, M. 1961. The second transformation of American secondary education. *International Journal of Comparative Sociology* 2:144-65.

———. 1970. Reflections on the transition from mass to universal higher education. *Daedalus* 99 (1): 1-42.

———. 2001. From mass higher education to universal access: The American advantage. In *In defense of American higher education*, ed. P. G. Altbach, P. J. Gumport, and D. B. Johnstone, 110 45. Baltimore: Johns Hopkins University Press.

第9章
ブラジルの一流大学：当初理念と現行目標

シモン・シュワルツマン

（藤沢圭子訳）

1）はじめに

　19世紀初頭に相次いだラテン・アメリカ諸国の建国には、「近代性」と「合理性」を新しい国々にもたらし得る高等教育機関の設立が並行して行われた。この「近代性」と「合理性」こそが当時のヨーロッパ、特にフランスにおいて、近代国家を象りつつあったからだ。建国された国々の一部は、それを成功裏に成し遂げた。いくつかの国々では、16・17世紀に設立された植民地時代のカトリック大学が、新たな学究・教育構想を取り込んだ形態へと変貌を遂げた（Halperín Donghi 1962；Schwartzman 1991a, 1996；Serrano 1994）。この時期に、チリ大学、ブエノス・アイレス大学、ペルーのサンマルコス国立大学、メキシコ国立自治大学、ウルグアイ共和国大学等に代表されるこの地域の「旗艦大学」が誕生したのである。

　21世紀初頭において、一般的な「旗艦大学」の概念は、科学的研究や、技術に強く関連付けられたものになっている。しかし、ラテン・アメリカの旗艦大学は、研究を構成要素として取り入れるのが遅く、今日に至っても、それは大学における優先順位にかかる議論において、その他の価値観や動機と競合せざるを得ない状態にある。

　本章では、ブラジルの研究および大学院教育における主導的高等教育機関であるサンパウロ大学（Universidade de São Paulo；以下、USP）のケースを見ていく。近隣諸国の姉妹機関におよそ100年遅れて1930年代に設立された同大学は、ブラジル最古の大学である。USPは国立大学ではない。ブラジル最大の経済都市であるサンパウロの政界エリート層が、当時リオ・デ・ジャネイロに連邦大学として「ブラジル大学（Universidade do Brasil）」を設

立しようとしていた連邦政府への明白な対抗意識の表れとして創設したものである (Schwartzman, Bomeny, and Costa 2000)。今日のブラジルでは、連邦、州立、私立、市立大学およびその他高等教育機関におよそ400万人の学生が通っている。それらの7割は私立である[1]。多くの州には州立大学があり、それらは公費で賄われている（憲法により公共教育機関が授業料の徴収が禁じられていることによる）が、中でもサンパウロ州のシステムは別格である。サンパウロ州にはUSPの他に、より新しい二つの公立大学がある。カンピーナス大学（Universidade de Campinas；UNICAMP）とサンパウロ州立ジュリオ・デ・メスキッタ・フィーリョ大学（Universidade Estadual Paulista "Júlio de Mesquita Filho"；UNESP）である。ブラジルで取得される博士号のおよそ3分の1は、これらの3大学により授与されたものだ。ちなみに米国には、USPほど多数の博士を輩出している高等教育機関は、カリフォルニア大学の全てのキャンパスを併せた場合を除いて存在しない（表9.1 参照）。

　USPのさらに驚くべき業績は、ブラジル教育省（後述）により実施されている厳しいピアレビュー評価システムのおかげで、大半の博士号の品質が非常に優れていることにある。にもかかわらず、USPは国際的には比較的知

表9.1　ブラジルおよび米国における10大博士号授与大学（2003年）

機関名	博士号授与数
サンパウロ大学（USP）	2,180
カリフォルニア大学バークレー校	767
カンピーナス大学（UNICAMP）	747
ノバ サウスイースタン大学（フロリダ州）	675
テキサス大学オースティン校	674
サンパウロ州立大学（UNESP）	663
ウィスコンシン大学マディソン校	643
リオ・デ・ジャネイロ連邦大学	653
ミシガン大学アナーバー校	618
ミネソタ大学ツインシティー校	565
イリノイ大学アーバナ・シャンペイン校	614

出典）米国の機関については、"National Science Foundation, Survey of earned doctorates (2003, table 3)" より。ブラジルの機関については、"Universidade de São Paulo (2004)" より。

名度が低く、近年刊行された各種大学国際ランキングにおいても決して芳しい順位は獲得していない。これはブラジルに関する知識が国際的に低いことにもよるのかもしれない。しかしながら、その国際的地位の低さは大学側にも、当局側にも、これをいわゆる世界水準の主導研究機関へと育て上げるための目に見える努力が欠如しているせいでもある。本章では、ブラジルにおける高等教育全体が直面している窮地の側面を紐解いていく。

2）USP—ブラジル最古の総合大学

特殊なケース

ラテン・アメリカの中でもブラジルの高等教育は、カバーする年齢層の範囲の狭さからも、最高とされる学部・学士・研究プログラムの質の高さからも、特殊なケースだといえる。また、高等教育機関の設立が遅かったことも特異である。この地域の他の国々には 16 世紀、遅くとも 19 世紀に設立された総合大学が存在するが、ブラジルのそれらは 1930 〜 40 年代に出現している。その結果、ブラジルの高等教育は、1918 年にアルゼンチンのコルドバで始まり後にアルゼンチン全国の他、ペルー、ウルグアイ、ベネズエラ、メキシコなど近隣諸国にも広がった、大学に独自の自治性と政治色のみならず乏しい学究レベルをもたらす原因ともなった「大学改革」に、長期に渡り影響を受けることがなかった。

ブラジル初の大学法規は 1931 年に制定され、それ以降設立される大学に対し、卒業者が習得した分野の専門職に従事する権利を与えることを含む「大学の特権」の行使権を与えるものであった。この法規は文化、研究、機関の自治権等の従来概念をしかるべく重んじていた。ところが、その主な関心事項は各専門職の基準や規模を制御することにあったため、大学は教育省の厳しい監視下に置かれていた。首都に「モデル大学」を置き、それをその他全ての大学の規範にしようという考え方である。

折りしも 1930 年代といえば、激しいイデオロギー論争や政治紛争が繰り広げられた時代でもあり、一時期においては、政府がブラジル大学の主要学部となる筈であった「哲学・科学・文学専門単科大学（Faculdade de

Filosofia, Ciências e Letras）」をカトリック教会の管轄下に置くのではないかとさえ思われた（Schwartzman 1991b；Schwartzman, Bomeny, and Costa 2000）。同専門単科大学は、研究と人文・科学分野の高等教育を促進し、中等学校教師の育成を行い、総合大学設立の際に導入された旧専門単科大学に科学的能力を注入する役割を担う、総合大学の中核を成すものになる筈であった。しかし、様々な理由から教会側との合意には至らず、1940年代にはカトリック教会が、同じくリオ・デ・ジャネイロに初の私立大学を設立する運びとなった。

サンパウロ州立大学（USP）

結局、1930年代に設立された大学の中で最も早く、そして最も成功を納めたのは、リオ・デ・ジャネイロの国立大学ではなく、1934年に創設され今日USPとして知られるサンパウロ州立大学であった。サンパウロ州は、何十年にも渡り国家の経済成長にとって最も重要な柱であった。当初はコーヒー栽培とその輸出において、後にはヨーロッパ諸国からの移民やブラジル各地からやってきた多くの人々の企業力に支えられた躍動感溢れる工業地帯としての役割である。サンパウロのエリート層は、19世紀後半まで国を支配してきた中央集権的な君主制の崩壊と、主要な州に分権を進めた共和制の確立に成功した。しかし、1930年代にこのエリート層は、新たに浮上した中央集権への動きを止めることに失敗し、1932年にはジェトゥリオ・ヴァルガス政権に抵抗した武力紛争（「リベラル革命」と知られる）をもたらした。この富と政治上の挫折の結びつきが、USPの当初の野心と早期の成功を明確に説明付けるのに役立つものである。

USPの設立を先導した諸人物の一人に、ジュリオ・デ・メスキッタ・フィーリョがいる。ブラジルで最も伝統的で信頼の厚いとされる新聞、「オ・エスタード・デ・サンパウロ紙」（19世紀初刊）を所有する一家に生まれた彼は、サンパウロが国で優位な立場を取り戻しそれを維持するには、近代科学と最先端の事業・経営手法に精通した新たなエリート層を育てる必要があると信じていた。この計画は州知事の支持を受け、新総合大学と「社会学・政治学自由学校」という二つの機関が設立され、教育活動と研究を進めるべく、両機

第 9 章　ブラジルの一流大学：当初理念と現行目標　219

関の教員たちは国外から招かれた。社会・政策科学学校（旧「サンパウロ社会学・政治学自由学校」；Escola Livre de Sociologia e Política de São Paulo）は、当初教員の大半がアメリカ大陸出身者であり、社会学においては多少の業績を残している上、学校も未だ存在はするが、その内実はいまひとつ不明瞭のままである（Limongi 2001）。USP はリオ・デ・ジャネイロ大学と同様に、19 世紀後半に設立された州の既存の機関（旧法科大学、旧医科大学、旧工科大学およびルイス・デ・ケイロス農科大学［Escola Superior de Agricultura Luiz de Queiroz］含む）を寄せ集めて形成された。また、1931 年に制定された法律に基づいて、新たな科学・人文学部（Faculdade de Filosofia）が設立された。こうして USP は（既にいくつかの医学研究を行っていた医科大学を除いて）ブラジル初の研究を行う機関となり、現在もブラジルの中心的な公立総合大学であり続けている。1937 年メスキッタ・フィーリョは、当時の動機についてその著書の中で次のように述べている。

　武力に打ち拉がれながらも我々は、学問と絶え間ない努力のみにより何十年にも渡り連邦において嗜んだ己の主導権を取り戻すことができるのだということを熟知していた。骨の髄までパウリスタ（訳注：paulista ＝サンパウロっ子）である我々は、祖先であるバンデイランテスの野心的な試みを好む傾向や、大きな仕事を成し遂げる忍耐力を受け継いでいる。バンデイラの時代から独立に至るまで、また、摂政時代（訳注：1821 年、ナポレオンの攻撃からブラジルに逃れていたポルトガル王室がペドロ皇太子を摂政として残し帰国）から共和国宣言に至るまでの先駆者たちの努力に対して冒涜を働こうとする者から我々を守ろうとした人々に報いるのに我々が建設し得る碑として、総合大学以上のものがあるだろうか。［……］我々は 1932 年の護憲革命から、まるでサンパウロがイエナの戦い後のドイツ、米海軍による爆撃後の日本、或いはセダンの戦いの直後のフランスと同様の運命に置かれたかのような心情で這い出してきたのだ。それらの国々の歴史は、我々が見舞われた不運の打開策を指し示していた。我々は、片や 1930 年まで我が州と国家の運命を定める立場にあった人々の無知と無能力により、片や［1930

年] 10月の革命の空虚とうぬぼれにより、悲惨な体験を強いられた。4年間に渡り両党派の主要人物たちと身近に接して我々は、ブラジルの抱える問題が、とりわけ文化に纏わるものであると確信した。その結果、我らが大学と、その後の哲学・科学・文学大学を設立するに至った[2]。(Mesquita Filho 1969, 164; Schwartzman 1991b, 129)。

国外からの教員招聘

当時の決定として重要だったのは、新たな哲学部の教員たちを、全員国外から招聘するべきだと定めたことであった。ちょうどその頃ヨーロッパの政治経済が不安定であったことと、幸いにしてサンパウロ州政府の事業資金が豊富であったため、ヨーロッパに採用ミッションを送り込み、イタリア、ドイツおよびフランスの若い教員をスカウトすることができた。その中の一人にクロード・レヴィストロース (Claude Lévi-Strauss) がいる。彼はブラジル国内には目立った痕跡を残さなかったが、ブラジル滞在を利用してボロロ族の村を訪れ、後に執筆に用いる資料を収集した[3]。知名度がそれほど高くないその他の教員たちの方が、より長期に渡り国内に影響を与えた。フロレスタン・フェルナンデス、フェルナンド・エンリッケ・カルドーゾ、オタヴィオ・イアンニを含むブラジル人著名社会学者を丸ごと一世代育て上げた人類学者、ロジェー・バスティード (Roger Bastide)、イタリア在住の白人系ロシア人で、粒子物理学の研究に従事し、優秀な子弟グループを残したグレブ・ワタギン (Gleb Wathagin)、ルイス・デ・ケイロス農学校に近代遺伝学をもたらしたグスタヴ・ブリーゲル (Gustav Brieger)、化学研究におけるドイツの伝統を導入したハインリッヒ・ラインボルト (Heinrich Reinboldt) とハインリッヒ・ハウプトマン (Heinrich Hauptman) などである。

1930年代初頭よりメスキッタとともに、大学をどのように組織するべきか、どのような人材を雇い入れるべきかなどの決定に参加した、ジャーナリストで作家でもあるパウロ・ドゥアルテ (Paulo Duarte) は、何年も後に応じたインタビューの中で、ドイツやイタリアといったファシスト国家からは自然科学者と数学者のみを雇い入れ、社会科学や人文分野の席はフランスに取っておくという明らかな努力がなされていたと強調している。興味深いこ

第9章　ブラジルの一流大学：当初理念と現行目標　221

とに、英国については語られはするものの、彼等の概念図からは除外されており、アメリカ合衆国では問題外とされていた。また、経済学に至っては、重要な学問とすらみなされていなかった。ドゥアルテは、「ある一つの先進国に特化せず、全ての先進国」の学者を参考にすることの意義について次のように述べている。

　即ち、イタリアからは数学、地質学、物理学、古生物学および統計学の、ドイツからは動物学、化学および植物学の教員を呼び寄せ、英国には自然史の中の何らかの分野と心理学辺りをお手伝い頂くことができるかもしれないが、社会学、歴史、哲学、民俗学、地理、更に、もしかすれば物理なども含む純粋思想分野の席をフランスに残しておこうという考えだった。とはいえ、全て思い通りにはいくものではなかった（Schwartzman 1991b, 130）。

当初よりUSPはヨーロッパ人の学者で満たされ、学生もサンパウロには多いヨーロッパ人子弟が大半を占めるという世界志向の教育機関であった。この大学の最初の数年間の目標は、経済成長を促すべく専門職としての能力と応用知識を促進することのみならず（これは事実上達成したが）、何より「純粋科学」や「純粋思想」によりブラジルに文明化をもたらすことにあった。

フランスのモデルを取り入れたということ（メスキッタもドゥアルテも、パリで学んでいる）は、影響力の強いメスキッタ家の新聞が常に動向をカバーしていたということにもよるが、これらの教員たちがUSPに到来した際は、単なる学識者としてだけではなく、スポットライトを浴びるに相応しい文化人、新たなコスモポリタン的インテリゲンチャの創設者として迎え入れられたということでもある。フランス人たちをおそらく例外として、その他の外国人教員たちがそのような役割を担うことはなかったが、一部の教え子は、社会科学のみならず自然科学、特に物理学の分野においてそれを成し遂げた。サンパウロ市中心部のマリア・アントニア街にある旧哲学専門単科大学の建物は、分野の壁を越えてブラジルのインテリゲンチャ統一のシンボル

となっている。物理学者にとっての大きな挑戦は、ブラジルに原子力エネルギーの便益をもたらすことであった。そのため、学者たちは1950年代からブラジル政府によって進行中であった原子力自給政策の知的・技術的サポートを、冷戦に左右されながらも行った。社会科学者たちは、フランス流マルクス主義的アプローチを採用し、当時のブラジルにおける社会経済の苦境の打開策を見出してくれそうにも思われた。彼らは一般の新聞に記事を掲載し、政党政治にも関与した。自然科学者や社会科学者の多くが生涯に一度は共産党に属し、伝統的左翼と何らかの関わりを持ち続けた。

3）ブラジル高等教育におけるUSPの位置付け

拡大するブラジルの高等教育

　ブラジルの高等教育は、ここ数十年急速に拡大しており、2004年の在学生数はおよそ400万人、内100万人が公立大学の学生である。連邦政府は44の大学と39のより小規模の技術教育センターからなるネットワークを管轄しており、それらの機関は各州に最低一つ存在するが、ミナス・ジェライスやリオ・デ・ジャネイロなどのいくつかの州には3〜4ずつ存在する。(INEP [Instituto Nacional de Estudos e Pesquisas Educacionais Anísio Teixeira] 2003)。どの機関にも分野ごとの質の格差はあるが、これらの機関の一部（リオ・デ・ジャネイロ大学、ミナス・ジェライス大学、リオ・グランデ・ド・スール大学など）は、良質とされているのに対し、その他はそれほどでもないとされている。これらの機関では、学生の選定は筆記試験により行われ、大半の授業は昼間行われ、授業料は無料である。また、多くの州が自前の公立機関を有しており、それらの機関の大半は連邦大学に入れなかったり、昼間を勉学に充てることができない就労学生のための夜間コースを設けている。私立高等教育も、大半は安価な授業料しか払えない学生のためのものであるが、近年は授業料の高い高等教育機関も増えつつある。これらは、公立機関ではなし得ないレベルの教育を求める裕福な階層を対象としており、経営学、経済学、歯学などのコースを開設している。

　その中でもサンパウロ州の高等教育にはいくつかの特色がある。USPの

第9章　ブラジルの一流大学：当初理念と現行目標　223

他に、サンパウロ州には州立大学が二校ある。USP の半分程の規模で 1960 年代に設立された高度技術のための機関であり、ブラジルの他のどの大学より大学院生の比率が高い UNICAMP と、州の各市の地方高等教育機関のネットワークから派生し、専門職教育と学士課程教育に特化した UNESP だ。サンパウロはブラジルの最も裕福な州であり、自前の大学も有しているがため、連邦政府はこの州の高等教育にはこれといった資金投入をしたためしがなく、今日でも 2 つの小さな連邦立の機関があるのみだ。一つは医学を専門とするサンパウロ連邦大学（Universidade Federal de São Paulo ＝旧パウリスタ医学学校［Escola Paulista de Medicina］）で、もう一つは工学を専門とするサンカルロス連邦大学（Universidade Federal de São Carlos）だ。しかし、これら公立の 5 機関の在学生数を合わせても、州全体の一割に満たず、残りは膨大かつ非常に活発な私立高等教育セクターに吸収されている。

巨大な複合体 USP

第二次世界大戦後ブラジル経済が成長し続けたことにより、USP も拡大し、旧市街地の古い建物から近代的なキャンパスに移り、同州の他都市にも分校を設け、主な研究プログラムや学士課程プログラムを設けた。1968 年、新たな高等教育改革により古い講座制には終止符が打たれ、米国式の大学院教育が取り入れられた。まもなく、自然科学は哲学部から切り離され、専門の研究所や学科が設けられた。

現在 USP は 50 以上の学科、研究所および研究科で構成される巨大な複合体となっており、25,000 人の博士課程および修士課程の学生が 200 以上の学位プログラムを専攻している。また、毎年およそ 75,000 人の受験者から選抜されたおよそ 5,500 人が、43 の専門職第一学位プログラム（first-degree professional programs）に入学する。学生数では最大の機関ではない（いくつかの私立大学がこれを上回る[4]）が、その予算は最も多く、2003 年のそれは、サンパウロ州予算から 15 億レアル（12 億 7,200 万米ドル[5]）の他、相当額の研究助成金および、研究・技術支援・エクステンション事業等から得られるこの他の資金[6]がある。また、最も広範な分野をカバーする大学院および研究プログラムや研究活動を誇るのもこの大学である。ブラジルの大学院は、そ

の研究、学術面での水準、生産性等について、常に教育省により評価されている。2003年までに評価された1,189の大学院の内、62のプログラムが国際基準を満たしていると評価されている。その内20件（3分の1）がUSPのもので、内訳は自然科学部門が10件、人文・社会科学が5件、その他工学、農学、保健、文学および学際分野の学位プログラムがそれぞれ1件である。また、2003年にブラジルで授与されたおよそ8,000件の博士号のうち、2,000件がUSPで取得されたものである。USPの研究所や学科のなかには、専門職および学士課程の（入試倍率に関しての）水準において、また（国のプログラム評価で示される）質の高さにおいて、非常に威信が高い。しかし名声だけはあるものの、あまり質が高いとは言えないものもある。更に、明らかに水準以下のものもいくつかある。結果、経営学、建築学、土木工学、ジャーナリズム、薬学、心理学の各プログラムは、20倍人以上の受験倍率となる。なお、最良とされるプログラムは、会計学、経営学、作物学、経済学、工学（土木、機械、化学）、法学、文学、数学、医学、獣医学に関連するものである。

　従って、学生65,000人を抱え、国の大半の博士号取得者の輩出と学術研究を司っている巨大な機関であるというのが、ブラジルの高等教育界におけるUSPの地位である。その中には、医学、工学、法学などの一流の専門職系の大学院と、ブラジル最大の医療コンプレックスをも含む。同大学は州予算の定率支給予算により完全にサポートされているほか、ブラジル最大の研究支援機関である「サンパウロ州研究支援基金（Fundação de Amparo à Pesquisa do Estado de São Paulo‒Fapesp）」の資金も利用することができ、教員は総勢5,000名、その大半が博士号取得者であり、78パーセントがフルタイムである[7]。

　国際比較によると、ブラジルはこの地域のどの国と比べても公立高等教育機関の学生一人当たりに数倍もの経費を費やしており、その額は西ヨーロッパの多くの国々のそれにも匹敵する。但し、退職金や大学病院維持管理費等を含むか否か（ブラジルの場合は通常含む）、研究資金、技術支援、開放事業とその契約による収入を含むか否か（ブラジルの場合、通常含まない）等によって、概算は異なる。また、ブラジルの貨幣とドルとの変換がどのようになされたかによっても差異が生じる。2002年のデータによると、学生一人当た

表 9.2　USP とカリフォルニア大学の概要（2004 年）

特　徴	USP	カリフォルニア大学
学生現員数（学士課程）	44,696	159,486
卒業生数（学士課程）	5,515	37,125
学生現員数（大学院課程）	24,312	44,317
修士（MA）論文数	3,366	7,359
博士論文数	2,164	2,764
教員数	4,953	9,093
年間予算（1,000）	US$ 1,530,475	US$ 9,933,455
ドル PPP 年間予算＊（1,000）	US$ 1,290,842	US$ 9,933,455
学生一人当たり経費	US$ 18.71	US$ 48.74
教員一人当たり経費	US$ 260.62	US$ 1,092.43

出典　Carlos Alberto Brito Cruz 原文作成。USP 関連データは「USP, Anuário Estatístico, 2004」（USP 2004 年統計）http://sistemas.usp.br/anuario/　より。カリフォルニア大学関連データは http://budget.ucop.edu/rbudget/200304/contents.pdf より。カリフォルニア大学に関するデータは「経常経費予算」に関するもののみであり、「学外予算」は含まない。
＊「ドル PPP」とは貨幣間の購買力の格差を調整した「購買力平価」のことであり、市場為替レートより正確であるとされる。ちなみに 2003 年当時の為替レートは、1 米ドル＝3 レアル前後であった。

りの支出は、連邦大学では 12,000 米ドル（30,000 レアル）であったのに対し、USP ではおよそ 19,000 米ドル（54,000 レアル）であった。この額は、たしかに数多くの国々の標準と比較して高いが、それでもカリフォルニア大学のそれを大きく下回る（**表 9.2** 参照）。

　これほどの業績を納め、比較的高額な支出をしているにもかかわらず、USP はサンパウロ州の高等教育需要のおよそ 5 パーセント、つまり、国内需要の微々たるものしか満たしていない。だとすれば、今後この機関はどのような役割を果たしていけばよいのだろうか。創設者たちの大志や理想はまだ有効なのであろうか。世界水準の一流大学になることを目指すべきなのであろうか、それともエリート主義のバイアスを捨て去り、コストを下げることも考慮に入れた上で、より多くの人々にアクセスを広げていくべきなのであろうか。更なる公的資金を要求して学生数を増やすべきなのか、それとも比較的小規模のまま、模範エリート教育機関としてのその役割を尚も強調し続けるべきなのであろうか。それとも、とうに USP の垣根は低くなっており、本来の目的や大志を失いつつあるのであろうか。

かつての理想は今も有効か？

　大学の創設者たちが60年前に描いた「純粋哲学」と「高度な文化」という理念は、単なる観念論としての構想に毛が生えた程度のものであったのではなかろうかとの議論もあろう。今日、既に関心の的ではあり得なくなった純粋自然科学は、実践的な成果の探求に置き換えられた。事実、大学の創設時に寄せ集められた専門職系分野の教員たちは、当初よりヨーロッパから呼び寄せられた新設哲学研究科の学者たちに反感を抱いていた（彼らを「ザ・フィロゾファーズ（哲学者たち）」と呼び、軽蔑していた）。そして、それらの専門職系分野の教員たちは、昔からそうしてきたように、技能を持ち威信の高い教養ある専門職の担い手たちを、拡大する大都市産業経済に向けて輩出し続けたのであった。

　はたしてこの大学は国家の「新エリート層」を構築し、サンパウロ州が1930年代に失った優位性を取り戻すことに成功したのであろうか。また、古いラテン・アメリカの旗艦大学としての野心を保つことができたのであろうか。USPの場合は、ある程度それが出来たと言えるであろう。1995〜2002年を任期として大統領を務めたフェルナンド・エンリッケ・カルドーゾは、USPの直接的産物であり、まさしく同大学が創り出そうとしたフランス流インテリゲンチャの錚々たる一例といえる。一方、その後任のルイス・イナシオ・ルーラ・ダ・シルヴァは、北東地方の貧しい家に生まれ、学歴も極めて低い金属工であったが、彼の周囲には常にUSP出身のエリートや労働党員の取り巻きがいた。ブラジル最大級の各企業も、国の最も影響力のある新聞社の大半も、サンパウロに拠点を置いており、それらの幹部もUSPで学位を取得した面々である。

　それでもなお、ブラジル社会におけるUSP卒業生の優位性は、サンパウロ州の中心的大学に特異性があるからではなく、単に同州の経済的重要性を反映したものであるに過ぎないのかもしれない。これに関しては、USPを、その妹分であるUNICAMPと比較してみると興味深い事実が見えてくる。UNICAMPは、1960〜1970年代にかけて、ブラジルの軍事政権が手掛けた野心的な経済・技術成長計画の一環として、高度技術を集約する近代的な研究大学にするという明確な意図を以て設立された機関である。中でも意義

深いイニシアティヴとしては、セルジオ・ポルト（Sérgio Porto）、ロジェリオ・セルケイラ・レイテ（Rogério Cerqueira Leite）、ジョゼ・エリス・リッペル（José Ellis Ripper）を筆頭に、多くのブラジル人研究者が率いる固体物理学科の設立が挙げられる。これらのブラジル人先駆者たちは、米国で学び、ベル研究所を初めとする米国有数の研究所で働いていたところを、各自のプロジェクト遂行のための揺ぎ無い支援を約束された上でブラジルへ呼び戻されたのであった。また、国際連合ラテン・アメリカ経済委員会（United Nations Economic Commission for Latin America）でトレーニングを受けた、マリア・ダ・コンセイソン・タヴァーレス（Maria da Conceição Tavares）、アントニオ・デ・バーロス・カストロ（Antônio de Barros Castro）、カルロス・レッサ（Carlos Lessa）等を講師陣に迎え入れた経済学科の開設も、同じく意義深い。

　これら新世代の物理学者や経済学者には近代的研究大学と、より伝統的な政治的インテリゲンチャの区別ができる筈もなく、結局はUSPの辿った道程を追う形になったのではないかという議論もあるようだが、これらの物理学者の主たる研究の題材はもはや原子力ではなく、コンピューター科学を制覇することと新素材の生産にあった。一方の経済学者たちの場合は、産業化と経済計画がそれまでのUSPの知識人のあいだで主流であったマルクス主義的社会学研究に取って代わった。

　技術面での独立独歩は、より多角的な輸入代替政策の一環であった。それがブラジルの経済成長を長期にわたり持続させてきたのである。しかしながら、ブラジルは原子力においてもコンピューター科学においても自立するに至ったことはない（Schwartzman 1988）。また、その経済が、計画経済の原理や国際連合ラテン・アメリカ経済委員会の指針に則って進められたこともない。USPの旧世代物理学者による技術的自立のための最も野心的なプロジェクトも、UNICAMPの新世代物理学者のそれも、結局は失敗に終わっている。しかしそれは彼等の科学が劣悪であったためではなく、その規模が充分ではなかったからである。第二次世界大戦終結直後、原子力自給への探求は、国家安全や冷戦といった問題にかき消され、科学者たちは軍事政策や公益企業への影響力を失った（Adler 1987）。その後、今度はコンピューターと半導体の自給自足のための野心的なプロジェクトが、技術の進歩の圧倒的

な速度に打ちのめされた。、ブラジルの企業や研究機関は、閉鎖的市場により数年間保護されながらも国際的な波には乗れなかったのである（Botelho and Smith 1985）。

　技術やビジネスの最先端が高度化するなかで、これらの分野を専門とするブラジルの科学者たちは、研究の需要にも資金調達にも苦労するようになっていった。一部は、原子力、宇宙研究、電気、電気通信、交通、環境などの分野における軍事プロジェクトや国家事業との長期的協力関係を結ぶことができた。しかし1990年代になると、ブラジルの公社の大半が民営化され、軍事界のナショナリスト的野望も根拠を失い、そうした協力関係も影響を受けた。また、大学を去り民間セクターへ転身した元科学者たちがリードすることで、有意義な民営のスピンオフがなされたケースもある。また、これらの大学出身の科学者たちの中にはエネルギー、科学、技術、経済上の意思決定において公人、大規模公社等の幹部、大臣、副大臣などとして重要なキャリアを積んだ者もいる。しかし、このような個別のサクセス・ストーリーは、大学が明晰な頭脳の持ち主を失い、所属していた学科が損失を受けたことをも意味する。

　また、社会科学においても、USPやUNICAMPの著名な社会学者たちが、作家や文化人、政治家などとして影響力を強めることは、必ずしも彼等の学術的業績の質の向上とは一致してはいないのではないかという議論もあろう。USPはアングロサクソンの伝統であり1960年代より世界中で支配的となった経験社会学の導入が遅く、しかも、長年社会学と政治学と人類学を組織上区別できずにいた。その間、USPの経済学は、行政学とビジネスのみに目を向け、その他の社会科学とは隔離された状態が続き、後にUNICAMPの経済学者が試みたように、国の経済政策を軌道に乗せるための知的リーダーシップを握るに至らなかった[8]。UNICAMPの経済学者たちは国家の産業・技術にかかる政治活動と政策立案に直接的な役割を果たすべく努力を惜しまなかった。1980年代には、20年に及んだ軍事政権を経て、初の文民政権が発足し、科学技術省が設置された。この省は、それまでの技術の自立を目指した政策の続行を前提として設置され、UNICAMPの経済学者であったルシアーノ・コウチーニョが副大臣としてそれを先導した。また、同大のその

他の経済学者たちも、経済政策に関する討論への参加により著名となり、それぞれ一時期は重要な政治ポストに就くなどしている[9]。しかしながら、それらの学者たちは、一人として大学には残らず、今日、UNICAMPの経済学科は、CAPES（Coordenação de Aperfeiçoamento do Ensino Superior［高等教育改善局］）から国の最良機関としては評価されてはいない。したがって、USPもUNICAMPも、あらゆる意味で強い国家的影響を有する機関として頭角を現すことに成功し、他の高等教育機関の模範になるには至ったが、これらの個々人のサクセスストーリーは、あくまでも例外であり、決してルールではなく、彼らの出身学科の一貫性ある長期的な学術および研究の質の向上に繋がったケースは稀なのである。

知的リーダーシップから社会的包摂へ

これらの事柄から結論付けることができるのは、そもそも知的影響力と学術的優位性とは異なるものであり、しかも、上手く共存すらできないものであるかもしれないということである。今日、国家にとってのインテリゲンチャ的役割を果たそうとする知識人の活躍する場所は皆無に等しい。また、社会科学においては、政治的・イデオロギーの旗印は、かつて中心を成した社会学、政策科学、経済学から、地理や教育、文学の限られた分野へと大きく移行した[10]。最良の学科や研究所とは、インテリゲンチャの役割を果たそうとするものではなく、国際社会との関係を維持し続け周辺社会との実利的関係を構築しながら能力を身につけた学科や研究所なのである。

2002年、ルイス・イナシオ・ルーラ・ダ・シルヴァが大統領に選出されたことは、国家の優先順位の考え方を大きく変えた点で重要である。それまでブラジルは「後進国」、或いは「発展途上国」であり、先進技術の導入、経済の近代化、行政の合理化等により、その状態を乗り越えなければならないというスタンスが支配的であった。この考え方は政界、軍関係者、並びに民間エリートに共通するもので、計画力と近代科学・技術の重要性に関する共通の信念は、主に原子力や情報科学にかかる政策において、左翼と右翼の思いがけない同盟を生じさせたりもした。フェルナンド・エンリッケ・カルドーゾ政権（1995〜2002年）は、1930年代以来の「近代化」政策最後の政

権であったと言え、長期における無責任な税制により止まるところを知らなかったインフレに歯止めを掛け、国を国際経済へと開放することに成功した。それでも再び経済成長を促すには至らず、貧困や不平等の問題を解決するにも、政治上の議題の中心として高まりつつあった政治参加への需要[11]に対応するにも不充分であった。

　ルーラ氏の大統領選出はまさにターニングポイントとなった。彼は「カルドーゾは社会を忘れた」というフレーズをスローガンに抱え、巧みでプロフェッショナリズムに溢れるマーケティング・キャンペーンを展開し、輝かしく選挙戦を戦った。新政権においては、「お金は銀行家への利子の支払いではなく、社会問題に費やされる」、「公共機構の監理と社会政策の実現は、組合や社会活動組織に移譲される」、「経済は、国内外の資本家に対する特権譲渡ではなく、新たに助成を受け力をつけた一般市民の購買力向上により成長する」と謳ったのである。

　ところが選挙での勝利は容易く政策の実現に結び付きはしなかった。新政権は高い金利に頼った因習的な経済政策と予算削減に加え、貧困世帯への交付金から成る「ハンガー・ゼロ」政策等の革新的な社会事業を同時に遂行しようと試みた。2005年9月現在、輸出は好調でインフレは低く、経済政策は上手くいっているようにもみえるが、社会プログラムの大半は危機的状況にあり、その活動が麻痺するほどの膨大な贈収賄スキャンダルにまみれている。

　高等教育に関して政府は、論争を呼びそうな改正を提案した。これは未だ議会の承認を受けていないが、その主な内容は、連邦大学への大規模な予算増額、私立高等教育機関への規制・監理の強化、公立・私立高等教育機関の「社会組織（organized society）」の権限増大、これに教育機関の自治強化、黒人および公立校出身者のための入学枠を確保するといったアファーマティブ・アクション（積極的差別是正措置）等を組み合わせたものである[12]。承認を待つことなく、政府は「万人に大学を」というプログラムを開始させた。これは、私立の教育機関が低所得者層およびマイノリティー層の学生およそ10万人を受け入れる代わりに、租税優遇を施すというものだ。一部の公立大学も既に黒人と公立高校卒業者のための特別定員枠を設け始めている。また、各連

邦大学も、予算増額の見返りとして低所得者層や成人向けの夜間コースの増設等による学生数の増加を迫られている。大学は質を追求し、学生の受け入れは学力に応じて行われるべきであるという考え方がこのような形で挑戦を受けることは過去になかったことであり、学術的優位性より社会的包摂が強調されていることは明らかだ。

　USP もこの流れを免れはしなかったが、ここでは代替策が編み出された。主な対策としてサンパウロ市内で最も貧困層人口の多いゾーナ・レステ（東部地区）に新たなキャンパスが設けられた。同キャンパスは 2005 年に運用が開始され、環境管理、情報システム、公共政策マネジメント、マーケティング、紡績、織布産業技術、自然科学教職課程、観光、身体活動科学、老年学、産科学等のコースに年間 1,000 人程度の学生を受け入れている。

　これらの大半は職業教育型のプログラムであり、競争に基づく入試はそれまでの伝統的学科に比べ、受験者にそれほどの教育水準を要求しないものであることを想定している。オ・エスタード・デ・サンパウロ紙（*O Estado de São Paulo*）は、この新しいキャンパスについて長文の社説を掲載し、それはその後サンパウロ州政府のホームページでも紹介された。

> 　サンパウロ市南部の大学都市（USP のメインキャンパス）では黒人学生の比率はわずか 10 パーセントであるが、新キャンパスでは 21 パーセント強である。また、USP の従来の各学部には公立高校出身者はわずか 29 パーセントであるが、新キャンパスでは 47 パーセントに上る。言い換えれば、新キャンパスの学生のおよそ半数が子供を私立の学校に通わせることのできない家庭で育ったということになる。
> 　ここで重要なのは、ゾーナ・レステのキャンパスの学生は、特別枠を設けている大学の学生のように、何らかの優遇措置を受けて USP に入学したのではないということである。それどころか、人種による選抜の違いはないので、これらの USP の新入生たちは全員、厳格な試験で最も高い得点を出した学生ということになる。「それまで彼らは、USP を遥か遠いものだと思っていたのです」とソニア・ペニン学部課程担当副学長は語る。

サンパウロ州政府が取ったメリトクラシーを貫く決断は、連邦政府の取った特別枠設置政策と最も異なる点である。特別枠を設けることは、より優れた学生の代わりに、それほどでもない学生を大学に入学させるてしまう為、学力という基準を人種や出身校といった別の基準に置き換える結果になる。優遇措置を受けた者は入学はするが、多くの場合、授業についていけず落第したり、教員たちから二流学生としての扱いを受けることになる。(「東部地区のUSP[A USP na Zona Leste]2005」より。)

公立大学と高等教育の「プライバタイゼーション」

連邦政府が、教員組合や学生会の強い支持下に掲げた高等教育政策案のもう一つの項目は、高等教育のプライバタイゼーションへの傾向に反発したものである。既に学生の70パーセントが私立の教育機関に在籍している今日、公立・私立の教育機関の役割分担、そして、質の向上を促し、社会奉仕機関としての信頼性を確保し、過剰な営利を制御する規制の枠組みを構築することが現実的な課題なのである。一方では、USPのような現存する公立機関でも、ある意味プライバタイゼーションが進むのではないかという問題も浮上している。

労働組合にとってこれは、最低でも「公立機関での授業料の有料化」、「教職員の公務員としての地位確立」、「機関間の威信、業績評価、資源等をめぐる競争を促すような外部評価システムの導入」、「各大学独自の資金調達・管理能力の確保」という四点にかかわる現実的脅威を表す。労組の考えはというと、完全な公立教育機関とは学生には無料であり、教職員には安定した職場を提供し、外部に資金を求める必要や心配などないというものだからだ。

公立大学の授業料免除権については、ブラジルの1988年憲法に明記されており、これを改定しようなどという政権はこれまで一切なかった。同憲法は、公立大学の教職員の安定した終身雇用をも確約しており、同様の原理がUSPのような州立機関でも採用されている。更に、今までの各政権が実施してきたあらゆる評価システムは、CAPESの大学院教育の評価を除いて、実績と資金を関連付けることはなかった。

この完全公共モデルを唯一打ち破ったのは、役所特有の柔軟性を欠いた手

第9章　ブラジルの一流大学：当初理念と現行目標　233

続きを必要とせずに資金を運用するために、公立大学が民営機関として立ち上げた各種財団である。当初これらの財団は教育省以外の公共機関の支援の下、特定の学科やプロジェクトに充てられた研究助成金や受託契約金を中央の手続きを迂回して受理・管理するために設立された。また、大学の中央当局により、経常予算外の調達資金を柔軟に管理するために設立されたものもある。この手の組織は多数存在する。USPには、学科や研究所単位で設立された32の財団の他、学長室により設立された一機関が存在する。

　大学や学科や研究所にとって、研究助成金や、受託事業、公開講座開催などにより資金が調達できることは大きな便益となる。これにより財団は、機材調達、客員教授や非常勤スタッフの謝礼の支払い、学生への奨学金給付、教職員の給与補充、通常予算が不足した場合の経常・非経常経費の補填等を行うことができる。また、大学間や外界との関係や交流を促進し、機関の孤立化を軽減することもできる。一方、欠点としては、大学が適切に運営されていない場合、学問・研究や教育に関する幅広い諸目的を犠牲にしてて、容易に特定の小さな学者グループのみを優遇する手段を模索することができることである。また、同じ大学の中で、資金の面においても教職員の収入面においても裕福な学科とそうでない学科が生じるといった問題もある。

　2004年、USPの各民営財団は教職員組合と学生協会の激しい攻撃に遭った。以下はフォーリャ・デ・サンパウロ紙（*Folha de São Paulo*）の記者が当時の状況を綴ったものだ。

　　代替的な資金調達の手段の中で最も物議を醸すのは、経営学院財団（Fundação Instituto de Administração：FIA）と 会計・保険数理・金融研究財団（Fundação Instituto de Pesquisas Contábeis, Atuariais e Financeiras：Fipecafi）により実施されているMBAプログラムだ。どちらも経済・経営学部（Faculdade de Economia e Administração）の管轄下にある機関である。その受講費は18,000～2万レアル[13]で、大半のコースがUSP承認の修了証書を授与する。これによる収入の一部はUSPに移譲されるが大半は財団に残る。昨年FIAは、6,300万レアルの収入の内300万レアルをUSPに移譲している。残りの6,000万レアルは450人の職員

と大学の会計学科から FIA に教えにきている約 55 人の教員の人件費として使われた。ここで議論となるのは、大学の名前を私的活動に用いることに問題はないのか、また、教員たちが大学と財団双方で教鞭を執り、後者での謝礼が前者での給与より高い場合もあるという事実に矛盾はないのかという点である（Trevisan, 2004）。

サンパウロ大学教員組合（Associação de Docentes da Universidade de São Paulo）にとって、これはスキャンダルに他ならない。

USP の商標や設備の使用および民営財団に対して免税措置の恩恵が与えられていることは、いかにして公共の財源が私的な利益確保を支えているのかを語るに充分であろう。これに、驚くべき範囲の分野とサービスが提供されている公共セクターとの巨額の受託契約が加わる。また、プロジェクトのコンサルティング業務や研究や講座による収入の大半は、これらの財団の幹部の証言とは異なり、大学へではなく組織の共同経営者たちのポケットに入るか、財団の経常経費として新たな民間事業の立ち上げにつぎ込まれるかなのである。（Associação de Docentes［教員協会］2001）。

オ・エスタード・デ・サンパウロ紙のコラムニストで、以前は USP の中でも最大の財団を抱える経済・経営学部（Faculdade de Economia e Administração：FEA）の理事であったロベルト・マセド氏は「財団が大学に便益をもたらしていないというのは真実ではない。なぜならばその収入の大半が、確固たる手順を踏んだ上で同大の教員給与の補填に費やされているからだ。財団は資金の調達を行うという点のみならず、その仕事の質の高さと大学へもたらす改善の効果からも非常に重要なものである。USP の最も才知溢れる人材の多くが財団で働いており、彼等の企業家精神は、所属機関の成長と強化には必要不可欠なものである。財団の活動を削減しようものなら大惨事となることだろう。財団なくして USP は、永遠にやってこないゴドーが追加資金を持って来るのを待ち続けるようなものだ。」と弁明する（Macedo 2004）。

民営化に関連して最後に指摘するべき点は、国際化に関するものだ。ブラジルには、優秀な学生を国外へ留学させるという意義深い伝統がある。主な留学先は、米国、フランス、英国などである。また、常にそれらの国々やその他の国々とブラジルの間に研究者の往来がある。2003年、USPは、米国人（297人）、ドイツ人（91人）、ポルトガル人（82人）、メキシコ人（63人）、イタリア人（42人）、日本人（36人）を初めとする多くの客員教授を迎え入れている。しかしながら外国人学生の比率はというと、院生5,500人中のわずか3パーセントに相当する180人と少ない。学士課程の学生45,000人の中には何名の外国人学生がいるかは不明だ。また、外国人学生が学部プログラムに入学するには、通常のポルトガル語での入試を受ける以外の手段はない。院生の受け入れは多少柔軟ではあるが、大学自体に外国人学生を受け入れ支援することに対する積極的な体制がない。無論、ブラジルの大学への留学に大勢のアジアや米国やヨーロッパの学生が魅せられるとは考えにくいが、USPは他のラテン・アメリカ諸国の学生に対しては充分に魅力的であろうし、交換プログラムの対象としてであれば、世界各国の学生や学者にとって非常に良い選択肢ともなり得よう。大学の国際性の拡大を妨げてきた要素の一つに、授業料を徴収できない以上大勢の外国人学生の流入は大学にとって直接的メリットが何もないという点がある。ましてやそれを実現するには、入学選考手順の改変、授業や試験、論文での外国語使用、宿舎への設備投資や支援など、大学の運営に多大な変革を要するからである。

　あまねく、USPを含むブラジルの大学は、ローカルかつ内むきなのである。有名大学の教授等を含む国外で教育を受けた人々や、定期的に客員教授などとしてブラジルを訪れている外国人学者や、国際的文献にその論文が掲載されたことのあるブラジル人教授等の膨大なリストを作るのは容易い。その意味ではこれらの大学は国際的科学界にまだ結びついていると言える。しかし大半の学者にとって留学とは、国内における自身のキャリアの中の一つのステップでしかなく、彼等の帰するところは、あくまでも国内機関なのである。ちなみに1993年のカーネギー財団による学術専門職に関する国際調査でも、ブラジル人学者は大学への所属意識が他国の場合より強いということが明ら

かとなっている[14]。この事実は、ブラジルの公立大学で働く教員は公務員という立場を持ち、職が安定しており、退官を以てのみしか他機関への移動ができない場合が多いということと密接に関係している。このローカリズムは、サンパウロ州の大学で特に強く見受けられるインブリーディングとも関係する。また、同じくカーネギー財団の調査結果によると、サンパウロ州の大学の博士号以上を有する教員の90パーセント以上が、ブラジルの機関（恐らくUSPそのもの）で学位を取得しており、また、連邦大学において取得している比率は63.3パーセントであった。これはどちらの場合も平均年齢は同等（48歳）であるため年齢による差異などではなく、サンパウロ州には国内最古かつ最優良とされる博士課程プログラムが揃っており、学位を求めて留学する必要性（と有益性）限られているからである。国内の大学教員を対象として2003年に行われた同様の調査でも、ミナス・ジェライス大学では41パーセントが、リオ・デ・ジャネイロ大学では25パーセントが国外で博士の学位を取得しているのに対して、USPの場合は15パーセントのみが国外で博士号を取得しているとの結果が出ている[15]。

　この現地特有の文化に加え、公用語がポルトガル語であり、一般に考えられているほどスペイン語はブラジルでポピュラーでもなければ理解もされないという事実がブラジルを他国で進行中の高等教育の国際化の波から遠ざけていると言える。国外の教育機関は、ブラジルへの進出は難しいと感じており、ブラジル人はそういった機関を信用しない傾向がある。ブラジル政府の提案する新高等教育法では、国内の私立高等教育機関への国外からの参画を管理下資産の25パーセントまでと上限を定めている。これは「サービスの貿易に関する一般協定」の下、世界貿易機構（WTO）に提案されている教育サービスの国外からの流入によるブラジル文化への侵略と崩壊に対する措置と考えられる。

4）結　論

　最近の論文の中で、フィリップ・G・アルトバックは、現代社会において「誰もが世界水準の大学を望んでいる。どのような国もそれ無くしてはやってい

第9章　ブラジルの一流大学：当初理念と現行目標　237

けないと思う」と述べている（Altbach 2003, 5）。ところが、ブラジルには世界水準の大学を国が必要としているという総意は存在せず、それを志すことができるはずのUSPは、自らをローカル機関とみなすことを好む。その規模や教職員の能力、研究成果、運用している資産や資金からすると、USPは既に世界の一流大学の一つに数えられても不思議ではない。しかし、入学者のリクルートの方法、外国人学生・学者の人数の少なさ、使用言語がほとんどポルトガル語に限定されていること[16]などを考えると、ローカル機関なのである。それどころか、サンパウロ州と強い一体感を持った地域大学の域を出ておらず、本来あっても良いはずの存在感を国内においても出し切れていないのである[17]。

　世界水準の大学の重要性とは先端科学・技術の各分野における国際参加・競争への必要性にのみ関連するものではない。新たな「知識経済」時代には万人が高等教育を受け、何かしらの先端技術のスペシャリストにならなければならないとしばしば言われるが、それは真実ではない。どこの国でも職業は主としてサービス産業セクターを中心に広がるものであり、一般教育を受けており、読み書き（今日においては2ヶ国語以上）が出来、自分の生きている社会の常識を理解しそれに則った行動ができる人々の就職場所や雇用機会は広範囲に存在する。

　研究に限定的な強調を置くのは誇張というものである。世界水準の大学は、科学技術の開発に従事すべきではあるが、人々に文化と一般教養を身に付けさせ、自国や世界で何が起きているのかを理解できるよう教育することも必要なのである。これらの大学は、外交官、公務員、政治家、ジャーナリスト、歴史家、作家などを教育しなければならない。そして国とより広い世界との架け橋として、他機関に知的卓越性の模範を示さなければならない。

　結局のところ、世界水準の大学とは教育のグローバル化の流れに対応する唯一の賢い手段である。そのグローバル化とは、名声ある世界水準の大学のブランチを他国に設立することや、通信教育技術の活用や現地フランチャイズの広範な展開を通じて成長しつつある大企業に先導された知識産業の拡大等を含む大きなプロセスのことである。外国の機関の進出を禁じたり、学生の通信教育へのアクセスを制御したりして国外からの影響を受けないよう鎖

国状態を作ることでその流れを止めることができるなどとは、想像し難い。通常、行政の規制権限は、専門職免許に連結した公式認定書や、何らかの市場特権を与えるプログラムにしか及ばない。しかし、市場側ではそれとは異なった、例えばFIAや、その他USPの財団或いはジェトゥリオ・ヴァルガス財団（Fundação Getúlio Vargas）等の非大学機関が与えるMBAなどのエクステンションプログラムの修了証書を求めるケースが増えている。このようなプログラムであれば、外国機関にも容易く提供することができるだろう。また、インターネットを介したインフォーマルな知識の普及をくいとめることは不可能である。世界中のどこであれ、たとえドイツやスカンジナヴィア諸国のような最も均質性の高い社会であっても、全ての大学がこの国際的役割を果たすことができるようなことはあり得ない。しかし一部の大学は、そのレベルに達することができ、また更なる質・能力・国際的視野の開発・成長を目指すよう活性化されることも可能であろう。

　これに関してアルトバックは、その著書の中で世界水準の大学への動向を懐疑的な目で見ているが、その内容については後に述べる。その前に、彼が示すその地位を手に入れるのに大学に要求される特性を見てみよう。

　その1：「国際的に認められる世界水準の研究」。これを達成するには優秀な教員、良い研究環境、そしてそれ相応の報酬が不可欠である。「良い研究環境」には、能力のある者の就労の安定と、民間セクターや国内外の他大学との競争に耐え得る報酬が含まれる。

　その2：「研究・教育・表現の自由」。教員や研究者や学生は、その研究テーマを自由に選択し、その所見および解釈を制限や制約なしで発表できなければならない。この自由は、その教員・研究者の専門分野に留まらず、社会全体に関わるような幅広い社会・文化的重要性を秘めた事柄について自らの姿勢を表明できるようでなければならない。

　その3：「学問の自治」。大学は、その最も優秀な学者を介して教育・研究分野の選択と、教職員の選抜や入学者の受入れおよび学位や資格の授与にかかる基準を設定する自由を持てなければならない。

　その4：「インフラ」。良い大学とは、最新式の研究施設や図書館を有し、

第9章 ブラジルの一流大学：当初理念と現行目標　239

コンピューターを完備して国内外のデータバンクへのアクセスを可能とし、教員や学生の活動環境（事務室、教室、有能な事務職員、屋内外施設の維持管理等）を常時整えていなければならない。

　最後に、とはいえ重要性が低いわけではないが、「資金」がある。質の高い大学は高くつき、コストは常に上昇しているが、質の高い個人指導を何らかの技術によって代替することはできない。しかも全ての学科や研究所が自力で外部資金を調達することができるわけではない。したがって、世界水準の大学が存続するには、膨大な公的支援を常時必要とする。
　アルトバックが挙げる最初の数項目は、USP が創立された 70 年前には既に存在し、それ以降ブラジルの全ての高等教育法で、少なくとも書類上は採用され続けている。この特性は、カーデナル・ニューマン（Cardinal Newman）やアブラハム・フレキシナー（Abraham Flexner）、また、古きフンボルト大学の賛美者たちによる大学に関する書に由来するものである。このような理想は、広い意味では未だ存在するが、これらの古典的著作が世に出た以降の高等教育界における劇的な変貌を説明し得るものではない[18]。
　ブラジルでは、数多くの他国でもそうであるように、教育当局や専門職団体の要求・価値観・認識に直面し、また、高等教育資格が一般に要求されるようになったことによりこれらの価値観は傷つけられた。更に悪いことに、研究が刊行物によって採点される点取りゲームと化し、得られた得点は成績や昇進や資金へと変換されるようになった。この場合、研究テーマや出版内容の有用性には、誰もほとんど目もくれない。また、教員にとっての職の保証とは、硬直性と固定性を意味するものとなり、新たな教員の雇用は小さな派閥による操作を免れない官僚的儀式と化した。大学への公的資金投入も限界に達したとみられ、資金は実際のニーズや教育・研究の実績を無視して大学の伝統や政治的影響力によって配分されるようになった。自治権の獲得により多くの機関は、階層も知識も能力も、果ては上位目標等も無視して教職員や学生の多数投票により統治される小共和国と化した。無論全ての機関がそのような内情であるわけではなく、学術的価値観や文化的側面が強い機関も多い。しかし、これらの傾向は、政治・行政命令により設立された、強力

な学術コミュニティーをその中核に持たない機関でよく知られ、特に強い。このような状況において、新しい、世界水準の大学の中核的価値観として、ニューマンやフレキシナーの描いた理想を取り戻すことなどできるのであろうか。

　アルトバックの論文が過去への回帰を志向した抗弁であるとは思わない。事実、今日最良とされる大学は、教職員や学生の受け入れにも自治の精神と質の基準を守り通した、いかにも伝統ある機関らしく見える。しかし一方で、これらの伝統的大学は、古い価値観を守り通すために大きく変貌し近代化しなければならなかった。解決策でもあり挑戦でもあるのは、最良の学術的伝統と、現代が要求する変貌や適応とを如何に組み合わせるかにある。

　更にアルトバックのリストに加えるべき特性が3つある。「コスモポリタニズム」、「多様性」、そして「近代的マネジメント」だ。世界水準の大学は国内外からの教員と多数の外国人学生を集めるべきである。それにより、地域に根付いた仮定や経験を常に他国のそれと比較・対比できる環境ができる。しかもそれは、研究やプログラムの内容に関することのみならず、異なる文化の中で生活をした経験を持つ者にこそ分かる幅広い領域における暗黙の了解や、生活様式等に関することにまで及ぶ。第二言語としての英語の活用は必須である。特にアジアやアフリカの国々の一部では、主要な大学での使用言語を英語と定めている。ヨーロッパの国々でも、オランダやスウェーデン、そしてとりわけドイツやフランスでも、英語で授業が行われるコースが次々と開設されており、英語を使用言語とする学生の受け入れが、主に大学院レベルのプログラムにおいて盛んとなりつつある。ブラジルの場合は英語の他にもスペイン語を代替選択肢として採用する必要があるであろう。

　「多様性」といえば、社会的包摂にかかるが、それ以上の意味合いをも持つ。世界水準の大学は、文化・社会的出身やバックグラウンドが異なる人々に門戸を開き、多様なリーダーシップの出現・強化を可能としなければならない。これは、社会・文化的多様性を考慮した入学・採用方針と、参加者全員の大学における経験がより豊かになるような、伝統にとらわれないプログラムの開設等により可能である。これは、学生の受け入れや教員の採用には形式に則った手続きや筆記試験が一般的前提とされるブラジルの場合は難しい。こ

第9章　ブラジルの一流大学：当初理念と現行目標

れらの堅苦しい手続きは「客観的」であるとみなされており、より形式ばらない「主観的」な手法を採った場合に蔓延しかねない、排他的で自己利益のみを追求した悪しき慣習を妨げる目的があるとされている。そしてこの前提は、高等教育機関におけるアファーマティブ・アクションの適用に重要な障害となっている。何故ならば人種枠を設けるということは、人種、民族、地域、宗教といった要素に左右されない筈の「客観性」の原理を明らかに破っているからだ。

次に重要な論点は、「自治」、「マネジメント」、「資金調達」といった項目を含む。今日の大学の自治とは、1918年にラテン・アメリカで起きたコルドバ大学の改革運動で掲げられた政治的自律と時間のかかる合議的意思決定の手順を具象化したような理想とは異なる。このような自治は、現状維持には都合が良いが、既成の利権に影響を及ぼすような意思決定を行うには都合が悪い。ラテン・アメリカ人は今日でも彼等の大学の自治について誇りを持って語るが、大抵はこの政治的取り決めこそが、大半の高等教育機関の学術的弱点の基礎を成していることを理解していない。近代的な大学は、政府の許可をいちいち得なくても、また、学生や教職員全員と交渉しなくても、学科の開設や閉鎖、教員や研究者の雇用・解雇を行い、新規挑戦に挑むために資源を傾斜させるのに十分な自治権をもたなければならない。

その自治権を行使するためにも、大学は新たな形式のマネジメントを必要としている。学長が、書類をいじって仕事をしている振りをする人間であったり、評議会の終わりのない会議の議長のままであってはいけない。優先順位を定め、費用対効果を見極め、長期財政計画を策定し、資産を運用しなければならない。マンネリ化したポストの奪い合いに替わり、有能な人材を呼び寄せることができるよう、給与や研究環境上の良い条件を作り出し、同時に能力が基準値を下回る人材や組織に相応しくない人材を排除できるような措置を講じた上で、積極的な人事方針を展開させなければならない。また、学生の受け入れにかかる因習的かつ形式的な手続きに替わり、教育機関は国内外の学生を探し出し引き寄せるべく、アクティブな戦略を展開しなければならない。更に研究費の投入を集中させる分野を選択し、すたれて時代遅れとなった伝統的な部門をどうするかについて決断を下さなければならない。

一般企業の間で典型的なマネジメントのスタイルと、学術界特有の伝統的価値観や文化を調和させることは難しい。理想的な形は、強い学術・知的適性と知名度のある人々に組織が指揮された時に生じる。幸いにして、成功を納めた科学者の多くが経営力・起業力にも長けていることを考えれば、これは決して不可能な組み合わせではない[19]。

マネジメントの課題は、大学の専門職別と学問分野別のそれぞれの組織系列の問題とも関連している。元来ブラジルの大学は、ナポレオニック・モデルに従い、専門職系のプロフェッショナル・スクールの系列に沿って組織されていた（事実、プロフェッショナル・スクールが大学に先だって設立されており、多くの場合それらは完全には統合されていない）。その後、1968年の大学改革により各大学は学問分野別の学科や研究所によって組織され始めた。この変化によるマイナス効果は数多くの教育プログラム、特に専門職としての歴史の浅い分野のものが、統一されたマネジメントやリーダーシップのないままに、様々な学科の提供する教育プログラムをぶつ切り状態で並べただけのものとなってしまったことだ。更に、今日研究とは、もはや学問分野や専門職上の境界線を持つものではないため、各大学はこの新しい学術融合的・学際的活動の領域を拡大し支援することが困難だと感じている。

大学が学科や研究所で組織されるようになったことによるマイナス面により、多くの人々が、学科は廃止されるべきだと考えるようになった。しかし、伝統的な講座制と専門職系の学部や大学院を組み合わせた形態に戻ることも意味がないと思われるため、このような立場を維持するのは難しいだろう。実践的には、あらゆる組織構成が成功を納める場合もあれば、失敗する場合もある。いずれにせよ主たる課題は、如何に総合的なマネジメントや全体の目標と調和しつつ、大学に比較的自立した強い意思決定権と様々な教育、研究、エクステンション事業等をリードするマネジメント拠点の機能を備えるかにある。

研究に関して言えば、学問の自由が、明確な指針や優先順位、焦点と組み合わせられていることが望ましい。教員や研究者たちは、教室や研究室の中であれ外であれ、自らの考えを述べることや重要だと思う研究を遂行することを阻止されてはならない。しかし、この自由は、適切なピアレビューと、

第9章　ブラジルの一流大学：当初理念と現行目標　243

研究とは費用は高いが大きな見返りもあるかもしれないものであり、また倫理上の問題を呼び起こす可能性も秘めたものであるとの理解を組み合わせた上で存在しなければならない。知的財産権と倫理的行動の問題にも、特に社会科学や医学の分野においては注意を注ぎ、研究者一人一人や学科長の自由裁量に任せたままにしてはならない。最後に、基礎研究と応用研究に境界は、仮に以前は存在していたとしても今や存在しないに等しいということを認識することにより、大学と政府やビジネスパートナーとの係わり合いによる複雑な問題や新たな機会が生じる。大学はその事実と正面から向き合い、管理できるようにならなければならない。

　以上を考慮すると、巨額の資金がなければ何も成し遂げることはできないことがわかる。したがって、世界水準の大学は公共の支援がなくては存在し得ず、しかも、それだけでは充分ではない。サービス料を請求し、寄付金を募り、授業料を徴収し、プロフェッショナルな長期投資計画や指針を作成・制定しなければならない。また、好業績を促進するべくインセンティヴの基準を定めることも必要である。また、予算の使途が事前に決まっていたり、ある項目の余剰金が他項目に転用できないシステムなのであれば、敏腕に資産を運用する動機付けにはならない。世界水準の大学のマネジメント要件と公共サービス法規とが一致しないことは明白である。ブラジルにおける後者は、多くの国々でもそうであるように、細かく定められた予算、厳正な調達行程、教職員の雇用や生徒の受け入れに関する儀式的な手続き等が特徴なのである。しかし、このような課題があるからといって世界水準の大学が公共セクターには存在し得ないというわけではない。しかし、世界水準の大学は、包括予算、長期投資、目立した人事や学生の受け入れにかかる指針の制定権、より柔軟な資産運用システム等を基盤とした新しいタイプの事業契約を公共セクターと取り結ぶことが必要なのである。

　大学が世界的地位を勝ち取るためにできることには明らかな限界がある。費用は高く、どのような国も必要な投資ができるというものでもないし、しなければならないものでもない。サービス提供による収入や研究助成金、授業料等による「ソフト」な財源では、巨額な公的支援の不足を補うことはできない。世界的には、中国、韓国、インド、シンガポール等もヨーロッパと

米国に並び、この「選抜クラブ」に入ろうと真剣に取り組んでいる。英国は国際競争力を維持するべく、研究資金をケンブリッジ大学やオックスフォード大学といった一流大学に集中的に注ぎ込んでいる。より平等主義的伝統のあるドイツでも、同様の問題に立ち向かおうとし始めている。世界で最も優れた大学であっても全ての分野において卓越していることはありえない。あらゆるランキングの一位であるハーバード大学でも、工学は優れているとはみなされておらず、プリンストン大学には医学部が存在しない。

　それでも尚、たとえ最もグローバルとみなされる大学であっても、それは必ずどこかの国の中にあり、その国から大半の資金と学生とスタッフを獲得しているのである。また、各地域や各国特有の問題、課題、研究テーマ、職業特性があり、それらは尊重されなければならない。世界水準の大学とは、その社会に強い根をはっていなければならない。そしてその根があってこそ、他の文化や社会に枝葉を伸ばすことができるのである。最後に、全ての大学やその他の高等教育機関が、同じ目標を目指す必要も同じモデルに従う必要もない。今日存在する広大な高等教育界には、多種多様な役割や使命が共存する余地がある。したがって、世界水準の機関になるというのは、その中の選択肢の一つに過ぎない。

　創立70周年を迎える今、USPは、必要な調整や変革を行った上で当初の理想に戻り、世界水準の大学になりたいのか、あるいは、それ相応の教育活動と研究を行いつつもそれ以上は求めず、ブラジルの数多くの高等教育機関の一つであり続けたいのかを決めなければならない。無論この決断は、州政府のコミットメントと幅広い学術層、職業層、企業層の支持を要することであるから、学長の独断や限られたグループで下せるものではない。そのような計画を遂行するためには、現代社会における一流大学の役割をより明確にしていく必要がある。今の時代、その役割が時代遅れのインテリゲンチャやエリート層向け職業訓練教育を扶養することであったり、反対に大衆向けの高等教育サービスであってはならない。何故ならばそれは、高度な技術・ビジネス・公共政策とのより複雑かつ日常的な統合や交流を伴い、またコスモポリタンな姿をもつものだからだ。ブラジルは世界水準の大学を必要としている。その中でUSPは、州の財源と伝統的なリーダーシップに支えられてい

第 9 章　ブラジルの一流大学：当初理念と現行目標　245

るおかげで、この課題を受け入れ、直面し、克服するだけの人的、物的、政治的資源を兼ね備えた国内有数の機関なのである。

注

著者注：USP のエリザベッチ・バルバチェフスキー（Elizabeth Balbachevsky）氏、カンディド・メンデス大学（Universidade Cândido Mendes）のエディソン・ヌーネス（Edson Nunes）氏、ブラジリア大学のマリーザ・ペイラーノ（Mariza Peirano）氏と、特に UNICAMP の前学長で現サンパウロ州の研究財団である FAPESP の科学主任であるカルロス・エンリッケ・ブリット・クルス（Carlos Henrique Brito Cruz）氏よりのコメント、訂正、批判および追加情報に謝意を表したい。

1　ブラジルの今日の高等教育の概要には第 10 章を参照されたい。Schwartzman (1992, 2004) も参照のこと。
2　バンデイラス（*Bandeiras*）とは、直訳で「旗」の意。16 世紀、旧サンヴィセンテ世襲行政区（現在のサンパウロ）を起点として、未知の南米大陸奥地に遠征し、道を切り開き、入植地を設置しつつ金や奴隷を求め、現在のブラジルとして知られる国家の領土を開拓した。「旗持ち」の意である「バンデイランテス（*Bandeirantes*）」はサンパウロの起業精神のシンボルとなっている（Moog 1964; Morse 1965）。
3　決して名誉にはならない当時の USP におけるレヴィストロースの業績には Lévi-Strauss（1997）を参照されたい。
4　2003 年における USP の学士課程プログラムの総在学数は 44,000 人であった。一方、リオ・デ・ジャネイロのエスタシオ・デ・サー大学（Universidade Estácio de Sá）は約 100,000 人、サンパウロのパウリスタ大学（Universidade Paulista）は 92,000 人である。両大学とも私立の教育を主体とした大学である（Brasil Ministério da Educação 2004）。
5　米ドルは PPP で表示した。PPP とは、貨幣間の購買力平価であり、市場両替レートより正確であるとされる。
6　サンパウロの州立 3 大学には、州議会の決定により、州の主要税収源である物品流通税（Imposto de Circulação de Mercadorias）の定率 9.57 パーセントが充てられている。5.029 パーセントは USP に、2.196 パーセントは UNICAMP に、2.345 パーセントが州立パウリスタ大学に配分される。これに、医療当局からの大学病院への資金と、州・連邦両政府からの研究費が加わる。サンパウロ大学付属クリニカス病院（Hospital das Clínicas）総合医療センターの 2003 年予算は、およそ 5 億レアル（4 億 2,300 万米ドル）で、その大半は保健省からのものである（Hospital das Clínicas da Universidade de São Paulo, 2003）。更に、USP の研究者は、ブラジル最大級の研究支援機関であるサンパウロ研究支援財団（Fundação de Amparo à Pesquisa de São Paulo：FAPESP）の資金にも頼ることができる。
7　2003 年、USP には教員総勢 4,953 人中、フルタイム 3,873 人であった。パートタイム教員の比率が高かったのは、医学、歯学、法学、作物学といったプロフェッショ

ナル・スクールにおいてであった。(Universidade de São Paulo 2004, table 2.11)。
8　例外には、USPの経済学教授で現在は連邦議会議員であるアントニオ・デルフィン・ネット (Antônio Delfim Netto) がいる。彼は、「経済の奇跡」と称されブラジルが大きな経済転換期を迎えた時期である1967～1985年、経済大臣を務めた。デルフィン・ネットは、紛れもなく20世紀のブラジルの最も有能な経済学者であろう。にもかかわらず、USPには、後の同じくUSPの社会学者やUNICAMPの経済学者に見られたような、「デルフィン・ネット経済学派」といったものが見受けられない。
9　バーロス・デ・カストロ (Antônio Barros de Castro) は1990年代半ば、ブラジル最大級の公共投資銀行である国家経済社会開発銀行 (Banco Nacional de Desenvolvimento Econômico e Social) の頭取に就任した (そして2005年には同銀行の企画部長になった)。レッサは、その10年後、全く違った政治的背景の下、同じポストに就いた。コンセイソン・タヴァーレス (Conceição Tavares) は労働党の影響力ある知識人として、下院議員になり、一時はルイス・イナシオ・ルーラ・ダ・シルヴァ (Luís Ignácio Lula da Silva) 政権の保守的な経済政策に反対するグループを率いた。
10　1970年代に政治犯として国外追放された先からの帰国後、フェルナンド・エンリッケ・カルドーゾとその仲間たちにより設立されたブラジル分析・企画センター (Centro Brasileiro de Análise e Planejamento：CEBRAP) の事例は実に象徴的である。カルドーゾの一流政治家としての存在感が高まるのと反比例して、センターの知的意義は低くなっていった。(Sorj 2001)。
11　カルドーゾ政権の期間中、経済および財政の調整によりブラジルの社会情勢は悪化したと言われることがあるが、それは真実ではない。しかしながら、1980年代初期からそうであったように、経済が概ね停滞していたというのは事実である (Schwartzman 2000)。
12　「社会組織 (organized society)」という表現は、労働党 (Partido dos Trabalhadores：PT) 党員が使い始めた、いわば業界用語で、「労働組合」や「社会運動」、またはその他の「草の根レベルの組織」を意味する。政府の高等教育改革案の批評と改革案の素案には、Castro & Schwartzman (2005) を参照されたい。
13　2003年当時の為替レートは、1米ドルが約3レアルであった。予測購買力平価は1.18であった。
14　その調査の結果によると、ブラジルの大学教員の76パーセントが自分の大学に所属することが「非常に重要」であると答えており、チリの65パーセント、メキシコの56パーセント、米国の36パーセント、スウェーデンの19パーセント、ドイツの8パーセントと比較して、対象となった13カ国の中で一番高い。(Boyer, Altbach,and Whitelaw, 1994, 80)。
15　フォード財団の助成により実施された「2003年ブラジル大学教授職全国調査」からの情報提供をして下さったエリザベス・バルバチェフスキー氏に感謝する。
16　大学内規により論文は、恐らく外国文学を除き、全てポルトガル語で書かれると定められている。(この情報を確認して下さったエリザベス・バルバチェフスキー

第9章 ブラジルの一流大学:当初理念と現行目標 247

氏に感謝する)。
17 上海交通大学高等教育研究所が作成したランキングによると、ラテン・アメリカの最高位の大学は、メキシコ国立自治大学(UNAM)と USP であり、両者揃って全体の153位である。一方、タイムズ紙高等教育サプリメント (*THES*) のランキングには、USP も UNAM も、多くの点で明らかにランキングされている一部機関より優れているにもかかわらず、一切登場しない (Institute of Higher Education 2004)。
18 当時の展望には、Clark(1983, 11-26)による「knowledge」chapter 1 を参照されたい。
19 ブルーノ・ラトゥールは、あらゆる場面でこの点について考察している。一例として、『科学が作られているとき—人類学的考察 (Science in Action)』(Latour 1987) の序章を参照されたい。

参考文献

Adler, E. 1987. *The power of ideology: The quest for technological autonomy in Argentina and Brazil*. Berkeley: University of California Press.
Altbach, P. G. 2003. The costs and benefits of world-class universities. In *International Higher Education*, no. 33:5-8.
Associação de Docentes da Universidade de São Paulo (ADUSP). 2001. Dossiê Fundações. In *Revista ADUSP*, March. www.adusp.org.br/revista/22 / Default.htm.
A USP na Zona Leste. 2005. In *O Estado de São Paulo*, March 12. www.saopaulo.sp.gov.br/sis/leimprensa.asp?id=62045.
Botelho, A. J., and P. H. Smith. 1985. *The computer question in Brazil: High technology in a developing society*. Boston: Massachusetts Institute of Technology, Center for International Studies.
Boyer, E. L., P. G. Altbach, and M. J. Whitelaw. 1994. *The academic profession: An international perspective*. Princeton, NJ: Carnegie Foundation for the Advancement of Teaching.
Brasil Ministerio da Educação. 2004. Censo da Educação Superior 2004 — Resumo Técnico, Tabelas Anexo. www.inep.gov.br/download/superior/censo/2004ResumoTecnico2003_ANEXO.pdf (accessed June 30, 2005).
Castro, C. d. M., and S. Schwartzman. 2005. *Reforma da Educação Superior — Uma Visão Crítica*. Brasília: FUNADESP.
Clark, B. R. 1983. *The higher education system: Academic organization in cross-national perspective*. Berkeley: University of California Press.
Halperín Donghi, T. 1962. *Historia de la Universidad de Buenos Aires*. Buenos Aires: Editorial Universitaria de Buenos Aires.
Hospital das Clínicas da Universidade de São Paulo. 2003. Relatório Anual de

Atividades. www.hcnet.usp.br/publicacoes/index.htm (accessed June 30, 2005).
INEP. 2003. Censo do Ensino Superior. www.inep.gov.br/superior/censosuperior/.
Institute of Higher Education, Shanghai Jiao Tong University. 2004. Academic ranking of world universities. http://ed.sjtu.edu.cn/ranking.htm.
Latour, B. 1987. *Science in Action: How to follow scientists and engineers through society*. Cambridge, MA: Harvard University Press.
Lévi-Strauss, C. 1997. *Tristes Tropiques*. New York: Modern Library.
Limongi, F. 2001. A Escola Livre de Sociologia e Política de São Paulo. In *História das Ciências Sociais no Brasil*, ed. S. Miceli, vol. 1 (2a edição revista e corrigida ed.), 257-76). São Paulo: Sumaré.
Macedo, R. 2004. Fundações Fortalecem a USP. *O Estado de São Paulo*, April 29. www.universiabrasil.com.br/html/noticiaggejh.html.
Mesquita Filho, J. d. 1969. *Política e Cultura*. São Paulo: Livraria Martins.
Moog, C. V. 1964. *Bandeirantes and Pioneers*. New York: G. Braziller.
Morse, R. M. 1965. *The Bandeirantes: The historical role of the Brazilian pathfinders*. New York: Knopf.
National Science Foundation. 2003. Survey of earned doctorates. www.nsf.gov/statistics/srvydoctorates/.
Schwartzman, S. 1988. High technology vs. self reliance: Brazil enters the computer age. In *Brazil's economic and political future*, ed. J. M. Chacel, P. S. Falk, and D. V. Fleischer, 67-82. Boulder, CO: Westview Press.
――――. 1991a. Changing roles of new knowledge: Research institutions and societal transformations in Brazil. In *Social Sciences and Modern States: National experiences and theoretical crossroads*, ed. P. Wagner, C. H. Weiss, B. Wittrock, and H. Wollman, 230-60. Cambridge: Cambridge University Press.
――――. 1991b. *A space for science: The development of the scientific community in Brazil*. University Park: Pennsylvania State University Press.
――――. 1992. *The future of higher education in Brazil*. Washington, DC: Woodrow Wilson International Center for Scholars.
――――. 1996. *América Latina: Universidades en Transición*. Washington, DC: Organization of American States.
――――. 2000. Brasil, the social agenda. *Daedalus (Proceedings of the American Academy of Arts and Sciences)* 129 (2): 29-53.
――――. 2004. Equity, quality and relevance in higher education in Brazil. In *Anais da Academia Brasileira de Ciências* 26 (1): 173-88.
Schwartzman, S., H. M. B. Bomeny, and V. M. R. Costa. 2000. *Tempos de Capanema*. 2nd ed. São Paulo, Rio de Janeiro: Paz e Terra, Editora da Fundação Getúlio Vargas.
Serrano, S. 1994. *Universidad y Nación: Chile en el Siglo XIX*. Santiago de Chile:

Editorial Universitaria.

Sorj, B. 2001. *A Construção Intelectual do Brasil Contemporâneo da Resistência à Ditadura ao Governo FHC*. Rio de Janeiro: Jorge Zahar Editor.

Trevisan, C. 2004. USP discute onde obter verbas para manter e ampliar pesquisas. In *Folha de São Paulo*, January 23. www1.folha.uol.com.br/folha / educacao/ult305u14843.shtml.

Universidade de São Paulo. 2004. USP ─ Anuário Estatístico. http://sistemas.usp.br/anuario/.

第10章
ブラジルの研究型大学

ジョアン・E.シュタイナー

（藤沢圭子訳）

1）はじめに

　研究および大学院大学（research and graduate education universities）は、教育システムのピラミッドの頂点を成す。社会・経済が高度に発達した国々の多くには、強力でかつ多様化した教育システムが存在する。「知識社会」の時代にありながら、研究志向の高等教育機関を持たずにいられる国は存在しない。

　専門家たちは、生物の多様性こそが富の基盤であるという。これは進化の基本法則の類であるが、はたして教育機関の場合でも、「多様性」は同様に富の源泉を表すことができるだろうか。地球上で最も多様かつ成功した教育システムを誇る米国が、それを裏付けているようにも見える。個人および機関の潜在能力は、組織の多様性と自由の下にあれば、必ずや開花するものである。先進国であれ途上国であれ、その大半において高等教育システムとは複雑かつ多様なものである。ブラジルの場合、高等教育機関の多様性は1990年代に拡大し、現在では学術および職業の発展に広く貢献している（Martins 2000）。法的に見ると、そのシステムは「大学（universities）」、「大学センター（university centers）」、並びに「附属カレッジおよびスクール（affiliated colleges and schools）」から成り、それらは「公立（public）」、「非営利私立（private nonprofit）（地域共同体、宗教団体、財団等がスポンサーになっているもの等）」、および「営利私立（private for-profit）」に区分される。しかし全ての大学が研究大学であるわけでもなければ、全ての研究大学が同様の積極性を以て研究に打ち込んでいるわけでもない（Lobo 2004）。では、そのシステムの多様性をどのように形容すればよいのであろう。

評価とは、学術活動にとって不可欠なものである。事実、学生の評価は、世界中で広く行われている。高等教育機関の評価となると、それほど一般的ではないが、強力な教育システムとは、その利用者に対しても社会に対しても、透明でなければならない。ブラジルの大学院教育の場合、教育省傘下の高等教育改善局（Coordenação de Aperfeiçoamento do Ensino Superior：CAPES)[1]が幾年にも渡り教育プログラム評価のための戦略的活動を実施している。

2）ブラジルの高等教育システム

起源

ブラジルの高等教育は19世紀初頭を起源とする。1808年にポルトガルのドン・ジョオン六世がヨーロッパからブラジルへ逃れてきた直後、初の医学プログラムがサルヴァドールに一つ、リオ・デ・ジャネイロに二つ開設された。1810年には、王立陸軍士官学校（現在の連邦リオ・デ・ジャネイロ大学工学院）が設立された。サンパウロ法学校（市内繁華街のサンフランシスコ広場に所在）とオリンダ法学校（ペルナンブコ州）は、1827年に設立された。また、第二帝政時代終盤（1840-1889）から共和国時代初期（1889-1900）にかけては、医学、工学、農学、法学を網羅したいくつかの専門学校が設立されている。

20世紀初頭になると、各種プロフェッショナル・スクールの設立は加速した。まもなく、それらの一部が合併し、1912年にはパラナ連邦大学、1924年にはリオ・グランデ・ド・スール・カトリック大学、1927年にはミナス・ジェライス連邦大学（以下、UFMG）等、ブラジル初の大学が次々と生まれた。しかしながら、これらの学校はどれも文化の普及、或いは専門職の訓練に焦点を置いており、当時ヨーロッパや米国のフンボルト・モデルにもとづく大学では既に当たり前となっていた「教育と関連した研究の理念」（教育と学習と研究との密接な関連付け）は皆無であった。当時のブラジルの政治は保守的な独裁政治、「カフェ・コン・レイチ政治[2]」が支配的であった。1930年に勃発した革命は、ジェトゥリオ・ヴァルガス（Getúlio Vargas）を政権へと伸し上げ、カフェ・コン・レイチ政治を崩壊させた。そして、既に

第 10 章　ブラジルの研究型大学　253

時代遅れであったフンボルト以前の大学モデルに倣って国の高等教育に保守的な改革をもたらしたフランシスコ・カンポス（Francisco Campos）が、初代教育・保健大臣に就任したのである。

　1950 年代後半までにブラジルは、連邦大学 9 校、州立大学 2 校、宗教団体系大学 8 校を抱えるようになっていた。1960 年代、ブラジルの政治危機の最中に、大学（現在研究大学となっているもの）の設立ブームが二度に渡って起きた。一度目は 1960～1962 年で、政治体制の変化と「余剰学生の危機」と呼ばれた騒動により、学生の不安が爆発した時期に当たる[3]。二度目は 1968 年の大学改革の最中である。これは国際的な学生運動とブラジルの軍事政権の厳粛化と時期が重なる。

　この二度目のブームの後、連邦政府の大学創設能力は衰えた。1970 年代初頭には企業型の大学が出現し始め、軍事政権崩壊当時まで続いた。1985 年、国が再民主化されると、ようやく本格的な私立大学が設立されるようになった。

　1980 年代半ば以降、ブラジルの高等教育システムは目覚ましい成長と多様化を経験した。それにもかかわらず、この国には依然としてカーネギー財団のシステムのような高等教育機関の分類システムが存在しない（Lobo 2004）[4]。このため、本章では大学院及び研究型の大学・高等教育機関の選り分けるために、カーネギーの分類基準を用いることとする。国の現実を描くには、このようなアプローチは理想的ではないが、こうすることにより、米国のシステムとの直接的比較ができるというメリットもある。全ての分野の実際の研究成果をカバーした同質のデータベースが存在しない以上、研究についての基準よりも、大学院プログラムについての基準の方が客観性が高い。例えば、ブラジルの自然科学分野の研究は、ほぼ全て英語で公表されているのに対し、人文分野においては主にポルトガル語でのみ公表されているため、研究を測定するための標準化された手法を確立するのが困難であるからだ。

　高等教育機関の多様性とはどのような特徴をもつものなのだろうか。カーネギー財団は、米国の全ての高等教育機関を分類することを可能とするシステムを開発した。それは当初、1971 年に教育学者クラーク・カー（Clark Kerr）の先導で開発され 1973 年に第一版が公表されたもので（改訂版は 1976

年、1987年、1994年、2000年)、2000年版では、3つのカテゴリーが定義されている。博士／研究大学（大規模型・集約型）、修士大学（I・II）、そして学士以下の機関である[5]。博士／研究大学は、年間少なくとも15の専門課程で博士号授与数が50件を超える場合は、大規模型とみなされる。一方、集約型には年間最低15件、或いは3専門課程で10件のPhD授与が要求される。カーネギー財団は、2005年に更に複雑な分類システムを発表しているが、その変更に関する分析等は本章の範疇ではない。

ブラジルと米国との比較

米国の高等教育システムは一般的に世界で最も賞賛されているものである。中でも米国の研究大学は、良い大学としてのゆるぎないモデルとされている。それにもかかわらず、その大学院教育システムは、ブラジルにとっては模範とはされていない。それでも尚、同じ分類基準に基づくデータが入手可能であることから、両国間の統計比較の材料は整っていると言える。このようなベンチマーキング作業は、両システムの類似点と相違点、終局的にはブラジルの大学の現実をより深く理解するのに役立つと考えられる。

米国には、表10.1に示すとおり、大学院プログラムが受講できる大学が、上記の4つの分類を合わせると、872校存在する。これらの大学は公立と私立非営利とがほぼ半々であり、営利大学は米国の高等教育機関のわずか1パーセントに過ぎない。一方、ブラジルでは、調査の対象となった93大学中53校が公立、24校が私立（地域共同体を基盤としたもの、宗教団体系および慈善団体系）、15校が企業型の私立機関であった。米国には、研究大学が、ブラジルのおよそ10倍存在する。これは両国の国民総生産（GNP）の比率にも概ね匹敵する。知識・情報時代の高等教育は国家の経済的な業績とも密接に関連していると考えると、この事実は、統計上の詳細事項の域を超えた深い意味合いを持つと言える。

表10.1に示したとおり、ピラミッドの頂点を成す博士／研究大学に関しては、米国（166校）においてもブラジル（32校）においても、公立機関が支配的であり、このカテゴリーの私立営利機関はブラジルには存在せず、米国でも2校と、いずれの場合も取るに足らない。しかしながら、両国の類似

表10.1 博士／研究大学、修士大学および学士以下の機関－ブラジルと米国の比較

機関	公立	非営利	私立	計
ブラジル（2003年）				
博士／研究	32	7	0	39
修士	21	18	15	54
バカロレア	142	292	1,120	1,554
計	195	317	1,135	1,647
米国（2000年）				
博士／研究	166	93	2	261
修士	272	331	8	611
学士以下	1,183	1,251	607	3,041
計	1,621	1,675	617	3,913

出典：教育省アニジオ・テイシェイラ国家調査・研究院（Instituto Nacional de Estudos e Pesquisas Anísio Teixeira, Ministério da Educação - INEP, www.inep.gov.br）及びカーネギー財団。
注：ブラジルの非公立大学は、概ね2つのグループに分類することができる。非営利大学は、宗教団体系か慈善団体系である。私立大学は企業型機関であり営利を目的とする。しかし、これらの間には顕著な学術実績の差異がありはするものの、両グループの境界線は明らかではない。

点はここまでである。修士大学については、米国の場合は、圧倒的に私立非営利型が多い。それらは、ブラジルでも強い存在感があるが、米国の場合のような強いインパクトは持たない。一方、両国のシステムの最大の相違点はというと、私立営利機関の有無にある。米国では皆無に等しいこれらが、ブラジルでは、修士レベルに特化してはいるものの、近年急成長を遂げている。また、バカロレアレベルに関しては、ブラジルには米国の2倍もの私立営利機関が存在する。

　ブラジルの研究大学に関しては、宗教団体系機関の存在も衝撃的なものがある。大規模型博士／研究大学の中でも、最も代表的なものは、サンパウロ、リオ・デ・ジャネイロ、リオ・グランデ・ド・スールの3州に存在するカトリック大学である。また、集約型大学の中にも、カンピーナス・カトリック大学（Pontifícia Universidade Católica de Campinas）、イエズス会ヴァーレ・ド・リオ・ドス・シーノス大学（Universidade do Vale do Rio dos Sinos）、サンパウロ・メソジスト大学（Universidade Metodista de São Paulo）等がある。修士大学は、8校がカトリック系であり、その他にメソジスト系、長老派系、ルー

テル教団系の大学が各1校存在する。

　米国の大学とブラジルの大学を全体として見た時（Brito Cruz 2005）、博士号授与機関の上位10機関中4機関がブラジルの大学（サンパウロ大学 [Uni-versidade de São Paulo]：USP、カンピーナス大学 [Universidade Estadual de Campinas]：UNICAMP、ジュリオ・デ・メスキッタ・フィーリョ州立大学 [Universidade Estadual Júlio de Mesquita Filho]、リオ・デ・ジャネイロ連邦大学 [Universidade Federal do Rio de Janeiro]）で、6校が米国の大学（カリフォルニア大学バークレー校 [University of California, Berkeley]、ノバ・サウスイースタン大学[Nova Southeastern University]、テキサス大学オースティン校[University of Texas, Austin]、ウィスコンシン大学マディソン校 [University of Wiscon-sin-Madison]、イリノイ大学アーバナシャンペーン校 [University of Illinois, Urbana-Champaign]、ミシガン大学[University of Michigan]）である。USPは2003年には、米国ランキングの上位3校の合計を上回る博士号授与数（2,180件）を記録している。

　また、2003年の各分野における博士学位授与者の絶対数と相対数の比較も驚くべき事実を明らかにする。ブラジルでは、しばしば基礎研究分野の博士学位保持者数が応用研究のそれを大きく上回ると言われる。しかしこの都市伝説に反し、実はブラジルの工学博士の割合（13%）は、米国のそれに匹敵する（表10.2参照）。一方の基礎科学における割合は、ブラジル（生物科学13%、精密科学・地球科学11%）の方が米国のそれ（それぞれ14%と15%）より低い。しかし、それ以上に驚異的なのは、ブラジルの一部の応用科学分野の博士号の絶対授与数（農業科学1,026件、保健科学1,549件）が、米国のそれ（それぞれ1,042件と1,633件）とほぼ同一であるという事実だ。ということは、相対的には、ブラジルの数字が米国の5倍にも相当する計算になる。

　対象を米国籍保有者に限ってみると、博士号授与数は更に驚くべきものだ。応用科学分野においては、米国市民の博士号取得者の絶対数はブラジル人の場合と同等、あるいはそれをも下回る。米国市民博士号取得者数は、工学分野で7%、保健科学分野ではわずか4%、農業科学に至っては2%という少なさだ（表10.2参照）。これらの数字は紛れもなく、応用科学分野において頭脳流出の危険性を示唆するものであり、ブラジルのような国にとっては潜在

表10.2 ブラジルおよび米国における分野別博士号授与数 (2003)

分 野	ブラジル	米国総計	米国市民
農業科学	1,024 (13%)	1,042 (3%)	481 (2%)
生物科学	1,028 (13%)	5,694 (14%)	3,782 (14%)
保健科学	1,549 (19%)	1,633 (3%)	1,166 (4%)
精密・地球科学	913 (11%)	5,963 (15%)	3,143 (12%)
工 学	1,023 (13%)	5,265 (13%)	1,898 (7%)
社会科学	736 (9%)	6,763 (17%)	4,947 (19%)
人文・教育学	1,821 (22%)	14,350 (35%)	10,996 (42%)
計	8,094 (100%)	40,710 (100%)	26,413 (100%)

出典）CAPES（ブラジル）および「Survey of Earned Doctorates」（米国）。

的に損害を受け易い状況がそこにあると言える。

地域分布

ブラジルの博士／研究大学の地域分布は非常に不均衡だ。この国には人間開発指数（Human Development Index：HDI）別に主要な3地域が存在する。

トップは南部・南東部地域で、この地域のHDIは0.79～0.82であり、ここには大規模型博士／研究大学が15校、集約型博士／研究大学が14校存在する。これら両地域の人口は1億100万人で、これはブラジルの総人口の56パーセントに相当する。

HDI 0.65～0.70の北東部地域には、大規模型博士／研究大学が2校（ペルナンブコ連邦大学とバイーア連邦大学）、集約型博士／研究大学が5校存在する。この地域の人口は680万人で、これはブラジルの総人口の38パーセントに相当する。

アマゾニア地域に至っては、HDIが0.70～0.72で、集約型博士／研究大学が1校（パラ連邦大学）あるのみだ。この地域の人口はおよそ2,000万人である。

地域により機関の形態が異なる場合もある。例えば、サンパウロ州の大学システムでは、3大州立大学が圧倒的な存在であり、私立セクターでは宗教団体系大学の存在感が強い。しかし一方では連邦大学が明らかに少なく（2

校しかなく、人口比を見れば少なすぎる)、非宗教団体系の市立やその他のコミュニティレベルの大学セクターも皆無であり、それが私立大学の急増を促していると言える。同様に、リオ・デ・ジャネイロ州とミナス・ジェライス州にもコミュニティレベルの大学が存在せず、連邦大学の存在感ばかりが強い。特にミナス・ジェライス州の場合は州レベルの高等教育システムが未熟である。同じく連邦大学の存在感が強く州立大学が未熟である南部地域は、特にリオ・グランデ・ド・スール州とサンタ・カタリーナ州において、コミュニティレベルの大学システムが充実しているという特徴がある。尚、北東部地域の7大学は全て連邦大学である。

3) 研究大学：大学院教育とその質

大学院教育の評価

1976年以降、CAPESはブラジル全国の大学院教育プログラムの評価を定期的に実施してきた。1997年までは、各プログラムは各分野の委員会が設定した基準に従い、A～Eにランク付けされていた。しかし、1998年以降、CAPESは1～7のランク付けを採用し、6ないし7であれば世界水準とみなされるようになった。この測定方法の信憑性を確保するべくCAPESでは、全てのプログラムに対し、ハイレベルの国際委員会による定期的な評価を実施している。

CAPESは各修士課程・博士課程プログラムを格付けする（但し、博士課程を提供しない修士課程プログラムの場合、最高点は5とされる）。本章では、CAPESの採点方法を元に、各機関の平均得点を算定する。各大学で履修できる大学院課程の質の測定は、各プログラムに対してCAPESが与えたグレード得点を、年間博士号授与者数により重み付けをした上で大学の全ての大学院教育プログラムについて算定した加重平均により行う。

ブラジルの全般的CAPESグレードの加重平均点は、博士課程プログラムの場合、地域や分野毎の差異があり、全ての分野で同等の質が見受けられるわけでもないが、概ね5.0前後（4.9～5.1）である。例えば保健科学分野で

の平均は4.2であるが、精密・地球科学分野のそれは5.7である。一部の大学のプログラムは、体系的に平均点を下回っているのに対し、他の数機関は、同じく体系的に平均以上のスコアを出し続けている。要するに、ブラジルは、機関単位でみても分野単位でみても、いわゆる「卓越した島々（islands of excellence）」が多数あると結論付けることができる。

ブラジルの博士／研究大学の内、6校は、1つか2つの分野を主な専門としている。4校は（ヴィソーザ連邦大学 [Universidade Federal de Viçosa]、ラヴラス連邦大学 [Universidade Federal de Lavras]、リオ・デ・ジャネイロ連邦農学大学 [Universidade Federal Rural do Rio de Janeiro]、ペルナンブコ連邦農学大学 [Universidade Federal Rural de Pernambuco]）農業科学が専門であり、1校（サンパウロ連邦大学 [Universidade Federal de São Paulo]）は医学が、そしてもう1校（サンパウロ・カトリック大学 [Pontifícia Universidade Católica de São Paulo]）は、社会・人文科学が専門である。

ブラジルでは、公立大学は教育レベルが高く私立大学は疑わしいというのが一種の常識となっている。この考え方の信憑性は、少なくとも大学院教育に関しては検証可能だ。CAPESの公立、コミュニティ系、および私立修士・博士大学のグレードの平均点により、それらの間の相関をも知ることができる。大規模型博士／研究大学が最も高いグレードを誇る。次いで、集約型修士大学Ⅰ、そしてグレードが一番低いのが集約型修士大学Ⅱである。しかし、驚くべきことに、社会通念に反し、設置者の違いによって、質の水準には有意な差は確認されなかった。機関の種類ごとの平均点は、公立大学でも私立非営利大学（宗教団体系および慈善団体系）でも基本的に同じだったのである。

博士課程プログラムの有無や大学院教育の規模の方が、設置者の違いより密接に平均点と関係しているように見受けられる。修士課程のスコアは設置者を問わず一貫して博士課程を持たない大学の方が低い。博士課程を持つ大学の平均点は大学の修士・博士両大学院プログラムの規模と関係しており、規模の大きい大学ほどスコアが高い。企業型私立機関は、数少ない例外を除いて博士課程プログラムを持たない。結果、これらの機関は、同様の大学院プログラムしか持たない公立大学と同じく、スコアが低かった[6]。

世界の大学ランキング

2004年、世界の大学ランキングを作るべく2種類の世界レベルの調査が行われた。一方は、上海交通大学（Shanghai Jiao Tong University）[7]が行ったもので、もう一方は、イギリスのタイムズ紙の付録であるタイムズ・ハイヤー・エデュケーション・サプリメント（*Times Higher Education Supplement*：THES）[8]が行ったものだ。上海交通大学の調査は次の基準（と採点比重）に基づいている。ノーベル賞或いはフィールズ賞を受賞した卒業生（10%）、それらの賞を受賞した教員（20%）；多数引用される著者（20%）、ネイチャー誌、或いはサイエンス誌に掲載された論文（20%）；「Science Citation Index」や「Social Science Citation Index」等の論文引用データベースにリストアップされた論文（20%）、そして上記指標の合計を教員規模で割ったもの（10%）である。

*THES*の調査は、50%の採点比重を施した88ヶ国、1,300人の専門家のレビューに基づいている。更に、この調査は、教員の国際性（5%）、学生の国際性（5%）、学生あたり教員比率（20%）、そして、教員あたり論文引用数（20%）も考慮に入れている。

どちらの調査も明らかに多くの欠点がある。とはいえ、これまで批判材料を作らずこのような調査を実施する方法を誰も見出してもいない。このような調査の最大の制約の一つに、英語使用者の視点によるバイアスがかかる問題がある。標準的な測定方法は、主に英語による出版物を考慮対象とするが、ブラジルの場合は大半の科学研究（特に人文・社会科学）がポルトガル語で公表されており、そのため国際統計から除外されているのである。ブラジル人研究者の最新の論文生産性に関する有用なデータを得るには「The Scientific Electronic Library Online（Scielo）」のデータベースをチェックするのが良いだろう[9]。このバーチャル・ライブラリーは、現在ブラジルの専門誌およそ150タイトルを掲載しており、月当たり200万回という驚くべきアクセス数を記録している。米国Institute for Scientific Information（ISI）社のデータベースには、未だそれらの専門誌の一部のみしか登録されていない。ちなみに、Scieloのアクセスランキング上位10位までの専門誌のうち、9誌がポルトガル語で発行されているものだ。

とはいえ、たとえ上記やその他の事実を考慮しても、国際的視点からすればブラジルには世界水準の大学は存在しないのである。上海交通大学の調査結果によると、ブラジルの大学のランキング1位はUSPとなっているものの、全体の中では世界のトップ200機関を連ねたリストの後尾にようやくランクインしている状況だ（-UNICAMP、リオ・デ・ジャネイロ連邦大学 [Universidade Federal do Rio de Janeiro：UFRJ]、ジュリオ・デ・メスキッタ・フィーリョ州立大学 [Universidade Estadual Júlio de Mesquita Filho：UNESP] に至っては、トップ500大学の中にランク・インしている）。一方の THES はというと、こちらも世界トップ200機関を紹介しているが、ブラジルの大学は1校もランクインしていない。

研究大学の世界では、しばしば世界水準の大学（「world-class universities」）という表現が用いられる。世界水準の大学についてシュワルツマンはその著書の中で次のように述べる。

> 世界水準の大学は、科学技術の発展を進めるべきではあるが、人々に文化と一般教養を身に付けさせ、自国や世界で何が起きているのかを理解できるよう教育することも必要なのである。これらの大学は、教育者、外交官、高級官僚、政治家、ジャーナリスト、歴史家などの幅広い専門職を育成しなければならない。そして自国とより広い世界との架け橋となり、他機関から見て基準となる質を保持しなければならない。(S. Schwartzman 2005)

では、はたしてブラジルには世界水準の大学が存在するのであろうか？上述に準えれば、この国の博士／研究大学は上記に挙げられた全ての特徴をある程度有しているにもかかわらず、前述の2調査の結果では、1機関すらベスト150にはランクインしていない。

CAPESの基準によると、全体評価が6以上であれば、少なくとも大学院教育レベルでは国際レベルの大学とみなされるが、同機関の評価ではそのグレードに達したブラジルの大学は1校すらなかった。しかしながら、一部の主要分野に限っていえば、数機関がそのレベルに達しているとされている。

農業科学部門では UFMG が、精密・地球科学部門では USP、UNICAMP、UFMG、サンカルロス連邦大学［UFSCar］が、人文科学部門ではフルミネンセ連邦大学［Universidade Federal Fluminense］が、工学部門では UNICAMP と UFSCar が、言語学・文学・芸術部門では UNICAMP がそれに該当する。

ランキングと威信

ブラジルでは、大学やカレッジの教育プログラムのランキングが頻繁に公表されている。プレイボーイ（*Playboy*）誌やギア・ド・エストゥダンテ誌（*Guia do Estudante* =「学生のガイドブック」）等人気一般誌の他、フォーリャ・デ・サンパウロ紙（*Folha de São Paulo*）やエスタード・デ・サンパウロ紙（*Estado de São Paulo*）といった発刊部数の多い新聞などが独自に調査を行い、結果を定期的に掲載しており、そこでも研究大学（他の名称で呼ばれる場合もあるが）はしばしば最優良とされている。ここで注意すべきことは、学術の世界においてプログラムの威信は CAPES の評価得点にかかっているという点である。グレード 6 ～ 7（CAPES が機関を正規に国際レベルとみなす基準）は、レベルの高さや威信の証であるとしばしば言われる。結果、グレード 6 や 7 と評価されるプログラムがいくつあるかが、大学にとっては肝心とされ、これは一般向けの刊行物や調査にとっても重要な拠り所となっているのである。

受験生の間で非常に信頼が厚い年刊誌である「学生のガイドブック（*Guia do Estudante*）」は、ブラジルの学士課程プログラムの評価結果も掲載している。各プログラムは、1 ～ 5 個の星を付けて評価され、誌面には三つ星から五つ星のプログラム（星付きプログラム）のみが紹介される。同誌によれば、2004 年には 185 の高等教育機関に「星付きプログラム」が存在した。そして、その中でも最も多くの三つ星から五つ星のプログラムを有する機関が最優良とされる。

上記基準を用いて、同誌では 2004 年版に大学のランキングトップ 10 を掲載しているが、これは偶然にもカーネギー財団の基準を用いた評価による大規模型博士 / 研究大学のランキングと一致している。但し、カーネギー財団の基準は、定量的である上、博士課程プログラムのみを対象としているの

に対し、学生のガイドブック（Guia do Estudante）誌のそれは定性的である上、学士課程プログラムを対象とするものであることを忘れてはならない。

一般的に「良い公立大学」を卒業した者の方が他の学校を卒業した者より有利であると考えられているが、実際の卒業生の就職率や給料に関するデータは存在しないようである。しかしながら、就労者の収入が、学士課程教育・大学院教育を含む「学校に通った年数」に頼るところが非常に大きいというのは、周知の事実である（S. Schwartzman 2004 を参照のこと）。

研究機関

学術研究や教育活動を行っているのは大学ばかりではない。ブラジルでは、研究機関も極めて活発である。例えば航空技術研究所（Instituto Tecnológico de Aeronáutica）は、過去 55 年以来優秀な航空技師を養成していることで有名である。その結果として、今日ブラジルには世界第 4 位を誇る重要な航空技術産業が存在する。教育活動は行わないが、もう一つの重要な研究機関は農業科学部門の「ブラジル農牧研究公社（Empresa Brasileira de Pesquisa Agropecuáriua）」である。この機関のおよそ 40 部門が国内各地に分散しており、ブラジルの強い農業ビジネスの助力となっている。また、FIOCRUZ ことオズヴァルド・クルース研究財団（Fundação Instituto Osvaldo Cruz）とブタンタン研究所（Instituto Butantã）も、ワクチン生産を含む保健科学分野で重要な役割を果たしている。更に、連邦省庁や州レベル部局傘下の数十に上るその他の研究機関も、学術研究に貢献している。

大学教授職

大学教授職の実情は、大学の種別により相当の差異がある。公立大学では、大半が常勤の教授・講師であるのに対して、私立機関ではそのほとんどが非常勤である。例えば、USP の場合、現行の教員数はおよそ 5,000 名だが、その 77 パーセントが常勤であり、内 94 パーセントが博士号保有者である。連邦大学のうち最良である大学の大部分についても概ね同様である。更に驚くべきことに、さほど良いとされていない公立大学の場合でも、博士号保持者比率こそかなり劣るものの、教職員の大半が専任である。一方の私立大学で

は、教員の大半が非常勤である上、修士や博士の学位保有者数も少ない。ブラジルの高等教育システムは高等学校卒業者人口の増加による需要拡大に伴い、依然として拡大を続けている。

4）現在のシナリオ

人口・政治圧力

　高等教育の需要の急増が、目下ブラジルの高等教育システムに強烈な圧力となっている。近年、初等教育がユニバーサル化し、その延長線上の中等教育も3倍にも膨れ上がり、結果、公立大学の入学者枠を拡大せざるを得ない程の政治的影響を及ぼす人口圧力が生じている（しかも悪いことに、入学者数の増加は必ずしも施設やスタッフの増築・増加を伴なっていない）。また、公立セクターがこの需要増加に応えきれていないことから、私立のイニシアティブが増大しているわけだが、それは必ずしも政府による充分な監視や評価の下で行われてはおらず、教育の質にも深刻な打撃を与えている。

入学者受け入れとアファーマティブ・アクション

　公立大学の入学者選抜は非常に競争率が高いが、それは学費が無料であるからのみならず、これらの大学の学術的威信が高いからでもある。その威信の高さは博士号の91パーセントが公立大学により授与されているという統計結果でも確認できるとおり、国内の研究の大半が公立大学で行われているという事実によるものである。

　その結果、ブラジルの中流階級層は、少しでも大学受験で有利なようにと子供を私立の高校に通わせる。一方、それほど裕福でない家庭は、子供を質の劣る公立の高校へ通わせざるを得ず、それにより無料の大学へ進める可能性は低くなり、学費を徴収する私立大学へ進ませざるを得なくなる。

　ブラジルでは、それぞれの大学が独自で入試を行い、学生の選抜を行うのが通例となっている。最近、一部の大学では、高校での成績も入試プロセスの中で考慮するようになった。相前後して、一部の公立機関では人種による定員枠を導入しているが、これについては論争が生じることになった。

第 10 章　ブラジルの研究型大学　265

自　治

ブラジルの 1988 年憲法は大学の自治権を保証している。しかしながら、そのプロセスに関しては、連邦レベルで法規が制定されるには至っていない。自治権とは自己を標準と規定する力を表すものであり（Ranieri 2005）、外部からの社会的説明責任の要求と対立するものである。

長年に渡り、連邦大学には自治権が与えられるべきだと言われてきたが、その際の「自治権」の正確な意味合いや、範囲、制限などは明らかにされてこなかった（Durham 2005）。そこで、2005 年に教育省が提案した大学改革の主要課題として、この自治権の問題が浮上した。基本的な構想は、1989 年にサンパウロ州の州立大学に与えられた自治権（主に資金面に係る自治権）を連邦システムにも拡張させるというものである。しかしながら、2005 年半ばに生じた政治危機もあり、近い将来この改革案が議会で可決されるとは考え難い。

大学運営・研究に係る資金調達

ブラジルの公立大学の基本的ニーズ（人件費、施設、サービス等）は政府の予算で賄われ、研究費（プロジェクト費用、奨学金、施設整備費用等）は連邦・州の特定の政府機関から支給されている。

連邦大学は文化教育省の予算で賄われている。州立大学はそれぞれの州政府予算で、私立大学は学生からの学費により運営されている。J. Schwartzman（2005）によると、私立大学システムの制度上の予算は年間およそ 120 億レアル（およそ 60 億米ドル）であり、連邦大学では、およそ 60 億レアル（30 億米ドル）、州立大学では 30 億レアル（15 億米ドル）となっている。

一方、ブラジルにおける研究活動費は全く異なった方法で調達されている。連邦レベルでは、主たる研究費の調達先機関は科学技術省管轄の機関である科学技術開発国家審議会（Conselho Nacional de Desenvolvimento Científico e Tecnológico：CNPq）である。CNPq には修士・博士両レベルへの強力な奨学金プログラムと、科学イノベーションのためのプログラムが存在する。また、文化教育省の機関である CAPES も、修士・博士レベルの奨学金プログラムを有している。更に、セクター・ファンド（Fundos Seto-riais）と呼ば

れる基金（個別民間資金源を用いた連邦融資ファンド）が設けられたことにより強化されたプロジェクト研究融資基金（Financiadora de Estudos e Projetos：FINEP）も、各機関に資金調達を行っている。

州レベルでも資金助成基金が数機関設けられている。中でも先駆的かつ代表的なのが、サンパウロ州研究支援財団（Fundação de Amparo à Pesquisa do Estado de São Paulo：FAPESP）である。これは個人研究プロジェクトの支援、修士・博士レベルの良質な奨学金プログラム、科学のイノベーションとポスドク研究向けプログラム等において、古くから効果を上げている組織である。その成功に倣い、リオ・デ・ジャネイロ州、ミナス・ジェライス州、ペルナンブコ州、リオ・グランデ・ド・スール州、アマゾナス州、そして最近ではサンタ・カタリーナ州にも類似の組織が設立されたが、いずれも不安定で、資金繰りに苦しんでいる。尚、最近（1997年以降）、FAPESPでは新たに機関支援プログラムと小規模技術系企業支援プログラムを開設している。

法的枠組と機関評価

公立大学が増大する進学需要に応えるのが益々難しくなる中、私立の高等教育機関はかつてないほど増加し、その重要性を増している。しかしながら、この増加には必要な質の管理も評価も伴ってはいない。利用者および社会全体に対して、システムをより透明にするべく法的枠組が必要とされている。

リーダーシップ

学長の任命プロセスは、しばしば議論の種となる。一部のグループは間接的プロセスを、他は直接選挙を取るべく運動を行う。後者は、多くの場合、より組織立った学生団体や組合としての教職員の活動等を含む。概して、国際的に最良とされている実践事例は知られていないか、または無視されている（Marcovitch 2005）。

組合化された教職員の運動や学生の組織立った活動により、公立大学ではしばしばストライキが起きており、ブラジルの世論から見た公立大学のイメージダウンに繋がっている。

また、アカデミック・リーダー達の大学に対する責任感が希薄になってい

るようにも見受けられる。自らの（正当な）研究活動や、その他の職業上の関心事にばかり意識が向いているように見える。運営上の障害、過度な官僚主義、政治・イデオロギー的摩擦等がやる気を削いでいるものと考えられる。

5）結　論

　1980年代以来、ブラジルの研究機関や大学院・学士課程の機関は多様化し続けている。カーネギー財団の高等教育機関分類基準を用いると、2003年のブラジルには、「博士／研究大学」が39校、「修士大学」が54校、「学士以下の高等教育機関」が1,554校存在した。

　大学院大学の数とGDP（国内総生産）との比率は、ブラジルと米国両国で概ね同等である。ブラジルの博士／研究大学は、米国のそれと同様に、主として公立機関である。ブラジルの「地方大学（local universities）」の大半は宗教団体系である。本章で述べたとおり、ブラジルの博士／研究大学の地域的分布は極めて不均衡である。ブラジルの大学の学士課程プログラムは不定期に評価されているのみだが、大学院プログラムは、1970年代以降、CAPESにより体系的かつ厳密に、信頼性の高いピアレビュー方式を用いて評価されている。

　通念に反してブラジルは、米国より高い比率で応用分野の博士号を授与している。農業科学や保健科学の分野においては、絶対数が米国のそれに匹敵する。このことは紛れもなく、これらの分野においての頭脳流出の危険性を示唆するものであり、ブラジルのような国にとっては、極めて大きな痛手となり得る。

　前述のとおり、国際・国内両評価の結果、　部の大学では複数の主要分野が国際レベルに達しているにもかかわらず、ブラジルには認知された世界水準の大学が存在しない。一般的にはUSPがこの国の最優良大学とされているが、CAPESの平均スコアのみで見た限りでは、ブラジルの最も世界水準に近い大規模大学はUNICAMPとUFMGである。公立大学は連邦の憲法に則ってそれを設立した政府の予算で運営されている。一方、私立大学は、学費収入により賄われている。しかし、両者とも財政的には困難に直面して

いるのが現状である。

ブラジルの研究大学の今後に関する論議は、専ら連邦政府が掲げる大学改革案に集中して表れている。その中で特記すべき項目には次のようなものがある。①社会・人種の包含に関わるアファーマティブ・アクションを含む公立大学の入学機会拡大を求める人口・政治圧力の問題、②機関運営費・研究費に係る資金調達の、より効果的な方法と関連した大学の機関としての自治権の拡大、③私立高等教育機関の法的枠組みと評価システムの問題、④大学におけるリーダーシップの確立等である。

注

1　CAPES のウェブサイト（www.capes.gov.br）を参照のこと。
2　カフェ・コン・レイチ（*Café com Leite*［コーヒーとミルク］）政治とは、サンパウロ州のコーヒー農家とミナス・ジェライス州の酪農農家の地主クラスが、交互に政権を握る寡頭政治を指す。
3　この「危機」は、入試によって正規に入学が認められた学生が、教室にスペースがないことにより入学できないという事態が発生したことに関連する。
4　カーネギー財団のウェブサイト（www.carnegiefoundation.org）を参照のこと。
5　カーネギー財団の分類基準の詳細は、ウェブサイト（www.carnegiefoundation.org）を参照のこと。
6　大学院プログラムに関わるブラジルの大学の質的・制度的多様性の詳細分析は、Steiner（2005）を参照のこと。
7　上海交通大学ウェブサイト：http://www.sjtu.edu.cn/www/english/
8　タイムズ・ハイヤー・エデュケーション・サプリメント（"*Times Higher Education Supplement*"-*THES*）ウェブサイト：www.thes.co.uk/
9　Scielo（Scientific Electronic Library Online）ウェブサイト：www.scielo.org.br

参考文献

Brito Cruz, C. H. 2005. Pesquisa e Universidade. In *Os Desafios do Ensino Superior no Brasil*. São Paulo: Instituto de Estudos Avançados da USP. www.iea.usp.br/ensinosuperior/.

Durham, E. R. 2005. A Autonomia Universitária: Extensão e Limites. In *Os Desafios do Ensino Superior no Brasil*. São Paulo: Instituto de Estudos Avançados da USP. www.iea.usp.br/ensinosuperior/.

Lobo, R. L. S. 2004. As Universidades de Pesquisa. *In Folha de São Paulo*,

September 20, 3.
Marcovitch, J. 2005. Eleições na Universidade. In *Os Desafios do Ensino Superior no Brasil*. São Paulo: Instituto de Estudos Avançados da USP. www.iea.usp.br/ensinosuperior/.
Martins, C. B. 2000. O Ensino Superior Brasileiro nos Anos 90. In *São Paulo em Perspectiva* 14 (1): 41-60.
Ranieri, N. 2005. Aspectos Jurídicos da Autonomia Universitária no Brasil. In *Os Desafios do Ensino Superior no Brasil*. São Paulo: Instituto de Estudos Avançados da USP. www.iea.usp.br/ensinosuperior/.
Schwartzman, J. 2005. O Financiamento das Instituições de Ensino Superior no Brasil. In *Os Desafios do Ensino Superior no Brasil*. São Paulo: Instituto de Estudos Avançados da USP. www.iea.usp.br/ensinosuperior/.
Schwartzman, S. 2004. Equity, quality and relevance in higher education in Brazil. In *Anais da Academia Brasileira de Ciências* 76 (1): 173-88.
─────. 2005. A Universidade de São Paulo e a Questão Universitária no Brasil. In *Os Desafios do Ensino Superior no Brasil*. São Paulo: Instituto de Estudos Avança-dos da USP. www.iea.usp.br/ensinosuperior/.
Steiner, J. E. 2005. Qualidade e Diversidade Institucional na Pós-graduação Brasileira. In *Estudos Avançados* 54:341-65.

第11章
学問の最高峰機関：
国家建設大学としてのメキシコ国立自治大学
I. オルドリカ ＆ B. パッサー　　　　　　　（阿部和子訳）

1）国家建設大学

　メキシコを訪れる人や国際的な学者は皆同様に、大多数のメキシコ人がメキシコ国立自治大学（Universidad Nacional Autónoma de México：UNAM）のことを一般的に「学問の最高峰機関 *máxima casa de estudios*」[1] と呼んでいるのを頻繁に耳にする（Rhoads and Durdella 2005）。この呼び名は、メキシコで最も著名な大学に対するメキシコ人の高い評価の表れである。メキシコ国家の生みの親とも言えるこの「国家の大学 Universidad de la Nación」[2] に対する賞賛はメキシコ社会に深く根付いており、あらゆる階級、社会集団に浸透している。

　UNAM は、本章で国家建設大学と定義している特徴的な機関の一例であり、ブエノスアイレス大学、コルドバ国立大学、サンパウロ大学、ベネズエラ中央大学などと同様、教育を施し、かつ研究志向型の大学として圧倒的地位を持つ。これらの大学は、知的、社会的正統性の形成のみならず、各々の国家の拡大・強化のための物質的条件の確立においても中心的役割を担ってきた。国際的な高等教育研究者たちは、世界経済や政治権力の中心地に位置する高等教育モデルに照らして周縁地に位置する大学を理解しようと努めてきたが、一方で周縁地に位置する著名な大学を定義するにあたり、その国家建設にかかわる活動の役割に対しては十分な注意が払われてこなかった（Ordorika forthcoming）。

　これら周縁地の大学機関を概念化するため、本章では基本的にラテンアメリカにある大学、特にメキシコの UNAM に焦点を合わせたが、世界中には同様の大学機関が他にもたくさんある。そのような大学機関は大抵、世界に

おける経済や政治権力の周縁地の国々に位置する。国家建設大学は、米国や諸外国にある旗艦大学とその性格の多くを共有する一方、周縁地の国々の建設において特殊かつその歴史に依存した役割を担っていることから、独特な機関となっている。だが、新自由主義やグローバル化による政治的、経済的圧力の下、UNAM は他の国家建設大学と同様、国家プロジェクトにおいて支配力や中心的役割を維持することが非常に困難になっている。本章では、こうした国家建設大学の現状、旗艦大学のモデルをまねるという、国家建設大学が直面している圧力、そして将来的な見通しを分析する。また、国家建設大学が旗艦大学に類似した機関へと転換する可能性をも考察し、周縁地の国々における中等後教育にとってそのような変化が持つ意味について、いくつかの見解を示す。国家建設大学の起源、台頭、そして現代の危機の基本的な例として UNAM を取り上げるため、UNAM の事例を以下に少し詳しく述べたいと思う。

UNAM の事例

UNAM の歴史は、1553 年に創立された王立メキシコ大学まで遡る。何世紀にもわたって数々の変革を経た後、UNAM は 1910 年に再編成される。そしてほぼ 1 世紀かかって、このメキシコの国立大学は国家建設大学としての性格を十分に発展させてきた。その長い歴史の様々な時期に、公衆衛生省といった重要な国家機関やメキシコの司法制度を作り上げる際、UNAM は主要な役割を果たしてきた。また、数多くの政府機関や官公庁の設計、そのような官公庁を支配する官僚の輩出においても重要な役割を果たしてきた。UNAM は創立以来、国の相当数の専門職を教育してきたのであり、またメキシコの政治、経済界のエリート教育の場としての機能も果たしてきたのだ（Ordorika 2003b）。

おそらく最も重要なことは、メキシコの歴史上多々ある重要な時期に、UNAM は批判的検討、知識生産、社会移動、政治意識といった中等後教育の活動を中核に据えた国民文化の形成、再形成に関する論争において、中心的役割を担ってきたことである。この役割が特に実際的な重要性を持ったのは、UNAM の「黄金期」と呼ばれる 1940 年代後半から 1950 年代にかけて

である。この期間の UNAM の成果の影響力と明確さは、国家発展計画において UNAM がその中心であったことと深く関連している。ところが、国家発展計画が終焉を迎え、1970 年代後半からメキシコ経済が不安定な状態に陥ると、UNAM は厳しい試練に直面した。組織的独自性は次第に損なわれ、多様な要求に応え得るという UNAM の能力が疑問視されるようになったのだ。

　しかしこれは UNAM に限ったことではない。UNAM が直面する正統性の危機は、過去 20 年にわたって、世界中のあらゆる社会領域の公的機関も直面してきている。国家建設大学が直面する正統性の危機は、根本的には、新自由主義による構造改革、民営化計画の攻撃の的となっている公的部門組織の危機である（Marginson 1997；Levin 2001）。他の周縁地の国々と同様、メキシコでも私立の高等教育機関の数とその入学者数が拡大してきたが、それには国の支援が絡んでいることが少なくない。中等後教育の状況の変化に呼応して、組織の正統性に関する論議もまた変化している。より広義の政治経済部門において、民間の組織や活動の方が公的なものよりもうまくいっており効率的だと言われてきた一方で、公立大学は徹底的な調査と激しい批判の対象となった。国家建設大学の歴史的正統性と、市場を基盤とした民営化された機関へと変わるべきだとする現代の圧力との間の激しい論争は、新自由主義による挑戦の台頭と、公的セクターの象徴的、機能的重要性が持続していることの両方を反映している。

　国家建設大学の恒久的な正統性は理解できる。なぜなら国家建設大学とは、その国家における共有の知識と知力を強力に代表する機関であるからである。

国家建設大学の概念

　国家建設大学の概念の根幹には、国家を、「歴史的慣習、文化、経済発展、政治過程などにより形成された一定の社会的な取り決めの中での個人間・社会集団間の複雑な連関」ととらえる幅広い合意がある。国家は、このような社会的関係が表れている機関や機構によって作り上げられる。そのような社会的関係とは本質的に不平等であり、ある集団の他集団に対する支配を必ず伴う。そして、政府も大学も国家の機関なのである（Ordorika 2001, 2003b）。

国家建設大学は、国民国家の建設において中心的な役割を果たしているという前提によって定義される。国家建設大学は他の国家組織（政府の行政、立法、司法部門など）と同様、統一体としての国家の発展、拡大、維持、そして特に中等後教育を確立、拡大する国家プロジェクトにおいて重要な役割を果たしてきた。国家建設のための機関としてのその役割は歴史に依存するものであると共に、国家機関の特徴や国家の中等後教育の収容力を形成するにあたり重要なものであった。

　国家建設大学は旗艦大学の性質を多く共有しているが、いくつかの重要な点で異なっている。第一に、国家建設大学は、歴史や現代社会、そして知的な動向と強いつながりを持ちながら新興社会からの強い要請をしばしば実現するが、その方法は、旗艦大学の新たな使命とは異なる方法にますますなっていく。第二に、国家建設大学は、国家主権がある特定形態で具象化したものであり、集団的自治権を知的発展と社会的抗争を通じて保護する場として存在する。第三に、国家建設大学は、国家の知的、社会的、政治的プロジェクトの創設の起源や、学問上の成果の遺産と展望、そして国家の振興を具体化する。国家建設大学の存在は、高等教育を通じての国家の誇りや好機、そして発展という象徴的な国の年代記を具象化したものなのである。国家建設大学とは、国家や国民の知的また人格的な大望を育み、社会運動、改革、そして復古をも助長する機関なのである。このように複雑で時に矛盾しており、同時に学びの寺、社会正義の坩堝、知識生産の苗床、社会抗議運動の温床などと解される機関を定義するには、言葉で表現できる極限が試される。国家建設大学は、国民の心や思いの中に存在するのみならず、その心や思いそのものでもある。国家建設大学とは心の支えとしての錨であり、出発点であり、「*nacion*（国家）」の声明であると同時に「*el pueblo*（国民）」の心の表明でもある[3]。

　本章では、国家建設大学が周縁地の国々で出現し得た状況を詳細に述べ、急速にグローバル化する世界でそのような大学の構想がどの程度維持できるのかということを考察する。「学問の最高峰機関」へと変革を遂げる中で、また、メキシコ国家やその政治制度、そしてより広義の社会との関係の中で、周縁地の国々に位置する国家建設大学の未来を理解するにあたり、UNAM

は有用な事例となることだろう。また、UNAMは、国家建設大学と旗艦大学を区別する良い例でもある。

2）旗艦大学

　旗艦大学について語るにあたり、メキシコの旗艦大学を例に出せるだろうか。答えは条件付きで「ノー」である。国家建設大学は開発主義者の時代に特に重要となった独特な組織だが、内部および外部からの圧力により、旗艦大学をまねるようにしむけられている。以上の主張を理解し、また、国家建設大学が直面している旗艦大学への適応というこの圧力を理解するには、旗艦大学の概念を本来の意味において掘り下げることが有用である。

　「旗艦大学」という言葉には、英語圏においては、次のような互いに異なるが深く関連しあう意味合いが三つある。第一に、「旗艦大学」という言葉は、全くの記述的な言葉として単純に使われている。第二に、米国で発展し、その後世界のいくつかの他の地域に出現した、特別なタイプの高等教育機関を特徴付ける概念でもある。そして第三に、あらゆる国の著名な大学が見習うことを要求されているような機関のひとつのモデルを象徴するために慣例的に使われている。

記述的な用語

　旗艦大学とは、国の数多くの高等教育機関の中でも最も著名で優秀な先導的機関を直接的には意味している。「旗艦」という言葉は海上戦に由来し、現在では、競争の場において先導的な突出した存在を意味するために使われている（例えば百貨店チェーンの旗艦店など）。この使用法においては、旗艦大学は、異なる民族、国家、地域や現実社会において共通に理解しうるものとなっている必要がある。旗艦大学はほぼ例外なく英語圏に位置し、国の高等教育システムの頂点に立つ、他よりも秀でた中等後教育機関である。この理解のもとにおいては、旗艦大学は、通常、数ある大学の中でも規模が大きく、歴史があり、伝統的で高く評価されている機関のことになる。旗艦大学という用語は長い間、中等後教育システムの中でも支配的な公立機関のことを意

味してきた。また、最近の分析では、私立大学も含むことが多くなっている。このことは、旗艦大学という用語を分析的に用いる上では適切であるが、旗艦大学の概念の歴史的発展とは相反するものであり、旗艦大学と国家建設大学との違いを理解するにあたり有用な起点となる。

歴史的概念

米国では、旗艦大学という概念は、基本的に19世紀後半から20世紀初頭にかけて米国で設立された国有地交付大学（land grant universities）の歴史的な発展と関連している（Berdahl 1998）。

旗艦大学の概念は複雑で、その概念に特徴付けられる公立大学が変化してきたように、その意味するものは歴史と共に変化してきた。様々な著者によると（Rudolph 1965；Flexner 1994；Kerr 2001）、現在の高等教育の「米国モデル」は、二つの異なる高等教育の伝統が融合してできたものである。その二つとは、研究や高レベルの専門職教育（基本的に医学や法学）を提供するドイツ式の大学院と、人文学に重点を置いたイギリスのリベラル・アーツ・カレッジの伝統である。この二つが結合した新出の形態は、米国ではジョンズ・ホプキンス大学、ハーバード大学、コーネル大学などの私立大学において発展したのである。

これらの大学の成功は、1862年と1890年のモリル法の下に創立された国有地交付大学に強い影響を与えた（Kerr 2001）。やがてミシガン大学、ミネソタ大学、ウィスコンシン大学のような強力な州立大学は、研究大学へと発展した（Rudolph 1965）。このようにして、公立の国有地交付大学は旗艦大学となり、世界でも最も影響力を持つ中等後教育機関へとなっていく途中に、カー（Kerr）が称するような「マルチバーシティ」となった。バーダール（Berdahl）は、旗艦大学の概念が変化していった主要な理由を三つ挙げている。第一に、第二次世界大戦後の米国で、中等後教育へと進む者が増えたことである。そのため既存の州立大学の分校が設立されるようになったが、そのような分校は本校のキャンパスのような財源や名声を欠いていた。第二に、1960年代、大学に進学する者が増え続け、さらに多くのキャンパスが作られるにつれ、カリフォルニア・マスタープランの下でのカリフォルニアシ

ステムのように、州の中等後教育システムが作り出された（Douglass 2000）。そして第三の重要な理由として、州内の公的機関の数が増える中、このようなシステムが作り出されたのはそれ以前から存在していた本校への政治的、経済的支援を確保するためであったことが挙げられる。このようにして、支配的な地位を持つ公立の国有地交付大学は、それぞれの州で広範囲に及ぶ市民や政治からの支援を受け、公立大学の強力なシステムの頂点に躍り出た（Berdahl 1998）。

　米国における旗艦大学の発展は、各州内の公的な高等教育機関の出現、拡大、維持に対する、州の強力な支援や関与と関連している。歴史的に見ると、この関与は、学士課程教育、大学院や専門職教育、そして科学研究に対する州や連邦政府による支援という形で表された（Kerr 2001）。過去10年の間、米国の旗艦大学は、組織の名声と影響力を維持し続けるために、急速に学部、大学院、専門教育の授業料を上げてきた（Geiger 2004）。このような学費の上昇により、大学にかかる費用の急速な上昇も伴って、旗艦大学と、長い間旗艦大学を支援してきた州議会との関係が緊張してきた。しかしこのような対立は新しい現象ではない。

　過去20年の間、威信を巡る競争によって、機関大学へのアクセスや負担能力の問題をめぐる重大な論争が引き起こされた。19世紀において、新興の高等教育機関がエリート的な性格を持ち始めたことに対しての世間一般からの否定的な認識が一部の地域ではとても強く、新たな公的機関の創設をめぐって激しい論争があった。例えば、カリフォルニア大学の設立をめぐる争いがそうである（Douglass 2000）。このような論争にもかかわらず、国有地交付運動によって、エリート教育と研究性を合わせ持つ州立大学が米国中に新設されていったのである。

　今日の旗艦大学の使命には、ある矛盾がある。旗艦大学は通常、入学者選抜や、質の高い研究、エリートの養成などを通し、私立大学のエリート的伝統を維持する。他方で、旗艦大学はまた、多様な学生を受け入れ、地域社会活動に参加し、公益を生み出すことに相当の力をいれるなどして、アクセスの民主化にむけた努力もしている。

　後者の目標については、一般的な論議や政策論争において目立つことはあ

まりないが、以下に述べるような、様々な歴史的役割や責務から見てとれる。

・公益のための専門職教育や訓練への貢献
・教育、知識、訓練の享受に対するアクセスにおける相応の民主化
・民主主義的価値の啓発、アイデンティティや共通の信念および社会規範などの形成・再形成を通じ、社会を再生する「民主的」役割
・平等と社会正義への積極的関与
・批判的な研究や、自律的な知識形成への積極的関与

　これらの目標を追い求めた結果、旗艦大学は、連邦資金や州の資金や監督、組織の正統性の強化を通じて、公益に対する州政府の強い関与を象徴する場にもなった。

中心地の旗艦大学——規範的モデル

　米国の旗艦大学が、応用研究、大学院や専門職教育、エリート学生獲得のための地位獲得競争などにますます力を入れ、その性質が急激に変化していることを、ここ20年の間に多くの著者が指摘している（Slaughter and Leslie 1997；Kirp 2003；Geiger 2004；Slaughter and Rhoades 2004）。インターネットで閲覧できる一連の報告書や政策文書の表題や内容も、旗艦大学の概念に対する異なる理解を示していることから、この新しい視点が見てとれる。ルイジアナ州立大学（Louisiana State University；以下、LSU）のLSUキャンパス・オンラインニュースでは、以下のような行動指針を発表している。

> この「ナショナル・フラッグシップ・アジェンダ」は、LSUの150周年に当たる2010年という歴史的に重要な年に焦点を置いた7年計画である。この行動指針は、本大学を全国的にも競争力を持つ旗艦大学へと築き上げ、短期的・長期的なルイジアナの利益を生み出すことを目的に立案されている。この行動ステップに忠実に取り組めば、研究生産性や学問的生産性が増し、本大学の大学院生、学部生の質や競争力は向上するだろう[4]。

競争力や受託研究への似たような傾倒は、米国以外の大学でも見られるようになってきた。エディンバラ大学の1999～2000年の年次報告では、「スコットランドの旗艦大学」となることを提唱し、「国際主義への傾倒」の重要性と、「ますます厳しさを増す競争的環境」において、欧州連合（EU）以外からの留学生を惹きつける必要性を強調している[5]。旗艦大学についてウェブ検索してみると、同様の例が米国、オーストラリア、英国の大学でも見られる。

このように新たに出される声明は、旗艦大学に対する異なった見方を示している。この見地から見れば、旗艦大学は、国と高等教育との間の変わりつつある現代の関係を象徴しており、新たな一連の社会および個人の願望を満たす手段である（Slaughter and Rhoades 2004）。現代の大学の指導者、政策立案者、行政者たちは、旗艦大学の新たな理想について同様の特徴を挙げている。

- 知識生産集中型（研究と大学院を重視）
- 実業界および知識経済との強いつながり
- （学生と資金獲得のための）競争力
- 卓越性と威信を重視
- 生産的かつ効率的であること
- 地域に密着かつ国際志向であること
- 財政の多様化による自治の確立

当然のことながら、旗艦大学に対するこのような新たな定義は、企業家的大学（entrepreneurial universities）（Clark 1998）、企業的大学（enterprise universities）（Marginson and Considine 2000）、大学資本主義の中核（centers of academic capitalism）（Slaughter and Leslie 1997；Slaughter and Rhoades 2004）などと様々に呼ばれる著名大学に対する定義と一致する。このような新たな定義に共通するのは、さらなる財源、威信、正統性をめぐる世界的な競争において最も成功した欧州と米国の研究大学を描写していることである。

エリート大学において、国際化への要求に急速に適応しているにもかかわらず、そのほとんどが、地域社会や州、その地域への広範にわたる奉仕活動を重視するという、旗艦大学の歴史的役割の中心的な一要素を維持している。

中等後教育の組織やガバナンスに対する現代の研究はまた、旗艦大学を政治的機関として描写してもいる（Pusser 2003；Ordorika 2003b）。そうした機関として、旗艦大学は、学生のアクセス、知識創造、受託研究、多種多様な社会問題など様々な問題に対して利害をもつ集団の競争の場となっている（Pusser forthcoming）。利害集団の競争が激化するにつれ、旗艦大学は産業界や民間セクターとの提携をますます強め、正統性の歴史的根源からますます離れていく（Pusser, Slaughter, and Thomas forthcoming；Slaughter and Rhoades 2004）。

「旗艦」とはまた、自己言及的、自己再生的な概念でもある。中等後教育の教育界のリーダーとして、旗艦大学は大学界における卓越性の意味に実体を与え、また、リーダーとしての地位を固めるうえでの企業家的、政治的行動を正当化する。米国の旗艦大学の概念は、その成功の大きさから世界中の中等後教育の組織の関心をひきつけるようになった。ここにおいて、旗艦大学の成功というこのような世界的な認識は、確かに本物ではあるが、旗艦大学そのものが形作ったものでもある。クラーク・カーは以下のように述べている。

> 研究助成金を受け取っている米国の大学は、特に科学の分野で莫大な知的成功を収めている。連邦政府から研究助成金を受け取っている大学の発展の初期段階である1950年以来、ノーベル賞とフィールズ賞（数学のノーベル賞）受賞者の55％が米国在住の学者であった。1980年代には、世界の一流科学誌における業績表彰の50％が同じく米国在住の学者に与えられている。また、1990年に米国で登録された特許の50％が米国から申請されたものだった。そして1990年までには、米国における国外からの大学院生の数は180,000人に上り、明らかに大学院での教育・研究における世界の中心となった。西欧で大学が出現した初期のイタリア以来、知的生活をこんなにも支配した国は一つもない。（Kerr

2001, 151)

　旗艦大学というモデルは、国際的な高等教育におけるその強力な概念ゆえに規範的モデルとなっている。旗艦大学という形態は、論議、計画、威信についてのランキングなどにおいて非常に支配的なので、その概念は、組織や制度、政策立案者などに対し強制的と言ってもいいような力を及ぼしている。カーが言及しているように、米国の旗艦大学の覇権的ともいえる影響力は、何世紀もの間比類なきものだった。この圧倒的な支配力のために、中等後教育の優位性の世界的基準が確立され、他の組織や制度が米国の旗艦大学の成功モデルを従順に見習うことが要求された。皮肉にも、旗艦大学の適切な使命に関し米国内で絶え間なく論争が繰り広げられているにもかかわらず、旗艦大学の理想型は、社会的な反対運動や論争の場としての周縁地の大学の伝統的役割を減じる可能性がある。代わりに、周縁地の大学はますます米国の旗艦大学の理想型に適応することに抵抗している。また、旗艦大学の規範的概念によって、中等後教育機関のランク付け、また、高等教育機関の業績についての国際的ベンチマーキングを遂行する基準が形成されているのである[6]。

周縁地に旗艦大学は存在し得るか

　米国の旗艦大学が、現代社会において中等後教育の主流なモデルの源泉となっており、そのようなモデルの中でも最も成功している組織であることは疑いの余地がない。しかし、そのようなモデルを周縁地に設立することが果たして適当かどうかということを考えたとき、鍵となる疑問が三つ浮かんでくる。(1) 旗艦大学という概念は、中心地で理解されているのと同じように周縁地でも理解されるものだろうか。(2) 米国の旗艦大学のモデルを周縁地の国々に取り入れることは果たして適当だろうか。(3) 旗艦大学のモデルが周縁地で取り入れられたとしたら、このモデルは国家建設大学に取って代わるものとなるだろうか。

　「旗艦大学」というものが、一国の中で最も名高く、最も重要かつ洗練されたもので、さらには最大の組織を意味する場合、旗艦大学の概念と国家建

設大学の概念はほぼ同じである。どちらの場合も、その言葉はある州や地域、または国家レベルで最も特別な大学を指している。

　旗艦大学の概念が国家建設大学の概念とはっきり異なる場合とは、それぞれの機関がそれ自体の歴史的観点から考慮され、独自の状況に基づいている場合である。米国の旗艦大学と周縁地の国家建設大学は、歴史的文脈を考慮すると互いに全く異なる、別個の機関である。これは概して、それぞれの大学の伝統、標準的価値観、組織文化や信念を形作った独自の歴史的プロセスや出来事のためである。旗艦大学と国家建設大学をそれぞれ別個のタイプの機関として区別し、これらのタイプの中でさらに一つ一つの大学をそれぞれ違うものとして区別するような概念を、「歴史的中心性」と呼ぶ。歴史的中心性は、高等教育機関間で、そして高等教育機関とそれ以外の国家や社会的アクターや経済的力に属する機関との間で起こる社会的、政治的、経済的、文化的プロセスを通じて形成される。歴史的中心性はまた、大学内部で行われる教育と知識創出の帰結であり、さらに、専門職教育と研究を中心とする学科との分野間の内的な力学の成果でもある。旗艦大学と国家建設大学それぞれの歴史的中心性の度合いは、州ごとに全く異なる。これは米国における高等教育の歴史的な地方分散が一因となっている。米国には個性的で有力な州立大学が数多くあるが、国立大学は一つもない。一方で周縁地の国々の多くでは、各々の州の創造と維持において重要な歴史的中心としての役割を果たす国立大学が存在するのである。

　先に述べたように、旗艦大学の規範的モデルの影響力により、世界中の野心的な大学に対し、米国の旗艦大学の規範に従い、旗艦大学と関連した組織構造や方針を適用するよう強制的な圧力が生じている。歴史的に見ても、このような圧力はかなりの抗議や抵抗を受けてきた。世界の周縁地における大学の場合に重要なのは、競合的な自治空間であるx大学という動態としての概念や、中心地の主流な成功モデルを真似ることに対する反対や抵抗のプロセスに、自らの力点をおくことである。高等教育機関やその構成員たちが旗艦大学のモデルの規範的基準に対してどのように抵抗したかということは、旗艦大学と国家建設大学の違いを理解し、周縁地に旗艦大学を作り、維持しようと努める者たちが直面する課題を理解する上で、重要なことなのである。

3）独自性、歴史的中心性、競合的自治空間

　周縁地の有名な公立研究大学を完全に理解するには、周縁地の大学と中心地の支配的な大学とを盲目的な態度で比較することから離れる必要がある。効果的な比較とは、周縁地域の大学の独自性と中心性に対する歴史的、状況的説明に根ざしたものでなくてはならないのである。さらに、公的領域としての、そして服従に対する戦いや抵抗のための自治空間（Pusser forthcoming）としての大学は、歴史的に見て周縁地に大学を建設し、形成するにあたっての主な要素だったのである。植民地独立後の周縁地の国々における大学はそれ自体、概念としても、そして組織としても、植民地宗主国やその覇権主義的な計画に対する抵抗や黙認を含意する論争の歴史的産物なのである。この支配的モデルによる強制に対する抵抗は、論争を経た後での適応として考えることができる。このような関係は、周縁地の高等教育をめぐる、あらゆる歴史的、また現代的苦闘の中にも見ることができる（Ordorika 2003b）。

　これらの概念を明確化するために、以下、UNAMの例を用いて、メキシコでUNAMが国家建設大学としての傑出した地位を獲得するに至った歴史的論争、競合する勢力、そして矛盾などに注目したい。そして、UNAMの例から得られた洞察を、国家建設大学と旗艦大学を区別する際の、独自性、歴史的中心性、そして競合的自治空間としての大学の役割の分析に適用していく。

独特な組織としての国立大学

　UNAMはメキシコの大学の中で最も正統かつ一流の大学である。また、非常に独特な組織でもあり、それぞれかつて存在しなかったような学術プログラム及び国とのユニークな関係とを合わせもつ点で、他の機関と区別される。UNAMの重要性、中心性、そして歴史から、UNAMはメキシコ社会にしっかりと定着している。また、UNAMは高等教育の領域を超え、政治、経済、実業界、医療など幅広い活動にも関わっている。UNAMは正にメキシコを体現する大学なのである。

他の国家建設大学のように、UNAM の独自性、歴史的中心性、そして適応に対する抵抗の遺産が、UNAM の正統性と威信の鍵となっている。逆に、正統性と威信は深く関連しているが、UNAM の状況を計る上ではそれぞれ別個の尺度である。UNAM を、ひいては国家建設大学の特質を理解するためには、国家建設大学が長い間享受してきた正統性と威信の根源を理解することがかかせない。

UNAM の特質

UNAM は大規模かつ多面的要素をもつ組織である。UNAM には学位レベルが三つある。準備教育課程（バカロレア）[7]と学士課程（専門学校を含む）、そして大学院である。準備教育課程には二つのプログラムがあり、学士課程には 70 の学士及び専門職の教育プログラムと九つの技術・職業教育プログラムが、そして大学院には 45 の博士と 110 の修士、そして 60 の専攻科のプログラムがある。

2003-2004 年度には、270,000 人近くの学生が UNAM に入学した。そのうちの 143,405 人が学士および専門職教育プログラム、104,554 人が準備教育課程プログラム、18,987 人が大学院のプログラムに在籍した。メキシコ全体における準備教育課程への入学者の 3％、学士課程への入学者の 7％が UNAM に入学したことになる。また、メキシコ全体における大学院生の 13％が UNAM に在学しており、専攻科の学生の 30％、修士課程の学生の 6％、博士課程の学生の 26％が UNAM に在学していた[8]。メキシコ国家の科学研究に関する政府機関である、メキシコ国家科学技術審議会（Consejo Nacional de Ciencia y Tecnología：CONACYT）のデータによると、UNAM は 2003 年のメキシコにおける博士号の 30％を授与したことになる[9]。

UNAM における学術研究は二つのシステムに組織されている。一つは科学（自然科学と物理科学）、もう一つは社会科学（人文科学を含む）である。研究は 26 の研究所、13 の研究センター、そして多くの学部・研究科等や学科で行なわれており、メキシコにおける全研究の 50％以上が UNAM で行なわれていると推定される。2003 年には、国際的な査読付学術誌に発表された物理科学分野の研究論文のうち、メキシコからの論文の 37％が UNAM

のものであった[10]。2004 年には、UNAM の教員だけでメキシコの学術研究者の 29％を占めていた。UNAM はまた、国立天文台と同様、国の地震防災システムを委託されており、メキシコ沿岸に 2 隻の調査船を航行させている。また、UNAM は、メキシコでの最も重要な公文書・書籍の保管庫でもあり、それらは UNAM が管理する国立図書館に収められている。

　UNAM が毎年支援している 60,000 を超えるエクステンション・プログラムや文化的な催しが、UNAM の評判をさらに高めている。これらの催しには、ミュージカルコンサート、演劇、ダンスリサイタル、朗読会、映画、会議・会合、書籍紹介、ガイド付きツアー、セミナーなどが含まれる。また、UNAM はメキシコで最も威信の高いクラシックオーケストラの一つ（UNAM フィルハーモニック・オーケストラ）を所有しており、数多くの美術館や科学博物館の他、映画館や劇場、音楽ホールもいくつか所有している。さらに先のナショナルリーグで 2 回優勝したプロサッカーチームさえも所有している。Radio UNAM（ラジオ・ウナム）の二つの周波数はメキシコ全土をカバーしており、TV UNAM（テレビ・ウナム）も、無料チャネルではないが民間や公共の放送を通じて常に放送されている。

　1950 年代に作られた広大なキャンパスである「大学都市（Ciudad Universitaria）」は、UNAM の活動の中心地であり、メキシコ・シティで開かれる公の集会にとって重要な場でもある。大学都市内の建物の多くには、リベラ、オゴルマン、シケイロス、チャベス・モラドといったメキシコで非常に有名な芸術家による壁画が描かれている。大学都市の他にもメキシコ・シティには準備教育課程のキャンパスが 14、大学院と学士課程のキャンパスが五つあり、クエルナバカ、エンセナダ、メリダ、モレリア、トラスカラなどの他の州や市にも研究や大学院のためのキャンパスがある。

　他の国家建設大学と同様に、UNAM は単なる大学ではない。国家にとって特別な機関なのである。UNAM が提供している様々なものの深さや幅広さから、UNAM の知的、社会的、文化的、そして政治的活動の大きさがわかる。そしてその貢献が非常に重大なものであることからしても、UNAM は国内の他の機関とは明らかに一線を画している。また、そのような貢献から、数々の面で UNAM は旗艦大学とは明らかに区別される。第一に、米国

には旗艦大学が数多くあるが、メキシコには国立大学が一つしかない。第二に、UNAM で行なわれているのと類似した、複雑で幅広い学問や研究を提供する旗艦大学はいくつかあるものの、UNAM に匹敵するほど、文化的、政治的、社会的に際立つところはない。米国内の旗艦大学すべてを集めても、UNAM がメキシコ国家の形成に与える影響と同程度に、国家の特徴に影響を与えることはないだろう。また、UNAM はメキシコで唯一の高等教育機関として出現し、何年もの間そうであったことも旗艦大学とは異なる点である。システムが拡大し、新しい大学群が作られると、UNAM は比較的画一的な高等教育機関の頂点に立つようになった。基本計画に基づいて作られた中等後教育システムの他の著名大学とは異なり、UNAM は、特別な存在としての多くの責任を背負いながら、独自の組織構造やプロセスを発展させてきたのである。最後に、米国の旗艦大学が他の大学と異なるのは、その種類ではなく、程度の問題である。カリフォルニア大学、テキサス大学、ミシガン大学、ハーバード大学、イェール大学などは、共通点が非常に多い。米国では、ある特定の時期にある大学が他の大学より抜きんでたとしたら、それは学士課程教育の質や研究の生産における全体規模、そして大学院の卓越性などに基づくものであり、また、これらの違いは激しく変化する。UNAM は、多くの他の国家建設大学と同様、設立時からメキシコのどの高等教育機関とも異なっているのである。

　UNAM の歴史的中心性とその正統性のほとんどは、UNAM がメキシコの歴史上、多くの非常に重要な出来事と密接に関連してきたという事実で説明できる。他の国家建設大学と同様に、UNAM はメキシコ国家を形成し、逆に国家の重要な歴史的瞬間との密接な関わりが UNAM を形成してきた。しばしば争いながら、お互いに形成し合うというこの共生のプロセスが、国家を建設する機関の歴史的中心性を理解する柱となる。米国の旗艦大学が米国の政治経済に多大なる影響を及ぼしてきた一方（Pusser 2003）、その影響力の大きさは国家建設大学が及ぼす影響とは全く比べ物にならない。

国家建設大学の前身

　UNAM の現在の形態は、1945 年にメキシコ議会の法律により確立された

ものである。しかし、この大学の前身は、1551年に国王令により創立された王立メキシコ大学（Real y Pontificia Universidad de México）に遡る。独立戦争直後と新共和国初期の時代に、王立メキシコ大学は長期にわたって不確実で不安定な状態に置かれ、ついには1867年に閉鎖してしまう。この国立大学の第1期としての実体は消え去ってしまったわけだが、現在のメキシコ合衆国の誕生よりも歴史が古く、また、ハーバード大学の創立より前に遡る伝統を誇るこの大学の記憶は、メキシコの高等教育の強力な象徴として存続している。近代大学とメキシコ近代国家の創始者ともいえるこのUNAMの前身である国立大学が持つ象徴としての力により、UNAMは、国家を利用してUNAMを形成しようとする様々な国家政権との衝突において超越的ともいえる正統性を得てきた。

　強力な象徴的遺産と共に、近代メキシコの高等教育は今日のUNAMを形成する植民地大学の強固な原則を四つ受け継いだ。それらは、自治権、大学役員の内部選挙、大学ガバナンスへの学生の参加、大学への公的資金援助である（Ordorika 2003b）。

自治権と学問の自由

　王立メキシコ大学は、40年にわたるポルフォリオ・ディアスの独裁政権の終わりとなる1910年に、当時の中等後教育機関が合併して近代的な様式に再建された。この再編成された大学はメキシコ国立大学（Universidad Nacional de México）と呼ばれた（Alvarado 1984；Marsiske 1985）。再生したこの大学では、伝統的スコラ学、精神的人道主義、実証主義という哲学的な伝統が複雑に混ざりあっていた。この国立大学と、メキシコ革命の結果生まれた人民主義政府との関係は、極めて対立的なものであった。数多くの衝突を経た後、大学とメキシコ国家との間の緊張状態は1929年、国家が大学に正式に自治権を認めることで和らいだ。大学の構成員たち「*universitarios*」[11]による自治を望む声と国家的教育実践の形成に関心を持ち続ける国家との間の緊張状態はまた、大学内の学問の自由に関する確固たる基準をも生み出した。

　やがて大学と国家との対立は、メキシコ国家の人民主義政策の蚊帳の外に

置かれていた都市部の中流階級と革命の指導者との間の闘争の象徴となった。それはあらゆる点で、社会と大学それぞれをどう定義するのかも含んだ政治的衝突であった（Ordorika 2003b）。そのような決定的な瞬間に、国家建設機関としての大学の歴史的中心性が明確になる。UNAM は国家との衝突により形成されると同時に、そのような抗争を生み出しながら、より広範な国家的抗争の場となり、象徴となっているのである。

開発主義と独裁主義

その後、UNAM は独裁主義の政治システムの強化と、続く開発主義国家（経済的、社会的発展において自己決定を下し、中心地と周縁地の関係において自己決定の度合いが高い国家）の建設において重要な役割を果たした（Marini 1994；Wallerstein 2004）。また、1940 年代から 1960 年代初期にかけての国家の経済成長に伴い、都市部の中流階級が拡大した背景にも UNAM は影響を与えている（Guevara Niebla 1980）。大学の資格と専門職としての技術習得は社会移動の手段であり、これにより都市部の中流階級はメキシコ社会において重要な位置を占めるようになった。UNAM の学位がもつ名声は、専門職従事者により都市部でも地方でも一様に広く喧伝された。今日に至るまで、医師やエンジニア、弁護士などが、自分たちが専門知識を有し、優秀で高度な専門家であることの証として UNAM の学位を取得していることを示すのは、ごく一般的に見受けられることである。

「*universitarios*」はまた、国家の新たな公共機関が作られる際にも活躍した。非常に重要な機関である国立衛生研究所も、保健省も、UNAM 出身の医師たちが創設した。UNAM 出身のエンジニアたちは公共事業省を組織し人員を固め、UNAM で教育を受けた弁護士たちは近代司法制度を築き上げ、メキシコ国家の基礎となった法律を相当数書いた。

1940 年代初め、UNAM はまた、メキシコの政治制度の枠組みを作り、指導者たちを送り出した。1946 年ミゲル・アルマンがメキシコの大統領に選ばれた。ミゲル・アルマンは革命後の大統領としては初の非軍人で、UNAM の卒業生でもあった。このとき以来、「*universitarios*」はあらゆるレベルでの官職において支配的となった。UNAM は、国家の正式な政治指

導者の唯一の重要な供給源となったのだ（Smith 1979；Camp 1984, 1985）。ロデリック・アイ・キャンプ（2002）は、UNAM が政治家、知識人、実業家のようなエリート養成のための最も重要な機関となり、カトリック教会や軍部の支配層の幾人かは UNAM で教育を受け、UNAM に採用され、その後 UNAM でネットワークを築き上げたと論じている。1946年から1994年の間、メキシコ大統領は皆 UNAM の卒業生であった。

　1940年から1968年の間、メキシコ国家は強力で政治的にも安定した独裁政権が支配していた。その正統性の主要な源は、UNAM から専門家の知識と知的ネットワークを受け入れることができたからである。UNAM は独裁政治制度の形成、強化、繁栄を助け、逆に UNAM はメキシコの独裁主義によって形作られた。また、UNAM 出身者を中心としたこれらの専門職集団は UNAM 内でも最も力を持つようになり、弁護士、医師、エンジニアたちが UNAM の理事会や学長職、大学評議会を支配した（Ordorika 2003b）。

国家建設大学と国家統一の言説

　開発主義国家は、各階級の協力と国家統一という言説に基礎をおいたものであった。UNAM はあらゆる点でこの言説とその社会の創造、再創造に貢献していた。UNAM の存在そのものが社会移動の手段として、統一された能力主義社会の概念の縮図となっていた。UNAM のもつこの重要な特質は、他国の国家建設大学にも広く共有されている。

　国家建設機関として、開発主義国家の特別な機関として、そして社会移動の手段としての UNAM の役割は、メキシコ社会の見地から確固たる正統性をもたらした。独裁主義国家の重要な機能として、そしてその国家の正統性の中心的な源として、UNAM はメキシコ社会の様々な領域から高い評価を受けた。

　このような状況下で、UNAM の学術的なグループや有識者たちは研究とそれに関連する活動を拡大していった。それ以前にも重要な例はあったものの、メキシコの組織的研究と知識生産は本質的に1960年代と1970年代の産物である。この年代における自然科学や人文科学の研究は本質的に UNAM で行なわれた。国立衛生研究所などを除き、UNAM 以外で研究活

動を活発にしている機関はほとんどなかった。自然科学や人文科学における研究がUNAMの威信を高めたものの、政府や国民、そしてUNAM自身は、研究や知識創造といった活動はUNAMの専門職学位志向の中では二次的なものとしか見なしていなかった。

競合的自治空間としての大学

メキシコの学問的、社会的、経済的生活における中心性と並んで、UNAMは国家の政治的抗争の象徴、場、手段としての批判的な役割も果たしている（Ordorika 2003a；Pusser 2003）。UNAMのこの機能が出現した一因として、革命で生まれた人民政府に対しUNAMの姿勢が反抗的だったことが挙げられる。UNAMは決して一枚岩的な政治体ではないが、革命以来、重要な政治的瞬間における反抗的姿勢や批判的論議にもかかわらず、UNAM内の様々な構成員に対し国家は比較的寛大な態度を保ってきた（Ordorika forthcoming）。UNAMはまた、中心的な公的領域としての機能も果たしており、パッサー（forthcoming）は「メキシコ国家およびより広範な政治経済との関わりにおいてではなく、それ自体が複雑な自治権抗争の場として、実際的、象徴的、文化的、政治的、意味論的な空間」であると述べている。UNAMが国家の抗争の真っ只中での批判的なオアシスであるという考え方により、メキシコ社会の大多数の者の間でのUNAMの正統性がさらに増した。UNAMの公的領域としての役割は、国家建設大学を定義付けるもうひとつの特徴である。多くの旗艦大学が歴史上様々な瞬間において重要な公的領域として機能したことが議論されてきたが（Pusser forthcoming）、この特徴は国家建設大学についての方がより広く当てはまる。ところが、過去40年の間、国家建設大学と旗艦大学はそれぞれの自治権に対する新たな、そして重大な課題に直面してきたのである。

4）20世紀後半における開発主義国家の終焉

1960年代のメキシコの大学生の過激な批判行為と反抗的姿勢は、開発主義の来るべき危機と独裁政治制度の正統性の喪失の前兆となった。開発主

義国家を特徴付けた驚異的な経済成長は終わりを告げ、その後に起こった経済危機により、都市部の専門職による中流階級の期待はしぼんだ。1968年、政治に対する不満から UNAM や国立工科大学（Instituto Politécnico Nacional）他の高等教育機関などで大規模な抗議運動が起こり、学生たちが独裁政治制度の基礎を揺るがした（Gonzalez de Alba 1971；Guevara 1990；Martinez della Rocca 1986；Ordorika 2003b）。学生や教職員、また大学の建物に対しても同様に、政府が激しい鎮圧行動を行なったことから、「*universitarios*」とメキシコ国家の関係は打ち砕かれた。1976年と1982年の経済危機の結果、国家の経済発展と政治制度への大学からのつながりは一層壊れていった。政府による経済構造調整改革は公立の高等教育に大きな衝撃を与え[12]、UNAM もまた決して例外ではなかった。しかし、独裁政治政権の存続がますます困難になっていくにもかかわらず、UNAM のエリートたちは政府や与党との密接な関係を保ち続けた。

　過去25年の間、構造調整改革と効率的モデルを課す取り組みが、UNAM や世界中の国家建設大学における国と大学との関係を支配してきた（Ordorika 2004）。この期間、正統性や威信の伝統的な源が問われ、他の多くの公的機関と同様に UNAM も新自由主義の攻撃対象となった。大学の効率と質に対する批判という名の下に、UNAM の伝統的役割は疑問視されるようになった。

国家建設大学の危機

　過去20年間は、開発主義の終焉により国家建設大学が危機に陥るという、特徴的な期間となった。開発主義的政策から新自由主義に基づく再構築へとシフトしたことにより、政治の様式、過程、論議が国家建設大学の歴史的中心性、自治空間、特異性を脅かすものへと変化した。国家建設大学がますます旗艦大学を模倣するにつれ、このような変化は国家と国家建設大学との関係も変えていった。

　この危機は UNAM の事例では非常に明白である。1970年代以降、外部からの要求に応え、UNAM 内の支配的集団は組織の優先事項を再定義した（Munoz Garcia 2002；Diaz Barriga 1997b；Ordorika 2004）。その結果、経済発

展のための研究とエリート養成の専門職教育が UNAM の最も適切な目的とされた。依然として莫大な数の学生を受け入れ続けたが、大学の中核であると再定義された研究施設や研究センターに対し、学士課程教育は二次的なものとなった。過去10年間は、UNAMでの伝統的な研究実践が有してきたヘゲモニーでさえも、企業家的な中等後教育機関を望む声によって脅かされている。世界中の中等後教育機関と同様に、効率性や生産性に関し、むしろ漠然とした論議がなされており、その論議のなかでは、学士課程教育や民主化、社会正義を犠牲にした商業知識の生産、競争力、卓越性、経済発展に重きが置かれている (Marginson and Considine 2000；Slaughter and Rhoades 2004)。

このような考えに沿って、メキシコの大学の経営者たちは、成功している旗艦大学の制度を手本として教員評価や能力給制度を確立した (Ordorika 2004；Bensimon and Ordorika forthcoming)。教育よりも研究に特権が与えられ、教員たちは給与や研究費獲得のための激しい競争に追いやられた。国際的な学術誌に発表された論文は、国または地域の査読付の学術刊行物に掲載された論文よりも高く評価され、国内における研究、学術論文、そして、社会団体としての教員たちの役割に対し重大な影響力を持っている (Díaz Barriga 1997a；Canales Sánchez 2001；Acosta Silva 2004)。

質を向上させるという大義の下に、UNAM の入学規定が変えられ、入学が制限された。「財政の多様化」を求める声は、直ちに授業料の大幅な値上げの要求と解釈された。今までの歴史を見ても分かるとおり、国家による強制に対する国家建設大学の反応は好意的ではない。UNAM で試みられたこの改革は、1986年、1991年、そして1999年にも再び激しい対立を生み出した。長引く抗争の後、学生運動や長期にわたるストライキの影響を受けて、授業料値上げは三度に亘って却下された (Ordorika 2006)。

UNAM の抵抗には多大な損失があった。これらの抗争の間中、政府関係者や財界からの攻撃が増した。しかし、中等後教育機関に企業家的なモデルを導入しようとする努力は、アクセスを大切にし不平等をなくすという国家建設大学としての UNAM に対するこれまでの理解と矛盾する。威信の新たな源泉としての知識創造と研究活動は、メキシコ人の幅広い層の心には直接

響いていない。UNAMのような機関の社会的責任や目的は、国家が市場やグローバルな発展と相互作用を行う場として再定義された。このため、従来高等教育から除外されてきた人々の進学希望を受け入れる場所であったことによるUNAMの歴史的中心性は減じられていった。様々な理由から、旗艦大学のモデルに移行しようという努力は、ちょうど開発主義から新自由主義へと変わる改革が周縁地の多くの構成員を疎外してきたように、UNAM内の構成員の多くを疎外してきた。

旗艦大学と周縁地における高等教育の将来

グローバル化した世界の周縁社会における高等教育機関の将来は不透明だ。グローバル化と新自由主義改革に適応する初期段階では、国家建設大学の正統性が減じられてきた。旗艦大学モデルの利点と主張されているものが、周縁地における中等後教育の計画においてあいまいながら存在感を増している。しかし、私たちは国家建設大学が旗艦大学へと進化していくことは予測したくないし、そのような転換が成功するなどとも予測していない。それには根本的な理由が二つある。第一に、旗艦大学自身、急速に変化しており、名声を得たいという激しい衝動から、学士課程教育でのより一層のエリート養成、専門職の資格認定、商業的な研究へと走っている（Geiger 2004；Slaughter and Rhoades 2004）。その過程で、旗艦大学は、公立であれば公有地を供与されたという出自、私立であれば第二次世界大戦後の米国の政治経済の発展における役割にまで遡ることができる「公的な」特徴や正統性を、かなり失った。旗艦大学は、民間の資金源、授業料の値上げ、学術活動の商業化、機関としてのさらなる自治権の要求などにますます傾倒していくにつれ、公的な領域としての正統性を減じていった（Pusser forthcoming）。総括すれば、これらの変化により旗艦大学のモデルは、国家建設大学が特徴として有する歴史的に中心的でありかつ独自性のある事業、幅広い学生の受け入れ、不平等の是正、社会の利益のための知識生産などからますます遠のいていくのである。

国家建設大学が旗艦大学へと転換していくことに反対する第二の理由は、歴史的中心性や独自性が周縁地の高等教育を理解するための鍵となると思うからである。本章ではUNAMのような大学の独自性、その重要性、道徳的

権威、社会性、そして影響力は、ダイナミックな歴史的プロセスの一部としてのみ理解され得ると論じてきた。UNAMの威信と正統性は、大学と社会、そして政治的、経済的、社会的、文化的領域における国家との間の歴史的な相互作用によって発展した。国家建設大学としてのUNAMの権力を支えてきたのは、UNAMが国家的、個人的レベルの公益に貢献しているとの認識である。周縁地の高等教育機関は、中心地の国々のビジョンやモデルに適応するようにとの要求にこれまで直面してきたが、これに対する抵抗運動を国家建設大学が牽引してきた。国家建設大学の将来は、周縁地の国々に圧力をかけている新たな政治的また経済的な力の強まりと明らかに関連しているが、様々な時代において支配モデルへの適応という圧力を凌ぐことができたのは、国家建設大学に特有の特徴や、抗争の場として機能しえたためであったことを、歴史は物語っている。

　他の国家建設大学がそれぞれの国家で最も重要な研究機関であり続けるように、UNAMもメキシコで最も重要な研究機関であり続けることは確かである。UNAMがこの点においてふさわしい存在であることについては、国内でも国外でも幅広く認識されている[13]。しかし、中等後教育における研究や知識創造と、グローバル化という状況における周縁地の国にとっての公益との関係は明白なわけではない。学問的に優れているとの国際的な認識や、外部から多額の研究資金援助を得られることなどから生じる威信は、UNAMのような機関の正統性を維持するには十分ではない。

　社会歴史的な産物としての正統性や威信は固定的な概念ではない。UNAMやその他の周縁地における国家建設大学は、それぞれの歴史のなかで危機的局面を迎えている。周縁地の大学にとっての現代の威信の源は、広い理解を得ていない。目前の課題として、これらの機関の正統な活動の定義について、激しい論争が繰り広げられているのである。現在主流となっている経営管理的な取り組みとして、旗艦大学のモデルを見習おうとする包括的な努力は、二つのはっきりとしたマイナスの影響をもたらしてきた。すなわち、旗艦大学のモデルに適応するという要求により内部の衝突が増加し、また、大学内の結束が弱まったのだ。UNAMの場合、これらの状況は、より広範な社会やメキシコの政治制度においては民主化が進んでいるにもかかわ

らず、大学統治において権威主義的な慣習や構造に相変わらず執着していることにより悪化してきた。結局、旗艦大学モデルという目標に適応するための努力は、UNAMとUNAMを昔から支持してきたメキシコの人々との間の距離を広げてしまった。

　それにもかかわらず、UNAMやその他の国家建設大学は、旗艦大学を見習うべきだという強い圧力に直面している。旗艦大学のモデルに適応すべきだという要求の最初のあり方に大きな変化がなければ、そのような改革が成功する可能性はほとんどない。旗艦大学のようになるためには、UNAMやその他の国家建設大学は民間基金や産業界からの支援にさらに頼ることになる。そして、民間の商業的企業と競って提携し、特許収入やライセンス収入が得られる可能性がある研究を重視し、研究開発のためにメキシコの企業や多国籍企業との提携を確立するための構造基盤を強化する努力が求められるだろう。また、学士課程教育や専門職教育ではなく大学院での研究や商業的な研究活動へ資金を投資するように、収入を再分配しなければならないだろう。そして、より多くの財源を、社会科学や人文科学を犠牲にして自然科学や技術開発に充てる必要があるだろう。授業料は、値上げしなければならない。また、学生をより厳格に選抜し、組織の威信を高めるために入学を許可する基準や入学のガイドラインを改訂する必要が出てくるだろう。本章を通じて論じてきたように、このような方針は国家建設大学の本質とも言えるこれまでの目的や献身とは相反するものである。

　最後に、国家建設大学は、それぞれ創設された国が異なるように、多くの点で互いに異なっており、そして旗艦大学とも異なっている。国家建設大学、そして旗艦大学が直面している危機は、それぞれの国家の文脈における国家の危機を反映している。21世紀初頭になり、グローバルな旗艦大学の発祥の地である米国は、あらゆる種類の公私の高等教育機関の将来に関し、異常なまでの政治的分裂と不確かさに直面している。旗艦大学は、威信、そして公私それぞれの便益への貢献を今までどおり維持しようと努力するなかで、グローバル化が進行する中心でその不安定さの影響を受けているのである（Wallerstein 2004）。

　独自性があり、歴史的に中心的役割を果たし、そして抗争の場となって旗

艦大学のモデルへ適応するという要求に抵抗する中等後教育機関は、国家と互いに支えあう関係を確立することで成功している。そして、公的な高等教育の中心性を発展させ、批判的論議の創造や知識生産に特権を与え、大学を公的領域として育てあげ、社会的、経済的、政治的不平等の是正に専念する国家は、国家建設大学との共生関係を築くことができる。この種の協力体制は、中心地の大学でも周縁地の大学でも持続させることができる。UNAMの事例が示すように、周縁地の国家建設大学は中心地の旗艦大学にとって重要な歴史的教訓となる。UNAMは、度重なる独裁主義政権からの挑戦と様々な内部および外部からの衝撃や危機にもかかわらず、メキシコの人々に仕えメキシコ国家を建設するというUNAMが昔から行ってきた貢献を維持していくことで存続してきた。このような国家にとって欠くことのできない機関の使命を国家が支援することをやめたときは、国家自身の危機となり、国家自身の歴史や正統性の源からも遠ざかることになる。私たちが将来に望むことは、周縁地でも中心地でも著名な高等教育機関が、長い間それぞれに正統性を与え、その中心性を維持させてきた信念や活動に献身的であり続けることである。また、高等教育機関とこれらの機関が位置付くそれぞれの国家が、批判的探求の場となるように努め、この極めて重要な時期に論争し、お互いにどちらが欠けてもうまくいかないことを忘れずにい続けることである。

注

1 Máxima casa de estudios は、「学問の最高峰機関」または「知識の最高機関」と訳される。
2 Universidad de la Nación は「国家の大学」と訳される。
3 nación は「国家」、el pueblo は「国民」。
4 ルイジアナ州立大学の「ナショナル・フラッグシップ・アクション・アジェンダ」から http://appl003.lsu.edu/acadaff/flagship.nsf/$Content/Creation+of+the+Flagship+Agenda?OpenDocument 。
5 「エディンバラ大学年次報告 1999 ～ 2000 年」を参照。www.cpa.ed.ac.uk/reports/annual/1999-2000/index.html
6 上海交通大学の高等教育研究所が発表する「世界大学ランキング」(2005 年) や「Times Higher Education Supplement」(英国「タイムズ誌」が発行している高等教育情報誌) の「世界大学ランキング」(2004 年) など。
7 メキシコでは準備教育課程 (または予科) は、高等教育に進むために必要とされ

る中等教育の学位を指す。中等教育課程におけるこの課程は、メキシコの教育制度では「Educacion Media Superior」(中期高等教育) に分類される。

8 入学者数は"Dirección General de Planeación" (www.estadistica.unam.mx/2004/docencia/pob_escolar_2003-2004.html) が提供するUNAMのデータとメキシコ教育省が提供する国内の入学者数のデータ (www.sep.gob.mx/work/appsite/princif2003/Princcif2003.pdf) に基づき算出。

9 2003年にメキシコで授与された大学院の学位数を基に著者が算出。メキシコ国家科学技術審議会 (CONACYT) (www.conacyt.mx/dap/INDICADORES_2004.pdf) が提供するデータと、"Dirección General de Planeación"" (www.estadistica.unam.mx/2004/docencia/pob_escolar_2003-2004.html) が提供する2003年にUNAMで授与された博士号の数に関するデータを使用。

10 注9に記載の出典を参照。

11 大学の構成員を意味する。教授陣と学生が含まれる。

12 1982年から1988年の間に、あらゆる教育段階への政府補助金が43.65%減少した。UNAMの予算は1981年から1987年の間に49.47%減らされた (Martínez Della Rocca and Ordorica 1993)。

13 UNAMは『Times Higher Education Supplement』による世界トップ100大学にランキングされた。これにランキングされたのは、ラテンアメリカにおいて、また世界中のスペイン語圏の大学においてUNAMが初である。2004年には、UNAMは上海交通大学高等教育研究所による2004年度版世界大学ランキングのトップ200大学にランキングされた。これにランキングされたのは、ラテンアメリカにおいてはUNAMが初、スペイン語圏の大学においては2番目である。

参考文献

Acosta Silva, A. 2004. El soborno de los incentivos. In *La academia en jaque*, ed. I. Ordorika. Mexico City: Miguel Angel Porrua.

Alvarado, M. L. 1984. La Escuela Nacional de Altos Estudios. Sus Orígenes. In *Memoria del Primer Encuentro de Historia sobre la Universidad*. Mexico City: CESU/UNAM.

Bensimon, E., and I. Ordorika. Forthcoming. Mexico's estímulos: Faculty compensation based on piece-work. In *The political economy of globalization: The university, state and market in the Americas*, ed. Robert A. Rhoads and Carlos Alberto Torres, 250-74. Stanford, CA: Stanford University Press.

Berdahl, R. M. 1998. The future of flagship universities. Remarks at the convocation, Texas A & M University. (October 5). http://cio.chance.berkeley.edu/chancellor/sp/flagship.htm.

Camp, R. A. 1984. *The making of a government: Political leaders in modern Mexico*. Tucson: University of Arizona Press.

———. 1985. *Intellectuals and the state in twentieth-century Mexico*. Austin: University of Texas Press.

―――. 2002. *Mexico's mandarins: Crafting a power elite for the twenty-first century.* Berkeley: University of California Press.

Canales Sánchez, A. 2001. *La Experiencia Institucional con los Programas de Estímulo: La UNAM en el período 1990-1996.* Mexico City: DIE, CINVESTAV.

Clark, B. R. 1998. *Creating entrepreneurial universities: Organizational pathways of transformation.* Oxford and New York: Published for the IAU Press by Pergamon Press.

Díaz Barriga, A. 1997a. La comunidad académica de la UNAM ante los programas de estímulos al rendimiento. In *Universitarios, institucionalización académica y evaluación,* ed. A. Díaz Barriga and T. Pacheco, 62-81. Coyoacán: CESU/UNAM.

―――. (1997b). Los programas de evaluación (estímulos) en la comunidad de investigadores. Un estudio en la UNAM. In *Universitarios, institucionalización académica y evaluación,* ed. A. Díaz Barriga and T. Pacheco, 37-52. Coyoacán: CESU/UNAM.

Douglass, J. A. 2000. *The California idea and American higher education: 1850 to the 1960 master plan.* Stanford, CA: Stanford University Press.

Flexner, A. 1994. *Universities: American, English, German.* New Brunswick, NJ: Transaction.

Geiger, R. L. 2004. *Knowledge and money: Research universities and the paradox of the marketplace.* Stanford, CA: Stanford University Press.

González de Alba, L. 1971. *Los días y los años.* 4th ed. Mexico City: Ediciones Era.

Guevara Niebla, G. (1980). La educación superior en el ciclo desarrollista de México. *Cuadernos Políticos* 25 (July-September).

―――. (1990). *La rosa de los cambios.* Mexico City: Cal y Arena.

Kerr, C. 2001. *The uses of the university.* 5th ed. Cambridge, MA: Harvard University Press.

Kirp, D. L. 2003. *Shakespeare, Einstein, and the bottom line: The marketing of higher education.* Cambridge, MA: Harvard University Press.

Levin, J. S. 2001. *Globalizing the communtity college.* New York: Palgrave Press.

Marginson, S. 1997. *Markets in education.* Melbourne: Allen & Unwin.

Marginson, S., and M. Considine. 2000. *The enterprise university: Power, governance, and reinvention in Australia.* Cambridge: Cambridge University Press.

Marini, R. M. 1994. La crisis del desarrollismo. *Archivo de Ruy Mauro Marini.* www.marini-escritos.unam.mx/026_crisis_desarrollismo_es.htm.

Marsiske, R. 1985. La Universidad Nacional de My la Autonom. In *La Universidad en el tiempo,* ed. UNAM/CESU. Mexico City: UNAM/CESU.

Martínez Della Rocca, S. 1986. *Estado y universidad en México, 1920-1968:*

Historia de los movimientos estudiantiles en la UNAM. Mexico City: J. Boldó i Climent.
Martínez Della Rocca, S., and I. Ordorika. 1993. UNAM, *espejo del mejor México posible: La universidad en el contexto educativo nacional.* Mexico City: Ediciones Era.
Muñoz García, H. 2002. La política en la universidad. In *Universidad: Política y cambio institucional,* ed. H. Muñoz García, 39-80. Mexico City: Seminario de Educación Superior, CESU-UNAM, Grupo Editorial Miguel Angel Porrua.
Ordorika, I. 2001. Aproximaciones teóricas para un análisis del conflicto y el poder en la educación superior. *Perfiles Educatios* 23 (91): 77-96.
———. 2003a. The limits of university autonomy: Power and politics at the Universidad Nacional Autónoma de México. *Higher Education: The International Journal of Higher Education and Educational Planning* 46 (3): 361-88.
———. 2003b. *Power and politics in university governance: Organization and change at the Universidad Nacional Autonoma de Mexico.* New York: RoutledgeFalmer.
———. 2004. El mercado en la academia. In *La academia en jaque: Perspectivas políticas sobre la evaluación de la educación superior en México,* ed. I. Ordorika, 35-74. Mexico City: CRIM-UNAM/Miguel Angel Porrua.
———. 2006. *La disputa por el campus: Poder, política y autonomía en la UNAM 1944-1980.* Mexico City: CESU-UNAM/Plaza y Valdés Editores.
———. Forthcoming. Universidades constructoras de estado: Un modelo distintivo. *Perfiles Educativos.*
Pusser, B. 2002. Higher education, the emerging market, and the public good. In *The knowledge economy and postsecondary education,* ed. P. A. Graham and N. G. Stacey, 105-25. Washington, DC: National Academy Press.
———. 2003. Beyond Baldridge: Extending the political model of higher education governance. *Educational Policy* 17 (1): 121-40.
———. Forthcoming. Reconsidering higher education and the public good: The role of public spheres. In *Governance and the public good,* ed. W. G. Tierney. Albany: State University of New York Press.
Pusser, B., B. Gansneder, N. Gallaway, and N. Pope. 2005. Entrpreneurial activities in nonprofit institutions: A portrait of continuing education. *New Directions for Higher Education* 129 (Spring): 27-42.
Pusser, B., S. Slaughter, and S. L. Thomas. Forthcoming. Playing the board game: An empirical analysis of university trustee and corporate board interlocks. *Journal of Higher Education.*
Rhoads, R. A., and N. Durdella. 2005. Review of *Power and politics in university governance: organization and change at the Universidad Nacional Autónoma*

de México, by I. Ordoriko. *Journal of Higher Education* 76 (2): 234-37.
Rudolph, F. 1965. *The American college and university: A history.* New York: Vintage Books.
Slaughter, S., and L. L. Leslie. 1997. *Academic capitalism: Politics, policies, and the entrepreneurial university.* Baltimore: Johns Hopkins University Press.
Slaughter, S., and G. Rhoades. 2004. *Academic capitalism and the new economy: Markets, state, and higher education.* Baltimore: Johns Hopkins University Press.
Smith, P. H. 1979. *Labyrinths of power: Political recruitment in twentieth-century Mexico.* Princeton, NJ: Princeton University Press.
Wallerstein, Immanuel. 2004. After developmentalism and globalization: What? Keynote address at the conference Development Challenges for the 21st Century, Cornell University, October 1.

第12章
メキシコにおける研究大学の役割：
パラダイムの変化？

サルバドール・マロ

（河田裕子訳）

1）はじめに

　メキシコの高等教育システムが急速に拡大したため、そのリーダーとなる高等教育機関について新たな、そして時には相反する見方が出てきた。高等教育におけるリーダーシップを形成する要素は何かについては現在様々な意見があるが、これらの意見は学生や教員・研究者、資金、名声を求めて競い合う新しい大学や高等教育機関のみに関わるものではない。こうした意見には新しい教育パラダイムからも、また、新たな参加者、競争の場、ルールの存在、すなわち、評価・認定組織、メディアの調査やマーケティング、選抜プロセスやランキング、政治的権力をもつ新たな参入者などからも新たな視点が生み出されてくるのである。この意味で、メキシコの各大学がもつ重要性やリーダーシップを評価する上で広く受け入れられている基準は存在しない。

　20世紀後半、メキシコでは人口動態、社会、経済、政治が大きく変動した。1950年代初めから教育需要は高かったものの、教育を求める人の数に対して学校の数が少なかった一方で、人口増加、貿易の自由化、女性の参画、都市化、工業化といった現象が出てくると、教育需要はさらに押し上げられた。この流れはやがて目覚しくダイナミックな教育システムへと変わっていったが、その教育システムは多様なニーズに応え、質のばらつきにも対応しなければならなかった（ANUIES 2000a）。

　1950年は2,700万人だったメキシコの人口は、2005年には1億500万人を上回るようになり、これはつまり教育システムも何倍も拡大しなければならないということであった。これは高等教育レベルで実に顕著であり、

1950年に3万人だった学生総数が、1990年は120万人になり（OECD 1997）、2005年には240万人以上（SEP 2005a）になっている。これらの数字はまた、教育セクターが成長し多様化したことによって新規参入者が現れ、なおも参入が続いていることも示している。このような展開の初期段階（1950-1980年）では、主に公立大学が増加分を吸収していたが、ここ25年ほどは私学セクターが大半を吸収している。

このような要因も、高等教育の役割や重要性に対する社会一般の評価を大きく変えるには至っておらず、依然として高等教育は公共財であり、若者が皆修了すべきものと捉えられている。しかし、高等教育機関の数が増え（ほぼ2,000ヶ所）、そこへ通う学生の数も大幅に増加したため、高等教育の質やその教育を提供する機関の相対的な質についての人々の認識は変わってきている。

メキシコで高等教育に進む学生の割合は、経済協力開発機構（OECD）加盟諸国と比べると依然として低い（22%）が、学士課程を卒業する学生の数は年々増えて供給量が拡大し、労働市場における大学卒業生の相対的価値が下がる状況になっている。多くの大卒者が仕事を見つけられない、あるいは競争が激化しているために自分の選んだ専門分野で仕事を続けることができないなどの状況になっている。大卒者の中には、低い学歴しか求められない仕事につかざるをえない者もあり、そのため教育・訓練水準がより低い人たちがはじき出される結果になっている（ANUIES 2003）。このため、高等教育に進む学生の割合が相対的に低いにもかかわらず労働市場で大卒の採用数が低水準である理由として、大卒者が労働市場に対しての準備ができていないためだ、大学教育の質が下がり大学の水準が下がっているためだ、との説明がよくなされる。

このような認識がおよぼす影響を最も被ったのは国立や州立の公立大学で、それは特に1980年代と90年代であった。かつて公立大学は、おおむね高所得層の最も優れた学生をひきつけていた。しかし人口が急増し、高等教育需要が増大し続けたため、国・州立大学は社会のあらゆる階層から質の劣る学生を受け入れ、大きな、時に巨大な機関となり、往々にして規模が大きくなり過ぎ、学生層が多重化し、機能も多様化している。

さらに、公立教育機関に対する政府の資金補助や政策も1980年代半ばに変化した。資金補助を受けることがそれまでほど容易ではなくなり、説明責任を求める声や教育の質に対する懸念の声がよく聞かれるようになった。しかし、現在メキシコの科学・学術的成果の大半は、研究活動が行われ、博士課程がある公立教育機関で生み出されており、また博士号の過半数も公立教育機関で授与されている。

これらの要因が示しているのは、研究志向の公立大学は重要な資産となっている一方で、過剰なストレスを抱え困難にもさらされているために、リーダーシップが縮小し、社会的役割が削がれているということである。加えて、公立大学が依然として持っている名声や影響力は、研究や卒業生の質よりもその歴史と規模に帰することができ、公立大学のリーダーシップ喪失は、おそらく大学院教育や研究実績とは無関係の要因によるものであろう。

2) 高等教育システム

メキシコの大学の学部教育は、米国の大学のものとは異なっている。学部教育は19世紀の大陸ヨーロッパ（スペイン、フランス）に起源があり、一般に5年間の専門学位課程で、学生が選択した分野のテーマを中心とした専門課程のシラバスで学ぶことになる。このシラバスの仕組み上、学生は一般教育がより充実した課程を取る可能性はほとんどなく、規定により他の分野に転向することも困難である。学生には、それぞれの課程を修了すれば学士号（*licenciatura*）という専門学位が授与され、これによって自分が選んだ専門分野の職についたり、大学院へ進学したりできるようになる。

大半の学生（80%）が学士課程に在籍しているが、そのうち3分の1は私立大学で、他にも職業学校、工業大学、教員養成機関などの高等教育機関がある。これらの多くも大学と呼ばれているが、「工業」「技術」「教育」「ポリテクニク」といった限定語がつく。一方、ポリテクニクあるいは工科大学（technological institutes）と呼ばれる高等教育機関の中には、実際には大学に類似しており、学士課程や大学院課程を持ち、研究も行っているところがある。

対照的に、大学院教育は米国にならい、専門課程（医学など）、修士課程、博士課程の3つの道がある。博士課程では通常、学位取得志望者が研究活動に大いに関わることが求められる。

研究志向の大学

教育機関の名称が分かりにくい状況になっているため、高等教育あるいは第三段階教育の分類を見ても、研究志向の大学を判別するのにはさほど役にたたない[1]。連邦政府は、高等教育機関を学部課程の性質や期間（職業訓練、2年間の技術課程、教員養成、学士課程）に基づいて区別している。また、各教育機関の総予算に占める、地方（州）政府の拠出金と比較した連邦政府の拠出金の額や割合によっても、また、教育機関の運営に対する政府の関与の度合いによっても区別している（SEP 2005b）。

最もよく知られている高等教育機関の分類は、全墨大学・高等教育機関協会（Asociación Nacional de Universidades e Instituciones de Educación Superior：ANUIES）によるもので、各機関を区別する指標として、研究および学位の水準・多様性の両方を用いている（ANUIES 2001）。しかし、この分類は研究や学位で何が求められているかに関する非定量的定義であること、それに大学の状況が常に変化している[2]ことから、ほとんど役に立たない。

大学院研究課程がある大学であっても、必ずしも研究志向の大学であるとは限らない。ANUIESは1998年に、高等教育機関1,533ヶ所のうち402ヶ所には、専門研究課程、修士課程、博士課程が少なくとも1つあると述べていた（ANUIES 2000b）。この4年後には526ヶ所になったが、博士課程がある大学に限った数でみると、120ヶ所に減少する（CONACYT 2004）。

一方、研究活動だけでは大学が特別な地位にあるとはいえないし、また、研究志向の大学であると自ら明言していても、それがその大学が実際に相当水準の研究をしているということにはならない。大半の公立大学で、研究は設立綱領に盛り込まれているかまたは大学運営理念に長い間うたわれてきている。だが、リカルド・アレチャバラは2001年に、研究大学として求められる水準の組織、施設、態勢を備えているメキシコの高等教育機関はほとんどない、と結論づけている（Arechavala 2001）。

メキシコの学者の中には、研究中心の大学と教育のための大学とが差別化したのは、教育機関の意図的な専門化や高等教育の階層化政策の結果ではなく、全墨研究者システム（Systema Nacional de Investigadores：SNI）あるいは全墨大学院課程登録制度（The Padrón Nacional de Posgrado 高等教育機関相互評価委員会（CIEES、教育機関どうしの学究プログラム評価））が提供している、質を確保するための手段の成果だと主張している者もいる。この見方によれば、これらの手段で科学的生産性や認可された専門職課程および博士課程についての量的情報やその他のデータを作り出すことによって、競争的な資金供給メカニズムの構築が可能になったという。このような手段による成果によって、教育機関の差別化がなされたと言われている。

　ランキング
　メキシコではランキングのつけ方が論議の的になっている。これは質が適切に考慮されていないということではない。学生も大学関係者も広く一般国民も、質の高い教育機関を見極めようとしている。しかしこれまで発表されてきたランキングの大半はメディア（新聞、リーダースダイジェスト誌など）、あるいは政府機関が作成したものであることから、ランキングはマーケティング活動か、エリート主義的な行為か、あるいはせいぜい政策手段のいずれかだとの見方が一般的である。さらに大学の名声については、様々なセクター（企業、政府、学術界）によって、研究分野（社会科学、自然科学、生命科学、工学、技術）によって、あるいは教育段階（学士、専門課程、修士課程、博士課程）によって著しい差異があることから、既存のランキングは理解しがたく、また受け入れがたいものになっている。

　近年、このランキング前線に新顔がいくつか入ってきた。メディアから現れた新顔は調査に基づいたランキングだ。他には、たとえば独立組織である全墨高等教育評価センター（Centro Nacional de Evaluación de la Educación Superior：CENEVAL）などは標準入学・卒業試験に基づいてランク付けしている。これらの調査や試験は、大学院課程、学術活動、研究の生産性を考慮しておらず、メキシコの大学に対する一般的見方は依然として、確かなデータや証拠に基づく調査よりも、メディアのランキング結果に基づくところが

大きい。

学術評価と認定

　各教育機関の学術プログラムのうち外部から評価されたものの数が、徐々に教育機関の質を表す指標になりつつある。学士レベルの研究では、CIESS、高等教育基準認定評議会（Consejo para la Acreditación de la Educación Superior：COPAES）、私立大学協会（Federación de Instituciones Mexicanas Particulares de Educación Superior：FIMPES）などの評価・認定のための機関・団体が定期的に認定プログラムのリストを発表している。これらのリストは、ある種の大学ランキングにもなっている。これはたとえば、認定プログラムを持つ10の大学がコンソーシアムを作ることを決めたことにも現れている。しかし、評価や認定は強制的なものではなく、また評価対象となったプログラムの総数は、メキシコ国内にある大学プログラムの総数からするとごく一部に過ぎない。

　大学院教育については、全墨科学技術評議会（Consejo Nacional de Ciencia y Tecnología：CONACYT）と高等教育次官管轄局（Subsecretaría de Educación Superior：SES）が、高い評価を得ている博士・修士課程を持つ教育機関リストを発表している（SEP 2005c）。SESはこのほか、教育機関や教員、大学院研究のための競争的資金を受けた教育機関名も公表している。

代表的（旗艦）研究志向大学

　プログラムの質のほか、毎年授与される学位の数も教育機関の相対的な強みを示す指標となっている。メキシコで2002年の博士課程修了者の総数は1,217人であった。この数字は高等教育機関50ヶ所以上のものだが、このうち3ヶ所が授与された学位の半数を占め、7ヶ所で4分の3を占めている。

　授与された博士号の大半は、科学、社会研究、技術開発、研究分野の進展とのつながりが強いプログラムのものである。このため、博士号授与数が特に多い教育機関は研究志向の大学だと考えることができる。これらの指標でみると、約40ヶ所の教育機関で毎年博士号が各10件以上授与されている。このうち私立大学の数は、メキシコで学士課程に在籍する学生全体の3分の

1が私立大学にいるわりには少ない。2つの有名私立大学、ITESM (モントレー工科大学) と、イベロアメリカナ大学は、1940 年代初めの創設以来、大学院課程を設けており、後年には博士をおよそ 25 人輩出している (ITESM 2005、イベロアメリカナ大学 2005)。他の私立大学もできてきているものの、ほとんどが大学院課程がない、あるいはわずかの限定された分野に修士課程があるのみという状況である。

1984 年、連邦政府は全墨研究者システム (SNI) というプログラムを創設した。関心がある科学者が入会を申し込むことができる。選抜するのはピア・レビューによる審査委員会で、申請者の業績を研究・学術的生産性の量と質によって評価する。選ばれた申請者は一定期間 (3〜4 年) 受け入れられ、この期間の終わりに科学的生産性に関するピア・レビューによる評価に基づいて、正会員になれるかどうかが決められる。

SNI 会員になると、名声と大きな金銭的メリットが得られるため、研究を活発に行っている学者ならば SNI 会員にならずにいられる例はほとんどない。SNI はメキシコ国内の研究者全てに開かれているものの、1 万人強の会員のうち 4 分の 3 以上が高等教育機関に所属している。

SNI のデータは、研究志向の大学に関する大学ランキングとしてはメキシコで最も古く、よく利用されてきた。1986 年には、会員の所属する教育機関を示すデータの公表が始まった (Malo 1986)。以来、各大学に在籍する SNI 正会員の学者数は、研究活動の優位性を示す指標として一般に受けとめられるようになっている。

上の指標を用いると、現在メキシコで研究志向の大学に分類できる高等教育機関は約 150 校になる。表 12.1 は、大学教員中の SNI 会員数トップ 10 大学のリストである。このうち私立大学は 1 校 (ITESM) だけだが、SNI 会員のいる私学が少ないということは、私学の研究活動が限られていること、また SNI の金銭面での規則が公立大学に有利であることを反映している。

認定された大学院プログラムの数が最も多い教育機関、博士号の授与数が多い教育機関、あるいは SNI 認定教員の数が多い教育機関の間には強い相関関係がある。このため、これらの指標は個別でもまた組み合わせても、研究活動での優位性を示すものとなる。

表12.1 SNI 会員*が 100 人以上いる大学　2004 年

教育機関名	SNI 会員数
メキシコ国立自治大学	2,718
メトロポリターナ自治大学	597
高等研究センター	512
国立工科大学	320
グアダラハラ大学	269
プエルバ・ベネメリタ自治大学	250
コレヒオ・デ・ポストグラヅアドス	178
ヌエボ・レオン自治大学	177
モントレー工科大学	168
エル・コレヒオ・デ・メヒコ	144
ミチョアカナ・デ・サンニコラスイダルゴ大学	144
モレロス州自治大学	135
エンセナダ科学研究高等教育センター	130
サンルイスポトシ自治大学	119
グアナフアト大学	111
イダルゴ州自治大学	104
社会人類学高等研究センター	101

出典) データは Sistema Nacional de Investigadores 提供
＊全墨研究者システム（Sistema Nacional de Investigadores）

世界水準の研究志向大学

　SNI 会員、質の高い大学院プログラム、博士号のほかに、国際的なものさしで測った科学的生産性も、研究志向の大学とそうでない大学とを区別する手段として使われてきた。CONACYT（2004）は、科学情報協会（Institute for Scientific Information：ISI）が 3 期（1990-1994 年、1994-1999 年、1999-2003 年）分にわたって報告している、メキシコの教育機関から出された科学論文の総数から、トップ 10 大学のうち 6 大学が研究志向の大学で、検討した 3 期において 5 大学が同じ水準だったと報告している。

　メキシコ科学アカデミー（Academia Mexicana de Ciancias 2004）は CONACYT の手法を採用し、1980 年から 1999 年の間、異なる研究分野（毎

年分野数は同じ）で出された科学論文の数に基づいてトップ10大学を割り出した。ここには研究志向の大学約35校が登場している。メキシコ国立自治大学（UNAM）とメトロポリターナ自治大学（UAM）がそれぞれ10回ランク入りしている。UNAMは、常に首位を維持しており、UAMは4位以内に8回入っている。高等研究センター（CINVESTAV）および国立工科大学（IPN）は、それぞれ7回ランク入りしている。CIENVESTAVは4位以内に7回、IPNは5位以内に4回入っている。プエルバ・ベネメリタ自治大学（Benemérita Universidad Autónoma de Puelba）は5回ランク入りし、そのうち1回は4位以内である。ヌエボ・レオン自治大学は4回、グアダラハラ大学、モレロス州自治大学、バハカリフォルニア自治大学、エル・コレヒオ・デ・メヒコ（El Colegio de México）、ラス・アメリカス大学はそれぞれ2回である。このうち最後にあげたラス・アメリカス大学以外で登場している私立大学は、ITESM、メキシコ自治工科大学、経済研究・教育センター（Centro de Investigación y Docencia Económica）の3大学のみである。

　研究関連指標の大半で私立大学があまり登場してこないのは、私学が相対的に新しいためということができる。しかしその状況は急展開しており、一部は近いうちに変わるかもしれない[3]。

　他のデータもあわせてみると、前項に挙げた教育機関は全て、メキシコの研究志向大学の中でも相応の位置づけになっている。それでもこういった数字やデータは、メキシコの高等教育システムにおいてこれらの大学が持つ全体的優位性を必ずしも反映していない。これらの大学の名声、学術的優位性、人々がもつイメージには他にも多くの要素が関わってくるためである。

　最後に、メキシコにおける研究志向の大学の「世界水準の価値」だがこれは、国際比較によって測ることができる。ISIによると、2003年にメキシコで論文5,783件が発表されたが、これは世界で発表された論文の0.72%にあたる。メキシコの論文のうち約半数はUNAMのもので、つまり、2003年に発表された世界の科学論文のうち0.36%がUNAMのものであったということになる。

　研究分野においてUNAMが世界水準の位置にあることを示すものとして、上記ほど一般的に認められている正統的なものではないが、同じように説得

力のある材料としては、週刊科学雑誌『ネイチャー』への寄稿が編集者から価値を評価されて表紙に掲載された数の比較である。1985〜1995年の間に5回以上研究論文が『ネイチャー』誌の表紙に掲載されたことがある教育機関は39ヶ所あるが、UNAMはそのうちの1つである[4]。

3）公共政策にかかわる問題および経験

　これまでのデータ全体をみると、メキシコには研究志向の大学が100校以上あり、その一部は研究分野でリーダー的役割を果たしていることがわかる。そしてまた、メキシコには研究生産性の点で、世界水準の大学が少なくとも1校はあることもわかる。しかし、公共政策の点から出てくる主な疑問点は、代表的な旗艦大学を持つことが中所得国や途上国がとる道として最善かどうか、ということである。

　別の言い方をすれば、問題はメキシコの科学者、研究グループ、研究機関が先進国と同じぐらい優秀になれるかということではなくて、他の方法で、メキシコにとってより意義のある幅広い発展をもたらすような資源や労力の使い方ができるかどうかということである。この問いに対する適切な答えは、単に一国の、あるいは一教育機関の科学者の数、学術プログラムの数、授与された学位の数、発表された論文の数から引き出せるものではない。すぐれた科学や質の高い学位の存在は重要であるものの、それらが置かれている社会から引き出したものよりも多くの成果を確実に社会に還元することも、同じぐらい重要である。

　このような政策上の疑問に対する最善の答えを探すためには、質のよい研究を行うことは目標としてよりも必須用件として捉え、そして質のよい研究自体を最終目標としてよりも、研究以外の目標にたどり着くための手段として見なさなければならない。これはまた、特定の教育機関内での意志決定や運営方針の決定、教育機関の全体的目的、組織、発展にも当てはまる。これらの意志決定が研究の方向性について一致しているのならば、教育機関に共通する特徴ではなく、他と差別化できる特徴を分析する方が妥当であり、また有用でもある。

大学の発展

メキシコは国際比較上、興味深いケーススタディとなっている。メキシコが20世紀末にかけてとってきた事実上の高等教育政策は、多くの大学の設立や発展を促す状況を作るのではなく、わずか2、3大学に依存したものであった。1950年代にはほんの一握りほどの大学しかなく、そのほとんどが公的資金によるもので、所在地は別々の州であった（King 1971）。

UNAM（国立大学で、施設のほとんどがメキシコシティ地域にある）は長年、旗艦的役割を果たしていた。UNAMをモデルとして1960年代終わりごろにはメキシコのほとんどの州に州立大学ができていた。UNAMのリーダーシップは非常に強く、UNAMモデルによらない形で設立された州立大学などの教育機関も、UNAMモデルの影響を受けている[5]。メキシコでは高等教育拡大が最初に1960年代のUNAMでみられたが、じきに他の州立大学も経験することになった。

大規模大学は抑制が効かないほど拡大したために、対応できる以上の数の学生に教育を提供することになった。このように規模を拡大すると質に影響が出ると懸念する声は軽視され、大半の大学や州当局は、勢いに乗って自分たちの高等教育機関の重要性を高めようとした。UNAMやその他州立大学が実践したような公立大学教育は変えずにおくべきモデルであり、このモデルをさらに多くの学生に提供できるよう拡大すべきだと信じていたのである。

メキシコでは、度重なる財政危機に見舞われた後でも[6]、そして他の高等教育パラダイムを作ろうという取り組みが数多くあった中でも、伝統的モデルは強いままであった。21世紀になる頃には、32州各州に州立大学が1校ずつできていた。大学はそれぞれ異なっていたものの、どの大学もUNAMの作ったパターンを踏襲した。州立大学は各校とも、州内の他の高等教育機関と比べて人々がもつイメージや政治的重要性という点で特別な地位を享受していた。州立大学は言うなれば、その影響力の及ぶ地域の高等教育界で旗艦大学となったのであり、またUNAMはその中の旗頭と見られていた。この意味で、メキシコの高等教育は旗艦大学を育てたパターンにならい、旗艦大学に依存して発展したのである。

パラダイムシフトが起こる最初の兆候

　公立高等教育が急拡大したため、その質に関して懸念が出てきた。多くの大学が、かつては受け入れなかったであろう学生に門戸を開き、時にはそれまでの伝統的な学生層を犠牲にした。増員した分の学生を支援する資源はあとから出てくるだろうという考えのもとに、ある程度の定員増が認められた。そして、学部卒業生が増えたために、一部の分野や都市で失業の問題が出始めた。

　さらに、人口動態の影響と、学士課程で学ぶ機会は全ての人に与えられるべきという考え方が相まって、増大し続ける需要に対する公立大学の対応力が、財政が逼迫したために制限され始めた。

　この状況は、政府の政策に影響を与え始めた。連邦政府は全国調査から出された提言に従い、また外国からの助言も考慮し、高等教育の多様化、高等教育の説明責任、卒業生が職につく可能性、市場や国際情勢の影響を重視し始めた。

　これらの取り組みは、全面的に成功してはいない。確かに、新しい高等教育機関が創設され、私立の高等教育が急速に拡大し、また、評価や認定の仕組みも始まっている。しかし、新しい教育機関はまだ多数の学生をひきつけるには至っていないし、私学セクターでは質に疑問のある小規模の自称「大学」も設立されている。評価や認定を受けるスピードも遅い。

　公立大学は概して新しい政策に反応しておらず、それが、公教育を支援しない口実と見られている。各種調査結果などから、一部の私立大学の方が質がよいことが示されている。一方で公立大学関係者は、私立大学は市場重視型の分野に教育プログラムを集中させており、研究活動はほとんど行っておらず、博士課程も大学院課程もほとんどない、と指摘している。メキシコでは社会の大半のセクターで、特に法律、医学、工学といった主要分野の専門課程で学位をとると名声が得られると依然として受けとめられている。このため有名高等教育機関への入学は厳しい競争となっている。メキシコでは、高等教育機関受験生の半数が現在CENEVALの大学入学試験を受けている。しかし、大規模大学が附属高等学校出身者を優遇していることや、選抜段階で異なる入学試験が行われているなど、受験生が平等に扱われていないこと

がわかる。

　前述のように、メディアや政治的利害、思想上の立場、積極的なマーケティング活動の影響もあり、一部の私立大学は公立大学よりも優れているという認識も広がっている。このため、徐々に競争が二層化しつつある。ひとつは大規模な公立大学に入るための競争、もう一つは有名私立大学に入るための競争である。だがこの状況は博士課程や研究志向の修士課程には当てはまらない。これらの課程では希望者よりも入学枠の方が大きく、また、超一流大学とみられるのは依然として研究志向の公立大学となっている。

研究機能

　おそらく20世紀初頭のメキシコ高等教育で専門職的性質が強かったためか、研究機能は学部の専門教育よりも大学院教育とのつながりが依然として強い。専門学部の教員はほとんどが非常勤であり、学術界の訓練を受けておらず、主な関心事は学外にあり、新参者（他で訓練を受けた博士ら）に対しては距離をおいて儀礼的関心をもって見ていた。一方、最初に出来た博士課程の担当教員らは、まもなく研究を第一目的とする組織単位を形成した。

　UNAMでは、このように2種類の教員が共存しており、およそ5,000人の教員が45の機関、研究センターに勤務している。このような教員の分類はCINVESTAVにもあるが、CINVESTAVは研究・大学院教育機関となっている。どちらにおいても、学部教育、大学院教育は研究教授からは少なくとも一歩距離があるといえる。このような形はこれまでも、そして今後も、他の教育機関が踏襲していくことであろう。

　例外として最も注目すべきなのがUAMである。UAMは30年前にもう1つの大学モデルとして創設された。教育と研究の間のつながりを重視するため、常勤教員、学部別組織、学期ごとのコースワークスケジュールを備えた分散型大学として創設されている。

　ごく最近の1996年でも、メキシコで博士号を持つ大学教員は総数のわずか8%であった。これはつまり、博士号を持っているということは序列上有利になるということだ。2005年時点では博士号を取得している教員の割合は19%に増えている。現在大半の公立大学で、教員の職を得るのに博士号

が必須となっているためだ（SEP 2005d）。

4）政府の政策

　メキシコの公立大学は全て、国や州からの運営資金を必要としている。授業料収入はごくわずかであり、値上げをしようにも問題が多く、学生と教育機関の間の紛争につながっていた。学術界で最も一般的な見方は、政府（連邦政府、州政府）は研究志向の大学に対して口先だけの敬意は示すが、大学を適切に運営し発展させていくために必要な資源は提供しない、というものだ。このような批判のほとんどは、連邦政府に向けられている。その主な論点は、連邦政府が研究開発に充てる資源が低水準であること、他の国と比べて国内の科学者数が少ないことに関わるものだ。したがって、学術界と政府の関係は冷たく、難しいものになっている。

　高等教育機関および科学研究に直接関わる連邦政府機関には、SESとCONACYTの2つがある。

高等教育次官局（SES）

　SESが毎年議会に提出する国家予算配分の検討事項の中に、研究志向の大学に対する明確な特別措置がこれまでなかったことは事実である。そして、公立大学向けの予算が増えない一方で、SESが2年制工科大学などの高等教育機関を多数創設・発展させる支援をしており、そのため公立の研究志向大学に充てることができる公的資源の量が減ってしまったことも事実である[7]。

　このように教育機関の多様化政策がとられてはきているものの、SESが進めてきた他のプログラムや政策手段は全て、公立大学に有利だと言える。それらのプログラム、政策手段のほとんどが教員、大学院プログラム、研究を対象としたものだからである。

　過去15年間、SESは質を保証・認定する様々な非政府機関の設置、振興を促進し、資金も提供してきた。CIEES、COPAES、CENEVALなどがよく知られている。こういった機関の多くがCENEVALのように完全に独

立した機関となっている。また同時に、SES は教育機関を発展させるため、また、前述の保証・認定機関が定める質の条件を大学が達成するために、資金援助を伴う様々なプログラムを支援してきた。

最後になるが、教育機関および大学院研究の発展のため、競争的資金援助の仕組みが作られた。かなりの金額が割り当てられ、教育機関としての進歩が体系的にチェックされた。SES がこれだけ実行しているにもかかわらず、学術界では官僚的で遠い存在と受けとめられている。

国家科学技術評議会（CONACYT）

CONACYT も、助成金、大学院課程（修士および博士）の奨学金のほとんど、そしてメキシコ国内および海外の大学で学ぶ学生への資金援助という形で研究資金を提供する重要な役割を果たしている。

さらに、CONACYT が運営する SNI は、研究者の研究生産性を認定し、ボーナスを支給している。このボーナスは、公立大学の教授に支払われる大学の基本給与の2倍から3倍になることもある[8]。また、CONACYT は全墨大学院課程登録制度も運営しているが、ここでは国内の修士・博士課程の中で（質の点で）最も優れたプログラムを認定しており、（外国の最高レベルの大学が行っているものと同等と理解されている）「世界水準プログラム」と認定されるものもある。

CONACYT はこのほか、大学院教育の責務を負う研究センター 25ヶ所の監督、およびメキシコの研究開発における戦略的プログラムについての総合的な政策枠組みの策定や、各プログラムの調整も行っている。

CONACYT の活動やプログラムのほとんどが、大学院教育や科学の発展に関わるものである。過去数年（2000～2004年）、主として力を入れた事項は、(1) 様々な政府省庁が行う活動の連携を促進し、ビジネス、産業界の研究開発への関わりを深めるよう新たな科学技術の法律を整備すること、および革新的な姿勢やシステムを生み出すために産学官に公開討論の場を提供すること、(2) 州政府および様々な省庁とともに、国や地方の利益となる分野の研究を支援、奨励する研究開発資金を設けることであった。これらの取り組みを行ってきたにもかかわらず、近年（SES と同様）、公立大学の科学グ

ループと CONACYT の間の溝は広がっているようだ。

　政府は、博士号や科学論文発表の数が増えていることが国の政策による発展の表れだと指摘できるが、一方公立大学は、もっと資源さえあればもっと成果を出せることをこの増加数が証明している、と主張できる。

　この議論にはいくつかの問題が関わっているが、その中でも大学の自治が鍵となる要因である。学士課程や大学院課程のプログラムを開講する決定も含めて、教育や学術的な事項について大学に完全な独立性を与えることや、さらに自由裁量権を与えることによって、大学は政府の助成金を完全に自主的に活用することができるし、また組織構造や開発プログラムについても決定を下すことができる。

　自由裁量権は2つの面を持つ楯である。政府の政策が大学の学究・運営組織を妨害するのを防ぐが、また一方で政府の革新的・長期的な政策が活動過程や大学の成果に影響を与えにくくもする。たとえば、メキシコではある一部の分野では専門家の需要が満たされているが、それらの分野で大学が卒業生を多数出し続け、多数入学させ続けている。一部の学校では学生の流れを修正する動機付けがほとんどない。

　大学の自由裁量権が顕在化するのは、大学の独立性を損なう「内政干渉」だとうけとめ、顕在化するのは、政府の取り組み、戦略、政策などを煙たがる態度においてだけではない。また自由裁量という考え方から、学術界以外からのいかなる「外からの」影響力に対しても、またこのような外との協同的態度の醸成を図る規制に対しても内向きな姿勢も、学究の世界に生じている[9]。

　大規模な公立大学の上級管理職にある人々が他の地域、地方、国レベルの権威ある人々と比べて知名度や裁量権を持っていることから、大学はその優位性を国の発展につながるような公共政策を生み出すことに行使するよりも、政策論争や戦略により大きく関わるようになった。たとえば大学は、あらゆる分野におけるメキシコの専門的能力が下がっているという問題を意義ある形で解決しようと取り組んできてもいないし、ましてや解決に貢献しようともしていない。また、大規模教育機関はその仕組み、科学部門、人員を、知識を選択的に進歩させるためや、科学知識を社会の他のセクターにより広く

普及させるため、あるいは応用研究や地方・国レベルのイノベーション・システムを発展させるための長期計画のツールとして使ってきてもいない[10]。

5）結　論

　メキシコにおける旗艦大学の概念は不明瞭なものになってしまったが、一部の大学が他より知名度が高く、評判がよく、また学生にとって魅力的であることは確かだ。だが、このような状況がすなわち、それらの教育機関が現在、他の大学に対してリーダーシップを発揮したり、高等教育を意義ある形で新たな段階、あるいは新たな形に高めることに取り組んでいるということには必ずしもならない。したがって、かつてのパラダイムの信頼性は衰退したものの、新しい概念がかつての概念に取って代わったことを示す証拠はない。

　過去50年間メキシコの高等教育が急速に拡大した一方で、それでもまだ高等教育を受ける人は限られているということは、高等教育システムがまだ形成期にあるということだ。そしてメキシコ社会はまだ大きな変貌のさなかにあり、それはつまり高等教育は今後も変化し続けるということであり、新しい教育アプローチを試す必要があるということであり、また、高等教育の将来を決めるために、何が成功し何が（そしてなぜ）うまくいかなかったかということについての意味のある比較分析をしなくてはならない、ということだ。

　メキシコ社会が必要としていることと、それを大学がどう捉えるかということの間で適切なバランスをとることは難しい。同様に、高等教育が全体として実際に何を生み出しているかについての学術界の受け止め方と、社会一般の受け止め方をうまく適合させるのも難しい。両者の見方に隔たりがあることが、名門大学であってもメキシコの高等教育内で顕著なリーダーシップを発揮しきれていないことの理由の一つであろう。

　世界水準の研究志向大学があることは確かに発展していることを示す兆候ではあるが、発展の度合いが低い社会の中にある研究志向大学の場合、先進国社会の場合と比べて、国の発展への貢献度が小さいのか、同等なのか、それとも大きいのかは依然としてはっきりしていない。もう一つの問題は、大

きな土俵でやっていく大学を持ち、適切な資金支援や協力的政策環境をその大学に提供することのコスト、およびその資源を教育機関の多様化、科学者・技術者間の強固な連携体制の構築、成人の非識字率の低減、職業技能の育成、学部卒業生の「雇用可能性」の向上、確固たる情報技術社会の構築などにもっと効果的に使うことができないか、ということである。

高等教育機関が果たしている現在の役割により近い別の役割として、中所得諸国などでは高等教育機関が活躍できる場が多数開かれている。メキシコのためになることとしては、今後必要になるであろうコア・スキルや知識、および労働力の訓練・再訓練をもっと重視すること、国のイノベーション・システムがしっかり根付くようにすること、協働的・学際的取り組みや新たな知識生産モデルを増やす戦略を開発すること、情報通信技術を活用して教授・学習法を変えていくことなどであろう。これらの目標の多くは、研究志向大学の発展支援と並んで、焦眉の急である。

ただこれは、国際比較や評価ができないということではない。むしろ、国際比較は世界の高等教育政策に大きく貢献する可能性がある。しかし、大学の成果に関する指標を、各教育機関がそれぞれの社会で果たす役割についての国際比較のベースとして使うにあたっては、まず私たちが教育機関に求める役割について、そしてその役割が果たされているかどうかを判断するのに、大学の成果の指標あるいは他の指標をどう活用するのかということについて、厳密な定義づけをすることから始めなければならない。このためには、発展という意味でのニーズや潜在能力について適切に考察することが必須となる。

注

1　本書のテーマは「旗艦大学」の研究であるが、この概念はかつて持っていた意味合いを失い、メキシコでは現在その意味合いが理解されておらず、用いられてもいないということに留意していなくてはならない。
2　国立、州立とも公立大学は、他の機関の許可や、他の機関との協議なしに学士課程、修士課程、博士課程を開設、廃止する権限がある（かつ行使している）。
3　たとえばモントレー工科大学では、2005年には博士号取得者数が1,100人を超えており、SNI会員になっている教員の数がまもなく200人となる（ITESM 2005）。
4　この箇所は、UNAMの科学物理センター（Centro de Ciencias Físicas）のホルヘ・フロレスと私的に話した内容である。

第12章　メキシコにおける研究大学の役割　319

5　20世紀半ば以前から、完全に独立した形で創設された公立・私立大学が何校か存在していた。
6　1976年、1982年、1994年にメキシコ・ペソは大きく切り下げられ、世界の金融界に対する国際的義務を果たすのが困難であった。
7　さらに連邦政府は、必ずしもSESと協議の上ではなく、私立大学の増加を後押しする政策を支持するかあるいは実施を認めた。
8　大半の公立大学で教授の月収総計は、公式に発表されている金額の数倍となることもある。
9　たとえば、公立大学の学長、学部長は学内の教員の中から選出されなければならない。
10　たとえばUNAMは、規模ではCONACYTの研究助成プログラムに匹敵する助成制度を運営している。

参考文献

Academia Mexicana de Ciencias. 2004. *At las de la Ciencia Mexicana.* www.amc.edu.mx/atlas.htm.
ANUIES. *See* Asociación Nacional de Universidades e Instituciones de Educación Superior.
Arechavala, R. 2001. Las universidades de investigación: La gran ausencia en México. *Revista de la Educación Superior* 118:173-81.
Asociación Nacional de Universidades e Instituciones de Educación Superior (ANUIES). 2000a. *La Educación Superior en el Siglo XXI.* Mexico City: ANUIES.
―――. 2000b. Anuario Estadístico 2000. *Licenciatura y posgrados en universidades e institutos tecnológicos.* Mexico City: ANUIES.
―――. 2001. *Tipología de Instituciones de Educación Superior.* Mexico City: ANUIES.
―――. 2003. *Mercado Laboral de Profesionistas en México. Diagnóstico (1990-2000).* Primera Parte. Colección Biblioteca de la Educación Superior. Mexico City. ANUIES.
CONACYT. *See* Consejo Nacional de Ciencia y Tecnología.
Consejo Nacional de Ciencia y Tecnología (CONACYT). 2004. *Informe General del Estado de la Ciencia y la Tecnología 2004.* www.conacyt.mx/dap/indicadores2004/index.html.
ITESM. *See* Instituto Tecnológico y de Estudios Superiores de Monterrey.
Instituto Tecnológico y de Estudios Superiores de Monterrey (ITESM). 2005. *La investigación y el Posgrado 2003-2004.* Mexico City: Instituto Tecnológico de Estudios Superiores de Monterrey.
King, Richard G. 1971. *The provincial universities of Mexico.* New York: Praeger.

Malo, S. 1986. El Sistema Nacional de Investigadores. *Ciencia y Desarrollo* 67 (12): 55-73.

OECD. *See* Organization for Economic Cooperation and Development.

Organization for Economic Cooperation and Development (OECD). 1997. Reviews of national policies for education: Mexico, higher education. Paris: OECD.

SEP. See Secretaría de Educación Pública.

Secretaría de Educación Pública (SEP). 2005a. *Infome de Labores, September 2005*. Mexico City: SEP.

―――. 2005b. *Aspectos financieros del sistema universitario de Educación.* http://sesic.sep.gob.mx/sesic/financieros/afes/AFES2005.pdf.

―――. 2005c. *Padrón Nacional de Posgrado SEP-CONACYT.* http://sesic.sep.gob.mx/pe/pfpn /pfpn.htm.

―――. 2005d. *Programa de Mejoramiento del Profesorado.* www.sep.gob.mx/wb2/sep _PROMEP_Programa de Mejoramiento del Profesorad.

Universidad Iberoamericana. 2005. *Primer Informe del Rector 2004-2005*. Mexico City: Universidad Iberoamericana.

第13章
チリに研究大学はあるか

アンドレス・ベルナスコーニ
(白幡真紀訳)

1) はじめに

　チリには、他のラテンアメリカ諸国に見られるような巨大な公立大学は存在しない。こうしたラテンアメリカ諸国の巨大大学は、伝統や成果、規模、そして政治的影響力などにより力が強大で、良かれ悪しかれその国の高等教育システムの中枢を占めている。チリ大学 (The Universidad de Chile) もまた、もしアウグスト・ピノチェト (Augusto Pinochet, 1973-1990) 将軍の軍事独裁政権下で解体されることがなければ、小規模ではあるがこうした中核的な大学のひとつになりえたかもしれなかった。チリ大学は、1842年に創設されたチリ最古の大学であり、専門職や政治的エリートを養成し学術を支えるなど、20世紀を通して国のトップ大学であり続けた。1950年代以降は、専門職養成という主な役割に加え、研究活動が部分的に行われるようになった。1960年代には大学院教育が始められ、上級学位を持つフルタイム研究者による小規模な専門職組織が作られた。同時期、サンティアゴのメイン・キャンパスに学生を供給する機能を果たすカレッジ群が配され、地方ブランチ・キャンパスのネットワークが構築された (Levy and Bernasconi 1998)。1967年から1968年の国立大学改革では、教員、学生、職員による「共同統治 (co-governance)」という典型的ラテンアメリカ・システムが導入された。講座制は学科組織に置き換えられ、学生数は大幅に増大し、1967年に27,000人だったものが1973年には66,000人近くにまで増加した(Brunner 1986, 31-40)。

　しかし、1973年の軍事クーデターがチリ大学に深刻な打撃を与えた。教職員や学生に対する粛清が行われ、8つの部局が閉鎖されて人員も解雇さ

れ、学生数は 1998 年には 48,800 人まで減少した (Brunner 1986, 49)。さらに、軍事政権下の 1981 年高等教育改革により、すべての地方ブランチ・キャンパスと、首都サンティアゴにある学部のほぼ半数が、チリ大学から切り離されて小規模の独立した公立大学に変えられた。1990 年の民主化までに、チリ大学のキャンパスはサンティアゴだけになり、学生総数は 18,000 人にまで減少し、大学予算に占める公的資金の割合は 37 パーセントにまで落ち込んだ (Consejo de Rectores, 1990)。

1980 年の高等教育システム拡張以前から存在するその他のチリの大学は、高等教育システムの牽引役として、あるいは教育・研究への新しいアプローチのモデルとなるべく作られたわけではない。1888 年にチリ・カトリック大学 (The Pontificia Universidad Católica de Chile) が創設されたのは、カトリック教会が政府やチリ大学において自由主義的で世俗的な理念が跋扈していると懸念し、保守的な対応をとった結果である (教会と国家の分離は 1925 年まで正式には行われていなかった)。また、その他の私立大学は、20 世紀前半、専門職教育と文化の普及を行う地方大学での地域エリート養成の必要が高まったことを受けて創設された。第 2 番目の公立大学である州立工業大学 (Universidad Técnica del Estado) は、技術・職業教育プログラム、そして、工業学校のための教師教育、さらには工学士の提供を目的として 1947 年に創設された。

チリにおいてなぜ「旗艦」大学という考えが受け入れられなかったのかについては、この歴史的経緯からおそらく説明できる。現在のチリの大学の首脳陣は、公立大学ではなく、研究志向のチリ・カトリック大学のほうが旗艦大学にふさわしいと考えていることが、ある調査で示されている (Bernasconi 2003)。チリ・カトリック大学は、1980 年代と 1990 年代にわたり華々しい学術的発展や事務組織改革プロセスをリードしてきた (Clark 2004, 110-21; Bernasconi 2005)。しかし、開放型経済を持つ人口 1,500 万人以下の小国チリではいずれにせよ、すべてのモデルは国内ではなく国外に求められる。さらに、カトリック系大学は、その私立としての属性を考えた場合、このことが厳格に捉えられるチリの高等教育システムにおいて旗艦大学となるとは考えにくい。

そのかわりとして、「研究大学」という言葉が、大学の本質的な使命の探求において卓越していることを表すものとして、大学関係者や研究者、政府の行政官などによって好んで用いられている。この研究大学という言葉でさえ最近用いられるようになったものである。すなわち、1990年代に入り、チリ大学やチリ・カトリック大学、サンティアゴ大学（Universidad de Santiago：1947年創設、現在の名称は工科大学（Technical University））などを含む数大学が、研究大学が持つ特徴のいくつかをもつようになった。チリの高等教育機関は、1981年以降の10年間に8つの大学から63の非常に多様な高等教育機関群へと変わり、高等教育システムのエントロピーが増加することとなった。このことをうけ、特に大学関係者の間で大学の類型を差別化する必要性から、研究大学という言葉が使われ始めたのである[1]。

　2000年にチリ初となる大学分類・ランキングが登場すると、研究大学は、学術界の指導者たちの間でチリの最も威信の高い大学グループを表す標準的な概念となった。このようにして、大学ランキングは、最上位の大学グループを研究大学と呼び始めたのである。このグループは、常に同じ3ないし5つの大学によって構成されている。この5つの大学は、研究助成金の額や主な学術雑誌の論文数が最も多く、このうち3つの大学は、さらにより限定された基準においても研究大学とされる。チリの主要な高等教育機関のいくつかを語るカテゴリーとして研究大学という考え方を採用することは別段問題とならないし、大学セクターの区分を特徴付けるためにこの用語が使われてきたのである（Brunner et al. 2005, 147-48参照）。

　しかし、国内的な使用法はともかくとして、これらのチリの大学は、研究大学についての国際的な基準を満たしているといえるだろうか。まだ研究大学でないのであれば、最終的に研究大学に転換していく途上にあるといえるだろうか。これらの疑問に答えるためには、第一に、研究大学と見なされるために不可欠で普遍的な要素は何かを特定し、第二に、この定義に基づいて、チリで最も高い研究成果をあげている大学を検討する必要がある。したがって本章では、第一に、アメリカおよび国際的な経験から、抽出された理念型としての研究大学がもつ分析上の構成概念を示す（Weber 1949, 89-112）。第二に、過去十年間、チリでは研究における大きな進展があったにもかかわら

ず、なぜこの国に研究大学がないのかについて説明する。最後に、チリにおいて今日まで研究を推進させ、また、研究志向の大学が真の研究大学へと転換する推進力となりうるような趨勢について詳述する。

本章ではデータとして、第一に研究助成、人事、アウトプットについての全国統計および公的機関の統計を用いる。第二に、筆者が以前の研究 (Bernasconi 2003) において用いた、2001年10月から2002年1月までの間に研究志向の4つのチリの大学に訪問して集めた質的なデータを用いる。この質的資料は、主にこれらの大学の教授のプロフィールと、大学が学術研究の能力を強化する際に職務の性質がどのように変化するかについてのものである。

2）チリにおける研究志向の大学

研究大学の理念

今日、研究大学の理念は、アメリカの高等教育システムの頂点に位置する大学に最もよく現れているが、研究大学はもちろんアメリカが起源ではない。ドイツの哲学者が近代大学の理念を生み出し、ベルリン大学がその最初のモデルとなったわけであるが、19世紀後半のアメリカにおいてこのドイツモデルが不承不承採用されるにあたっては、紆余曲折があった (Geiger 1986)。アメリカでは1920年代から1930年代にかけて、研究を大学の中心的な使命とする考えが徐々に確立した。そして、ハーバード、シカゴ、カリフォルニア、ミシガン、イェール、ウィスコンシンおよびマサチューセッツ工科大学 (MIT) のような大学が世界的に卓越した地位に到達したのは、第二次世界大戦後のことであった。

こうした発展の結果として、アメリカ型の研究大学の理念が根付き、これが、世界の大学が比較し評価するために参照するゴールド・スタンダードになった。

主要な学術雑誌の査読つき論文の検索エンジン ISI Web of Knowledge を用いて、次のような試みをおこなった。検索で「トピック」という項目に「研究大学 (research university (ies))」[2] と入力すると、1970年から2005年の

間に掲載された、「研究大学」がタイトル、要旨あるいはキーワードに現れている431件の論文がヒットする。同じような検索で「エリート大学（elite university (ies)）」と入力すると17件の結果が返ってくる。「世界水準の大学（World-class university (ies)）」と入力すると4件、一方で問題の「旗艦大学（flagship university (ies)）」と入力しても1件しか返ってこない。このデータからわかるように、現在引用される学術研究の中では、「研究大学」が、高等教育におけるトップ・クラスの大学を最もよく指し示す言葉となっている。さらに、「研究大学」についての論文リストの中からその要旨を調査すると、およそ85パーセントの論文では、研究大学が高等教育機関の類型を定義するためのカテゴリーとして用いられていることが明らかとなる。こうした論文の中の研究大学は、フィールドワークの現場、比較対照群、研究関心の背景（人種関係、教授の給与、実験室の安全性、教育工学の有用性、公衆衛生問題などさらに多くの問題）、あるいは回帰モデルにおける独立変数としての機能を果たしている。わずか15パーセントの論文が、研究大学の機能、特性、問題点、あるいはその使命などを関心の中心として取り上げている。言い換えれば、研究大学についての考え方は、研究上の主題としてよりも前提として取り上げられることが多い[3]。比較的小さな部分の研究のみが、研究大学の定義に関して明示的に取り組んでいるに過ぎないのである。

　研究大学という用語のこうした用いられ方は、アメリカの研究者の間に限定されるものではない。検索エンジンでヒットした研究大学についての論文の10パーセントが、アメリカ以外の国の大学についてのものである（オーストラリア、カナダ、チリ、中国、フランス、インド、イスラエル、イタリア、日本、韓国、オランダ、ロシア、シンガポール、スイスおよびイギリスなど）。2002年には、ヨーロッパの12の有名大学が、「国際的に競争的な研究環境の中で、質の高い教育に対する価値を共有する12の研究中心大学の連合」として欧州研究大学連合（League of European Research Universities）を設立した[4]。このような研究大学連合はオーストラリアにも存在する[5]。

　カーネギー教育振興財団（the Carnegie Foundation for the Advancement of Teaching）によるアメリカの高等教育機関の分類は、研究大学についてのモデルを世界規模で普及するにおいて、その影響力という点で見過ごすことの

できないものである。この分類は非常に強い研究志向を持つ大学を参照するための正確な量的基準を備えており、カーネギー財団は、アメリカだけでなく世界中の学者や政策アナリスト、顧客や利害関係者一般に、研究大学の名に値する大学を識別する明確かつ単純で広く使用可能なツールを提供してきたのである。

特徴の定義づけ

どういった要素が「研究大学」の概念を構成し、実際の大学について記述する上で効果的に比較できる基準となりうるのか。ガイガー（Geiger 1985, 371）は、「研究大学」の要件となる特徴を「教員」「資金」「学生」の3つに集約しているが、ここでは4番目の要素として総合的な「研究エートス」を加えることとする。

教員：研究大学はフルタイム教員から構成されるが、そうした教員は研究者としての修養を積み、ある知識分野のエキスパートであり、ほとんどの就業時間を研究に充て、その業績でもって専門とする学問分野に寄与する。知的な側面に関しては、彼らは自らを国際的な学術コミュニティの一員であると見なしている。そして職業的な面では、職階構造や学問の自由、仕事内容の詳細などの規範——これらは本質的に雇用主の法的影響力の埒外に置かれている——をもつギルドに属している（Geiger 1985, 380 ; Goodchild 1991, 3）。教員は十分な人数の同僚とともにアカデミックな組織に編成されるが、彼らは各専門分野の中で似たようなプロフィールをもっており、このことが学問的対話を可能かつ価値あるものにしている。

資金：大学には研究を支援する経済的資源が必要であり、それは、大学の仕事に対して教員がフルタイムで専念できるのに十分な給料、最新の研究設備、消耗品、図書資料、その他研究に必要な物的インフラなどの形を取る。これらの資源は、主に、提案された研究プロジェクト・プログラムの価値に基づいて配分される資金により得られる（Thelin 2004, 356-57）。

学生：研究機関とは異なり大学について論ずるのに、このカテゴリーは不可欠である。しかし、どのような種類の学生でもよいわけではない。第一に、学生は学部生と大学院生の両方が必要である。第二に、相当数の大学院生が

博士課程で研究していることが求められる[6]。最後に、研究大学の学生は厳しく選抜される。研究業績に結び付いた潤沢な資本や評判の高さが、質の高い入学志望者を惹きつけるからである（Braxton 1993）。

研究エートス：研究の自由と教育の自由はもちろん不可欠であるが、研究大学の文化は、学問の自由を超えたところに達している。研究大学と、研究を行っている大学との違いとは、研究大学においては研究業績が大学の中心的目標であり、そのための要求事項、プロセス、そして研究業績の価値が大学の機能全体を覆っている。こうした要素は組織内で制度化されている。すなわち、これらの要素は研究大学で当然視されている日常的な特徴なのである。

昨今、アメリカや他の先進国における研究大学では、研究の経済的価値を高める必要性にますます迫られており、より企業家的な態度を強め、市場との関係性もより緊密になってきている。現時点では、こうした現象は研究大学の理念上の概念にではなく現在の実態に付随するものと思われるため、これらが研究大学の理念型を成しているとは考えられない。

チリにおける最も研究中心的な大学は、研究大学についてのこの精神的な概念構築に対して見合うものといえるであろうか。次節ではこの問題について考察する。

研究志向の大学

先進諸国ばかりでなくブラジルやアルゼンチンなどの近隣諸国と比較しても、チリの大学において科学研究が起こったのは、比較的遅い時期であった。1960年代後半まで、チリの大学はもっぱら学士課程レベルの教育機関としての役割しか持っていなかった。国の初期の研究開発人員の80パーセントが高等教育機関に従事していたにも関わらず、1965年のチリにおける博士課程はわずかひとつだけであり、1967年にチリ大学で博士の学位を持つ教員はわずか5パーセントであった。1966年のデータは、チリ大学の教授の68パーセントがパートタイムで働いていたことも示している（Brunner 1986, 18-30）。1980年代になってようやく、チリのいくつかの大学が、研究の使命に関してレトリックだけではなく実際の科学的実績をあげるようになってきたが、研究を制度化するプロセスはまだ進行途上にある。

1982年以降、チリの大学における学術研究の資金の大部分は国家科学技術発展基金 (Fondo Nacional de Desarrollo Científico y Tecnológico：FONDECYT) によって振り分けられている。FONDECYTとは、国家科学技術研究委員会 (the National Council for Scientific and Technological Research：CONICYT) の主要な競争的研究基金のことである。FONDECYTプログラムは、あらゆる研究分野でピア・レビューにより研究資金を提供する競争的メカニズムであるため、このプログラムからどの大学がもっとも活発に研究をしているかを特定できる。1982年から2000年までの期間におけるFONDECYT研究資金の獲得額を見ると、5つの大学が総資金の約80パーセントを占めている。それぞれの内訳は、チリ大学が37.4パーセント、チリ・カトリック大学が21.5パーセント、1919年に設立されたコンセプシオン大学 (the Universidad de Concepción) が8パーセント、サンティアゴ大学が6.4パーセント、そして1954年に設立されたアウストラル大学 (the Universidad Austral) が6パーセントとなっている。このリスト上の次の大学は、アウストラル大学が獲得した額の約半分しか助成されていない (CONICYT 2000, 45)。さらに2002年から2004年までISIに登録された論文データが示すように、これら5つの大学は、非常に高い研究業績をもつことも明らかである。このことは他の指標と併せ、**表13.1**で確認できる。

表13.1は、最も多くの研究資本と業績をもつ5つの大学の量的な概略を示している。論文数による大学ランキング6位、7位、8位の大学を含めれば、この表は、まさに1980年代のシステム拡張以前に設立された最も古い8つの大学全部を含むことになる。

表13.1中の指標は、研究大学の理念的モデルのいくつかの構成要素と関係している。教員のフルタイムの任用に関しては、サンティアゴ大学の25パーセントからコンセプシオン大学の67パーセントまで幅があるが、5つの大学を平均すると45パーセントの教員しかフルタイムの任用をされていない。教員の資格については、Ph.Dの学位を持っているのは、平均してフルタイム教員の半数以下である。このことは、チリ大学の教員3,392人に対する3年間のISI登録論文がわずか2,322本である理由の説明になるであろう。すなわち、3年間で一人の教授が3分の2本しか書いていないというこ

表13.1 チリにおける5つの研究志向の大学の概略（2004年）

指標／大学名	チリ	チリ・カトリック	コンセプシオン	サンティアゴ	アウストラル	平均
学生						
人数 [a]	26,470	19,829	18,411	17,555	9,295	18,312
高得点者 [b]（％）	94	94	51	75	41	71
大学院生 [c]（％）	11.7	10.0	5.1	3.2	3.9	6.8
PhD授与数 [j]	50	37	34	8	5	27
教員（2003年）						
人数 [d]	3,392	2,349	1,430	2,425	784	2,076
フルタイム率 [e]（％）	35.9	43.4	57.1	25.0	67.2	45.7
PhD [f]（％）	20.7	48.9[k]	25.5	13.9	22.6	26.3
フルタイムPhD [g]（％）	34.3	71.6[k]	40.8	38.8	31.7	43.4
研究						
プロジェクト [h]	569	393	222	157	95	287
論文数 [i]	2,322	1,432	928	546	376	1,121

出典）Consejo Superior de Educación（2004）; Departamento de Medición（2005），for the class of 2004; Consejo de Rectores 2003; *El Mercurio*（2004）．
注）
a　学士課程学生および大学院生数。
b　国家標準入学試験（national standardized admissions test）において高得点を取った27,500人の新入生の中での割合。
c　総学生数における大学院生の割合。
d　総数。
e　フルタイム教員の割合。
f　PhD取得者の割合。
g　フルタイムである教員のうちのPhD取得者の割合。
h　「プロジェクト」とは、競争的に割り当てられた外部資金による研究助成である。
i　過去3年に出版されたトムソン・サイエンティフィック・ISIのデータベースで検索できる論文の総数
j　2003年に授与されたPhDの数。
k　医学博士（MD）を持つ教員を含む。もしこれらを除外すると、チリ・カトリック大学における博士の割合は29.7パーセント、PhDを持つ教員のうちフルタイムである者は47パーセントとなる（Qué Pasa 2004）。

とである。この生産性の割合は、チリ・カトリック大学やコンセプシオン大学でもほぼ同様である。サンティアゴ大学とアウストラル大学では、この数字はさらに低くなる。こうした状況は、サンパウロ大学（the Universidade de São Paulo）において、教授4,953人に対する2003年のISI登録論文数が4,450本という事実と対照的である[7]。また、中国のトップ20大学がサイエンス・サイテーション・インデックス（SCI）とソーシャル・サイエンス・サイテーション・インデックス（SSCI）に毎年平均4,316本も登録されることとも比較できる[8]。ここで示したチリの大学に規模の上で近いのは、もう

ひとつのブラジルの大学、カンピナス州立大学（the Universidade Estadual de Campinas）である。カンピナス州立大学には1,800人の教授がいて、90パーセントがフルタイム教員であり、94パーセントが博士の学位を持っている。彼らの2001年の研究成果をみると、1年間のISI登録論文が2,264本である（UNICAMP n.d）。

表13.1の数字からは、これらのチリの大学が、本章の最初に挙げた研究大学の基準である、「フルタイム教員で構成され、そうした教員は研究者としての修養を積み、ある知識分野のエキスパートであり、その業績でもって専門とする学問分野に寄与する」ことを満たすとするのは難しい。同様の判定が博士課程の学生についてもなされる必要があるだろう。大学院課程における学生数は、チリ大学やチリ・カトリック大学で10パーセントを超えるのみで、典型的には博士課程の学生は大学院生の3から4人に1人しかいない。この数字は、2003年に授与された博士の学位の数に反映している（表13.1を参照）。

表13.1における5つの大学のうち3つの大学の新入生の質は、研究大学の理念型の特徴のひとつと一致するようにみえる。また、チリ大学とチリ・カトリック大学は、この点に関しては全国的に最も厳しい選抜を課す大学といえる。しかし当然ながら、研究大学についての他の属性に欠ける状態では、この側面のみでこれらの大学の研究上の地位を支えることはできない。

筆者は、2001年10月から2002年1月まで、チリ大学、チリ・カトリック大学、サンティアゴ大学、アウストラル大学を訪問し（Bernasconi 2003）、各大学における科学研究の状況を調査した。これらすべての大学において、研究志向が強い部局（学部［school］[9]、学科、センター）と、学士課程の学生の教育を中心とする部局（特に専門職養成、社会科学、教養など）が共存している。これらの各大学の中では、能力のある研究スタッフ、経済的リソース、博士課程の学生、そして科学的エートスが均等に行き渡っているわけではない。ある部局（概して自然科学）においては、博士の資格を持つフルタイム教員の割合が100パーセントに達し、博士課程はきちんと設置されており、ISI登録雑誌論文における研究業績は毎年一人当たり1本ないし2本に相当している（Krauskopf 1999）。しかし、それと並行して、他の部局（通常は専門職養成、

社会科学、教養など）は研究のキャパシティをほとんどまたは全く持っていない。これらの部局ごとの違いは、大学の研究業績全般に大きな影響を及ぼす。さらに、大学の中で、博士学位を持つフルタイム教員、研究助成、国際的な雑誌に論文を発表する熱意などの特徴を持つ部局が増えれば、大学の全体的な研究成果はより強化されるだろう。

　各大学の学内における研究面での特徴や業績の不均衡に関するもうひとつの根本的な要因は、その管理構造である。チリ大学は極端な例だが、他の大学でもみられる傾向を表している。チリ大学は分権化が非常に強いため、大学の成員からはたいていは学部の連合体であると考えられている。いくつかの学部は大変優れており、いくつかは平均的な質にすぎないが、すべての学部は共通のブランド・ネームを共有している。チリ大学におけるこの内部の多様性という形は、ラテンアメリカの巨人、ブエノスアイレス大学（Universidad de Buenos Aires）やメキシコ国立自治大学（Universidad Nacional Autónoma de México）と共通するものである[10]。ハーバード大学がこの連合モデルの例としてしばしば持ち出されるが、ハーバードとは異なり、チリ大学は一般的な最低基準を欠いている。すべての学部が全国的に認識される学者の必要数を満たしているわけではなく、中央の管理執行部は大学を戦略的ゴールへ導くための財政的影響力を持たない。

　それぞれの学部がほぼ独立しているという伝統から分権化が進んだチリ大学とは異なり、チリ・カトリック大学における分権化は、中央集権化から脱却するための慎重な努力を行った結果である。予算と人的資本を管理し、新しいプログラムを創設し、資金を調達するための権限を部局長に与える新しいモデルは、1980年代中頃から導入された。いくつかの部局においては、この権限譲渡によって、研究大学に典型的な学術研究実践の統合化にむけた重要な進歩を遂げることができた。その一方で、伝統的な教育枠組みを維持し続けている部局もある。サンティアゴ大学でもまた、管理と財政の分権化プロセスに着手し、各部局に対しコンサルティング、成人教育、大学院課程を通して資金を生み出すより多くの可能性とより高いインセンティブを与えている。

　チリ・カトリック大学を例外として、ここで紹介したすべての大学にみら

れる管理形態の第二の特徴は、教員による部局長と学科長の選挙に関するものである。選出された役員は概して、同僚である教員の研究にとって必要であるが嫌われるような措置を取ることができず、またする気もない。学科長と学部長は大体が彼らの支持者からの後援を受けているのであり、またもし支持者が研究者ではない場合は、研究活動が犠牲となる。このことは、教授の仕事内容の構成を管理する規則が、なぜ研究よりも教えることに重点をおいているかをある程度説明している。多くのテニュアの教授は研究を行う能力がないのである。大学のアドミニストレーターたちは、研究生産性をより厳格に励行できるかどうかについては懐疑的になっている。なぜなら選挙によって選ばれる部局長や学科長は衝突を回避することに心を砕いているため、このような手段の効果について疑問を抱いているからである。

3）研究を行う教員への転換

研究志向の教員を採用

反対に、新しい教員の採用に関しては、研究志向の方に動く傾向がある。多くの学術組織が、博士学位を持つ新しい教員の任用を求める傾向を示している。このように基準が高くなったのは、PhDを持つ若い人々の数が増えたこと、博士プログラムの認定を受ける必要性、学術的な威信への関心、大学間の競争、成果指標に基づいた資金配分や、ランキングなどによるところが大きい。

学術スタッフの年齢の違いによって期待される資格と仕事に違いがあることは、一種の「世代間ギャップ」を生み出し、また、同じ大学内でも組織によって研究に関する様相の違いをもたらしている。例えば、自然科学では、博士の学位は一世代も前から学界の一員として当然必要な資格であった。他の分野や専門職においては、学位は若い教員のキャリアにおける最初のステップであるとみなされるようになってきた。しかし、大学が研究志向を目指すようになった1980年代より前に雇われた、最高学位を持たない教員の多くは、社会科学、人文科学、教養、プロフェッショナル・スクール（法学、建築学、ソーシャルワーク、教育など）におり、ほとんどが定年まで残るであろう。

例えばサンティアゴ大学では、もとは科学の学校教師として教育を受けた多くの者が上級教員の中にいまだに残っている。彼らは今でも優れた教師であるが、彼らのキャリアにおいてこれまで研究に従事したことはなく、今後もないであろうと、ある部局長はコメントしている。実際、研究はサンティアゴ大学においては新たな中心なのである。この取り組みはチリ・カトリック大学、チリ大学、コンセプシオン大学より数年遅れて1971年から始められたもので、多くは教員を対象とした大学院教育の形式を取った。サンティアゴ大学は1990年に研究生産性において全国7位にランクされたが、現在は第4位に上がっている。研究の使命を急速に発展させたことが、教員を2つの世代グループに分けた。年配の教員はもっぱら教えることに専念する一方で、研究者はほとんどが若い教員である。例えば、物理学科は1990年に若いPhDを雇い始め、現在は20人の若い教員がいるが、このことが学科の研究面の強化につながっている。サンティアゴ大学は2003年には606人のフルタイム教員をかかえており（表13.1を参照）、筆者がインタビューを行った大学事務局のある幹部によると、彼らのうちの50から60人が高い研究業績を上げているが、他の60から80人は平均的にすぎないということである。

早すぎるテニュア

関連する別の要因は、特にチリ大学やサンティアゴ大学などの公立大学で、教員が早期にテニュア（終身在職権）を獲得することである。テニュアについてのアメリカ的な考えはチリではみられない。しかし、公立大学が法的根拠なしにスタッフを解雇することができない一方で、自らの裁量でこの点を規定することのできる他の大学は、学則と内規の中でそうした教員のための同様の権利を確立しており、テニュアと等価な地位を作りあげた。しかしながら、テニュアの2つの概念を区別することが必要である。(1)雇用の抑制（人員整理）や、道徳上の卑劣行為または犯罪行為による解雇を除き、「公務員」型のテニュアは終身雇用される権利を意味する。(2)「アカデミック」型のテニュアは、終身雇用に関する前述の制限に加え、学術業績が不十分である場合も解雇の対象となる。

データが得られたチリ大学、チリ・カトリック大学、サンティアゴ大学、

アウストラル大学の4つのチリの研究志向大学はすべて、教授にテニュアを与えている。チリ・カトリック大学は最も高い2つの職階の教授にのみアカデミック・テニュアを与えているが、他の3つの大学では、教授はいかなる職階であってもテニュアを得ることができる。チリ大学は、アカデミック型と公務員型のテニュアの中間のポジションを取っている。学術評価通則（General Code of Academic Evaluation）は解雇の根拠として業績の少なさを考慮することになっているが、この規約が実際に行使されるかどうかは不明である。いずれにせよチリ大学では、最初に短期の暫定的な任命を行うことはよくあるが、職種や職階にかかわらず、教授に無期限のテニュアを与えている。アウストラル大学は、どのような職階であれ、2年間の任期付きの契約期間の後、公務員型テニュアを与える。サンティアゴ大学は、最初の任用で公務員型テニュアを与える。また、チリ・カトリック大学を除いては、低い職階の教員に対して「一定期間内に昇進できなければ辞めてもらう」形での任期制はない。言い換えれば、生涯にわたってテニュアの助教となることも可能である。

　チリ大学とサンティアゴ大学の早すぎるテニュアへの道の問題は、強制的な退職方針がないことでさらに悪い状況になっている。これらの大学の規則は、在任資格終了の要件として定年の年齢（男性が65歳、女性が60歳）に達することと言及しておらず、また、退職すれば収入が大きく落ち込むことになるため、教員が自主的にリタイアするインセンティブもない。チリ大学の物理・数学（工学）など少数の学部は、同僚からの強い圧力によって65歳で退職するよう強いられるが、それでもリタイアしたくない教員は法規により保護されるのである。

定年の義務化と報償的給与体系

　チリ・カトリック大学では65歳定年が義務化している。教員は、契約の一方的な終了の場合に支払われる退職金と同等の額の補償金が提供される。それを越えて70歳まで延長する場合は、教授会と評議会によって承認されなければならない。一般に、上級教員は65歳での定年を選び、彼らの多くが、定年後に新しい私立大学に再就職する。チリ・カトリック大学では、教員全

員が、給与の 10 パーセントを大学全体の退職金基金に支払っている。その基金の目的は、学術組織が解雇したい人員に対して退職金を支給するためのものである。この基金があるからこそ、大学の生産性基準の管理と、強制的な定年退職方針を厳しく施行することが可能になったのである (Koljatic 1999, 356)。

さらに、給与方針もまた教員のプロフィールの多様性に対し有利に働いている。給与の基準額は、概して同等の資格を持つ民間セクターの専門職の平均給与と同額である。したがって、一般的には副業の必要なしに並の中流生活を送るのに十分な給与が支払われているが、大学は補講やコンサルティング、あるいは研究に関係して多くの多様な手当てを提示している。こうした余分の手当てに抵抗がある、あるいは受け取れない教員でさえも、私立大学でパートタイムの講義を受け持つという可能性が常にある。

学術的なランクに直結した、厳格で(自らの新たな価値に気付いている若い PhD 取得者にとって)魅力に欠ける給与体系をもついくつかの大学は、通常のテニュア雇用及びテニュア・トラック体系と並行して別の任用システムを考案してきた。この規定によって、職階に基づいた給与の基準で若い教員に対して与えられる水準を上回る給与を、博士学位をもつ新しい教員に支払うことができるようになっている。

しかし、これを指摘することは重要であるが、サンティアゴ大学を除く訪問したすべての大学では、給与方針の規定に機会費用(その教授が大学外で稼ぐであろう額)を考慮している。このような教員給与に対する専門職市場での影響を制度上で認めることによって、経済学や法学の教授が、同等の職階の、例えば歴史学や哲学の教授よりも高い給与を得ることが許されている。そのため、このアプローチは、ラテンアメリカの公立大学に普及している「同職階イコール同額の給料」という理念からの抜本的な脱却となる。しかし、部局内において給与の平等化という教員の主張が守られる場合のみを例外として、この機会費用の考え方は存在し続ける。同じ大学にいながら部局が違えば給与も違うということは、ほとんど避けがたい厳しい現実であろう。

奨励制度が豊富にそろっていることと、上述したような評価の少なさとは興味深い対比をなしている。教授に対する生産性への刺激という点で言えば、

チリにおける研究志向大学はムチよりもアメという傾向がある。これらの大学ではすべて、研究者に用意された、あるいは FONDECYT を補完するための内部競争的研究資金を準備している。このほかにも、ボーナスを支払うか、そうでなければ主流の科学文献（通常は ISI に登録された雑誌）に掲載された論文に対して報酬を与えるという、研究に関する各大学共通の方針がある。

　サンティアゴ大学とチリ・カトリック大学では、総合的に高いパフォーマンスと結びついた手当ての支給が行われている。それにふさわしい者として、教員は「専任」であることを誓約しなければならない。これは、一般には他の大学での教授活動を禁止するものであるが、本質的には私立大学においてパートタイムで講義を持つことの制限を狙ったものである。専任契約は、1980 年代後半にチリ・カトリック大学で、フルタイム教員にパートタイムの講義を持つことの制限を正当化した事例により作られた。続いて、財政的影響力のある他の大学が先例に従い、専任と引き換えにより多額の給与を提示するようになった[11]。サンティアゴ大学では、「教育における卓越」あるいは「研究における卓越」に対する給与ボーナスを得る必要条件として、教員は学外で教えることを放棄する宣誓書に署名しなければならない。チリ大学は、教員に対する本務への専念を要求しない。それは労働の自由と、そうした副業を禁止するのに十分な金銭的インセンティブがないためである。同大学は、給与ボーナスによる専任の方針を短期間試したことがあるが、そのアプローチは失敗に終わった。なぜなら大学がもっとも必要とする教員は、給与が非常に高くつきすぎて大学にフルタイムで繋ぎ止めておくことができなかったからである。専任に関しては（自己の利益と合わさって）イデオロギーも大きな役割を果たしている。ある者は、税金で賄われている公立大学の教授は大学の壁を越えた社会に自由に知識を普及することが可能であるべきだと主張する。他方では、業績のコントロールは時間のコントロールよりもうまく機能するのであるから、生産性を保証するためには厳しい業績評価があれば十分であるという議論もある。

　給与方針は、露骨ではあるが、教授たちは給与と引き換えに結果を示さなければならないという点で、アカウンタビリティのための効果的なツールに

なってきた。筆者がインタビューした何人かの担当者は次のことを指摘している。一般的に、私立大学では仕事と給与の関係が密で明瞭であるが、このような私立大学の出現によって、給与は仕事に対する報酬であること、そしてより高い成果を示す者が高い給料を受けるに値するという考えに拍車がかかった。

　概して、これらの4つの大学では、大学全体を通して教員の資格を向上するのはまだ数年先である。さらに、いくつかのプロフェッショナル・スクールでは、専門的スキルの訓練を行うことと専門職市場に精通することはそのミッションと大いに合致しており、さらにそれが学生の需要であるとすれば、大学が専門職の実践家をアカデミックな研究者に完全に入れ替えるかどうかは不明である。筆者がインタビューしたプロフェッショナル・スクールのほとんどのリーダーは、完全にフルタイム研究者だけに依存するよりむしろ、PhDと研究業績を持つアカデミックと、専門職市場で活躍しているパートタイムの実践家が混在するほうが好ましいと感じている。

　本章は、提案された研究大学の理念型に照らし、なぜチリにおける研究志向の大学さえもが研究大学とみなされないかという理由を検討してきた。分権化した大学運営は、科学に対するコミットメントの程度が異なる部局が、同じ屋根の下で共存することを可能にしている。別の要因としては、教員の研究生産性に関する大学全体での期待と要求の弱さ、あるいは、そのような期待と要求が全体にわたる強制力をもたないことがある。テニュア・システムへ早々と到達する道があることで、テニュアの教授の業績を長期間モニターする、あるいはそのような評価を行う機会がほとんどないのである。給与と仕事量に関する方針は、研究をする教員と研究をしない教員の両方の利害に応えるようなものとなっている。博士の学位や研究実績もなくテニュアに達しているある世代の教員は、全国のキャンパスどこでも通用する終身の身分を得ていることから研究に従事しないし、また研究の訓練を受け研究志向の強い若い同僚のために空きポストを作るべく自主的に退職するようなこともないだろう。最後に、チリの最も研究志向を示す大学においても、専門職教育の訓練の需要があるため、知識生産への専念を根付かせることにおいては部局による不均衡がみられる。しかしながら、チリの大学のいくつかは、

学内で学術研究を行う拠点として機能する部局、学科、センターを確かに有している。そして、これらの組織は多かれ少なかれ重要で切迫した事項として、大学全体を研究中心の組織体とし、研究組織としての文化で満たそうと奮闘しているのである。

現在の状況から、チリにおける研究志向の大学の展望はどのようなものとなるであろうか。チリの大学は近い将来、研究大学になるであろうか。これらの問いについてよく考えるのには過去を振り返る以外に方法がないわけだが、過去20年の全般的傾向は概して良好であったようである。

4）チリにおける研究の高揚

軍政府による弾圧と市場競争

1973年から1990年までチリの政権を軍政府が担っていたことは、大学にとっては良くない出来事であった。大学の自治権は、あらゆる管理機能を独占した軍部の学長によって抑えられ、教員、学生、事務職員に対して弾圧が加えられた。社会学、政策科学、人類学、政治経済学などが、実際に大学から一掃された。大学の自治、言論の自由、学問の自由、そして多元的価値の共存が姿を消した。1960年代後半に行われた構造改革およびガバナンス改革は廃止され、大学は常時監視下に置かれたのである（Brunner 1986, 41-46）。

高等教育への公共支出は、1974年から1980年の間に15～35パーセント（この割合は算定により異なる）減少した。大学は特別賞与を廃止し、授業料を課し、他の外部の財源を求めることを要求された。チリの大学の自己資金比率は、1965年から1980年までに平均して13.5パーセントから26.9パーセント増加した（Brunner 1986, 46-47）。

ドラスティックな経済改革は、新しい政治経済を目指すための、何年にもわたる社会的に痛みを伴う調整となった。1980年代の半ばにチリの経済が上昇するまでの成長の動力は、もはや国家ではなくむしろ輸出主導の民間セクターであり、これが20年後には、アジア以外のどこの発展途上国にもみられない、急激で持続的な最も目覚ましい経済成長期のひとつと広くみなされることとなる。チリの経済規模は3倍となり、購買力平価で調整された

一人あたりの国民所得は1万USドル（525万チリ・ペソ）近くに達し、貧困層は半減し、極貧層は一桁まで減少した。1990年の民主制への回帰は自由と政治的安定をもたらしたが、経済改革の遺産の大部分は手つかずのままであった。

高等教育は経済と同じ道を歩んだ。システムが民営化され、規制緩和されると同時に、生き残りのための唯一可能な戦略として、競争が大学に課された。チリの高等教育が改革された20年後には「私」は優勢をとなり、私学セクターは大学の93パーセントと学生数の70パーセントを占めた。財源もまた民営化し、非公的資本は高等教育の総国家予算の4分の3を占めることとなった。民間セクターが高等教育へ参与する程度に関していえば、この数字はチリを世界のリーダーの一国に位置付けるものである。

民政への回帰

この傾向は、科学が開花するのに適したシナリオにはとうてい見えない。それにもかかわらず、1979年から1990年にかけてのチリの民主制への回帰の間、研究開発に対する公的資金は実質ベースで30パーセント増加し、ISI論文の数は2倍となり、大学院学位を持つ大学教員は3倍となった[12]。これはある程度は、ピノチェト将軍の軍政府によって1980年代に命じられた高等教育への予算カットを研究が大部分免れることができた結果である。チリでは大学システムの外に主要な研究センターがないこともまた、大学の中で科学が発展するのを促進した。

1990年以来、民主政権は研究のための費用を拡大し続け、1990年から2002年にかけて研究開発の公共支出は2倍になり、公的・私的・国際的資金なども全体的にその期間に同じ割合で増加した。1979年から2002年の約25年間で、研究開発にかかる総合的支出はほぼ5倍となった（**表13.2**を参照）[13]。

しかしながら、大学教員の生産性は比較的低いままで、PhDを持っている教員の1年の論文数は4分の1本である。既に指摘したように、部局や研究所の間で研究生産性が異なることの要因の中には、チリにおけるさまざまな知識分野の研究コミュニケーションの伝統において、英語での出版や引

表13.2 チリの大学出版物数、研究開発支出、および教員の生産性（1979-2002年）

指標	1979	1985	1990	1995	2000	2002
出版[a]	427	657	878	1,166	1,583	1,751
研究開発費[b]						
チリ・ペソ[c]（百万）	26,548	40,414	58,754	91,256	107,665	115,050
米ドル（百万）	31.0	38.7	71.9	164.1	183.0	162.5
大学院学位を有する教員[d]	1,021	2,408	3,353	4,395	5,634	6,234
一人当たり出版物数	0.42	0.27	0.26	0.27	0.28	0.28

出典）CONICYT, *Indicadores*, Santiago de Chile, www.conicyt.cl/bases/indicadores/index.html.
注）
a ISIデータベースに登録された大学の出版物の数
b 大学の研究開発における政府、国際、民間予算の総額
c 2003年のチリ・ペソ
d 大学院学位（修士・博士）を有する教員の数

用等が未だになじまないままであることをあげることができる。したがって、この生産性の測定に関しては、社会科学、人文科学、教養における業績の多くは含まれていない。

チリの研究は政府の支援で発展してきたが、大学院も同様である。1983年の大学院課程の学生数はわずか2,000人だったが、2001年には12,000人近くにまで増加した。1980年代初期のチリの大学の博士課程は、少数の大学における自然科学と人文学にほとんど集中していたが、1990年代はこうしたプログラムが拡張してきた。チリで1999年に80しかなかった博士課程は、2004年には126になった。同じ時期、大学院生数は1,144人から2,237人まで増加した。他方で、博士課程の学生は1999年に75人だったものが2004年には238人に達した。この数字は100万人の人口に対して15人の博士課程の学生がいることを表しており、アルゼンチンやメキシコの割合より高いが、ブラジルよりは低い（Reich 2005）。

教員の大学院学位取得者も同様に増加している。1965年には、この点でもっとも進んだ大学であるチリ大学では、教員の12パーセントが大学院学位（修士か博士）を持っていた。1985年の調査では、チリの大学の教員の22パーセントが大学院学位を有している（Brunner 1986, 112）。カーネギー教育振興財団が行った調査では、同様の数字（18パーセント）が、チリを含む14ヵ国[14]での大学教員に関する研究調査から報告された。チリのデータは

1991 年と 1993 年に集められた（Boyer et al. 1994 ; Schiefelbein 1996, 286）。公立・私立大学を含むすべての大学における教員が取得した学位に関する最新調査によると、大学院学位（修士と博士、博士単独での数字は存在しない）を持つ教員の割合は 2004 年までに 38 パーセントにまで上昇した[15]。

大学におけるこうした傾向については、チリの研究志向の 5 大学すべての近年の論文のアウトプットを調べることによって得られる。チリ大学では、1998 年に ISI 論文が 516 本だったものが、2003 年には 855 本にまでなった。その一方で、チリ・カトリック大学での業績は、同じ時期に 303 本から 529 本にまで増加した。コンセプシオン大学の業績は、1999 年には 12 本に満たなかったが、2003 年には 346 本にまでなった。サンティアゴ大学は、2000 年にスタートして 4 年間でそのアウトプットをほぼ 2 倍にした。

たとえチリに研究大学が存在しなくとも[16]、実際にではなく言葉の上であれば、研究志向の考え方は、国家的な卓越、そして最終的には世界水準での一流の名声への王道とみなされてきた。科学志向へと方向転換した理由は、知識経済の出現のようなよく知られたグローバルな要因を含む。または、世界の他の地域でも見られたような、アメリカの研究大学モデルの影響に対するチリの対応である。

そこにはまた、この国固有の展開もある。それは研究生産性に対する強いインセンティブに関する持続的な国策、チリの大学のランキングや分類（アメリカ・モデルに基づいたもの）の登場、大学教員の間でフルタイムの研究者が一般的になったこと、そしてより最近では、博士レベルの教育と研究が世界経済におけるチリの競争力を進歩させるのに不可欠であるという考えが広範に普及したことなどを含む。ここでは、こうした研究に対する国内的な振興について簡潔に述べる。

前述したように、CONICYT は研究に対する主要な公的資金援助機関である。1990 年から 2002 年までに CONICYT の運営予算は 4 倍に増えて 7,100 万 US ドルに達し、高等教育の政府支出全体の 18 パーセントを占めるまでになった。こうした研究と博士プログラムへの直接的な資金提供だけが、大学の研究ミッションを促進するための唯一の手段ではなかった。これに加えて、政府は大学に対し、その成果指標に基づいて交付金総額の 5 パーセン

トを分配している。この指標は、大学院学生の数、大学院学位を持つ教員数、外部資金付きの研究プロジェクト数、ISI登録論文の数などに対して報酬が与えられる構造になっている。

　研究に大きなインパクトを与える高等教育に関する公共政策としては、他に公的なアクレディテーション機関が行う大学院プログラムの認定がある。この政策は大学に対してさらに、博士課程を持つ教員や、引用データベースに載っている論文、FONDECYTプロジェクトを要求することになる。学生が政府の奨学金の受給資格を得るためには、大学院課程が認定されていなければならない。5パーセントの成果指標に関しては、グッドプラクティスの基準がシステム全体に浸透するように、比較的狭かったアクレディテーションの認定範囲の拡張が行われた。

研究市場の創出と制度化

　要するに、それまでは体系的にはそうした業績への需要がそれほどなかったところに、公共政策によって研究、論文、学位の市場が創出されたのである。一貫して同じ項目（博士の学位、フルタイム契約、研究、論文業績）に対し報酬を与えることで、用いられた政策手段は互いを強化しあった。やがて大学もこれらの手段を学内の運営指針の中で模倣し始め、結果を政府による報奨に沿ったものとすることで実質的なインセンティブを与えることができるようにした。

　仮にこうした政府のメッセージだけでは十分な影響力がないとしても、INDICESと呼ばれる高等教育への志願者のための大学やそのプログラムに関する公式ガイド、さらに、報道機関が行っている大衆向けの非公式ランキングがある。これらもまた、大学院学位を持つ教員数、フルタイム教員数、論文の引用度、FONDECYT研究プロジェクト数を公表している。

　ISIデータベースは、アメリカ国外で発表された学術成果、特に開発途上国から発せられたものや、英語以外の言語で発表された研究を過少に報告していると非難されてきた（Altbach 2003, 6）。筆者がインタビューした大学の研究ディレクターたちは、こうした非難や、社会科学、人文科学、専門職養成の分野において、主に国内向けに学術発表を行うチリの伝統を認識してお

り、これらの事項に考慮したいと述べている。しかし、大方は財政的事情の結果であるが、これらの研究ディレクターはISIデータベースに載る論文を推進するとの決意を固めていた。したがって、主要な国際学術誌の論文は研究成果を公表するための最も広く認識された手段としてますます重要性を増している。そしてこれは成果水準に応じた資金配分を行う大学のみにおける話ではない。フルタイム教員、外部資金による競争的研究、そして大学院の学位についても、ISIデータベース論文は、大学システム全体にわたる学術的な厳密さと成功を示すものとして制度化されるようになった。政府の財政政策により課された基準として始まったものが、大学システム全体に及ぶ制度上の規範となったのである。

大学教員についての考え方の変化

制度化現象の過程では同様に、大学教員についての考え方も変化した。ある専門職の分野で成功した実践家がパートタイムで教えるという考え方から、博士学位を持ち、大学にフルタイムで専念し、研究助成を獲得し主要な国際学術誌に論文が掲載されるようなしっかりとした能力を示す研究者としての大学教員が望ましいという考え方が新たなゴールド・スタンダードに置き換えられてきた。さらに、こうした研究教員は、所属大学や政府の資金配分方針に対してますます強い影響力を持つようになってきた。大学の研究能力を構築するための、言わば、供給側の努力として始まったことが、今や研究支援のための増大する資本と手段についての需要主導型のサイクルへと転換しつつあるようである。

過去10年以上にわたって、労働市場は発展をみせてきた。そこでは、様々なバックグラウンドや分野の教員たちのサービスに関する金銭的価値が容易に確かめられ、ただちに給与方針に適用される。市場価値の発展にともない、人材の流動性はより大きくなってきた。大学教員が有するその他の機会を認識する必要性はますます差し迫ったものになりつつある。こうした考えを取り入れない給与方針の大学は、高所得分野で能力のある教員を募集し、引き止めておくのに絶えず苦労している。

アカデミックな職に就くための必要条件は、応募者の質が高くなるにつれ

て、徐々に厳しくなってきた。若い人々の間で大学院教育への関心も増加した。それに応じて、過去十年間に、あらゆる学術分野や専門職（生物学から数学、法学からジャーナリズムに至るまで）で博士学位を持つ人々の数が著しく増加した。資格制度が整うにつれ、フルタイムのアカデミックな仕事という、チリでは自然科学のみに見られた研究職の唯一の形態が、法学部や工学部のような成功した実践家がパートタイムで講義をする伝統的拠点にも広がりつつある。

最後に、能力のある人的資源を増加させて国の科学的基盤を増強しビジネス・セクターとより緊密に関係をもつことが、知識社会の需要と調和して国の経済を変えていく上で不可欠であることに対しては、チリの科学コミュニティや政府はほとんど疑いを持っていない。そのため、科学研究はその顧客層によって、競争への推進力としてより大きなコミュニティへと「市場取引」される。このことは、例えば、世界銀行によるチリでの1億米ドルにも上る最新の科学技術プロジェクトの背景にある考え方である。これらの資金は6年にわたってCONICYTの予算を年に25パーセント増加させ、研究プログラムや博士養成、産業界におけるポスドクのインターンシップなどに投資されることになっている。この戦略は、2010年までに毎年400の博士号を授与し（2015年までに800）、研究志向の大学においてスタッフの50パーセントが博士号を持つフルタイム教員となるようその割合を増加させ、産業界におけるPhDの会社設立を促進し、研究開発における民間セクターの資金配分の割合を拡張することなどが目標となっている。

経済的優位を目指す、この知識に関する「モード2」型の展望は（Gibbons et al. 1994; Etzkowitz and Leydesdorff 2000）、大学としてのミッションの衰退を象徴するものかもしれない。つまり、新しい権力構造を涵養すること、社会の批判的意識の役割を担うこと、民主主義を進展させること、大衆に高度な文化を広めることなど、大学についてのラテンアメリカの理念にとって非常に大切な目標の達成を遅らせるかもしれない。しかし、このことは大学にとってふたつの大きな利益ももたらす。第一に、それは、科学の原動力とは到底なりえないような周辺の国々にさえ、活発な科学の必要性に関する非常に有効な事例を示すことができる。第二に、それは大学の存在を卓越した目

的意識で満たすのに役立つ。前述したように1970年代から1980年代にかけて、チリやラテンアメリカの他地域では高い目標を掲げた社会変革アジェンダの崩壊が起こったが、それ以来、大学は社会の進化や救済という壮大な対話と言うよりはむしろ、非常に即自的でどちらかといえば目立たない成果（専門職養成、コンサート上演、国宝の放置・忘却からの救済など）のためにその存在を正当化させるしかなかった。競争力をもたらす知識が、国の運命に影響を与える国家的アクターのひとつへと大学を再び呼び戻したのである。

5）結　論

　本章では、1980年代中期以来、大きな推進力が科学研究に向けられたにもかかわらず、チリには研究大学が存在しないことについて述べた。いくつかのアジアの国々と異なり、チリ政府は、研究資本を集中させる少数の大学を選出することをしなかった。代わりに、研究助成金をめぐる公開競争と博士課程の学生のための包括的な資金提供を行った。これは、どの大学かを問わない一般的な研究支援であると同時に、一握りの最も競争的な大学に比較的多くの資本が流れるという戦略であったし、今後も当面の間続くであろう。長い間、この戦略は少数の大学を研究大学の理想に近づけるのに役立ってきたが、チリの経済が成長し続けるにつれ、研究大学の登場の可能性があるかという問題が喫緊の課題となってきた。この課題を達成するためには、さらに何を行う必要があるのだろうか。

　ひとつの限界は、資金である。チリは、国内総生産（GDP）の0.6パーセントを研究開発に投資しており、これは一人当たり29米ドルの割合であり、ブラジルとアルゼンチンの同様の数値より低い。世界銀行は、チリの経済見通しに釣り合わせるためには、この投資レベルを2倍にしなければならないとみている。さらに、この領域の民間投資額は全体のわずか22パーセントであり、これに対してブラジルは40パーセント、アメリカは69パーセントに達している（World Bank 2004, 10）。

　チリにおける研究志向の大学は、教育のみに専従するフルタイム教員や専門職の実践家として成功したパートタイム教員から、研究の訓練を受けたフ

ルタイムの研究者へと、今までの伝統からの変革を成し遂げる必要がある。（もちろん、臨床や専門職の実践的カリキュラムにおける実践者のためのポストは依然として存在するであろう。）この目標を達成するために、チリの博士養成課程は大いに拡大する必要があり、政府が計画するように、大学に対しては定年に達した教員に対し魅力的な補償金のパッケージを提示できるよう財政補助がなされなければならない。

大学はまた、教員の生産性に関する大学の規則を強化すること、あるいは規則が既に成立しているのであればそれを実施すること、研究を行う能力を示した者のみに対してテニュアを与えること、そして長期間にわたってテニュアの教授の成果をモニターし続けることなどを行う必要がある。

肯定的側面では、チリの大学は、新しい環境に適応する自らの能力を信頼することができる。国の高等教育の政治経済や低いレベルの政治問題化、国家の研究に関する準独占状態（チリには大学外には少数の研究所しかないため）における変革から30年が経って磨きあげられた新しい環境である。

しかしながら、大多数のチリの大学は、このような事項とは隔絶されている。公立大学にとっても私立大学にとっても、研究は、小さな教員グループの職務か、散発的に行われる活動か、あるいは完全に異質のものである。そして大多数の私立大学は後者のカテゴリーに当てはまる。こうした私立大学は、研究を遂行するために雇われた資質と熱意を持つ専任教員のいない、教育専門の機関である。しかし、少数の活動的な研究者を核とする、2～3の私立大学を含む20ほどの中間グループ的な大学がある。こうした努力を持続させるための論理は、研究大学になるための計画にはまったくつながらない。これは非常に長い期間でなければ無理であろう。それはある程度は、（前述したランキングや他の評価形式に反映されるような）科学的業績に関連した威信と関係がある。また、これには研究大学の理念を形にする巨大な力が必要となるが、そうした理念にはほとんどの大学は追随することが不可能であるか、あるいは少なくとも何らかの象徴的な対応物が求められる。最後に、自らを教育機関と称する大学にも、学生が批判的探求心のある環境の中で教育を受けるために研究が必要であり、知識の先端で研究することがどういうことであるかを彼らの学生に示すことが出来る教員が少なくとも何人かはいる

第13章　チリに研究大学はあるか　347

と信じているリーダーが存在する場合がある。この考えに基づけば、研究は、もっぱら結果を生み出すためではなく、第一に教育の質を高めるために求められるものである。そしてこのことは、研究大学についてのフンボルト的な理念を我々に思い出させてくれるものである。

注

1　実際、1987年にチリ科学アカデミー監修の下で出版された、1965年から1985年までのチリにおける科学開発目標と結果に関する報告書 (Corporación de Promoción Universitaria 1987) の中では、「研究大学」という言葉を見つけることができなかった。しかし、ちょうど6年後、チリにおける研究状況に関する別の研究が発表され (Krauskopf 1993)、その中で著者はアメリカの研究大学のケースに言及し、チリの状況を振り返ってこのようにコメントしている。「我が国で真に研究にコミットする相当数の大学を強化せずには、大多数の先進国における進展に加わることがますます困難になってきている」(32, 筆者訳)。同じ著書の第5章 (133-52) には、「研究大学：挑戦 (Research Universities：A Challenge)」というタイトルがつけられている。それより少し前にチリで「研究大学」という名称が現れたのはマリオ・レテリエル (Mario Letelier) の1992年の著書であり、クラウスコプフ (Krauskopf) によって引用されている (Krauskopf 1993, 135)。
2　実際には、universit* という形で検索を行っている。
3　もちろん、いくつかの反論はあるであろう。第一に、ISI索引論文は刊行された研究を全て網羅しているわけではない。また、書籍に加え、ISIでカバーされない記事がある。典型的には英語以外の言語で公表されたもの、そしてアメリカ、英連邦、大陸ヨーロッパ以外のものである。
4　ウェブサイトは以下のとおりである。League of European Research Universities (LERU), www.leru.org
5　ウェブサイトは以下のとおりである。Innovative Research Universities, Australia, www.irua.edu.au.
6　これは中国のトップ大学のケースに見られるように、アカデミックな出版物の第一著者の半数以上が大学院生であることから、特に科学的なアウトプットを増加させることができる（第5章を参照のこと）。
7　この数字は第10章に示されている
8　この数字は第5章に示されている。
9　ここで用語の意味について触れる必要がある。チリやラテンアメリカの大学における比較的大きな部局はfacultadesと呼ばれており、およそアメリカのschoolに相当する。スペイン語でのスクール (escuelas) はfacultadesの中の教育ユニットであるが、ここでは、facultyとの混乱を避けるため、facultadesの意味で部局 (school) という語を使用する。
10　ブエノスアイレス大学については第14章で、メキシコ国立自治大学については

第11章で議論している。
11　外部での仕事の完全禁止は、法で保護された労働の自由に反し、私立大学でパートタイム講師をしている教員からの猛烈な反対に会うであろう。
12　CONICYT's Indicators of Science and Technology（Chile）からのデータである。www.conicyt.cl/indicadores/gasto/nacional/xls/T1-5.xls.
13　CONICYT's Indicators of Science and Technology（Chile）からのデータである。www.conicyt.cl/indicadores/gasto/nacional/xls/T1-6.xls.
14　オーストラリア、ブラジル、チリ、ドイツ、香港、イスラエル、日本、韓国、メキシコ、オランダ、ロシア、スウェーデン、イギリス、アメリカ。
15　Consejo Superior de Educación's（Chile）の索引データベース（INDICES database）より。www.cse.cl/asp/WEB_CSE_Indiceshistorico.asp.
16　上海交通大学が2004年に発行した *The Academic Ranking of World Universities* によると、チリの大学としては唯一チリ大学が401位から450位までのクラスにランクされている。同年の *Times Higher Education Supplement* によるランキングWorld University Rankingsにおいては、チリの大学は一校もランク入りしていない。

参考文献

Altbach, P. G., ed. 2003. *The decline of the guru: The academic profession in developing and middle-income countries*. New York: Palgrave Macmillan.

Bernasconi, A. 2003. Organizational diversity in Chilean *higher education*: Faculty regimes in private and public universities. PhD diss., Boston University.

───. 2005. University entrepreneurship in a developing country: The case of the P. Universidad Católica de Chile: 1985-2000. *Higher Education* 50 (2): 247-74.

Boyer, E. L., P. G. Altbach, and M. J. Whitelaw. 1994. *The academic profession: An international perspective*. Princeton, NJ: Carnegie Foundation for the Advancement of Teaching.

Braxton, J. M. 1993. Selectivity and rigor in research universities. *Journal of Higher Education* 64 (6): 657-75.

Brunner, J. J. 1986. *Informe sobre la educación superior en Chile*. Santiago, Chile: FLACSO.

Brunner, J. J., G. Elaqua, A. Tillet, J. Bonnefoy, S. González, et al. 2005. *Guiar el Mercado. Informe sobre la educación superior en Chile*. Working paper, Universidad Adolfo Ibáñez, Escuela de Gobierno (March).

Clark, B. R. 2004. *Sustaining change in universities: Continuities in case studies and concepts*. Maidenhead, UK: Society of Research into Higher Education and Open University Press.

CONICYT (Consejo Nacional de Investigación Científica y Tecnológica). 2000.

第 13 章 チリに研究大学はあるか 349

Programa FONDECYT: Impacto y desarrollo 1981-2000. Santiago, Chile: Conicyt.
Consejo de Rectores de las Universidades Chilenas (CRUCh). 1990. *Anuario Estadístico*. Santiago, Chile: CRUCh.
―――. 2003. Anuario Estadístico. Santiago, Chile: CRUCh.
Consejo Superior de Educación. 2004. *Indices*, www.cse.cl/asp /WEB_CSE_Indiceshistorico.asp.
Corporación de Promoción Universitaria. 1987. *El desarrollo científico y tecnológico en Chile. Un análisis cualitativo 1965-1985*. Santiago, Chile: Corporación de Promoción Universitaria.
Departamento de Medición, Registro y Evaluación, Universidad de Chile. 2005. *Distribución del Aporte Fiscal Indirecto 2005*. Santiago, Chile: Universidad de Chile.
El Mercurio. 2004. *Revista El Sábado* no. 322, November 20.
Etzkowitz, H., and L. Leydesdorff. 2000. The dynamics of innovation: From national systems and "Mode 2" to a triple helix of university-industry-government relations. *Research Policy* 29 (2): 109-23.
Geiger, R. 1985. After the emergence: Voluntary support and the building of American research universities. *History of Education Quarterly* 25 (3): 369-81.
―――. 1986. *To advance knowledge: The growth of American research universities, 1900-1940*. New York: Oxford University Press.
Gibbons, Michael, et al. 1994. *The new production of knowledge*. London: Sage.
Goodchild, L. F. 1991. What is the condition of American research universities? *American Educational Research Journal* 28 (1): 3-17.
Jencks, C., and D. Riesman. 1968. *The academic revolution*. Garden City, NY: Doubleday.
Koljatic, M. 1999. Utilidades, orientación al mercado y descentralización: "Nuevas" ideas para la administración universitaria en Latinoamérica. *Estudios Públicos* (Santiago de Chile: Centro de Estudios Públicos) 73 (Summer): 335-58.
Krauskopf, M. 1993. *La investigación universitaria en Chile: Reflexiones críticas*. Santiago, Chile: Corporación de Promoción Universitaria.
―――. 1999. Los doctorados en Chile. Perfil y capacidad científica de los programas den ciencias acreditados en Chile. *Estudios Públicos* (Santiago de Chile: Centro de Estudios Públicos) 76 (Spring): 359-408.
Levy, D. C. 1986. *Higher education and the state in Latin America: Private challenges to public dominance*. Chicago: University of Chicago Press.
Levy, D. C., and A. Bernasconi 1998. University of Chile. In *The International dictionary of university histories*, ed. C. Summerfield and M. E. Devine, 464-

67. Chicago: Fitzroy Dearborn.
Reich, R. 2005. Postgrado en Chile. *Informativo MECESUP*. No. 294. Santiago, Chile: Ministerio de Educación, Programa.
Schiefelbein, E. 1996. The Chilean academic profession: Six policy issues. In *The international academic profession: Portraits of fourteen countries*, ed. P. G. Altbach, 281-306. Princeton, NJ: Carnegie Foundation for the Advancement of Teaching.
Serrano, S. 1994. *Universidad y Nación: Chile en el siglo XIX*. Santiago, Chile: Editorial Universitaria.
Shanghai Jiao Tong University, Institute of Higher Education. 2005. The academic ranking of world universities, http://ed.sjtu.edu.cn/en /index.htm.
Thelin, J. R. 2004. *A history of American higher education*. Baltimore: Johns Hopkins University Press.
Times Higher Education Supplement. 2004. World university rankings, www.thes.co.uk/worldrankings/.
UNICAMP. n.d. *Informaciones*. Campinas, Brazil: Universidade Estadual de Campinas.
Weber, M. 1949. *The methodology of the social sciences*. New York: Free Press.
World Bank. 2004. *Chile: New economy study*. Report no. 256666-CL, vol. 1. Washington DC: World Bank, Finance, Private Sector and Infrastructure, Latin America and Caribbean Region.

第14章
中所得国における研究大学構築への挑戦
―― ブエノスアイレス大学のケース ――

アナ・M・ガルシア・デ・ファネリ　　（白幡真紀訳）

1）はじめに

　アルゼンチンでは、多様化した高等教育システムが、複雑で、時に相反する需要を満たす役割を果たしている。この相反する需要とは、教育へのユニバーサルなアクセスに対する需要と、質の高い研究やエリート養成の機会に対する需要である。アルゼンチンでは、現在、200万人の学生が100の国公私立大学、および1,700以上の小規模な中等後教育機関で学んでいる。この国では、高等教育システムが何を意味するのかはいまだに定まっていない。中等教育修了人口の増加により高等教育に幅広いアクセスを提供するという目標はあったものの、アルゼンチンでは高等教育システムの拡大が無計画に行われた。それぞれの高等教育機関の役割は機能的に分化しているわけでも適切に関連しあっているわけでもない。さらに、大学の学生数の大幅な増加は、高度に熟練した科学者や技術者の質的・量的拡大に結びついたわけではなかった。こうした状況は国が技術先進国の水準に達するための障害であり、アルゼンチンは世界の知識の先端から取り残されてきた。しかし、アルゼンチンの高等教育機関の中で少なくとも1つ、あるいは少数の質の高い研究志向の大学をつくるチャンスはまだ残されている。国が21世紀の知識基盤社会へ挑戦できるよう、レベルの高い科学者、技術者、専門家を養成するためには研究志向の大学の存在が不可欠である。さらに、技術革新の国家システムについての文献では、こうした研究志向の大学は各国においてイノベーションや技術に関わる多くの関連するアクターの特に重要な中心点となることが指摘されている。

　アルゼンチンにおける先導的学術機関の役割を担う大きな可能性をもつ大

学の1つは、ブエノスアイレス大学（the University of Buenos Aires：UBA）である。UBA自体は研究志向の大学とは言えないが、それぞれの学術組織が細分化されており、その中には研究志向に近いものがいくつかある。さらに、UBAは、この国のエリートや専門職の養成の主要な担い手である。

その他の伝統的な国公立大学は、各州の主要都市に存在する。地域レベルではこうした大学が、全国レベルにおけるUBAと同様の役割を果たしている。つまり、これらの地方大学の学術的な威信は高いが、UBAと同じような機能的弱点を示しているのである。したがって、UBAについてなされた多くの議論は、これらの大学にもまた当てはまる。

本章はUBAの事例を中心に取り扱う。UBAは「研究大学」の基準は満たさないが、この国の「旗艦」大学であると仮定できる。UBAは十分に発展した大学としてのその重要性から、アルゼンチンの大学システムにおける事実上の旗艦的役割を果たしている。したがって、大学の方針の決定と組織的な機能については、常に世論に注視されている。UBAの複雑さは、アルゼンチンの大学システムの中でのその重要な役割と相まって、大学システムを変革していこうとする政府にとって長年の難題であった。UBA改革の成功はその他の国公私立大学に対しても影響が大きい「デモンストレーション」の効果をもつ点からも大変重要であったが、UBAは組織的に複雑な上に規模が非常に大きく、さらにこの問題をめぐっては政治的にデリケートな部分もあったため、政府は必要な変革を導入することができなかった。

2）大学の使命と社会情勢

アルゼンチン最大の高等教育機関

1821年に設立されたUBAは、学士課程だけでも約30万人の学生を持つアルゼンチン最大の高等教育機関である。国の首都である最も豊かな都市ブエノスアイレスの全域にわたって13の部局（*facultades*）を持っており、さらに5,000人の生徒を擁する2つの質の高い中等学校が付属している。UBAが州政府によって創設されたのは、アルゼンチンがスペインの支配から完全独立を成し遂げたちょうど5年後であった。その当時は、子弟に医学や法学

の学位を授与させようという、大学教育の権威を求める裕福な商人と役人の要請からUBAが作られた。つまり創設当初から、UBAの第一の使命は専門職と政治的指導者の養成であったのである。

ナポレオンによる帝国大学モデルの影響を受け、UBAの学士課程では、学士（*licenciado*）（平均5年）と、医学、工学、公認会計学、建築学、心理学および法学などの分野の専門学位（一般的にはより長い期間、6〜7年）を取得できる。多くの点で、これらの学部の学士号はアングロ・サクソンにおける専門修士号に等しい。講座は各学部内での主要な教育ユニットであり、講座主任にある者は講義と講座の運営に関して大きな自律的権限を有している。

研究活動は、各部局内の研究所、研究室およびセンターで行われる。UBAでは、精密科学・自然科学部、薬学・生化学部、および哲学・文学部が最も重要な位置にあり、博士課程の学生の大部分もこれらの3つの部局に集中している。しかし、学士課程の学生は専門職学位（特に医学、法学、公認会計学）に集中していることから、専門職育成という設立当初からの特徴は未だに際立っている。そして同時に全国的な研究指標によると、UBAはアルゼンチンで最も研究志向に近い高等教育研究機関でありつづけてきたし、現在もそうである。

科学志向か専門職養成か

アルペリン・ドンギ（Halperín Donghi）は著書『ブエノスアイレス大学の歴史』（1962）の中で、繰り返し起こる政治的・経済的危機と、科学志向か専門職養成かという2つの構想の対立によってUBAの発展が形成されてきた様子を論じている。UBAの軌跡はこの異なる2つの使命の間の緊張関係に覆われており、この対立は大学のガバナンスが部局連合としてのものに転換していく上で大きな役割を果たした。特に、医学や法学、公認会計学のような伝統的な専門職養成学部は、強いアイデンティティと自治とを維持してきた。

このように分権化された構造においては、専門職系部局と科学系部局の間にほとんど交流がなく、どの部局も互いを超えて自らの文化的アイデンティティを増進させるほどには強くない。しかし、UBAはなぜブラジルやチリ

の大学が行ったように、研究志向とエリート養成の活動を強化するための組織的戦略を発展させてこなかったかという大きな疑問が残る。この理由として考えられるのは、UBAの組織的発展に影響を与えた一連の外生的・内生的要因である。具体的には、変動の激しい政治・経済・公共的政策の状況があげられる。そして、こうした社会や政府の政治活動の中でのUBA自身の役割が大きいことである。UBAは将来の政治的指導者になるべき人々がインフォーマルな形で出会い、学ぶ場であり、そして政党同士がその衝突を解決する場でもある。また、UBAが国家や市場の圧力に対して組織的に適切な対処を行うことを制限するようなガバナンス構造も、要因の1つとしてあげられる。

コルドバ改革

　20世紀の初頭、選挙の不正行為を伴う限定民主政権の期間を経て、1916年には、選挙改革によってアルゼンチン初となるミドル・クラス政党が勝利した。この政権の下、最も古い国公立大学であるコルドバ国立大学 (the National University of Cordoba) において、非常に重要な学生運動であるコルドバ改革が1918年に起こった。学生のリーダーたちはエリート主義的で伝統的、保守的な大学、そして教員の知的レベルの低さを批判した。学生運動はまたたくまにUBAにも広がり、アルゼンチンの他の国公立大学や他のラテンアメリカの高等教育機関に飛び火した。その結果、アルゼンチンの国公立大学では、ガバナンスと教員の任用における次のような重大な改革が導入されることとなった。

　第一に、1918年のコルドバ改革によって、大学評議員会への学生の参画が制度化された。共治 (co-governance) として知られる、教授・学生・同窓生が参加する三者制システムである。このシステムが意味するのは、国立大学システムの構築に際し、政治的アクターとして学生と同窓生が重要な影響力を持つことである。特に、学生運動は、増加するミドル・クラスの高校卒業者数に対応するアクセスを保障するよう、大学当局に対して大いに圧力をかけた。このことは、公正さにおいてはよい影響を与えたが、制約のある財政状況においては質の水準にも影響を与えることとなった。

第二に、この改革によって、縁故者登用やひいきをやめさせ、開かれた競争の下での定期的な評価を通じた契約による教員の選抜任用が行われることになった。この領域において、コルドバ改革は学問の自由と教員の選抜における実力主義的な採用手続きを保障することで、最高の質をもつ教授陣を構築することを促した。さらに、1966年に承認されたUBAの現行学則には、最高の質の教員の採用を保障する別の条件が示されている。その条件とは、ほとんどの教授がフルタイムで働くことになっており、パートタイム教員は例外的に採用されるのみである、という条項である。それにもかかわらず、後段で議論するようにこのような公式の規則に従わない社会的慣行が横行している。

最後に、1918年コルドバ改革は、政府との関係における大学の自治の獲得に役割を果たした。

1920年代後半以降、政治的アクターとしてミドル・クラスの社会参画が増してきたことも、結果として社会移動を促進するために大学の間口を広げようという大きな社会的要請となった。総人口の17.5パーセント（1935年の国勢調査による）にあたる都市ブエノスアイレスの唯一の大学であるUBAは、この要請に応える形で劇的に発展した。アルペリン・ドンギは、とにもかくにも現在まで継続しているこの拡大の過程について、分りやすく説明している (Donghi 1962, 99)。

「UBAは、自らが生まれ出た国家と同じように、ほとんど生物的といっていいような勢いに支えられ、衝動的で強大な拡大プロセスのもとで成長している。」

20世紀は経済的・政治的に不安定であったが、中等学校卒業生数の拡大による需要増を受け、国立大学の学士課程の学生数はこの世紀（1906-2000）を通して毎年平均7パーセント増加した（García de Fanelli 2005）。

不安定な政治・経済状況

UBAは多くの経済危機や政情不安を経験した。詳細に見ると、1930年から1983年にかけては民政と軍政が交互にアルゼンチンの政権を担っていたが、この53年のうち22年もの間は軍事政権下にあった。1960年代および

1970年代初頭の経済成長期に続いて、1975年から1984年にかけては、アルゼンチンは経済停滞期、産業の空洞化、高いインフレ、途方もない対外債務、所得分配の不平等の増大などに直面した。

この不安定な環境は、3つの形でUBAの発展に直接影響を及ぼした。第一に、軍事独裁政権は、学問の自由を妨害し、多くの教授を解雇あるいは彼らに辞職を強要し、さらに反動的な知識観を押し付けた。第二に、経済恐慌は、増加する学生需要と研究・開発への投資の両方を支えるのに必要な財政基盤を揺るがした。第三に、UBAは自らによる運営能力が弱く、明確な使命に欠けていたが、これは、国が国策としての一貫した開発政策を持っていないことを忠実に映し出したものであった。UBAにおける科学的活動の最初の種は、国家開発プロジェクトの下に蒔かれた。アルテュロ・フロンディーシ（Arturo Frondizi）の民主主義政権（1958-1962）下で、UBAはフルタイムの教授の数を増加させ（わずか1名から160名へ）、学生の奨学金制度を拡大し、研究助成を増加させ、EUDEBA（UBAの出版社）を設立した。1958年には、政府が国家科学技術研究評議会（Consejo Nacional de Investigaciones Cientiticas y Técnicas：CONICET）を設立し、1947年ノーベル医学賞受賞者のベルナルド・オウサイ（Bernardo Houssay）がその初代議長に就任した（Halperín Donghi 1962）。フランスの国立科学研究センター（Centre National de la Recherche Scientifique：CNRS）モデルが手本となり、CONICETは研究助成の配分のための競争的手法を通じて、「研究職」という形による研究の専門化を可能にした。ほとんどのCONICET研究者がこうした高等教育機関の教授だったため、フロンディーシ政権下におけるこうした取り組みは、国公立大学における研究活動を促進させた。

ファン・カルロス・オンガニア（Juan Carlos Onganía）軍政府（1966-1970）の下では、CONICETの研究活動が大学から切り離され始めた。1966年、オンガニアは警察にUBA、特に精密科学・自然科学部に対する襲撃許可を出し、いわゆる「警棒の夜」として知られるようになる学生と教授たちの強制的締め出しを行った。1976年から軍政府は、大学の管轄の外に多くの公的研究機関を設立する科学技術政策を打ち出し、CONICETの役割を強化した。軍政府は国公立大学の政治運動を恐れていた。この方策は、国公立大

学での研究活動を弱めることになった。これは、多くの CONICET 研究所が国公立大学と関係しており、研究者の大半が UBA や他の公立・私立大学でも教育職の立場にあるからである。

1918 年のコルドバ改革、および UBA の「黄金時代」である 1960 年代の記憶は、どのように大学を運営するべきかについての最も適切な組織モデルを作り出した。コルドバ改革によって、学生・同窓生・教授が合議により大学の運営に参加するという手法による大学のガバナンスの民主化が実現し、教員の任用においては開かれた競争的な手続きが導入された。1960 年代には、UBA はフルタイム教員を雇用し、大学のトップに高名な学術的指導者を選出することで、研究活動を推進した。具体的には、1957 年から 1962 年の間の UBA の学長リシエリ・フロンディーシ（Risieri Frondizi）はハーバード大学の卒業生として尊敬を集めていたし、学部長の多くは、例えば精密科学・自然科学部長のロランド・ガルシア（Rolando García）のように、国際的に有名で評判の高い学者であった。

民主制が 1983 年に復興し、民主的な大学の確立が進められた。これは高等教育システムにとっては、教授・研究を行うための学問の自由が尊重されることを意味した。しかし、大学を取り巻く政治・経済環境はきわめて不安定なままであった。1989 年のハイパー・インフレーションと 1993 年から 1998 年までの高度成長期を経て、経済状態は 2001 年から悪化し、経済危機と不景気が訪れた。労働市場の状態は大幅に悪化し、所得分配はずっと偏ったものになり、アルゼンチンの社会経済状況は全面的に衰退した。1980 年代、1990 年代および 21 世紀初頭にかけてのマクロ経済の変動は、高等教育支出の水準に大きな影響を与えた。

すなわち、不安定な政治・経済状況と、（しばしば全国政党が選出した）国の政権構造が、UBA が研究志向の大学となる可能性に影響を与えたのである。過去 20 年以上にわたって、UBA は、地域の中等学校の需要の大部分を吸収し続けた。こうした発展の結果、2003 年現在、いわゆる AMBA あるいはブエノスアイレス首都圏と呼ばれる、首都ブエノスアイレスとその周辺のエリアには 14 の国公立大学と 33 の私立大学[1]がある。AMBA において、UBA には大学学士課程在籍者総数の 51 パーセント、新入生数の 45 パーセ

表 14.1 アルゼンチンの設置者・地域別学士課程学生数、新入生数、卒業生数（2003 年）

	AMBA[b]			全国	
	UBA[c]	他の公立大 (13 校[d])	私立大 (33 校[d])	公立大 (45 校[d])	私立大 (55 校[d])
学士課程学生総数[a]	289,526	146,005	133,795	1,278,284	215,272
新入生数	66,533	41,194	38,599	305,820	63,617
学士課程卒業生数	13,780	8,537	12,655	56,441[e]	18,357[e]

出典）Ministry of Education, Science and Technology（MECyT 2004），UBA 2004.
a 学士課程の学生数は、新入生、2 年生、その他を含む．
b ブエノスアイレス首都圏
c 2004 年 UBA 統計．
d 大学と大学附属研究所を含む．
e 2002 年

ント、卒業生の 39 パーセントもが集中している。（**表 14.1 参照**）

3）大学セクターの多様性

　アルゼンチンには、大学の全国ランキングは存在しない。そのため、UBA が最も重要な大学である、あるいは国の「旗艦」国公立大学のうちの 1 つであるという前提は、乏しい情報に基づいているにすぎないが、アルゼンチンの大学セクターの多様性は、学生の質、研究活動、専門家養成に関して UBA がいかに重要であるかを示している。

入学選抜

　国公立大学への入学は、中等学校を修了すれば可能となる。いくつかの国公私立大学や、その中のいくつかの学部では入学試験が実施される。特に医学部では一定のコースを取らなければならない（Trombetta 1999）。伝統あるラプラタ国立大学医学部の選考基準のように若干の例外はあるものの、他の全てのケースでは、ふさわしい志願者を求めるための明確な選考プロセス、あるいは学位プログラムへ入学できる学生の最大数を定めた公募方針がないことが明らかになっている。非常に有能な学生を獲得するためには、前提として入学希望者が多く、さらにその中から数を絞り込む選抜的な入学基準が必要であろう。この前提に基づくと、UBA の入学基準は開放的でも公式の

選抜基準があるわけでもないが、それに近いものである。表14.1は、UBAが、ブエノスアイレス首都圏において有能な入学希望者が集まるただ1つの大学であることを示している。これはUBAの威信、プログラムの種類およびその授業料無償の方針などが影響している（García de Fanelli 1997）。UBAの威信は、UBAの附属中等学校の卒業生の大多数がUBAの学部に進学するという事実にもみることができる。ブエノスアイレス・コレジオは、国で最も古く最も有名な中等学校のうちの1つであるため、これは適切な指標となるであろう。さらに、厳しい入学試験を課し、学生数を制限することからかなりの狭き門となり、入学を許可されるのは受験者のわずか4分の1である。

　UBAにおける開放的な入学選考プロセスには、入学した初年度を通して行われる、いわゆるCBC（general cycle of basic knowledge：一般教育）といわれる巧妙な選抜プロセスが含まれる。CBCは、形式的には学位プログラムの最初の年とみなされるが、各専門学部におけるプログラムに進級するためには、全ての1年生はそれに合格しなければならない。1985年から2004年までの間で、CBC期の学生の平均46.5パーセントが学部へ進学し、そのうち半数が最終的に5年以内に卒業する（UBA 2005a, 2005b）。

　すなわち、アルトバック（Altbach 1999）が指摘するように、UBAの卒業率は、ダーウィンの適者生存原理に基づいている。残念なことに，良質な補習コースや学生の財政的負担を補うための奨学金が存在しないために、大学は非常に才能に恵まれていても経済的に苦しい学生が生き残ることを保証することができない。

研究機能

　大多数のアルゼンチンの大学は、研究志向というよりも専門職養成を志向している。しかし研究活動の水準は、特にいくつかの伝統的国公立大学における生体臨床医学、生物学、化学のような自然科学分野では高度に発達している。その中でも、UBAは以下の点で傑出している[2]。すなわち、(1)全国の大学で教育研究を行う教員の最大多数、国公立大学の「教員研究者」の合計の17.2パーセントがUBAの所属である。(2) 大学院で研究する学生

(2004年には修士、博士課程の13,780人の大学院生)の最大多数がUBAに所属する。これは国公立大学セクターの合計の27パーセントにあたる。(3)全国大学評価・基準認定委員会(Comisión Nacional de Evaluación y Acreditación Universitaria：CONEAU)の認定手続きによる最高ランク(AかB)である大学院課程の最も大きい比率、全体の22.7パーセントをUBAが占める[3]。(4)国公立大学における国からの研究助成の最大助成額を獲得している。1997年から1999年までで全体の32.7パーセントがUBAに助成された[4]。(5)アルゼンチンの科学出版物の総数の29パーセント、南アメリカの大学における引用データベースに登録された出版物の8パーセントがUBA関係である(MECyT 2004；García de Fanelli 2005；UBA 2005a)。

　研究業績に関するデータは、UBAの研究活動が、生物学、バイオテクノロジー、化学および物理学のような学問分野に集中していることも示している。化学の分野での例をあげると、引用データベースに登録されたアルゼンチンの化学系ジャーナルにおける1999年から2000年にかけての1,412の論文のうち、268の論文はUBAの研究者によるものである。この268論文のうち65パーセントは、UBAの精密科学・自然科学部のみの業績である(Albornoz et al. 2005)。

　他のいくつかの研究集約的な学部、特に基礎科学を扱う部局は、州の主要都市に位置する伝統的で大規模な国立大学にある。コルドバ国立大、ラプラタ(La Plata)国立大、トゥクマン(Tucumán)国立大、リトラル(Litoral)国立大、ロサリオ(Rosario)国立大や、他の小規模大学、クージョ(Cuyo)国立大、スール(Sur)国立大などがあげられるだろう。そして、高等教育レベルの最も重要な研究グループおよび博士プログラムが、45の国公立大学のうちの10未満の大学に集中している(García de Fanelli 2005)。

　55ある私立大学の中にはエリート大学もいくつかあり、このような大学は主に1990年代に設立された。多くの国公立大学と異なり、これらの大学は、フルタイムの教授、全日制の学生、高い水準の設備や良質の図書館はもちろんのこと、学生一人当たりにかける費用も高い。しかし、これらの私立大学は民間資金(寄付・教会・企業)と学生の授業料にほぼ完全に依存している。このため、ひとつの技術系研究所といくつかの医学部を例外として、こ

れらのエリートタイプの大学の学士課程と大学院プログラムおよび研究活動が社会科学や人文学などコストの低い分野に集中しているのである。

アルゼンチンの学術市場における UBA の重要性を示す経験的根拠は乏しいが、UBA は中所得国の他の国公立大学の中では中位の位置づけにある。特に研究業績に焦点を当てて作成された上海交通大学高等教育研究所（the Institute of Higher Education at Shanghai Jiao Tong University）による 2004 年の世界水準大学学術ランキングによれば、世界トップ 500 大学のうち、UBA のランクは 300 位くらいである（Institute of Higher Education 2004）。

UBA がこの国際ランキングでこのような位置づけになっているのは資金不足が唯一の原因ではないが、最高の質の教育研究活動を行うための十分な大学としての予算は、研究志向の大学を発展させる上で不可欠な要素であろう。米国のトップ研究大学に関する報告書では、「他の条件が全て同じなら、人材を惹きつけ、引き留めるために投資できる金額の規模が、大学の研究キャンパスとしての限界を決めることになるだろう」と述べている（Lombardi, Capaldi, Reeves, and Gater 2004, 11）。UBA の場合では、2003 年の総運営予算はわずか 5 億 3,700 万米ドルであった（購買力平価：PPP）。フルタイムとパートタイムを合わせた総入学者数に基づけば、2003 年の学生一人当たりの経費合計（公共・民間資金）は約 1,606 米ドルとなる（MECyT 2004）。知識基盤経済におけるアルゼンチンの競争力にとって大学の役割が重要性を増していく中、UBA の支出のデータが示唆しているのは、大学の資金不足の歴史を乗り越えるためにはすさまじい努力がなされなければならないことである。

専門職養成

専門職養成部局の中では特に、法学部、経済学部（主に公認会計士養成に注力）、医学部、建築学部、心理学部、工学部に焦点を当てていく。これら全ての学部の中には、いくつかのセンター、研究所、研究室があるにもかかわらず、教員のほとんどは研究を行っていない。

専門職養成プログラムの正式な大学ランキングは存在しないが、世間の評判などによる初期的な市場が成立している。この市場は、1990 年代の初期

に始まった専門職プログラムを提供する少数のエリート型私立大学の創設や、公立・私立大学の両方における授業料を課す大学院プログラムの拡大競争の激化、またCONEAUの大学院研究ランキング（A、BあるいはCなどの段階によるもの）などが発端となり形成された。学士課程段階の大学・プログラムのランキングについては、学生やその家族の間で暗黙の了解としての順位付けが広まっている。

　メディアによれば、労働市場でのUBA卒業生の評価は非常に高い。ビジネス・セクターでは、UBA卒業生は逆境に直面したときの能力を高く評価されていると報道されている。これはいわゆるダーウィンの淘汰の手法によるもうひとつの副産物であると考えられる（Altbach 1999）。さらに、公認会計、法、工学、医学、歯学、建築のような分野では、雇用主やクライアントはUBA出身者の行うサービスを好むという共通認識があることを、人材コンサルタントたちが明らかにしている。この問題について確固たる結論を導き出すためには、経験的証拠がもっと必要であることは明白である。しかしながら、UBAがブエノスアイレス首都圏の大卒者の総数の3分の1以上を毎年輩出していることを考慮しなければならない（表14.1参照）。

　アルゼンチンの専門職市場におけるUBAの名声の高さの一例は、ブエノスアイレス市役所の研修医への応募者選考の結果にみることができる。選考は、選択式の試験と卒業生の成績の総合平均に基づいて行われた。UBAを卒業した応募者のうち、14.3パーセントが研修医の権利を取得しており、これは、ブエノスアイレスの私立大学全体が5.3パーセント、国の残りの国公立大学が3.5パーセントであるのに対して統計的に有意な差がある。そして、認可された総応募者のうち、82パーセントがUBAの卒業生であった（Neuman, Questa, and Kaufmann 2004）。

　こうした専門職養成の部局の教授のほとんどはパートタイムで教えており、彼らは自分の専門業務によって主な生計を立てている。（パートタイムの講師の平均給与水準が非常に低いことを考えると）この大学で教えることのひとつの重要なインセンティブは、UBAの教員であることで得られる威信である。さらにまた、専門職養成の部局の教員のなかには、コンサルタント業や大学院コースでの講義、技術支援などの外部活動のおかげで追加の収入を得

る者もいる。そして、多くの卒業生は、彼らが受けた授業料無償の教育に対する自発的な恩返しの方法として、大学に教員として戻ってくるのである。

大学の状況

　前節で示したように、アルゼンチンの学術・専門職双方の市場におけるUBAの相対的な地位は高い。しかし、中期的には、何の変革もなされない限りUBAは物的・人的資本のストックを消耗し続けることになるであろう。

　アルゼンチンの国公立大学は、学問上の、また大学の運営に関してかなりの自治を享受している。この国の国公立大学は、入学手続き、カリキュラム、人事管理、公共・民間資金の配分、大学の教員人事や幹部の選出を自らの統制下においているのである。

　1918年のコルドバ改革運動以後、UBAの正式なガバナンスは、教授、学部生、同窓会が同等な立場で選出する運営協議会に委ねられることとなった。この種の構造は、重要な民主的・学術的長所を持つ一方、組織的な欠点も持つ。第一に、これらの3つのグループの代表によって選ばれた執行部は、関係者が気に入らない可能性のある決定を下すだけのインセンティブも、そのような権力も持っていない。例えば、特定の部局や学科の卓越性を高めようとする決定は、（ある卓越した研究拠点へ少ない資金を再分配することを意味する場合は）教授陣から、あるいは（選抜的な入学方針がプログラムの質を改善するために実施される場合は）学生から、それぞれ反対意見が上がるかもしれない。第二に、合議による意思決定を行うことで管理上の意思決定速度が落ち、短期的で「緊急」の事案が、より中・長期の課題に移し替えられることになりがちである。第三に、個々の部局の自治権限が拡大される傾向があり、その結果ガバナンスの構造が部局の連合体の形を取るようになる。したがって、大学評議会や総長が全学的なプロジェクトを立ち上げることができない。社会科学部の学部長は、UBAについて、ギリシア神話に出てくる多くの頭を持つ怪獣ヒドラのようだと述べている（UBA 2003a）。

　大学のガバナンス構造は非常に細分化されている。すなわち、大学の運営方針の策定や採用、実施のプロセス全体において発言権を持つのは、教授、学士課程の学生、同窓会にとどまらない。例えば、特に専門職養成を志向す

る部局の場合、学術組織の組み立てやプログラムの継続期間、カリキュラムなどに関して、専門職団体が非常に大きな影響を及ぼす。研究志向の部局では、もうひとつの関係するアクターは専門分野のコミュニティである。専門分野の目に見えないコミュニティ、もしくは共通の学問的関心をもつ研究者による学術ネットワークが、国際的な先端研究、教授・研究法、そして国際的に受け入れられる原則に基づいた質保証基準によって、適切な研究のあり方を決定している。

全ての部局において、事務職員の労働組合と学生運動も大きな政治的権力を行使している。UBAのような国公立大学では、事務職員の労働組合の力は、通常、教員の労働組合よりも強い。教授たちは一般的にパートタイムで働いているため、自分たちのポストに対しての執着は強くない。加えて、大学から受け取る金額を考えると、ここでの報酬は彼らの収入全体に対して影響を与える可能性は少ない。

ガバナンスの構造にインフォーマルな制約が多いことも、UBAが改革を実行できるかどうかに影響を与えている。分権化した意思決定プロセスをさらに複雑にしているのは、利害関係者と与党第一党との関係である。さらに、大学の執行部や学生リーダーの中には、大学におけるポジションを政治的キャリアの踏み台と捉える者もいる。また、講座制に基づく厳格な学術組織も改革の障碍となっている。特に、このことはカリキュラムを刷新する機会に影響を及ぼす。

基盤となる学士課程のカリキュラムや構造の改革が非常に困難である一方、「拡大・発展した周縁部」(Clark 1998) を通じた変化もいくらか起こってきた。他の国公立大学でも同様だが、UBAは市場と国家から、2つの方向において変化するよう強い圧力を受けてきた。その方向とは、第一に大学院教育の供給を増加させることと、そして第二に核となる財政基盤を多様化させることである。市場的な取引を通じて、専門職・研究両面での修士および博士の大学院プログラムが増加したが、これらは学士課程とは適切に関連付けられていない (García de Fanelli 2001)。さらに、学士課程と異なり、UBAにおける大学院教育は主に授業料によって賄われている。このことによって、大学院段階での企業的な大学活動が著しく活発に行われることとなる。

2000年から2004年の間に、UBAの大学院在学者数は53パーセント増加した（Echeverry 2004）。

大学と産業セクターとの間でも同様のことが起こってきた。UBAのさまざまな学部と産業セクターは、コンサルタント活動、技術サービス、人材育成、そしてより少ない頻度ではあるが応用志向の研究を通して関係を築いている（García de Fanelli 1993）。こうしたあらゆる活動が、教員や大学に資金を提供する新しい流れを増やしてきた。多くの国立大学では、このような活動は新しいオフィスや大学組織外の財団を通して行われている。こうした活動は、中核となる学部組織のガバナンスと直接関わらない機能であることから、活動の展開に対する内部からの深刻な反対は存在しない。UBAによって生み出された資本は、1996年から2003年にかけて、総予算の19.6パーセントから29パーセントにまで増加した（MECyT 1999, 2004）。バートン・クラーク（Clark, Burton 1998, 2004）が検討した企業的大学の事例が示すように、こうした変化の多くをもたらしてきたのは資源の欠乏なのである。

大学教授職

コルドバ改革の伝統を受け継いで、UBAの学則は学問の自由を保障し、「正規」で「常勤」の教員（教授あるいは准教授）は7年毎に行われる定期的な開かれた競争により任命されると規定している。この学則は、フルタイムとハーフタイムの雇用形態が標準となる契約上の任用であると定めている。パートタイムとハーフタイムの教員は、一般的に教育活動のみを行う。概して、フルタイムの教員は、教育活動に加えて研究活動に従事する。

終身および任期制の雇用契約を発展させるため、法的な枠組みによって大学の労働条件が定められている。それにもかかわらず、こうした公式の契約に従わない社会的慣習が残っている。UBAでは教授の60パーセントが正規の地位（安定したテニュアと同様の地位）にある。助手はより悪い状況にあり、このグループでは45パーセントしか安定したテニュア同様のポストには就いていない。さらに、こうしたいわゆる正規もしくは常勤の教員の何人かは、定期的な業績評価を受けることなく、事実上のテニュア契約の下で働いている。こうしたポジションは、学則で法的に定められた7年毎の公式の

開かれた競争の契約手続きによって更新されているわけではない。こうした事態は、需要増や開放的なアドミッション・ポリシーに直面した際の脆弱な財政シナリオ、審査員を務める教員に対するインセンティブの欠落、長ったらしい官僚的手続き、厳格な講座制、企業や政界の既得権益の存在などの原因による開かれた競争の失敗により起こっている。これら一連の複合的要因により、UBA 教員の多くは、開かれた競争による採用や定期的な業績評価がなされることなく、事実上のテニュア契約の下で現在「暫定的に」雇用されているのである。こうした環境は大学の教育活動や研究の質、そして職階の昇進における流動性に影響を及ぼす。さらに、大学のガバナンスにおける民主化のあり方もこうした状況による影響を受けてきた。なぜなら正規教員だけが運営協議会へ参加するための選挙権と被選挙権を持っているからである（García de Fanelli 2004）。

　公的財政の締めつけやオープン・アドミッション・ポリシーによる大学へのアクセスに対する需要増に対応するため、UBA はさらに多くのパートタイムやボランティアの教職員を雇用するする方針を採用した。これは、特にアカデミック・ポストの中で一番低いポジション（ジュニアな教育スタッフ）に対して適用されたが、その適用は彼らだけにとどまらなかった。2000 年のフルタイムおよびハーフタイム教員は、それぞれ、全体の 13 パーセントと 15 パーセントであった（UBA 2005b）。したがって、UBA のほとんどの教員（72 パーセント）は、仕事の中で研究やサービス活動の割合が小さいパートタイムの教員なのである。

　それでもやはり、大学教授職の立場はそれぞれの部署で異なる。UBA におけるフルタイム教員の割合は著しく低く、国公立大学セクターの平均に極めて近いが、労働条件は明らかに多様である。例えば、精密科学・自然科学部では、シニアな教員の 64 パーセントがフルタイムで働いており、84 パーセントが博士の学位を持っている。しかし、UBA 全体では博士取得者は教員の 23 パーセントにすぎない（UBA 2000）。また、こうした研究志向の教員にかかる人件費は UBA における学生一人当たりの平均公的支出の約 4 倍であり、大学予算の最大項目となっている。UBA の学生一人当たりの公的支出は 2003 年に 1,066 米ドルである一方で、精密科学・自然科学部におけ

第14章　中所得国における研究大学構築への挑戦　367

る人件費は一人当たり 4,200 米ドルにものぼったのである（MECyT 2004；UBA 2005a）。

すなわち、優れた研究業績を持つ部署では、教員の労働条件は、研究志向の大学モデルとしての標準的な基準により近いものとなっている。

大学院レベル

ヨーロッパや、ブラジルのような他のラテンアメリカ地域の高等教育のあり方と比較して、アルゼンチンの高等教育では学士課程段階が非常に発展している。その一方で、大学院教育は全くもって未発達である。アルゼンチンにおける 1998 年の学士課程学生に対する大学院生の比率は、ブラジルの 0.11 やアメリカの 0.28 と比較してたった 0.03 である（UNESCO 1998；MECyT 1999）。UBA におけるこの比率は 2000 年に 0.034 であり、アルゼンチンの高等教育システムの平均に近いものになっている（UBA 2005a）。特に、UBA が認定した博士論文の数は、2003 年の統計では一年間でわずか 213 本しかない（UBA 2004）。UBA の大学院教育が十分発達していないことは、いくつかの制度的・財政的な状況が示している。

第一に、学士課程一年生の年間平均学生数は 1985 年から 2004 年までで約 54,000 人だが、学士課程卒業生の年間平均数は、たった 13,000 人である。

第二に、学士課程は基本的に無料だが、UBA の大学院課程は授業料を課される。例えばブラジルの CAPES（Coordenaçao de Aperfeiçoamento do Ensino Superior：高等教育改革局）が行っているような、修士や博士の学生に対する重要な国家奨学金プログラムがないことが、UBA において修士や博士課程の学生数が少ない理由のひとつとして説明できる。

第三に、1995 年の高等教育法制定まで、PhD や修士号はアカデミック・キャリアにおける就職・昇進への条件として要求されていなかった。結果として、特に社会科学や技術の分野で、大学教員の大部分が大学院教育を受け研究実績を積むことなく職に就いた。この状況は、博士養成に長い歴史を持つ基礎科学分野とは明らかに異なっている。

第四に、アルゼンチンでは、学士課程レベルの教育や学位取得は、どの分野でも専門教育や専門職の資格取得に重点を置いている。高等教育修了者の

間では、医師、弁護士、公認会計士がとりわけ数が多く、またこうした専門職の労働市場環境においては、博士号は必要とされない。このような職業群において専門的な大学院コースが重要視され出したのは、1980年代に入ってからである。

　最後に、大学院レベルの教育は、政治的な視点からは比較的無視された領域である。大学執行部は教授と学士課程の学生及び同窓会の三者によって選出されるため、政治的プロセスの中で考慮に入れられるのは、学士課程の学生のみである。さらに、議会や教育省に年次予算要求をする大学当局の力の大きさは、大学院生の数ではなく、学士課程に在籍する学生の数によって決まるのである。

4）政策環境

　本章第1節で述べたように、混乱した社会的・政治・経済環境の中、政府はシステム全体の戦略的計画に集中するのではなく、火消しの作業に追われてきた。それゆえ、高度な技能を持つ人的資本を増加させることや、研究開発への投資に取り組むことは、最近まで政策の優先事項に位置づけられていなかった。

　研究志向の大学セクターを構築する上での過去の失敗や現在の課題を説明する外部要因には、次のようなものがある。すなわち、(1) 財源が適切でないこと。(2) 慣行やロビー活動のメカニズムによって公共資金の分配が決定されること。(3) 新しい国家システムにおいて国公立大学の戦略的役割に関する展望が変化したことである。

適切でない財源

　高等教育財政に関するデータは、アルゼンチンの大学教育・研究への公共・民間資本が不十分であることが、この国が競争的優位に立てたであろう知識分野で先端的研究に追いつくことを妨げていることを示している。さらに、財源は不十分なだけでなく不安定でもあり、そのことが長期的計画にも影響を与えている（García de Fanelli 2005）。

表14.2 南北アメリカ主要国の研究開発指標（2003年）

国	対GDPにおける研究開発費比率（%）[a]	研究開発における研究者数[b]	研究者一人当たりの研究開発支出（米ドル）[b]	ISI論文数（2002年）
アルゼンチン	0.41	27,367	19,100	5,581
ブラジル	1.04	64,577	96,600	15,854
カナダ	1.87	107,300	127,400	40,513
チリ	0.57	6,447	55,800	2,655
メキシコ	0.39	25,751	95,300	5,995
アメリカ	2.62	1,261,227	193,500	331,538

出典）SECyT（2004）.
a ブラジルは2000年、チリとメキシコは2001年のデータである。
b アメリカは1999年、ブラジルおよびカナダは2000年、チリとメキシコは2001年のデータである（米ドル購買力平価）。

　加えて、研究開発に向けられた2003年の国内総生産（GDP）の割合（0.41パーセント）は、先進国の水準よりもかなり低く、ブラジルやチリといった他のラテンアメリカ諸国の水準よりも著しく低い（**表14.2参照**）。

　組織的な観点からは、公共・民間資本の不足は、国公立大学の構造や機能にも影響を与える。特に国公立大学は国庫補助金にほぼ完全に依存しているため、その影響は大きい。第一に、こうした財政見通しの中で作られた教員に対する奨励金などのインセンティブの構造[5]においては、効果的な教育、研究へのコミットメント、PhDに向ける自己投資が促進されることはなく、高い研究業績に報いるような組織レベルでのインセンティブに基づく契約なども実現されない（García de Fanelli 2004）。第二に、研究活動に適用できる資金のみでは、研究拠点を強化するのに十分ではない。第三に、研究志向の分野に才能ある学生を惹きつける奨学金の数は、ごくわずかである。最後に、公的資金の不足を補える民間資本はほとんどない。アルゼンチンでは、他の先進諸国にはあるような、卒業生や民間セクターが国公立大学を支援する、あるいは研究開発に対する十分な民間投資を奨励する手段としての、フィランソロピー（慈善活動）という伝統はないに等しいのである（Balán 1993）。

公共資金の分配

　UBAは、その伝統、威信、そしてとりわけその規模の大きさにより政治的に目立つ存在であり、高等教育システムの中での重要な政治的アクターとなってきた。しかし、このことは、UBAが公共資金の配分に関して特権を与えられていることを意味するわけではない。むしろ、1990年代のUBAに対する国家支援の伸びは、高等教育セクターにおける平均増加額以下に落ち込んだ。1991年から1998年の間、国立大学に分配された政府資金の総額は78パーセント実質ベースで上昇したが、UBAへの増分はわずか42パーセントであった（MECyT 1999）。

　1990年代以前は、国立大学への公共資金の分配は、議会におけるロビー活動に加えて、もっぱら歴史的な規模に応じた分配（主に学士課程に在籍する学生数によって決定され、様々な学術・専門職分野における平均的ユニット・コストの違いは考慮されない）に基づいていた。この資金供給メカニズムの下では、自然科学のようなコストのかかる研究を犠牲にされ、社会科学や人文学などより低コストな分野の成長が促進される。もし規模拡大を志向するのであれば、その大学は法学か公認会計学のプログラムを提供することになる。このアプローチにおいては、学生一人当たりのコストを低くすることで大学を拡張できることになる。1990年代以降は、新しいメカニズムが導入されている。国公立大学は、補助金をブロック・グラントとして一括して受け取る。グラントのうち配分方程式を通して決定される部分は小さいが、公共資金の増分は競争ベースでの分配のために確保され、あるいは最近では、質の向上のための非競争的メカニズムを通して分配されるようになってきた。そうはいっても、ほとんどの公共資金はいまだに学生数に応じて分配されるか、大学当局や大学が位置する州政府によるロビー活動によって分配される。地方やブエノスアイレス周辺にあるいくつかの国立大学は、地方議員との政治的な協力関係を発展させてきた。

　同様の政治的な論理により、政府が配分方程式もしくは契約によって資金を分配するときには、衝突を避け政治的支援を得るための暗黙のルールによって、すべての大学が何らかの補助金を受け取ることができるように保証されている。

第14章　中所得国における研究大学構築への挑戦　371

　要するに、1990年代から適用された助成メカニズムは、全ての国公立大学（国立大学の機能は相互に同質と考えられている）の横並びの原則か、もしくは政治的ロビー活動を通して分配される恣意性に依存しているのである。UBA当局は、（14年間野党である）急進党に政治的忠誠を持っていたか、あるいは（現在の総長のように）政治上独立を保ってきたため、UBAのロビー活動はあまり成功していなかった。他の小さい国立大学の方が、追加の補助金獲得のための議会に対するロビー活動に成功してきた。もちろん、UBAの規模を考えると、他の小規模大学の予算増加に比べて、UBAの補助金の増加には大規模な資金を必要となる。

　1990年代以来、高等教育セクターにおいては資金分配を通して卓越性を促進させるようなトップ・ダウンの国家統制を図る計画的な政策は行われていないが、自然科学に利するようなボトムアップのロビー活動のいくつかは効果的であった。

　国家の研究機関やUBAでは、競争的な国の研究助成や研究フェローシップ・プログラムを立ち上げる際、自然科学研究者が大きな影響を及ぼすことができていた。これは、研究者のフルタイムの学術・研究活動のウエイトの大きさや、生体臨床医学、生物学、化学、物理学などの分野における水準の高さに関する国家的伝統があったからである。UBAでは、例えば、学士課程で6,023人の学生しかいない精密科学・自然科学部に対して、31,316人を越える学生がいる法学部と同じ額の公共資金が分配されている（UBA 2005a）。さらに、自然科学分野では1995年から1999年の間に大学質改善基金（Fondo para el Mejoramiento de la Calidad Universitaria, FOMEC）という、国公立大学学士課程の教育の質改善のための競争的資金の援助を得ることもできた。FOMECは、国立大学が質の高い教育を提供できるよう、その改革プロセスと改善を支援する機構である。資金分配は、しっかりとした目標を備えた提案を支援するため、競争的手続きを経て決定される。基礎科学部はFOMECの主な受益者であり、大学院教育の奨学金、教授活動を改善する新しい設備の購入資金、大学図書館や実験室を改善するための資源のほとんどを受け取ってきた。学士課程の学生全体の中で占める割合が非常に低いにも関わらず、基礎科学は、全プロジェクトの27パーセントと、この機構

を通じて分配された20万米ドルの38パーセントの支援を得た。こうした資金調達の結果、基礎科学分野における学生一人当たりのFOMECの資金提供は、2,000米ドル以上になった。その一方で、社会科学の同じ割合はわずか30米ドルである（García de Fanelli 2005）。すなわち、FOMECは研究志向の学問分野の卓越を促進する有用な機構となったが、専門職の分野の変革は促進しなかったのである（García de Fanelli 2005）。

国公立大学における研究の展望

アルゼンチンでは、研究活動の一部は、多くはCONICETの管轄下にある大学外の公的機関で行われるか、CONICETの「研究職」を通じて、あるいは他の公的機関によって行われる。アルゼンチンの科学研究システムのこうした状況の帰結として、研究志向の大学の強化に関する公共政策について、少なくとも次の3つの異なる見解が政府当局・学術専門家・大学当局によって展開してきた（CONEDUS 2002）。すなわち、(1) 全ての大学は同等の水準の質を備えた研究志向の大学であるべきである。(2) 大多数の国公立大学は、増加する学生需要を満たし教授活動に集中する一方、小数の大学がトップ・クオリティの研究活動に特化するというような階層化されたシステムが開発されるべきである。(3) 高度な研究は、大学外の、特に公的な研究機関で行われるべきである。この中で (2) だけが、アルゼンチンにおいて最終的に1ないし2、3の研究志向大学を生み出し、それを支えることができる公共政策の展望である。

UBAに限って言えば、1983年の民主制回復以来、政府との関係に緊張と相互不信がはっきりとみられる。明らかに、その巨大な規模がもっぱらの懸案事項と考えられる。他国のトップ大学でも見られたことだが、UBAは政府が自らのシステムを調整することに依然として積極的ではない。例えば、ほとんどの他の大学は行っていても、UBAでは医学と工学においてCONEAUが要求するプロセスを通じて授与された学士の学位を認めていない。政権は違ってもUBAが最高水準の大学に変貌することの大きな重要性を認めるであろうが、多くの政権はこのような大きい公的機関を改変する難しさのため、この考えを断念してきた。さらに、政府の役人の誰もが、

UBA の徹底的に改革しようとすることによって直面する、学生や教員労働組合との大きな社会的衝突などの危険に彼らの公的な立場や政治的な権力をさらしたくないと思っている。

　2003年5月に就任した政権は、「トップ・クオリティ大学」の戦略的役割についての特別のスタンスも、UBA が研究志向的性格を高めるための明瞭な意図も持っていない。しかしながら、研究開発に向けた公共資金総額の増加と、優先順位の高い分野における博士課程の学生を対象とする奨学金の数を増やすことに対しては強いコミットメントを約束している。同時に、政府は、全ての分野で研究の卓越性を支援することは困難であり、さらに、国公立大学はその社会的・文化的・経済的な妥当性を高めるべきであることを認識している。加えて、国立大学におけるフルタイム・ポジションの数を増加させ、CONEAU によって認可される専門職プログラム（医学や工学のような）の質を向上させるための新しいプログラムが実施された。現在の公共政策はまた、アルゼンチンの科学者の帰国をも目標としている。国立科学技術局は、この目的のために2つのプログラム（CONICET による復帰のための不動産と助成金）を提供している。こうしたことはすべて、より有利な経済的シナリオの中で起こっている。経済は2002年の中頃に安定し、GDP は、2003年以来、年8パーセント以上伸びている。また、インフレは1桁レベルにまで落ちた。

　新政権の政策はどれひとつとして、UBA を政治的ターゲットとして注目しているわけではないが、その政策の多くは、UBA が研究志向の性格を強めることを助長するであろう。例えば、フルタイム任用数が増加することは、大学が研究者としての教員を高い割合で雇用する上で有利に働き、現状において UBA は研究を行う教員の割合が最も高い。しかしながら、これらのイニシアチブのすべては、UBA が世界のリーディングな大学の間でその位置を高めるのに不可欠な変革を起こすのに十分とはいえない。

5）結　論

　まとめると、UBA で注目に値するのはその将来展望に関してということになる。研究大学の範疇にあるとはいえないが、UBA は国の旗艦大学である。

すなわち、UBAはこの国の中で最も有名で伝統があり、傑出した国公立大学であるが、組織全体としては、研究志向の大学の基準となる諸指標を満たしていない。UBAの歴史的歩みは、2つの相反する使命によって強く影響を受けてきた。すなわち、研究訓練が不十分であるとしても専門職の育成において最も重要な大学となるか、あるいは、基礎科学や農科学、人文学のようないくつかの主要分野における高度な教授・研究活動に専念する中核的機関となるかである。

　国際競争力を増加させて経済成長を促進し、よりよい生活の質を達成するために、アルゼンチンには、最高レベルの科学者、技術者、専門職を養成する、ひとつまたはいくつかの最高の質の大学が必要である。この文脈において、UBAがアルゼンチンの大学システムにおける研究能力を強化するためのあらゆる戦略の中で中心的役割を果たすべきことが分かるであろう。次の2つの理由により、UBAが研究志向の大学へと変貌することの正当性が示される。第一に、その知名度と社会的な名声によって、UBAはデモンストレーション効果を引き起こすことのできる特権的な状況にいる。UBAが最高の質の研究とエリート養成活動を強化すれば、その他の高等教育機関に強力で積極的な影響を与えることができるだろう。第二に、UBAに関する諸指標が示しているように、UBAは研究志向の大学となる大きな可能性を備えたアルゼンチンの国公立大学のひとつである。

　理想像と実体との間のギャップを埋めるためには、次の2つの重要な問題に応える必要があるだろう。社会的・経済的発展における制約があるという状況で、アルゼンチンはどのような種類の研究志向の大学を必要としており、またどのような大学を作ることが可能なのか。そして、UBAは研究志向でかつエリート養成を担う大学になることができるのか。これらの2つの問題は、将来の研究における努力の方向を定める上で非常に重要である。

　ひとつめの問題について言うなら、研究志向の大学の現在のパラダイムは、米国モデルに基づいて設計されている。しかし、UBAや、ついでに言えばアルゼンチンのどの大学も、米国のトップ研究大学を真似することはできない。米国の大学とアルゼンチンの大学とでは、利用可能な金銭的、人的、物的資本の違いがあまりにも大きすぎる。加えて、アルゼンチンのシステムは、

米国の高等教育機関のような形での国際的展望を達成することができない。さらに、たとえアルゼンチンのシステムが米国の大学の構造や機能をいくつか模倣することができたとしても、米国のシステムについて批判されているいくつかの欠点（学士課程教育に対して軽視している、教育よりも研究生産性に対してはるかに多くの報酬を与える、意義のない研究を作り出すなど）については、アルゼンチンのシステムが持つ構造的な脆弱性によってはるかに強くゆがんだ形となるかもしれない。したがって、発展途上国がどのようなタイプの研究大学を目指すべきかは、大学と、特に政府や地域産業のような国家システムの核心を成す他の主要なアクターとの間に的確な相互関係をいかに築くかによって決まる。同様に、アルゼンチン固有の成長に関わる挑戦について考慮に入れることが重要である。成長と対外的持続可能性とを保証する輸出の増加、より強固な起業家層の形成、いまだに脆弱な制度構築と組織的能力の強化など、研究大学は、この点に関して重要な貢献をすることができるであろう。アルゼンチンの輸出の伸びが頭打ちになっているのは、次の2つの理由による。(1) アルゼンチンは、農産物に強く偏った形でいまだ比較優位をもつが、これは、農業助成金と保護貿易主義に特徴づけられる世界での話である。(2) 実質賃金と一人当たりGDPが高すぎるため、中国やインドのような新興産業国と競争することができない。このような状況で、技術革新システムと完全に連結する研究大学は、経済における新しい競争的優位を生み出すのに役立つかもしれない。生産技術に基づいた学術的研究イニシアチブは、例えば生体臨床医学、バイオテクノロジーのような、現在あるニッチな卓越分野を活用しようとすべきである。そうすれば、研究大学は、生産性の高い職業の創出や、新規事業の立ち上げや拡大を促す取り組みの成功に貢献することができ、結果として起業家層を形成強化することになるだろう。最後に、このプロセスは大学や組織の中で体験学習のプロセスを生み出し、これを持続させ、そして高度な技能を持つ専門職や企業家、多様な社会活動のリーダーの育成に貢献することができるだろう。

　そうはいっても、UBAが研究大学となるための軌道に正しく乗せるためには、複雑な変革が確実に要求されるだろうし、そこに含まれる問題の多くは十分明らかになっていない。さらなる調査研究が望まれる1つの重要な

課題は、大学組織の革新に対する内的・外的制約に関するものである。アルゼンチンでは、ガバナンス構造が組織の変革における最も大きな内的制約となっているようである。研究結果からは、同僚的な合議に基づく意思決定プロセスにおける失敗、執行部の弱いリーダーシップ、組織変革への貢献に報奨を与えるようなインセンティブに基づいた任用契約がないことなどの、組織ガバナンスにおけるフォーマルな制約の存在が明らかになった。同時に、大学組織の重要なアクターの多くと主要政党とのコネクションのような、インフォーマルな制約も明らかになっている。大学のガバナンスに影響を与える要因の分析を行った結果、核となる学士課程のガバナンス構造の変革を狙いとしたどのような政策イニシアチブも、大きな障害に直面することを示唆している。それよりも、大学の周辺部（例えば大学院プログラムや産業セクターとの関係）における変革の導入のほうが、はるかに実現可能性が高い。実際、「拡大発展する周辺部」がますます重要になり、ひとつは保守的でもう一方は企業的という2つの異なる機能論理をもつひとつの組織、すなわちハイブリッド大学が生み出されている。この状況を考慮に入れると、UBAの研究志向の性質を高める政治上実現可能な一つの道は、大学、もしくはそのいくつかの学術上の部署が協定する契約プログラムで公共資金を分配することによって、大学院レベルを育成することであろう。こうした契約プログラムによって、大学院レベルにおける研究活動と修了率を増加させる戦略的計画を政府が支援できるようになる。同時に、公共資金が増加すれば、学術・専門職プログラム両方の質を改善する方法として、学士課程におけるフルタイムの教授の割合を高めるのに充てることができるはずである。

　国公立大学に向けた公共資金の総額を拡大することができたとしても、根本的な問題解決にはならないだろうと、アルゼンチンの高等教育研究者は指摘している。それでもなお、予算の増加を伴わない大学改革の遂行は可能かという疑問は残る。予算増加は改革遂行のための十分条件ではないが、それが研究活動の増加や、教員のよりよい労働条件による教育の質を向上させるインセンティブ構造の変革、そして奨学金やローンによる機会均等を促進するために必要であろうことは明らかである。3つの全てのケース（研究助成、労働条件改善のための資金、学生の財政援助）において、大学予算の増加は、公

第 14 章　中所得国における研究大学構築への挑戦　377

共政策を財政的にも政治的にも実現可能にするための必要条件である。しかし、経済的インセンティブは実行され得る実現可能な計画があり、それに行動様式の変化が伴う場合のみ、取り上げるべき問題となるのである。したがって、UBA は、経済的、政治的、社会的に変化する今日の文脈の中でその目的を定めるべきであり、必要な変化を成功に導く管理能力を高めていくべきである。核となる学士課程のガバナンス構造に、支配的なフォーマル・インフォーマルな制約があるとすれば、このことが大学変革のプロセスにおいて克服すべき最も困難な障害物である。

　しかしながら、特に大学変革に向けられた政策ばかりでなく、一般的な政治的環境の影響を考慮することが重要である。1983 年まで、全体的な政策環境は、UBA の研究活動の強化を妨害しただけでなく、組織の近代化と文化的前進にとっても障害であった。このため、学問の自由や大学自治などのいくつかの課題の状況に関しては、1983 年以降の民政移管の結果、相当な改善が進んだ。これに対応して、財源、質の管理、市場の調整のような他の喫緊の課題の重要性も増してきた。本章は、UBA が直面する現在の課題を理解するのに最も関連性の強い要因に焦点を当てた。より具体的には、UBA の卓越への道を阻む次の 3 つの要因が存在するという主要な説明仮説である。それは第一に、最高水準の質で教授・研究活動を行うための財源が適切でないこと、第二に、国立大学に対する公共資金分配における慣行とロビー活動とが及ぼすネガティブな影響、そして最後に、技術革新の国家システムにおける国公立大学の役割に関して、政府により見解に違いがあることである。

　アルゼンチンは現在、1998 年に始まり 2001 年 2 月に経済危機のピークとなった景気低迷にようやく終止符を打った。経済はこの 3 年間で着実に成長を続けている。このような経済面での発展は、政策によって実現された。特に、新しい経済政策は、国の国際的競争力の強化が持続可能な成長を達成する上での鍵であり、これによって過去数十年間における経済発展を特徴付けている一進一退のパターンを回避されると強調している。この新しい経済・公共政策のシナリオは、大学システムの機能を改善し、強力な研究能力を構築し、人材への増え続ける需要に対応する能力の強化を目指す改革の導入に

とって、非常に有利に働いている。アルゼンチンの経済や政策状況の変化は十分に大きいものなのかどうか、そして政策の策定とその実行が、予算の制限や大学組織の制約、そして過去に大学システムの変革を阻んできた組織的脆弱性を克服するという課題に応えることができるかどうかについては、今後の検討を要する問題である。

注

1 　大学には、総合大学と単科大学が含まれる。単科大学は、工学、医学、心理学等の、単一の知識分野を専門とするものである。
2 　以下のUBA卒業生は、科学分野でノーベル賞を受賞している。ベルナルド・オウサイ（Bernardo Houssay：生理学賞、1947年）；ルイス・フェデリコ・レルワル（Luis Federico Leloir：化学賞、1970年）；セサル・ミルシュタイン（Cesar Milstein：生理学賞、1984年）。
3 　1995年以降、CONEAUは公立・私立大学における大学院コースを認定することが義務づけられている。また、任意の同意を行ったコースに関しては、A、B、Cの段階で評定が行われる。
4 　この数字は、国立科学技術新興機構（Agencia Nacional de Promoción Científica y Tecnológica）によって個人研究者あるいはグループに助成された競争的補助金の額である。
5 　この奨励金制度は、報酬の水準、労働契約のタイプ（フルタイム、パートタイム、名誉（ad honorem）、時間給ベースなど）、昇級の可能性、設備の充実度などに反映される（García de Fanelli 2004）。

参考文献

Albornoz, M., et al. 2005. Producción científica argentina en química [Argentine scientific production in chemistry]. *Ciencia Hoy* 85:17-26.
Altbach, P. G. 1999. The University of Buenos Aires model for the future of higher education: A neglected perspective. *International Higher Education*, no. 14:8-9.
Balán, J. 1993. Políticas de financiamiento y gobierno de las universidades nacionales bajo un régimen democrático: Argentina 1983-1992 [Funding policies and governance of the national universities under a democratic regime: Argentina 1983-1992]. In *Políticas comparadas de educación superior en América Latina*, ed. H. Courard. Santiago, Chile: FLACSO.
Clark, B. 1998. *Creating entrepreneurial universities*. Oxford: Elsevier Science.
―――. 2004. *Sustaining change in universities*. Berkshire, UK: SRHE and Open University Press.

CONEDUS. 2002. *Informe Final de la Comisión Nacional de Educación Superior.* [National Commission of Higher Education, final report]. Buenos Aires: Ministerio de Educación, Ciencia y Tecnología.

Echeverry, J. 2004. *Palabras pronunciadas por el Rector de la UBA en oportunidad de presentar el informe de gestión 2002-2004* [Address of the UBA rector on presenting the Management Report 2002-2004]. From www.uba.ar/download/institucional/rector/discursos/discrec141204.pdf (University of Buenos Aires website).

García de Fanelli, A. M. 1993. Articulación de la Universidad de Buenos Aires con el sector productivo [The interrelationships of the University of Buenos Aires with the productive sector]. *Documentos CEDES. Serie Educación Superior.* Buenos Aires: CEDES.

―――. 1997. Las nuevas universidades del conurbano bonaerense: misión, demanda externa y construcción del mercado académico [The new universities in Greater Buenos Aires: Mission, external demand, and building of the academia market]. *Documentos CEDES. Serie Educación Superior.* Buenos Aires: CEDES.

―――. 2001. Los estudios de posgrado en la Argentina: una visión desde las maestrías de ciencias sociales [Graduate studies in Argentina: A view from the social sciences master's programs]. In *Los posgrados en las ciencias sociales: la experiencia de Argentina y México tras los impulsos reformadores de los años ochenta y noventa,* ed. A. M. García de Fanelli, et al., 129-96. Mexico: ANUIES.

―――. 2004. *Academic employment structures in higher education: The Argentine case.* Paris: International Labour Organisation.

―――. 2005. *Universidad, Organización e Incentivos* [University, organization, and incentives]. Buenos Aires: Fundación OSDE-Miño & Dávila.

Halperín Donghi, T. 1962. *Historia de la Universidad de Buenos Aires* [History of the University of Buenos Aires]. Buenos Aires: EUDEBA.

Institute of Higher Education, Shanghai Jiao Tong University. 2004. *Academic ranking of world universities ― 2004.* http://ed.sjtu.edu.cn/rank/2004/top500list.htm.

Lombardi, J. V., E. D. Capaldi, K. R. Reeves, and D. S. Gater. 2004. The top American research universities. http://thecenter.ufl.edu/research2004.pdf.

Ministerio de Educación, Ciencia y Tecnología (MECyT). 1999. *Anuario de Estadísticas Universitarias* [Annual University Statistics]. Buenos Aires: MECyT.

―――. 2004. *Anuario de Estadísticas Universitarias.* [Annual University Statistics]. Buenos Aires: MECyT.

Neuman, M., U. Questa, and R. Kaufmann. 2004. Concurso de residencias médicas

en la ciudad de Buenos Aires: Importancia de género y universidad [Medical residencies contest in Buenos Aires City: Importance of gender and university]. *Educación Médica* 2:90-96.
SECyT (Secretariat for Technology, Science, and Productive Innovation). 2004. *Indicadores de Ciencia y Tecnología* [Indicators of science and technology]. Buenos Aires: Ministerio de Educación, Ciencia y Tecnología.
Trombetta, A. 1999. El ingreso en las universidades nacionales argentinas [Access to national Argentine universities]. In *Sistemas de Admisión a la Universidad. Seminario Internacional*, 121-49. Buenos Aires: Ministerio de Cultura y Educación.
United Nations Educational, Scientific and Cultural Organization (UNESCO). 1998. *Statistical yearbook*. Paris: UNESCO.
University of Buenos Aires (UBA). 2000. *Censo de Docentes 2000* [Faculty Census]. www.uba.ar/institucional/censos/Docente2000/default.htm (University of Buenos Aires Web site).
―――. 2003a. Entrevista al Licenciado Federico Schuster [Interview with Federico Schuster].www.uba.ar/comunicacion/difusion/entrevistas/d-05.php (University of Buenos Aires Web site).
―――.2004. *Informe de Gestión 2002-2004*. Consejo Superior y Rectorado de la UBA [Management report. 2002-2004. University Council and UBA Rectorade]. www.uba.ar/download/instituciona l/destacados/informedegestion.pdf (University of Buenos Aires Web site).
―――. 2005a. *Censo de Estudiantes 2004. Datos Preliminares* [2004 Student Census. Preliminary Data]. www.uba.ar/academicos/destacados/cestudiantes/index.php (University of Buenos Aires Web site).
―――. 2005b. *Serie de Estadísticas* [Statistical series]. www.uba.ar University of Buenos Aires Web site).
Vest, Ch. M. 2005. World-class universities: American lessons. *International Higher Education*, no. 38:6-7.

監訳者あとがき

　本書は、Philip G. Altbach & Jorge Balán (eds.), 2007. *World Class Worldwide: Transforming Research Universities in Asia and Latin America*, Johns Hopkins University Press. の邦訳である。監訳者を務めさせていただいた私は、実は本書のプロジェクトに原稿段階から参加し、アルトバック氏のオフィスがある米国ボストン・カレッジで、執筆者の方々と親しく議論をさせていただいた。本書は、長年高等教育研究の世界的なリーダーとして貢献されてきたAltbach氏の近年の代表作であり、その後の世界大学ランキングへの関心の高まりもあり、先進国と発展途上国の双方に非常に大きな影響を与え続けている。当時、私自身が求められて発表・執筆した日本についての内容は、残念ながら、「新興国」に焦点をあてた英語版には収録されなかったが、Akiyoshi Yonezawa (2007) 'Japanese flagship universities at a crossroads', *Higher Education*, Springer, 54-4, pp. 483-499. に掲載いただき、世界に広く読まれることになった。

　本書の日本語版出版をという話は当初からあったが、その当時、韓国、中国はともかく、インドや中南米という新興諸国の動きに対して日本の高等教育界の関心はまだそれほど高まっておらず、難航した。そのなかで、本書の価値を見出し、出版に賛同をいただいたのが東信堂の下田勝司社長であり、その英断及び、真摯に出版の作業をご支援いただいた下田氏と向井智央氏に改めて感謝申し上げたい。この翻訳のプロジェクトには、当時高等教育の国際化について研究をシフトさせていた私の研究者の友人たち、東北大学や東京大学の大学院生、そして、さまざまなご縁を得て中南米の事情に明るい翻訳家の方々にもご参加いただいた。長期にわたった翻訳作業に辛抱強くお付き合いいただいた翻訳者の方々にも、心より感謝申し上げたい。

慣れ親しんだ欧米とは異なる各国とその高等教育の文脈を、全体の統一感を失わずに正確に翻訳することのむずかしさもあった。いずれにせよ、もっぱら監訳者の仕事の遅さで、ご迷惑をかけていたのだが、ようやく最終の翻訳原稿が完成したのは2011年3月11日であった。その日は、言うまでもなく、東日本大震災の当日であり、名古屋に勤務する私と仙台に居を構える妻であり翻訳者の一人でもある米澤由香子、そして我々の愛娘である多喜はたまたま東北におらず難を逃れた。しかし、日本全体がこうした問題を出版する雰囲気ではなくなってしまった。それにもかかわらず、温かいご支援を続けていただいた下田社長との話し合いの中で章立てを変更し、アルトバック氏の賛同を得て解説代わりに第3章に私の日本の動きとの関連を整理した章を入れさせていただくことで、日本の読者に親しみやすい形でお届けできることになった。

　結果として、現在、日本は、数年間の混乱の後で世界の新しい動きに対して以前よりずっと真摯に向き合うようになっており、本書の価値は以前よりも高まっていると感じている。内向きという表現もできなくはないが、若者の間に日本のあり方に対しての関心と、日本と世界で自分の役割を見出そうという機運が高まっているのは日々大学という現場で実感するところである。本書を読むと、今、急速に存在感を増している新興国家が、長い間、浮揚に向けた努力を重ねてきたことがよくわかる。今こそ、日本は長期的視野に立って、自分たちの大学を世界とつながりながら育てていくべき絶好の機会ではないか！

2013年3月吉日
翻訳者を代表して
米　澤　彰　純

事項索引

〔ア行〕

アカウンタビリティ 21
アクレディテーション 40, 49, 57
アファーマティブ・アクション
　　　　　　　　　230, 241, 264, 268
アフリカ 8
アル・アズハル大学 9
インド科学大学 168, 172, 185, 192
インド工科大学 16, 134, 141, 153, 166-167,
　　　　　　　170, 172, 175-177, 185-186, 191
ウェブ・オブ・サイエンス 207
英語での講義 110
王立メキシコ大学 287
オックスフォード大学 6, 94

〔カ行〕

開発主義国家 291
科学アカデミー 14
科学技術基本法 72
学問の自由 26-27, 242
学歴病 165
カースト 165, 172-174
カトリック大学 44
カーネギー教育振興財団 46, 125, 262, 325
カリフォルニア工科大学 16
カリフォルニア大学バークレイ校 17, 20
カリフォルニア・モデル 10
韓国科学技術院（KAIST） 208
カンピーナス大学（UNICAMP）
　　　　　　　　　216, 226-7, 256, 267

旗艦大学 13, 92, 95, 164, 168, 202, 226, 272,
　　　　　　　　　275, 310, 322, 352
985工程 92-95, 107, 120-121, 124, 195
グローバルCOE 77
グローバル化 91, 110, 237
クロニクル・オブ・ハイヤー・
　エデュケーション 208
研究（型）大学 5-6, 41,
　　117, 155, 163-165, 166, 180, 186, 188-189,
　　　　196、201, 203, 226-229, 262, 267,
　　　　　　　　　324-325, 352
共同学位課程 204
共同統治 321
経済協力開発機構（OECD）
　　　　　　　　　78, 91, 111, 209, 302
京城帝国大学 42
教育振興基本計画 73
公共財 302
構造調整 151, 291
高等教育改革局（CAPES） 252
コタリ委員会 138-140, 154
国家建設大学 271-274
国家重点研究所 98-99, 119, 124
国家科学技術評議会（CONACYT） 315
国家科学技術研究評議会（CONICET）
　　　　　　　　　356, 372
国家科学技術発展基金（FONDECYT）
　　　　　　　　　328
国有地交付大学 9, 276
国立衛生研究所（NIH） 14
国立科学財団（NSF） 182
国立大学法人化 74

国立評価アクレディテーション・
　カウンシル（NAAC）　　　144, 177
国立科学研究センター（CNRS）　14, 356
国連教育科学文化機構（UNESCO）　111
ゴーマン・レポート　　　　　　　72
コルドバ改革　　　　　354-355, 363

〔サ行〕

サイエンス・パーク　　　　104-106
産学連携　　　　　　　　　　　28
サンパウロ大学（USP）　215, 256, 271
自　治　　21, 210, 238, 265, 283, 316, 355
上海交通大学　　　　　12, 77, 260, 361
周縁　　　　　　6, 195, 271, 281-282
重点大学　　　　　　　47, 91-93, 121
シュピーゲル　　　　　　　　　12
春輝計画　　　　　　　　　　108
植民地　　　　　　　　　　9, 199
新自由主義　　　　　　　　　291
頭脳流出　　　　　　106, 145, 146
頭脳韓国21（BK21）　54, 58, 195-197, 203,
　　　　　　　　　　　　　206, 210
清華大学　　　　　　　　　　　99
世界銀行　　7, 78, 111, 172, 185, 344, 345
世界水準大学　10, 12-13, 69, 93-94, 102, 128,
　　　　　　　　164, 195-6, 236-7
世界トップレベル研究拠点プログラム
　（WPI）　　　　　　　　　　77
世界貿易機構（WTO）　　　109, 236
センター・オブ・エクセレンス（COE）
　　　　　　　　　　　　155, 171-172
専任契約　　　　　　　　　　336
全国大学評価・基準認定委員会（CONEAU）
全墨研究者システム（SNI）　305, 307
全墨高等教育評価センター（CENEVAL）
　　　　　　　　　　　　　　305
全墨大学・高等教育機関協会（ANUIES）
　　　　　　　　　　　　　　304
ソウル大学　　　　　80, 199, 201, 203
ソヴィエト・モデル　　　　　119

〔タ行〕

大学質改善基金（FOMEC）　　　371
タイムズ・ハイヤー・エデュケーション・
　サプリメント（THES）
　　　　　　12, 77, 196, 202, 207, 260
タタ基礎科学研究所　　　　134, 141
第一級大学　　　　　139-140, 150, 154
大学基金委員会（UGC）
　　　　　　　135, 143, 147, 171, 175
多様性・多様化　　9-10, 39, 46, 49, 240, 251
中央研究院　　　　　　　　　　14
中国科学院　　　　　　118, 124, 129
中所得国　　　　　　　　　　　5
長江研究者奨励計画　　　　　108
チリ大学　　　　　　　　42, 321
テニュア　　　　　　　26, 333, 365
東京大学　　　　　　　79, 199, 205
遠山プラン　　　　　　　71, 74-75

〔ナ行〕

ナポレオニック・モデル　　　242
211工程　　　　73, 92-93, 95, 120, 195
西インド大学　　　　　　　　　34
日本モデル　　　　　　　　　　58
ニュー・パブリック・マネジメント　51
ノーベル賞　128, 134, 163, 169, 182, 260, 280

〔ハ行〕

ハーバード大学
　　　　　6, 94, 172, 187-188, 190, 199, 205, 244
発展途上国　　　　　　5, 9, 21, 31, 40
範囲の経済　　　　　　　　　　16
ピアレビュー（同僚評価）　62, 307
東アフリカ大学　　　　　　　　34
費用負担　　　　　　　　　46-48
フィールズ賞　　　　　　128, 260
ブエノスアイレス大学（UBA）　17, 352
プライバタイゼーション　19, 199, 232
プロフェッショナル・スクール　56, 242
フロリダ大学　　　　　　　　　12
フンボルト・モデル　　　8, 200, 252

北京大学　　　　　　　　41, 60, 98-99
ベルリン大学　　　　　　　　　　8

〔マ行〕

マクレーンズ　　　　　　　　　　12
マサチューセッツ工科大学　　　　15
マックス・プランク研究所　　　　14
マルチバーシティ　　　17, 113, 276
南太平洋大学　　　　　　　　　　34
モード2　　　　　　　　　　　344
モリル法　　　　　　　　　　　276

メキシコ国立自治大学（UNAM）
　　　　　　　　　　17, 33, 41, 271
メリトクラシー　　　　　　　　233

〔ヤ・ラ・ワ行〕

USニューズ・アンド・ワールド・レポート
　　　　　　　　　　　　　　　12
優秀人材計画　　　　　　　　　107
歴史的中心性　　　　　　　　　282
留学生30万人計画　　　　　　　76
ロンドン大学　　　　　　　　　42

人名索引

〔ア行〕

アルトバック、F.G. 70, 167, 195, 203, 210, 211, 236, 238, 240, 359
天野郁夫 83, 125

〔カ行〕

カー、C. 17, 113, 280
ガイガー、R. 21, 326
ガンディ、M. 180
クラーク、B. 365
小泉純一郎 71

〔サ行〕

サッチャー、M. 10
サルミ、J 70
セン、A. 169

〔タ行〕

タタ、J. 189-192
デュルケーム、E. 200
トロウ、M. 10, 198
ドンギ、H. 353

〔ナ行〕

ネルー、J. 144

〔ハ行〕

バラン、J. 70
ピノチェト、A. 321, 339
フンボルト、W.v. 8
ボック、D. 187

〔ラ行〕

ラフリン、R.B. 208-209
リースマン、D. 199
ルイス・イナシオ・ルーラ・ダ・シルヴァ 229-30
レヴィストロース、C. 220

監訳者

米澤　彰純（よねざわ　あきよし）

1965年生まれ。名古屋大学大学院国際開発研究科准教授

主要著書

『高等教育質保証の国際比較』（共編著、2009年、東信堂）
『高等教育の大衆化と私立大学経営』（単著、2010年、東北大学出版会）
『大学のマネジメント　市場と組織（リーディングス日本の高等教育　第7巻）』（編著、2011年、玉川大学出版部）
『日本の大学の外国人教員：その行動と意識』（共著、2012年、広島大学高等教育研究開発センター）

World Class Worldwide: Transforming Research Universities in Asia and Latin America

新興国家の世界水準大学戦略──世界水準をめざすアジア・中南米と日本

2013年5月31日　初　版　第1刷発行　　　　　　　　〔検印省略〕
　　　　　　　　　　　　　　　　　　　　　　＊定価はカバーに表示してあります

監訳者 Ⓒ 米澤彰純／発行者 下田勝司　　組版／フレックス・アート　印刷／製本 中央精版印刷

東京都文京区向丘1-20-6　　郵便振替00110-6-37828　　　　　　　　発　行　所
〒113-0023　TEL (03)3818-5521　FAX (03)3818-5514　　　株式会社 東信堂
Published by TOSHINDO PUBLISHING CO., LTD
1-20-6, Mukougaoka, Bunkyo-ku, Tokyo, 113-0023, Japan
E-mail : tk203444@fsinet.or.jp　　http://www.toshindo-pub.com

ISBN978-4-7989-0134-3 C3037　　Ⓒ Akiyoshi YONEZAWA

東信堂

転換期を読み解く──時評・書評集	潮木守一	二六〇〇円
大学再生への具体像	潮木守一	二五〇〇円
フンボルト理念の終焉？──現代大学の新次元	潮木守一	二五〇〇円
いくさの響きを聞きながら──横須賀そしてベルリン	潮木守一	二四〇〇円
大学教育の思想──学士課程教育のデザイン	潮木守一	二八〇〇円
原理原則を踏まえた大学改革を	絹川正吉	二八〇〇円
改めて「大学制度とは何か」を問う	舘昭	一一〇〇円
原点に立ち返っての大学改革	舘昭	二六〇〇円
国立大学法人の形成	大崎仁	三六〇〇円
国立大学・法人化の行方──自立と格差のはざまで	天野郁夫	三六〇〇円
新興国家の世界水準大学戦略──世界水準をめざすアジア・中南米と日本	P.アルトバック、J.バラン編著 米澤彰純監訳	四八〇〇円
転換期日本の大学改革──アメリカと日本	江原武一	三六〇〇円
大学の責務	立川明・坂本辰朗・D.ケネディ著 井ノ比呂子訳	三八〇〇円
大学の財政と経営	丸山文裕	三三〇〇円
私立大学マネジメント	（社）私立大学連盟編	四七〇〇円
私立大学の経営と拡大・再編──一九八〇年代後半以降の動態	両角亜希子	四二〇〇円
大学の発想転換──体験的イノベーション論二五年	坂本和一	二〇〇〇円
30年後を展望する中規模大学マネジメント・学習支援・連携	市川太一	二五〇〇円
大学のカリキュラムマネジメント	中留武昭	三三〇〇円
戦後日本産業界の大学教育要求	飯吉弘子	五四〇〇円
教育機会均等への挑戦──経済団体の教育言説と現代の教養論 授業料と奨学金の8カ国比較	小林雅之編著	六八〇〇円
アメリカ大学管理運営職の養成	高野篤子	三二〇〇円
〔新版〕大学事務職員のための高等教育システム論──より良い大学経営専門職となるために	山本眞一	一六〇〇円
アメリカにおける多文化的歴史カリキュラム	桐谷正信	三六〇〇円
現代アメリカの教育アセスメント行政の展開──マサチューセッツ州（MCASテスト）を中心に	北野秋男編	四八〇〇円
現代アメリカにおける学力形成論の展開──スタンダードに基づくカリキュラムの設計	石井英真	四二〇〇円
スタンフォード 21世紀を創る大学	ホーン川嶋瑤子	二五〇〇円

〒113-0023 東京都文京区向丘1-20-6　TEL 03-3818-5521　FAX 03-3818-5514　振替 00110-6-37828
Email tk203444@fsinet.or.jp　URL:http://www.toshindo-pub.com/

※定価：表示価格（本体）＋税

東信堂

大学の自己変革とオートノミー ―点検から創造へ	寺﨑昌男	二五〇〇円
大学教育の創造―歴史・システム・カリキュラム	寺﨑昌男	二八〇〇円
大学教育の可能性―教養教育・評価・実践	寺﨑昌男	二五〇〇円
大学は歴史の思想で変わる―FD・評価・私学	寺﨑昌男	二八〇〇円
大学改革 その先を読む	寺﨑昌男	一三〇〇円
大学自らの総合力―理念とFD そしてSD	寺﨑昌男	二〇〇〇円
大学教育のネットワークを創る―FDの明日へ	寺﨑昌男	三二〇〇円
大学教育の臨床的研究―臨床的人間形成論第I部	田中毎実	二八〇〇円
高等教育質保証の国際比較	杉本和弘 羽田貴史 編	三六〇〇円
英語の一貫教育へ向けて	立教学院英語教育研究会編	二八〇〇円
「主体的学び」につなげる評価と学習方法―カナダで実践されるICEモデル	土持ゲーリー法一 訳	一〇〇〇円
ポートフォリオが日本の大学を変える―ティーチング/ラーニング/アカデミック・ポートフォリオの活用	土持ゲーリー法一	二五〇〇円
ティーチング・ポートフォリオ 授業改善の秘訣	土持ゲーリー法一	二〇〇〇円
ラーニング・ポートフォリオ 学習改善の秘訣	土持ゲーリー法一	二五〇〇円
IT時代の教育プロ養成戦略―日本初のeラーニング専門家養成ネット大学院の挑戦	大森不二雄 編	二六〇〇円
学士課程教育の質保証へむけて―学生調査と初年次教育からみえてきたもの	山田礼子	三二〇〇円
大学教育を科学する―学生の教育評価 日本と米国の国際比較	山田礼子 編著	三六〇〇円
一年次(導入)教育の日米比較	山田礼子 編著	二八〇〇円
「深い学び」につながるアクティブラーニング―全国大学の学科調査報告とカリキュラム設計の課題	河合塾編著	二八〇〇円
アクティブラーニングでなぜ学生が成長するのか―経済系・工学系の全国大学調査からみえてきたこと	河合塾編著	二八〇〇円
初年次教育でなぜ学生が成長するのか―全国大学調査からみえてきたこと	河合塾編著	二八〇〇円

〒113-0023 東京都文京区向丘1-20-6　TEL 03-3818-5521　FAX 03-3818-5514　振替 00110-6-37828
Email tk203444@fsinet.or.jp　URL http://www.toshindo-pub.com/

※定価：表示価格（本体）＋税

東信堂

比較教育学事典	日本比較教育学会編	一二〇〇〇円
比較教育学の地平を拓く——多様な学問観と知の協働	森下 稔・山田肖子編著	四六〇〇円
比較教育学——越境のレッスン	馬越 徹	三六〇〇円
比較教育学——伝統・挑戦・新しいパラダイムを求めて	M・ブレイ著 馬越徹・大塚豊監訳	三八〇〇円
国際教育開発の再検討——途上国の基礎教育普及に向けて	西村幹子 北村友人編著	二四〇〇円
アジアの中等教育改革——グローバル化への対応	大塚豊編	二八〇〇円
韓国大学改革のダイナミズム——ワールドクラス〈WCU〉への挑戦	馬越 徹	二七〇〇円
韓国の才能教育制度	石川裕之	三八〇〇円
中国教育の文化的基盤	顧 明遠著 大塚豊監訳	二九〇〇円
中国大学入試研究——変貌する国家の人材選抜	大塚 豊	三六〇〇円
中国高等教育独学試験制度の展開	南部広孝	三二〇〇円
中国の民営高等教育機関——社会ニーズとの対応	鮑 威	四六〇〇円
「改革・開放」下中国教育の動態	阿部洋編著	五四〇〇円
中国の職業教育拡大政策——背景・実現過程・帰結	劉 文君	三八二七円
中国の後期中等教育拡大と経済発展パターン——江蘇省と広東省の比較	呉 琦来	五〇四八円
中国高等教育の拡大と教育機会の変容	王 傑	三九〇〇円
現代中国初中等教育の多様化と教育改革——江蘇省と広東省の比較	楠山 研	三六〇〇円
教育における国家原理と市場原理——チリ現代教育史に関する研究	斉藤泰雄	三八〇〇円
中央アジアの教育とグローバリズム	嶺井明子・川野辺敏編著	三二〇〇円
バングラデシュ農村の初等教育制度受容	日下部達哉	三六〇〇円
オーストラリア学校経営改革の研究——自律的学校経営とアカウンタビリティ	佐藤博志	三八〇〇円
オーストラリアの言語教育政策——多文化主義における「多様性と」「統一性」の揺らぎと共存	青木麻衣子	三八〇〇円
マレーシア青年期女性の進路形成	鴨川明子	四七〇〇円
「郷土」としての台湾——郷土教育の展開にみるアイデンティティの変容	林 初梅	四六〇〇円
戦後台湾教育とナショナル・アイデンティティ	山﨑直也	四〇〇〇円

〒113-0023 東京都文京区向丘1-20-6
TEL 03-3818-5521 FAX03-3818-5514 振替00110-6-37828
Email tk203444@fsinet.or.jp URL:http://www.toshindo-pub.com/

※定価：表示価格（本体）＋税

東信堂

書名	副題	著者	価格
子ども・若者の自己形成空間	―教育人間学の視線から	高橋勝編著	二七〇〇円
文化変容のなかの子ども	―経験・他者・関係性	高橋勝	二三〇〇円
関係性の教育倫理	―教育哲学的考察	川久保学	二八〇〇円
グローバルな学びへ	―協同と刷新の教育	田中智志編著	二〇〇〇円
教育の共生体へ	―ボディ・エデュケーショナルの思想圏	田中智志編	三五〇〇円
人格形成概念の誕生	―近代アメリカの教育概念史	田中智志	三六〇〇円
社会性概念の構築	―アメリカ進歩主義教育の概念史	田中智志	三八〇〇円
教育の自治・分権と学校法制		斉藤泰雄	三八〇〇円
教育における国家原理と市場原理		D・ラヴィッチ著 末藤・宮本・佐藤訳	五六〇〇円
教育による社会的正義の実現	―アメリカの挑戦(1945-1980)	D・ラヴィッチ著 木藤美津子訳	六四〇〇円
学校改革抗争の100年	―20世紀アメリカ教育史	末藤美津子訳	四六〇〇円
ヨーロッパ近代教育の葛藤		結城忠	三八〇〇円
ミッション・スクールと戦争	―立教学院のディレンマ	太田美幸編	三二〇〇円
多元的宗教教育の成立過程	―アメリカ教育と成瀬仁蔵の「帰一」の教育	関田一慶喜編	五八〇〇円
未曾有の国難に教育は応えられるか		前田慶喜男編	三六〇〇円
自由ヴァルドルフ学校の演劇教育	―「じひょうこと」教育研究60年	大森秀子	三二〇〇円
演劇教育の理論と実践の研究		新堀通也	三八〇〇円
教育の平等と正義	〈シリーズ 日本の教育を問いなおす〉	広瀬綾子	三二〇〇円
拡大する社会格差に挑む教育		大桃敏行・中村雅子・後藤武俊訳 K・ハウ著	三二〇〇円
混迷する評価の時代	―教育評価を根底から問う	西村和雄・大森不二雄・倉元直樹・木村拓也編	二四〇〇円
教育における評価とモラル		倉元直樹・木村拓也編 西村和雄・大森不二雄	二四〇〇円
地上の迷宮と心の楽園	〔コメニウス セレクション〕	藤田輝夫訳 J・コメニウス著 西戸浦和信雄編	三六〇〇円

〒113-0023 東京都文京区向丘1-20-6　TEL 03-3818-5521　FAX 03-3818-5514　振替 00110-6-37828
Email tk200444@fsinet.or.jp　URL:http://www.toshindo-pub.com/
※定価：表示価格（本体）＋税

東信堂

ハンス・ヨナス「回想記」	盛永・木下・馬渕・山本訳	四八〇〇円
責任という原理―科学技術文明のための倫理学の試み（新装版）	H・ヨナス／加藤尚武監訳	四八〇〇円
原子力と倫理―原子力時代の自己理解	Th・リット／小笠原道雄編	一八〇〇円
感性のフィールド―ユーザーサイエンスを超えて	加藤尚武・松原道雄編	二六〇〇円
環境と国土の価値構造	桑子敏雄編	三五〇〇円
メルロ＝ポンティとレヴィナス―他者への覚醒	屋良朝彦	三八〇〇円
概念と個別性―スピノザ哲学研究	朝倉友海	四六四〇円
〈現われ〉とその秩序―メーヌ・ド・ビラン研究	村松正隆	三八〇〇円
省みることの哲学―ジャン・ナベール研究	越門勝彦	三二〇〇円
ミシェル・フーコー―批判的実証主義と主体性の哲学	手塚博	三二〇〇円
カンデライオ（ジョルダーノ・ブルーノ著作集 1巻）	加藤守通訳	三二〇〇円
原因・原理・一者について（ジョルダーノ・ブルーノ著作集 3巻）	加藤守通訳	三二〇〇円
傲れる野獣の追放（ジョルダーノ・ブルーノ著作集 5巻）	加藤守通訳	三六〇〇円
英雄的狂気（ジョルダーノ・ブルーノ著作集 7巻）	加藤守通訳	三六〇〇円
ロバのカバラ―ジョルダーノ・ブルーノにおける文学と哲学	N・オルディネ／加藤守通監訳	三六〇〇円
〈哲学への誘い―新しい形を求めて 全5巻〉		
自己	松永澄夫	
世界経験の枠組み	松永澄夫	
社会の中の哲学	松永澄夫	
哲学の振る舞い	松永澄夫	
哲学の立ち位置	松永澄夫	各三八〇〇円
哲学史を読むⅠ・Ⅱ	浅田淳一・松永澄夫編	三二〇〇円
言葉は社会を動かすか	松永澄夫編	三二〇〇円
言葉の働く場所	伊佐敷隆弘・松永澄夫編	三二〇〇円
食を料理する―哲学的考察	松永澄夫	二三〇〇円
言葉の力（音の経験・言葉の力 第Ⅰ部）	松永澄夫	二〇〇〇円
音の経験（音の経験・言葉の力 第Ⅱ部）	松永澄夫	二五〇〇円
環境―言葉はどのようにして可能となるのか	松永澄夫	二八〇〇円
環境安全という価値は…	松永澄夫編	二〇〇〇円
環境設計の思想	松永澄夫編	二三〇〇円
環境文化と政策	松永澄夫編	二三〇〇円

〒113-0023　東京都文京区向丘1-20-6
TEL 03-3818-5521　FAX 03-3818-5514　振替 00110-6-37828
Email tk203444@fsinet.or.jp　URL:http://www.toshindo-pub.com/
※定価：表示価格（本体）＋税

東信堂

キリスト教美術・建築事典	P&L. マレー著 中森義宗監訳	三〇〇〇円
イタリア・ルネサンス事典	J・R・ヘイル編 中森義宗監訳	七八〇〇円
美術史の辞典	P. デューロ他 中森義宗・清水忠明訳	三六〇〇円
日本人画工 牧野義雄―平治ロンドン日記	ますこ ひろしげ	五四〇〇円
ネットワーク美学の誕生―「下からの綜合」の世界へ向けて	川野 洋	三六〇〇円

〈芸術学叢書〉

芸術理論の現在―モダニズムから	藤枝晃雄編著	三八〇〇円
絵画論を超えて	谷川渥編著	四六〇〇円
バロックの魅力	尾崎信一郎	二六〇〇円
新版 ジャクソン・ポロック	小穴晶子編	二六〇〇円
美学と現代美術の距離―アメリカにおけるその乖離と接近をめぐって	藤枝晃雄	二六〇〇円
ロジャー・フライの批評理論―知性と感受	金悠美	三八〇〇円
レオノール・フィニ―境界を侵犯する新しい種 性の間で	尾形希和子	二八〇〇円
いま蘇るブリア=サヴァランの美味学	川端晶子	三八〇〇円

〈世界美術双書〉

バルビゾン派	井出洋一郎	二三〇〇円
キリスト教シンボル図典	中森義宗	二三〇〇円
パルテノンとギリシア陶器	関隆志	二三〇〇円
中国の版画―唐代から清代まで	小林宏光	二三〇〇円
象徴主義―モダニズムへの警鐘	中村隆夫	二三〇〇円
中国の仏教美術―後漢代から元代まで	久野美樹	二三〇〇円
日本の南画	浅野春男	二三〇〇円
セザンヌとその時代	武田光一	二三〇〇円
画家とふるさと	小林 忠	二三〇〇円
ドイツの国民記念碑―一八一三―一九一三年	大原まゆみ	二三〇〇円
日本・アジア美術探索	永井信一	二三〇〇円
インド、チョーラ朝の美術	袋井由布子	二三〇〇円
古代ギリシアのブロンズ彫刻	羽田康一	二三〇〇円

〒113-0023 東京都文京区向丘1-20-6
TEL 03-3818-5521 FAX 03-3818-5514 振替 00110-6-37828
Email tk203444@fsinet.or.jp URL:http://www.toshindo-pub.com/

※定価：表示価格（本体）＋税

〈未来を拓く人文・社会科学シリーズ〉〈全17冊・別巻2〉

東信堂

科学技術ガバナンス	城山英明 編	一八〇〇円
ボトムアップな人間関係—心理・教育・福祉・環境・社会の12の現場から	サトウタツヤ 編	一六〇〇円
高齢社会を生きる—老いる人／看取るシステム	清水哲郎 編	一八〇〇円
家族のデザイン	小長谷有紀 編	一八〇〇円
水をめぐるガバナンス—日本、アジア、中東、ヨーロッパの現場から	蔵治光一郎 編	一八〇〇円
生活者がつくる市場社会	久米郁男 編	一八〇〇円
グローバル・ガバナンスの最前線—現在と過去のあいだ	遠藤乾 編	二三〇〇円
資源を見る眼—現場からの分配論	佐藤仁 編	二〇〇〇円
これからの教養教育—「カタ」の効用	葛西康徳・鈴木佳秀 編	二〇〇〇円
「対テロ戦争」の時代の平和構築—過去からの視点、未来への展望	黒木英充 編	一八〇〇円
企業の錯誤／教育の迷走—人材育成の「失われた一〇年」	青島矢一 編	一八〇〇円
日本文化の空間学	桑子敏雄 編	二三〇〇円
千年持続学の構築	木村武史 編	一八〇〇円
多元的共生を求めて—〈市民の社会〉をつくる	宇田川妙子 編	一八〇〇円
芸術は何を超えていくのか？	沼野充義 編	一八〇〇円
芸術の生まれる場	木下直之 編	二〇〇〇円
文学・芸術は何のためにあるのか？	吉岡洋 編	二〇〇〇円
紛争現場からの平和構築—国際刑事司法の役割と課題	城山英明・遠藤乾 編	二八〇〇円
〈境界〉の今を生きる	荒川歩・川喜田敦子・谷川竜一・内藤順子・柴田晃芳 編	一八〇〇円
日本の未来社会—エネルギー・環境と技術・政策	角和昌浩・鈴木達治郎 編	二三〇〇円

〒113-0023 東京都文京区向丘1-20-6　TEL 03-3818-5521　FAX 03-3818-5514　振替 00110-6-37828
Email tk203444@fsinet.or.jp　URL:http://www.toshindo-pub.com/

※定価：表示価格（本体）＋税